KB202088

서울대 여성연구소 총서 4

한국현대여성사

정진성, 안진 외 지음

한울
아카데미

국립중앙도서관 출판시도서목록(CIP)

한국현대여성사 = The current history of Korean women / 정진성...
[등]저. -- 파주 : 한울, 2004
　　p. ；　　cm. -- (한울아카데미 ; 690)(서울대 여성연구소 총서)

참고문헌과 색인수록
ISBN　89-460-3306-1　93330

337.109-KDC4
305.409-DDC21　　　　　　　　　　　　　CIP2004001937

서문

'한국현대여성사'를 쓴다는 것은 다음의 두 가지 점에서 일반적인 역사쓰기와 구별된다. 첫째는 한국현대사를 여성주의 관점에서 본다는 것이며, 둘째는 먼 과거의 사실들이 아니라 비교적 최근에 일어났거나 현재 진행 중인 사실을 다룬다는 점이다.

여성주의 관점에서 역사를 쓴다는 것은 역사의 젠더화(engendering)를 의미한다. 역사의 젠더화는 역사연구의 성별분업 즉, 공적 영역에 초점을 두는 정사(正史)=남성의 역사/사적 영역의 역사=여성의 역사라는 이분법을 지양할 뿐만 아니라, 공적인 것이 무엇인가, 정사라는 것은 어떻게 규정되는가를 비판적으로 밝히려는 시도이다. 따라서 여성주의 관점에 입각한 역사의 젠더화는 단순히 기존의 역사 서술에서 보이지 않았던 여성을 가시화시키고 남성 중심의 역사서술에서 등한시되었던 사적 영역에 대한 역사를 복원하는 '공백 메우기'에 그치는 것이 아니라, 사료 해석에서 남성 편향성을 극복하는 것을 포함한다. 그러므로 여성주의 관점에서 역사를 쓰려면 새로운 사료를 찾아내야 할 뿐 아니라, 사료의 재해석을 시도하고 여성의 경험을 역사화해야 한다. 이를 통해 단순한 여성사(women's history)가 아닌 여성주의 역사(feminist history)가 서술되는 것이다.

이제 '현대'의 의미를 고찰해보자. '현대'여성사는 역사의 단순한 시기 개념을 넘어서서, 역사서술에서의 좀더 적극적인 여성의 참여를 내포한다. 이미 '쓰여진' 과거의 역사가 여성주의 관점에서 재해석될 수 있는데 그친다면, 여성주의 관점에서 '쓰여지는' 현대사는 그 자체로서 여성의 개입에 의해 만들어지고 있다는 것을 의미하는 것이다. 특히 역사 서술의 한 관점으로서의 여성주의와, 역사 발전의 한 동력으로서의 여성운동이 명확히 수립된 근대 이후의 여성사 서술에서, 여성주의 역사가의 역할은 이전 시기와 비교할 수 없을 만큼 매우 중요하다고 볼 수 있다.

현대여성사에 대한 이러한 인식에 기초할 때, 해방 후 한국 현대 여성사 집필 작업은 적극적인 학문적 실천행위라고 말할 수 있다. 여성과 남성이 차별 없이 주목받고, 양성관계가 역사적 사실들의 해석을 관통하는 주요 축의 하나가 되는 온전한 역사를 만드는 데 개입하고 있는 것이다.

여성학, 역사학 및 사회학, 정치학 분야에서 재직 중인 대학교수부터 석·박사 과정의 연구자, 여성운동의 현장에 있는 활동가를 포함하는 광범위한 필진은, 여성주의 관점에서 역사적으로 의미 있는 사실들을 선택하고 체계적으로 서술하기 위해 많은 논의를 거쳤다. 여성주의적 감수성과 통찰력을 동원하여 해방 후 현재에 이르는 60여 년의 기간 중 한국 여성의 삶에서 의미 있는 주제들을 선별하고 시기 구분을 시도했다. 우선 시기는 ① 해방 후 미군정기와 1950년대, ② 본격적인 산업화가 이루어진 1960-1970년대, ③ 시민사회의 발전이라는 측면에서 역사적인 전환기인 1980년대, ④ 독자적인 여성운동이 급성장하고 법제도적인 측면에서 여성의 지위가 현저하게 신장된 1990년대 이후의 네 시기로 구분하였다. 각 시기마다 가장 중요하다고 생각되는 주제들을 선정했으나 주제들 중에는 한 시기에 국한되지 않고 여러 시기를 통해 의미 있는 변화를 겪은 것들도 있어서, 시기별 논의는 상당 정도 융통성을 가진 채 진행됐다. 예컨대, 1990년대의 여성정책 논의는 이전 시기의 역사적 배경에서 시작하여 1990년대의 발전에 집중한 후 2000년대의 새로운 방향도 포함시켰다. 또한 1960-1970년대의 노동운동과 1980년대의 여성농민에 관한 논의도 전후의 상황을 포함시켰다. 이밖에도 여러 주제들이 이러한 방식으로 서술되었으나, 그러면서도 각 시기마다의 독특한 시대상황과 분위기를 포착하려고 노력했다. 주제의 선택은 정치사나 운동사에 치우치지 않고 일반적인 여성들의 삶의 역사가 잘 드러날 수 있도록 생활사, 사회사의 주제들을 균형 있게 안배하고자 하였다.

이 책이 나오는 데에는 필자들 외에도 여러 사람의 노고가 컸다. 공동연구의 시작단계에서부터 공동작업 수행의 번거로운 일을 처리하고 초고를 편집하는 데 수고해준 서울대 여성학 협동과정의 안최은정, 캐서린 문(Katharine H. S. Moon)의 영문원고를 번역해준 서울대 여성학 협동과정의 이선형, 인내력을 요하는 연표작업을 맡아준 선영란, 이은주, 이 책의 편집과 교열 과정에서 노고를 아끼지 않은 조선, 모두에게 고마움을 전한다. 또 서울대 여성연구소의 여성사 교재 출간기획의 뜻을 공감하고 출판계의 불황 속에서도 이 책의 출판을 선뜻 맡아준 한울 출판사 김종수 대표와 최선을 다해 책을 만드느라 애쓴 편집부 여러분께 깊이 감사드린다.

이 책이 역사 서술에서 배제된 여성들의 삶을 복원하여 역사 서술의 보충 자료로 활용되는 데 머무르지 않고, 여성의 관점에서 새롭게 역사를 쓰고, 한국현대사 전체의 역사 서술을 완성하는 데 기여할 수 있기를 기대한다. 또한 이 책을 많은 사람들이 읽게 되어 우리 사회의 여성사에 대한 관심과 여성의 삶에 대한 이해의 폭이 넓어지기를 바라는 마음이다.

2004년 11월
필자들을 대신하여 정진성, 안진

차례

8

제1부
분단국가의 형성과 여성

1945년 해방부터 한국정부 수립까지 미군정이 존재했던 시기는 한국의 사회구조가 재편되고 분단국가가 형성된 시기로서 여성의 삶의 양식에도 심각한 변화가 일어났다. 다양한 정치, 사회단체의 조직과 활동이 급팽창했으며, 새로운 국가수립이라는 과제를 놓고 사회 제 세력이 첨예하게 대립하고 갈등했다. 역사상 최초로 전국적 규모의 여성단체가 탄생하는 등 여성운동도 고양되었으며, 전반적인 사회운동 맥락 속에서 좌우익이 대립했다.

미군정의 여성운동에 대한 정책은 우익단체에 대한 후원과 좌익단체에 대한 탄압으로 요약할 수 있다. 좌익여성단체인 조선부녀총동맹은 진보적 민주주의 국가 수립에 참여한다는 방침 아래 다양한 활동을 전개했으나, 1946년 9월 조선공산당이 신전술로 전환한 이후에는 독자성을 잃고 정치운동에 주력하게 되었으며 미군정의 가중되는 탄압을 겪으면서 역량이 현저하게 감퇴했다. 이에 비해 독립촉성애국부인회를 중심으로 한 우익진영은 미군정의 지원을 받으며 성장할 수 있었다. 우익진영은 1946년 말에 전국여성단체총연맹을 결성하여 결집된 역량을 과시했지만, 주로 이승만과 한민당이 주최하는 각종 집회에 여성들을 동원하는 일에 주력했다.

미군정은 한국을 자본주의 사회로 재편하는 점령의 기본 목표를 관철시키는 과정에서 정책의 중심을 정부수립과 관련된 정치적 문제의 해결과 이를 위한 정치·사회적 안정에 두었다. 그런 속에서 여성문제는 정치, 경제적 문제에 비해 부차적인 위치를 점하는 것이었다. 미군정의 여성정책은 공창제 폐지나 독자적인 부녀행정의 시초라고 할 수 있는 부녀국의 설치, 그리고 여성참정권의 실현과 여성의 교육 기회 확대 등으로 대표되는데, 이러한 여성정책들이 구체적인 준비가 없는 상태에서 시행됨으로써 또 다른 사회문제를 야기하기도 했다. 그럼에도 1948년 7월 17일에 공포된 헌법에 민주주의이념에 입각한 남녀평등권이 보장되었다는 점에서 미군정기는 한국여성사에 새로운 장을 열었다고 평가할 수 있다.

분단국가의 형성과 함께 좌익여성단체는 약화되고 우익여성단체는 독점적인 지위를 향유하게 되었다. 그 후 여성운동은 이미 미군정기에 형성된 여성해방 이념의 부재, 국가권력기구와의 유착관계, 대중과 유리된 여류명사 중심의 조직이라는 특성을 강화시켜갔다.

1950년대 한국 여성의 삶에는 분단과 전쟁의 암운이 짙게 드리워 있다. 남성 부재 속에서 스스로 생존해가야 하는 현실에 부닥쳤던 '전쟁미망인'은 교육수준이 낮고 경제적 고통을 겪었다. 또한 분단과 한국전쟁으로 본인의 의사와 관계없이 고향을 떠나 휴전선 너머로 헤어진 이산가족이 다수 생겨났으며, 배우자 없는 이산가족 여성들은 명실상부한 가장이 되었다. 특히 사회·경제적 배경이 불우한 많은 월북 이산가족들의 생활은 매우 비참했다. 이들 '전쟁미망인'이나 여성이산가족의 삶에는 반공콤플렉스가 강하게 어려 있었으며, 자녀들을 안전하게 양육하기 위하여 결혼을 포기하고 가부장제를 지켜나가는 역할을 마다하지 않았다.

한편 1950년대 한국여성들은 다양한 방식으로 경제활동에 뛰어들었고, 서구화된 의식과 제도의 도입에 접하면서 가정 내에서의 경제권을 장악하거나 자녀교육을 책임지는 등 자신들의 지위를 변화시켰다. 1950년대 후반에 오면서 가정법률상담소를 중심으로 여성의 법적

문제, 노동과정에서의 문제를 해결하는 데 도움을 주려는 움직임이
일어났다. 또 대한어머니회, 대한여성복지회 등 여성지위 향상을 위
한 문화단체와 함께 전문직 여성들의 친목단체인 여기자클럽, 여성항
공협회 등이 나타났고 1959년에는 이들을 총망라한 여성단체협의회
가 발족되어 여성운동의 횡적, 종적 연결을 도모하려 했다. 그러나 이
조직들의 역량은 전근대적인 가부장제를 타파하기에는 미흡했다. 여
성의 상황의 변화에서 1950년대는, 후대에 그 열매를 넘겨주는 징검
다리로서의 역할을 한 것으로 평가할 수 있을 것이다.

제1장 미군정기 여성운동과 여성정책

이혜숙

1. 해방과 미군정

1) 해방과 여성

"……현재 우리 조선 여성일반은 어떠한 처지에 있었는가를 살펴보자. 봉건적 노예생활에서 착취, 압박, 빈궁, 실업, 무지와 미신과 몽매에서 굶주렸으며 신음했고 허덕였으며 시어머니의 혹독한 간섭과 남자의 무리한 일방적 압제와 가정적 구속 밑에서 인간 수준 이하의 생활을 감수하는 비참한 형편이었다. 회사와 공장에서는 동일노동에도 불평등한 임금을 받게 되고 과거 36년 동안 봉건적 착취와 압박의 식민지 정책에 있어서 강도적 일본제국주의의 가장 온순한 착취의 대상물이 되었다. 어찌 이것뿐이랴, 일본제국주의의 잔인무도한 폭정과 착취는 우리조선여성을 인격을 소유한 인간으로 취급하지 않고 상품 중에도 드러운 노리개로서 인육시장에서 인신매매와 공창제도를 강요할 뿐 아니라 더욱이 저이들의 소위 공정한 법률로써 합법화하여 공공연하게 대대적으로 장려하여왔다……"(이순금, 1945).

해방이 되자 외형적으로는 일제의 독점적 지배에서 벗어났으나, 공업 생산이 급격히 위축되었고 인플레에 따른 물가 상승과 실질임금의 저하, 극도의 식량난으로 경제 상황은 매우 열악했다. 여성들의 사회·경제적 상태 역시 위의 글처럼 매우 열악했으며 여성들을 얽매는 봉건적인습도 여전히 지속됐다. 남녀 모두 문맹률이 높았으나 여성들의 문맹률은 더욱 높았다. 1944년에는 여성의 95% 정도가 미취학자였으며 해방 2년 후인 1947년에도 여성의 87%가 여전히 교육의 혜택을 받지 않은 미취학자였다(강이수, 1999: 262). 이러한 상황 속에서 해방을 맞이한 여성들의 각오는 대단했고 미군정에 대한 기대는 매우 높았다. 일제 식민지의 착취구조 속에서 소외받고 있던 여성들에게 해방은 일본으로부터의 독립인 동시에 가부장제의 억압에서 벗어날 수 있는 결정적 계기로 인식되었던 것이다.

해방 직후부터 한국정부를 수립할 때까지 미국은 38선 이남을 군사점령하고 직접 통치하여 중요한 영향력을 행사했다. 미군정 시기에 한국의 사회구조가 재편되고 새로운 국가권력이 구성되었으며 분단국가가 형성되었는데, 미군정은 여성의 삶의 양식에도 깊은 영향을 미쳤다.

해방과 더불어 남한에 진주한 미군정은 남녀평등의 민주주의 질서 확립을 표방했고 이러한 시대적 분위기 속에서 여성은 활발한 활동을 했다. 여성은 민족국가 건설이라는 우리 민족의 시대적 과제 해결에 적

▲ 전남 광주, 1946. 7. 길쌈하는 아낙네들(ⓒ 이경모, 1989).

극적으로 참여했고, 그 과정에서 여성의 독자적인 정치세력화를 꾀했으며, 여성 관련 입법을 제정하도록 압력을 가함으로써 여성을 보호할 수 있는 법적·제도적 장치를 마련하려고 했다. 또 여성만의 독자적인 언론기관을 확보하고, 그것을 통해 대중을 계몽하고 자신들의 정치적 견해를 여론화시키려고 했다. 여성신문, 부녀일보, 부인신보, 가정신문 등의 일간지가 있었고 그 외에도 다수의 월간잡지가 발행되었다(이배용, 1996: 198).

미군정기는 다양한 정치·사회단체의 조직과 활동이 급팽창한 시기였는데 새로운 국가 수립이라는 과제를 놓고 사회 제 세력이 첨예하게 대립하고 갈등했다. 여성운동도 전국적 규모의 여성단체가 탄생하는 등 고양된 모습을 보여줬는데, 전반적인 사회운동의 흐름과 마찬가지로 좌우익의 대립 속에서 자신들의 위상을 설정하고 활동했다.

2) 미군정의 수립과 점령정책

미군정기 한국사회의 변동을 이해하기 위해서는 미군정 국가권력의 역할에 주목하지 않을 수 없다. 미국이 해방 직후에 38선 이남을 군사점령하고 직접 통치했기 때문에, 미군정의 권력은 시민사회의 내재적 발전의 결과로 성립된 것이 아니라 외부에서 이식된 것이다. 미군정은 최종적인 국가권력, 즉 대내적 주권을 장악한 '사실상의 국가'로서 기능했다. 전술군과 군성 요원을 이러한 권력을 행사하기 위한 점령통치 기구를 동원하여 수립하고, 이것을 통해 자신의 이해를 관철시키는 점령정책을 수행했다(박찬표, 1997: 12).

미국의 점령정책의 기본 입장은 장기적인 지배를 위한 정치·사회적 안정 유지와 자본주의 체제의 확립에 있었다. 미국은 자본주의 세계 전체를 사회주의 체제에서 수호한다는 목표하에 한국을 이른바 반공기지로 선정했으며 한국사회 전반에 대한 지배력을 확보하는 데 주안점을 두었다. 따라서 그러한 목적을 수행하기 위해서는 무엇보다도 체제의

안정과 질서유지가 필요했던 것이다(이혜숙, 1992: 22-29).

해방 직후 국내에는 다양한 정치세력이 존재했고 이들은 해방 이전의 민족해방운동 경험이나 자신이 지지 기반으로 하는 계급, 미군정과의 관계 등에 따라 노선이나 행동 양식에 차이를 보이게 된다. 미군 진주 이전의 정치무대에는 완전한 독립국가의 건설을 원하고 있었던 한국인의 열망에 따라 자발적으로 조직된 조선건국준비위원회[1]에 기반을 둔 인민공화국을 중심으로 한 세력이 있었다. 또 다른 한편 지주, 자본가계급, 반공세력, 심지어 친일 인사로 지목되는 사람들이 한민당을 중심으로 결집한 우파세력이 있어 이들은 서로 국가형성 노선을 둘러싸고 각축을 벌이고 있었다.

미군정은 공식적으로 반공 노선을 선언하지는 않았지만 실질적으로는 강한 반공 정책을 꾀했으며, 한국 내의 자생적인 국가권력 수립 기도를 억제하고 식민지의 국가기구와 법률을 계승했다. 미군정은 사회통치를 위해 고도로 발달된 조선총독부 기구를 그대로 이어받았으며 국가통치구조를 더욱 강화하는 역할을 담당했다.

일반적으로 점령국가는 점령지역의 사회관계를 본국의 이해관계에 따라 재편한 후 자신들의 전략적 목표를 수행해줄 지원세력을 국내 지배세력으로 육성하여 그들에게 국가권력을 이양한다. 미군정은 보수 우익세력을 육성했고 구체적으로 자본주의 국가를 뒷받침할 정치·사회적 세력 기반을 형성시키려고 했다. 미국의 주요 목표는 남한에 자본주의 국가를 확립한다는 것이었는데 국내에 전혀 기반이 없었기 때문에 자신들의 점령정책을 수행하기 위해 남한 내에 정치적 매개세력이 필요

---

1) 일본의 무조건 항복이 결정되자 1945년 8월 14일 조선총독 아베는 일본인의 안전과 재산보호, 일본군대의 철수 등 항복 후 사태를 염려하여 저명한 한국 지도자에게 행정권을 넘기려고 했다. 총독부는 여운형을 그 적임자로 보았으며 이미 일본의 패전을 확신하고 건국동맹을 결성하여, 사태에 대비해온 여운형은 이를 받아들였다. 조선건국준비위원회는 치안확보, 건국사업을 위한 민족총역량의 일원화, 교통, 통신, 금융, 식량대책 강구를 목표로 반민족적 친일세력을 제외한 각계각층이 총동원된 좌우연합의 통일 전선체였다. 8월 말까지 전국에 지부인 인민위원회가 145개 세워졌다.

했던 것이다. 그리고 이 세력은 무엇보다도 반공적이고 보수적인 인사들이어야 했다. 그래서 미군정에서 주목한 것이 바로 한민당이었다. 점령 초기 미군정의 현상유지 정책과, 군정에 밀착하여 특권적 지위를 유지하려는 한민당의 이해관계가 서로 일치했던 것이다(이혜숙, 2003: 345).

1945년 12월의 모스크바 삼상회의안[2]의 발표는 신탁통치논쟁으로 연결되어 좌우 대립이 심각해졌다. 국내 정치세력은 찬탁과 반탁세력으로 확연히 구분되었고 이와 함께 반탁운동은 반공운동으로 변질되었다. 찬탁과 반탁의 대립은 김규식과 여운형이 중심이 된 좌우합작운동으로 통해 타협의 기회를 가지지만 실패하게 된다. 미군정은 국가권력으로 등장하여 친일관료 및 경찰을 재등용, 강화시켰다. 지주를 정치 동맹세력으로 하고 일본인이 남기고 간 재산을 접수했으며, 좌익세력에 대한 탄압을 계속 했다. 조선공산당 지도자에 대한 체포령, 진보적 신문 폐간 등의 조치로 진보적 정치세력에 전면적인 공세를 취했던 것이다.

이러한 상황 속에서 좌익 세력은 미군정의 직접적 탄압에 대응하는 '신전술'로 변화를 꾀했다. 1946년 10월 항쟁[3]은 이러한 맥락에서 일어난 것이라 할 수 있다. 그러나 10월 항쟁의 결과 좌익세력은 막대한 조직역량을 손실했으며 기층 사회에서는 좌·우 분열이 전개되어 냉전 논리가 확산되었다. 이것은 우익세력의 견고화와 권력에의 부상으로 연

---

2) 모스크바 삼상회의의 내용은 첫째, 한반도에 남북을 통일한 임시정부를 만들어 38도선과 미소 양군의 분할 점령 상태를 해소할 것, 둘째, 수립되는 남북 통일 임시 정부가 미, 영, 중, 소 등 연합국의 감독과 원조 내지 후견을 받으면서 5년간 한반도 전체 지역을 통치하다가 총선거를 실시하여 국민의 지지를 가장 많이 받은 정치 세력에게 정권을 넘겨줌으로써 한반도에 완전한 독립국가를 수립할 것이었다. 그러나 이 소식은 국내에 잘못 알려져 통일된 임시정부 수립에 대한 내용보다 5년간의 신탁 통치만 강조되어 국내 정치세력은 물론 국민들의 거센 반발과 저항에 부닥쳤다.

3) 1946년 10월 2일에 대구에서 발생한 경찰과 시민들 간의 대규모 유혈충돌이다. 10월 1일에 파업에 대한 군대, 경찰, 테러단의 폭행에 항의하는 군중집회에 경찰이 발포하여 사망자가 발생하자, 다음 날 노동자, 시민, 학생이 합세하여 경찰관서를 습격함으로써 시작되었다. 이에 대구지역에 계엄령이 선포되었으나 미군정과 경찰에 대항하는 격렬한 시위는 성주, 고령, 영천, 경산 등지로 번졌으며 경남, 전남, 전북, 강원 등 전국으로 퍼졌다.

결되었다.

1947년 미국은 남한만의 단독정부 수립을 적극적으로 고려하게 되며 이승만을 중심으로 하는 세력은 이미 그전부터 단정노선을 추구하고 있었다. 1947년 여름 제2차 미소공동위원회가 결렬되자 한민당 세력은 미국의 한국문제 유엔이관과 단독정부 수립안을 적극 지지했다. 1948년 5.10선거는 좌익세력의 선거방해, 남북협상파의 불참과 함께 진행되어 당연히 우익세력의 승리를 가져왔고 남한만의 단독정부가 수립되었다(이혜숙, 2003: 346).

한민당과 이승만 세력은 미군정에 밀착하여 세력권을 형성하면서 타정치 세력을 정국에서 배제해나갔고, 정권을 장악했다. 미군정이 실시되고 보수세력이 행정에 참여하면서부터 아래로부터의 자발적 기구와 조직은 파괴되었고 좌익, 좌우합작, 임시정부, 남북협상 세력들이 차례로 정치권에서 배제되었다. 미군정기 여성운동의 성격과 전개 과정도 당시의 사회·정치적 상황, 미군정의 여성정책 등과 관련하여 검토해야 할 것이다.

2. 미군정기 여성운동의 전개

일제하에서부터 조직적 연계를 맺고 활동했던 여성운동가들은 1945년 8월 16일 건국부녀동맹결성준비위원회를 결성함으로써 여성운동의 막을 열었다. 17일에 총회가 열리고 건국부녀동맹이 결성되었는데 위원장 유영준, 부위원장 박순천, 집행위원 황신덕, 유각경 등의 16명으로 구성되었다. 선언문에서 "우리 조선의 전국적 문제가 완전히 해결됨에 의하여서만 그의 일부분인 우리 여성문제가 비로소 해결될 것이며 동시에 우리 여성문제가 해결되지 않으면 전국적 문제가 또한 해결되지 않을 것이다. 전 국민 해방을 목표로 한 전면적 투쟁에 적극적으로 참가하여 여성해방의 대업을 완성할 것"임을 천명했다(이효재, 1989: 239).

그러나 건국부녀동맹은 결성된 지 한 달도 되지 못해 이데올로기적 차이를 극복하지 못한 채 분열되었고, 그 후 미군정기 여성운동은 일반 사회운동과 마찬가지로 좌우익 여성운동 진영으로 나뉘어 전개되었다. 양자의 대립은 식민지 시기 이래 존재해왔던 여성운동간의 대립이 해방이라는 구체적인 정세 변화 속에 재현된 것으로 운동이념의 차이 때문에 독자적으로 조직을 정비하면서 대립하게 되었다.

1) 좌익여성단체의 조직과 활동

(1) 조선부녀총동맹

건국부녀동맹은 1945년 12월 전국 부녀단체 대표자대회에서 조선부녀총동맹(이하 '부총')으로 개편되었다. 부총은 친일파, 민족반역자, 국수주의자를 제외한 민족통일전선 결성에 참여했는데 중앙집권적인 조직체계를 가진 전국적 규모의 여성단체였다. 부총의 조직편성은 행정조직을 기준으로 중앙의 하부인 시, 도에 도총지부를 두고, 부, 군, 도(島)에는 지부를 두며, 면, 촌, 리에는 분회를 두고, 동, 부락에는 반을 두는 식으로 편성되어 있었다. 중앙의 조직편성 체계를 보면 유영준 중앙집행위원장을 중심으로 부위원장이 있었으며 총무부, 조직부, 선전부, 문교부, 조사연락부, 재정부, 원호부 등 7개의 부서로 나누어 활동했다(민주주의민족전선, 1946: 216-217). 부총의 맹원 수는 자세히 알 수 없으나 일제하에서 쌓아온 여성운동의 경험과 축적이 해방 후 여성운동을 조직하는 기반으로 작용했다고 볼 수 있다.

행동강령은 여성의 정치·경제·사회적 해방을 위해 먼저 정치적으로는 남녀평등의 선거권, 피선거권의 확립, 친일파, 민족반역자, 국수주의자를 제외한 민족통일전선 결성에의 적극 참여, 언론, 출판, 집회, 결사의 자유 등을 실천적 과제로 요구했다. 경제적으로는 여성의 평등권과 자주성 확립, 남녀 임금차별제 철폐, 8시간 노동제, 근로부인의 산전과 산후에 각 1개월간의 유급휴양제 확립, 보육소와 같은 사회시설의 완비를 요구했다. 또 사회적으로는 봉건적 가부장제도의 억압에서 해방을 요구하며 공사창제와 인신매매 철폐, 일부일처제 실시, 교육에 대한 남녀차별 철폐, 국가 부담에 의한 부녀문맹 퇴치기관 설립, 생활 개선, 모자보호법 제정, 봉건적 결혼제 철폐, 농촌에 국가 부담의 의료기관 설치 등이 다방면에 걸쳐 해결해야 할 과제로 제시되었다. 이처럼 부총은 진보적 민주주의 국가의 건설이라는 당시 사회의 일반적 과제와 여성의 완전해방이라는 여성의 특수과제를 여성운동의 입장에서 구체적으로 수용하고, 여성해방운동의 위상을 통일된 자주독립국가 건설이라는 전체 운동의 부분운동이라고 운동이념상에 명확히 설정하고 있었다.

이렇게 뿌리내린 부총은 일제의 식민지 정책으로 가장 고통받아온 여성이 해방되기 위해서는, 봉건 잔재의 완전한 소탕하여 진보적 민주주의 국가를 건설해야 한다는 목표 아래, 민족통일전선의 일익을 형성하는 한편, 여성대중의 특수한 문제를 해결하기 위해 노력했다. 공사창

<표 1> 조선부녀총동맹의 강령과 행동강령

강령	1. 조선여성의 정치·경제·사회적 완전해방을 기함 2. 진보적 민주주의 국가 건설과 발전에 적극적으로 활동하기를 기함 3. 조선여성의 국제적 제휴를 도모하고 세계평화와 문화향상에 노력함
행동강령	1. 남녀평등의 선거권과 피선권을 획득하자. 2. 친일파, 민족반역자, 국수주의자를 제외한 민족통일 전선결성에 적극 참가하자. 3. 언론 출판 집회의 자유를 요구하자. 4. 여성의 경제적 평등권과 자주성을 확립하자. 5. 남녀임금 차별제를 폐지하라. 6. 8시간 노동제를 확립하라. 7. 사회시설(탁아소, 산원, 공동식당, 공동세탁소, 아동공원)의 완비를 요구한다. 8. 공사창제와 인신매매를 철폐하라. 9. 일부일처제를 철저히 실시하라. 10. 교육에 대한 남녀차별제를 철폐하라. 11. 국가 부담에 의한 부녀문맹 퇴치기관을 즉시 설립하라. 12. 생활 개선을 적극적으로 연구 실행하자. 13. 모자보호법을 제정하라. 14. 봉건적 결혼제를 철폐하자(매매혼, 데릴사위, 조혼, 민며느리). 15. 농촌에 국가 부담의 의료기관을 설치하라.

출처: 민주주의민족전선,『해방조선 I: 자주적 통일민족국가 수립투쟁사』, 과학과사상사, 1988, 219-220쪽.

제도, 문맹, 일방적 정절과 도덕의 강요, 차별임금대우, 차별교육 등의 문제를 함께 다루었던 것이다. 이 시기 여성운동을 앞장서서 지도했던 여성들은 대부분 일제하에서 항일운동과 근우회와 같은 사회주의 계열의 여성운동에 참여했던 이들이었다. 여성운동 참여자들은 30대 이하가 대부분이었으나 모든 연령층의 여성이 고루 가입했으며 미혼뿐 아니라 기혼 여성들의 헌신적 활동이 두드러졌다. 학력은 대개 무학이나 보통학교 졸업이었고 직업은 무직이 많았으며 노동자, 농촌여성에서부터 교사, 의사, 약사 등의 전문직과 학생도 있었다(우리사회연구회, 1994: 245).

부총은 일제와의 투쟁 경력과 여성해방 이념을 가지고 대중 여성을 기반으로 한 조직을 전국적으로 확대시켰다. 반제반봉건 여성해방 이념에 입각하여 여성들이 생활에서 요구했던 쌀요구투쟁, 원호 활동, 혁명가 가족 지원 사업 등을 벌였다. 노동, 농민, 청년, 여성 등 대중을 조직하고 진보적 민주주의 국가의 건설과 여성의 완전 해방을 위해 여타 사회운동과 긴밀한 연대하에 활동을 벌였다. 좌익 연합체였던 민주주의민족전선에 여성 대표를 파견하고 여성 대표의 수를 노동자나 농민 대표 수만큼 요구했으며, 부총의 행동 강령을 민주주의민족전선의 활동 방침에 반영했다. 부총은 우익 여성들과 더불어 공창제 폐지 운동을 벌이고 미군정에 대해서도 공창제 폐지와 남녀평등 법안 제정을 건의하는 등 독자적인 활동을 했다. 부총의 이러한 활동에는 북한에서의 인민민주주의 혁명 경험이 큰 역할을 한 것으로 보인다(이승희, 1999: 70). 북한에서 토지개혁4)과 남녀평등권 법령이 제정되는 과정과 그 내용, 이후 여성들의 생활 변화가 남한의 여성운동이 방향을 정하는 데 영향을 미쳤을 것이다.

부총은 조선공산당의 외곽단체였다. 정치조직의 외곽단체라는 점 때문에 부총을 단순히 여성운동조직으로만 파악할 수는 없으며 더 복잡

---

4) 해방 직후 한국에서 중요한 당면과제 중 하나는 토지문제였다. 그러나 구체적인 토지개혁의 내용과 방법, 시기에 대해서는 각 정치세력과 계급들이 처해 있는 상황에 따라 이해가 대립되었다. 1946년 3월 5일 북한에서는 무상몰수, 무상분배 원칙에 따라 토지개혁이 실시되었는데 농민들의 많은 호응을 받았고 남한에서도 머지않아 토지개혁이 있으리라는 기대가 많았다.

한 의미를 지닌다. 즉 부총의 이념이나 운동노선에는 조선공산당의 정세 파악과 운동노선 등이 나타나고 있다. 그러나 부총이 조선공산당의 외곽단체로서 사회주의사상에 기반해 있었고 여성운동의 지도층이 좌익 정당의 지도층인 경우가 많았다고 하더라도, 여성운동이 좌익세력에 한정된다고 볼 수는 없다. 부총은 조선공산당의 영향을 받고는 있었지만 비교적 자발적인 활동을 벌였기 때문이다.

여성도 토지를 분배받을 수 있다는 것, 일부일처제의 확립으로 봉건적 억압에서 벗어날 수 있다는 것, 남성과 마찬가지로 교육을 받을 수 있다는 것 등의 전망은 여성들이 여성운동에 적극적으로 나서게 했으며, 집 밖으로 자유롭게 나다닐 수 없는 조건 아래서 적극적 활동이 어려운 여성들은 절미운동으로 쌀을 모아내는 등 소극적으로나마 참여했다(우리사회연구회, 1994: 244). 그러나 광범위한 여성운동을 주도해나갔던 부총은 미소공동위원회[5] 개최를 전후로 점점 세력이 약화되었다. 모든 사회주의 계열 운동이 미군정의 탄압으로 활동의 폭이 축소되어간 것처럼 부총도 남조선민주여성동맹으로, 남로당[6] 부녀부로 위축되어갔다.

(2) 남조선민주여성동맹

부총은 1947년 2월 15일 제2회 전국대회에서 '남조선민주여성동맹'(이하 남조선여맹)으로 개칭하고 조직 확대를 꾀했다. 1947년 5월 미소공동위원회 재개 이후에는 정치투쟁으로 일관했는데 대중 집회와 시위

---

5) 모스크바 삼상회의의 결정에 따라 설치된 한반도문제 해결을 위한 미소 양군의 대표자회의. 1946년 1월 16일 덕수궁 석조전에서 예비회담을 가졌다. 그러나 양측의 의견대립으로 제1차 미소공동위원회는 결렬되고 다음 해 5월 21일 제2차 미소공동위원회가 개최되었으나 역시 임시정부 참여세력 문제를 두고 의견차가 좁혀지지 않았다. 남북 각각에 입법기관을 설치, 그 대표로 임시정부를 구성하자는 미국의 제안을 남북 분열을 조장하는 일이라고 소련이 거부했기 때문이다. 이에 미국은 한국문제를 유엔에 넘기고 말았다.

6) 남조선노동당의 약칭. 1946년 12월 23일 서울에서 결성된 공산주의 정당, 조선공산당, 남조선신민당, 인민당 3당이 합당하여 결성되었다. 그러나 미군정의 탄압을 받아 수많은 당원들이 체포되고 당이 불법화되자 주요 지도자들이 대거 월북, 1949년 6월 북조선노동당과 합당하여 조선노동당이 결성되었다.

가 금지되면서 성명서 발표가 주를 이뤘다(이승희, 1994: 275). 또 1947
년 3월 1일 '3.1절 기념 시민대회', 여운형 암살을 계기로 구성된 '구국
대책위원회', 7월 27일에 열린 '미소공위 경축 임시정부 수립촉진 인민
대회', '8.15 해방 2주년 기념 시민대회' 등 남로당과 그 외곽단체들이
주도하는 각종 정치행사에 간부들이 적극적으로 참여하면서 인원 동원
에 주력했다. 제2차 미소공동위원회가 열렸을 때에는 담화문을 발표하
여 모스크바 삼상회의 결정을 지지했다. 이렇게 활동하던 남조선여맹은
1947년 소위 '8.15 폭동음모사건' 탄압을 계기로 남로당과 민주주의민
족전선을 비롯한 제정당, 사회단체의 활동이 비합법화되자 합법적인 활
동공간을 상실하고 남로당 부녀부 산하로 편입됐다. 성명서 발표를 통
해 단정선거 반대 의사를 적극 표명하기도 했으나 1948년 8월 단독정
부 수립 이후에는 활동이 약화됐다.

이와 같이 해방 정국에서 여성들은 각종 집회나 성명서 발표를 통해
여성들의 정치적 견해를 적극적으로 표명했고 여성단체들은 여성의 정
치적 견해를 조직화하는 통로 역할을 했다. 그러나 국가 건설 과정에서
여성참여는 여성정치운동으로서의 독자성을 확보하지 못한 것이었다.
해방 이후 좌우익의 분열과 혼돈은 여성운동에도 그대로 나타났으며
당시 좌우익의 여성단체가 연대활동을 벌여 성과를 거둔 것은 1948년
2월 공창제의 법적 폐지가 유일하다. 1947년 2월에 남조선여맹은 북조
선여맹의 지도를 받는 식으로 분할된 상태였는데(宋蓮玉, 1985: 85-92),
좌익운동이 불법화됨에 따라 점차 그 세력이 약화되었다. 그러나 단정
수립 후에도 지역에 따라서는 조직이 운영되었고, 1951년 1월 북한의
북조선여맹과 통합하여 조선민주여성동맹으로 개편되었다.

2) 우익여성단체의 조직과 활동

(1) 독립촉성애국부인회

건국부녀동맹에서 탈퇴하여 한국애국부인회와 독립촉성중앙부인단을

결성했던 우익여성인사들은 독립촉성애국부인회(이하 독촉애부)를 결성
하여 우익진영의 전열을 가다듬었다. 독촉애부는 1946년 6월 18일부터
20일까지 '전국부녀단체 대표자대회'를 개최함으로써 본격적으로 출발
하게 된다. 독촉애부는 중앙에 총본부를 두고 서울을 비롯한 지방의 각
시, 군에는 지부를 두었으며, 동, 면에는 분회를 두는 방식의 중앙집권
적인 조직이었고 위원장은 박승호였다. 독촉애부는 1949년 서울시 부
인회와 통합하여 대한부인회로 개편되기까지 남한의 대표적인 우익여
성단체로 활동했다.

　처음에는 일제 말기의 친일 경력과 여성정책의 부재, 대중조직 기반
의 취약함 때문에 세력이 크지 않았다. 그러나 미소간 냉전의 격화 속
에 남한의 정치적 기반을 안정시키는 데 이들을 적극적으로 이용하려
한 미군정과 우익 정치계의 비호를 받으며, 독촉애부는 세력을 키워나
가기 시작했다. 따라서 여권 확립이라는 과제를 내세우고 우익의 정치
사회 단체와 더불어 반탁운동과 단독정부 수립운동에 참가했다(한국부
인회총본부, 1986: 15-22).

　대표적 우익 단체인 독촉애부의 활동이나 운동노선은 성별분업 이데
올로기에서 벗어나지 못해 현모양처를 강조했으며, 참정권 획득, 여성
문맹 퇴치, 여성의 능력 개발 및 교육 확대, 공사창제 폐지 등 여성의
권익 신장을 주요 과제로 삼고 있었다. 일제 잔재 청산이나 토지 문제
에 대한 언급은 없었다(한국여성연구회, 1994: 365-366). 이처럼 우익여성
운동은 개량주의적 성격의 여권주의 운동이라 할 수 있다. "지능을 계
발하여 자아향상을 기함", "여권을 확충하여 남녀공립을 기함"(한국애국
부인회), "여성의 지위향상을 도모함"(독촉애부) 등의 강령문에서 알 수
있듯이 이들의 운동목표는 여성의 능력계발과 권리확대, 그리고 이를
통한 여성지위의 향상이었다(문경란, 1989: 76).

　우익여성운동의 성격은 여성운동과 국가의 관계에서 잘 나타난다.
"국가의 자주독립을 촉성함"(독촉애부), "우리 여성의 전 노력을 국가에
제공하자"(여자국민당) 등의 강령문에서 알 수 있듯이, 우익 여성운동의

<표 2> 독립촉성애국부인회의 강령과 결의문

강령	1. 국가의 자주독립을 촉성함 2. 여성의 지위향상을 도모함 3. 세계평화의 공헌을 기함
결의문	1. 좌우와 남북이 통일된 자유정부 수립에 우리 여성은 피로써 맹세하고 적극 협력하려 한다. 2. 1,500만 우리 여성은 총단결하여 국산품을 애용하고 생산에 적극 협력함으로 조국경제건설에 공헌하고자 한다. 3. 근로, 질서, 간편, 청소의 신생활을 전개하여 건설 국민의 문화 향상을 도모하려 한다.

출처: 문경란, 「미군정기 한국여성 운동에 관한 연구」, 1989.

또 하나의 목표는 봉건적인 가정의 굴레에서 벗어나 여성도 새로운 자주독립국가를 세우는 데 일익을 담당해야 한다는 것이었다. 이러한 우익 여성운동의 노선은 신탁통치 반대운동, 단정수립을 위한 5.10선거에 여성이 참가할 것을 대대적으로 선전, 홍보하는 활동에서도 파악할 수 있다. 즉 이제까지 가정에서 안주하던 여성들이 국가적인 대사업에 참가해야만 자신들의 권리를 찾을 수 있다는 말이다. 또 희생, 인내, 고통과 굴종을 바탕으로 남편과 자식을 위해 바쳤던 여성의 모성애를 이제는 국가를 위해 바칠 것을 강조했다(문경란, 1989: 77-79).

독촉애부의 운동노선이 여성의 능력을 계발시키고 이를 통한 권리확대와 지위향상을 도모했던 것만큼 이 단체가 여성들을 대상으로 직접 펼친 활동은 한글 강습, 미신 타파, 생활간소화 등의 계몽활동이었다. 이러한 방침은 이미 독촉애부의 제1회 전국대회에서부터 주요 의안으로 다루어져 신생활운동 계몽사업과 기관지 발행 등이 결의되었고 지방의 지부조직 결성대회에서도 거의 이러한 사업을 펼칠 것이 강조되었다. 독촉애부가 실시한 계몽운동의 방식은 강연회나 교양강좌로써 신탁통치 반대를 주장하는 내용이나 남한 단독선거를 앞두고 선거참여를 권장하는 내용과 같이 시국과 관련된 내용이 많았다(문경란, 1989: 104-105).

(2) 전국여성단체총연맹

1946년 11월 15일 독촉애부를 비롯한 우익여성단체들이 총결집한 전국여성단체총연맹(이하 여총)이 결성됨으로써 우익진영 여성단체들은 연합전선을 결성하게 된다. 우익여성단체의 통합체로 출발한 여총은 운동노선이나 활동에서 각 개별 우익여성단체의 방식을 그대로 견지하는 모습을 보여준다. 여총은 여성대중에게 파고들어 그들을 조직, 계몽하기보다 미군정이나 과도입법의원에 결의문이나 건의서를 보내는 방식으로 활동을 해나갔다. 여총은 남한 단독선거가 거의 확실시되면서부터 가장 활발한 모습을 보여줬다. 이 때부터 여총은 총력을 기울여 단독선거에 여성이 참가할 것을 권장하는 활동을 벌였다(문경란, 1989: 102-104). 우익여성단체는 미군정의 비호 아래 말단지역까지 분회를 조직하는 등 활발하게 움직였다. 그러나 여성의 실제적인 지위향상을 위해 노력하기보다는 관변단체에 동원되거나 정부정책을 일방적으로 전달하는 역할에 안주한 경우가 많았다(이영애, 1999: 174).

5.10선거에 여성들을 참여시키기 위해 적극적으로 활동을 전개했던 우익여성단체들은 이후에도 이승만 노선을 적극 지지하며 8월 15일 출범한 정부조직에 지도인물들이 직·간접적으로 참여하게 된다. 한국문제를 유엔에 상정하는 데 큰 공을 세운 임영신은 초대 상공부 장관에 임명되며 박순천과 박현숙이 감찰위원회, 사회부 부녀국장에는 독촉애부 위원장이었던 박승호가 각각 임명되었다. 이외에도 여자국민당의 황현숙이 여자 경찰과장에 임명되는 등 우익여성단체 지도자들의 행정부 진출이 대폭으로 이루어져 여성운동과 국가기구와의 유착관계는 더욱 긴밀해져갔다(문경란, 1989: 134). 또한 우익여성단체는 좌익여성운동이 소멸된 가운데 독보적인 지위를 향유하면서 이후 여성단체의 성격을 결정짓는 데 압도적인 영향력을 미쳤다.

우익여성단체들은 친미반공국가 건설에 주된 이해를 가져, 여성대중을 위한 일상활동보다는 1946년의 반탁운동, 1947년의 단정수립 지지에 주력했다. 한글강습, 미신타파, 생활간소화 등의 일상활동을 벌였으나 기존의 성별분업 이데올로기에서 벗어나지 못했으며 이것조차도 신탁통치반대나 단독선거지지 참여를 유도하기 위한 수단으로서의 성격이 강했다. 이들 여성운동단체의 등장은 1950- 1970년대에 주류를 이루었던 여성단체의 활동에 여성해방 이념 부재, 어용성, 대중과 유리된 여류명사 중심의 여성조직 등의 낙인을 찍는 원인이 되었다고 볼 수 있다.

3. 미군정의 여성정책

미군정의 제반 여성정책은 여성의 삶에 지대한 영향을 미쳤다. 그것은 남녀평등의 민주주의 질서 확립이라는 목표하에서 추진됐지만 구체적인 준비나 대안이 없는 상태에서 전개됨으로써 또 다른 사회문제를 야기하기도 했다. 뿐만 아니라 자본주의 사회로의 재편이라는 점령의 기본 목표를 관철시키는 과정에서 미군정 정책의 중심은 정부 수립과 관련된 정치적 문제의 해결이었고 이를 위한 정치·사회적 안정이었다. 그런 가운데 여성문제는 정치·경제적 문제에 비해 부차적인 위치를 점하는 것이었다. 미군정의 여성정책은 정치, 경제, 사회, 문화의 제반 분야에서 여성의 지위를 향상시키고 여성의 권익을 옹호한다는 여성정책 고유의 업무보다는 미군정정책 일반을 추진하는 과정에서 여성의 지지와 참여를 이끌어낸다는 측면이 강했다(이배용, 1996: 175-176). 미군정의 여성정책은 공창제 폐지나 독자적인 부녀행정의 시초라고 할 수 있는 부녀국의 설치, 그리고 여성참정권의 실현과 여성의 교육 기회 확대 등을 중심으로 살펴볼 수 있다.

1) 공창제 폐지

공창제의 폐지는 일제 잔재와 봉건적 악습의 철폐라는 시대적 과제 외에도 '민족보건상', 그리고 '인권동등을 보장하는 법률의 기본 성격상' 시급한 과제로 부각되었다. 해방 직후 좌우익 여성운동단체가 모두 공사창제의 완전 폐지를 주장했지만 미군정의 대처는 그리 적극적이지 않았다. 미군정의 공창제 폐지는 여성계의 기대만큼 신속하고 철저하게 이루어지지 않았다. 패전국인 일본의 경우 점령 직후 즉각적으로 공창제를 폐지하는 신속성을 보였던 데 비해 한국의 경우 공창제 폐지 입법의 실행이 계속 지연되었다.

해방 이후 1년 만에 미군정은 인신매매를 금지하는 법령 제70호「부녀자의매매또는그매매계약의금지」를 공포했다. 이것은 "여하한 목적을 불문하고 부녀자의 매매 또는 매매계약을 금지"할 뿐만 아니라 그 매매계약이 어느 시기에 한 것이든 효력이 없음을 선언했다. 법령이 발표되자 처음에는 공창제도의 즉각적인 폐지로 인식되어 열렬히 환영받았지만 실제로는 단지 부녀자들의 인신매매만 금지하고 공창 자체를 폐지한 것은 아니었다. 포주의 손에서 벗어난 '창기'들의 생활에 대해서는 아무런 대책을 세우지 않았기 때문에 '창기'들이 혼란을 겪을 뿐이었다.

이에 1946년 10월 조선과도 입법의원에서는 공창폐지법을 통과시키는 즉시 군정 장관의 인준을 요청했으나 포주들의 반대운동이 거세게 전개되었고, 군정 당국도 구체적인 안을 가지고 있지 않은 상황에서 일은 지체될 수밖에 없었다. 그러나 김말봉이 이끄는 공창폐지연맹의 끈질긴 추진으로 러취 군정 장관이 이 문제를 입법의원에 상정했고 그 결과 만장일치로 공창폐지에 대한 초안이 가결되어 1947년 8월 29일 입법의원에서 통과되었다. 헬믹 대장은 입법의원에서 통과된 이 초안을 성문화시켜 인준했다. 1947년 10월 28일 공창폐지령 제7호가 발표되었고 효력발생 시일문제로 재고려가 있은 후, 1947년 11월 14일에 공창폐지령이 공포되었다. 그리고 1948년 2월 14일부터 그 효력이 발생됐다(양동숙, 1998: 18-25).

공창제를 폐지하는 데는 줄기차게 공창제 폐지를 주장해온 여성단체들의 요구가 중요한 역할을 했다. 좌우익여성단체는 정치적·사회적 입장에서 대부분 첨예하게 대립되어 있는 상태였는데도 공창제 폐지를

<표 3> 공창을 폐지해야 하는 여덟 가지 이유

공창제도와 축첩, 빨리 폐지하라

첫째, 공창제도는 아편과 노예문제와 같이 국가적으로 중요시하여 전 세계가 공창을 폐지했는데도 불구하고 조선만이 존속함.

둘째, 공창제도를 세계 각국이 폐지한 이래 풍기·교육·위생상 양호한 효과를 낸 것은 과학자가 연구한 통계와 현실이 증명함.

셋째, 공창제도는 인도·정의와 국제 조약상 폐지해야 할 뿐만 아니라 위생상으로 보아도 직·간접적으로 화류병의 매개물이 됨.

넷째, 공창제도는 부녀의 인격을 무시하고 여자의 정조를 일개 물품시하는 노예시장으로 봉건적 유물인 여성 모독의 패덕적 악풍임.

다섯째, 공창은 자녀교육과 공중위생과 사회풍기상 절대 응허(허락)치 못할 극악(極惡) 비도(非道)인 남자 전제의 한 폭력적 야만제도임.

여섯째, 공창은 유흥도식(徒食)과 불노안일(不勞安逸)의 근성을 조장하며, 사회범죄의 근원이 되는 향락적 타락생활을 유발한 인간의 자살적 제도임.

일곱째, 공창은 매음·매창이 자아 모독적 행위인 줄 알지 못하고 사회생활상 당연한 권리인 줄 알게 하는 패륜행동의 방조적 제도임.

여덟째, 공창은 일부일처(一夫一妻)의 대륜(大倫)과 가정화락을 파괴하는 강간적인 정조매매와 축첩(蓄妾)·접기(接妓)의 범죄를 정부가 명하는 교사(敎唆)적 제도임.

출처: ≪여성신문≫, 1947. 6. 6.

위해서는 비교적 한 목소리를 내고 연대했다. 그러나 좌익 여성단체가 공창을 일제 식민지정책의 잔재이며 경제적 모순 때문에 불가피하게 생성된 구조적 문제로 보는 데 비해, 우익여성단체는 공창 여성들의 개인적인 의식 부족과 성병 만연, 도덕상의 문제에서 가정을 보호하기 위해 공창이 폐지되어야 한다는 입장을 보여 접근방식에 차이를 보였다.

공창제 폐지는 사회적 논란을 거쳐 입법 시행되었지만, 공창 문제에 대한 구조적의 인식과 개혁을 요구하며 해방 직후 공창제 폐지운동을 주도했던 좌익여성단체는 미군정의 탄압으로 활동이 위축됐다. 이후 우익여성단체의 지속적 관심하에 공창제 폐지가 이루어지긴 했지만 사회적 대책과 구조적인 개혁을 요구하기에는 제한적이고 무력했다. 공창 문제의 주무부서였던 부녀국도 실질적인 대안은 마련하지 못한 채 성병치료, 교화지도를 강조했으나 이 역시 행사성의 강연, 좌담회 등이 대부분이었다(강이수, 1999: 289).

결국 일제의 잔재를 일소하고 봉건 유제를 철폐하기 위해 제정되었던 공창제 폐지는 사창의 급증이라는 새로운 문제점만 남겼다(김정숙, 1999: 173). 공창 폐지에 대한 미군정의 정책은 근본적이고 실제적인 대책이 결여됨으로써 현상을 개선하는 데 실질적으로 기여하지 못했다.

2) 부녀국의 설치

미군정은 역사상 처음으로 행정부서 내에 여성 관련 업무만 전담하는 부서를 설치했다. 1946년 9월 14일 보건후생부 내에 부녀국이 설치된 것이다. 이는 여성에 대한 정책적 접근이 '부녀복지적' 차원에서 시작되었음을 보여주는 것으로 이후 한국의 부녀정책 발전에 지대한 영향을 미치게 된다(신현옥, 1999: 41). 지방조직화는 1946년 말부터 시작되어 1947년 7월 초 서울시에 부녀과가 설치된 이래 1948년 2월까지 9개 지방에 부녀계가 설치되어 지방 수준에서 여성 관련 정책을 수행할 수 있는 기초 조직을 마련했다. 부녀국장으로는 여성을 임명했는데 최초의 부녀국장으로 고황경 박사가 임명되었고 미국인인 헬렌 닉슨이 부녀국 고문으로 일했다(보건사회부, 1987).

미군정 법령 제107호에 근거하여 만들어진 부녀국은 다음의 세 가지 기능을 담당했다. 첫째는 조선부인의 사회, 경제, 정치 및 문화적 개선에 관하여 군정 장관에게 진언하고 둘째는 조선부인의 지위 및 복지에 관한 자료를 수입하여 그 조사연구 결과를 발표하며 셋째는 조선부인의 복리증진을 위해 정부기관에 의견을 구현하고 그 표준과 방책을 정하는 것이다(이배용, 1996: 163).

부녀국의 직능 및 임무는 정치, 경제, 사회, 문화 전반에 걸쳐 있었으나 실제 활동은 계몽활동이 대부분이었다. 식민 지배에서 벗어나 국가를 건설하는 과정에서 여성들 역시 나름의 역할을 담당하도록 요청받았는데, 농업 위주의 사회에서 봉건적 규범에 묶여 있던 여성들은 낙후된 집단으로서 일차적인 계몽의 대상이었다. 헌법에서 보장받은 참정권 행사에 대한 계몽, 문맹퇴치, 가정위생 등에 관한 강연회가 초창기 부녀국의 주요 활동이었다(황정미, 2001: 95). 부녀국에서는 해방 직후의 열악한 사회 상황에서 여성조직을 육성하기 위해 서울과 지방에서 여러 차례 지도자 강습회를 개최하여 선거법, 공창제 폐지 등을 교육했다. 또한 일반 여성을 대상으로 '어머니학교'를 개설하여, 문맹자를 위한 한글교육, 음악 등 교양, 가사와 위생 등을 무료로 강습했다. 부녀국은 이러한 계몽활동을 통해 일반 여성에 대한 계몽과 함께 부녀활동의 지도적 인물을 양성하려 했고, 부녀국의 활동에 대한 홍보와 함께 여성의 적극적인 지지와 참여를 이끌어 내려고 했다(보건사회부, 1987: 54-57).

또한 1946년 12월부터 부녀국 주관으로 월간지 ≪새살림≫을 계몽 목적으로 발간했는데 창간호에서 "많은 여성들을 계몽하고 보호하고 지도하여 그들이 훌륭한 어머니가 되게 하는 것이 무엇보다 시급하다"라고 말하면서 여성에 대한 계몽의 중요성을 밝히고 있다(보건사회부, 1987: 58). 여성들이 일차적으로 남성들보다 먼저 계몽의 대상이 된 것은 당시 여성문맹자들이 많았기 때문이었다. 여성들의 문자 해독은 그들의 자질 향상을 위해서뿐만 아니라 근대적 가정관리를 위해 필수적이었다(신현옥, 1999: 43).

미군정의 여성정책에 나타난 여성은 '개인'으로서의 독립적 여성이 아니라 가족의 삶 속에서 규정받는 아내이자 어머니이자 딸인 '부녀자(婦女子)'였다. 여성을 '부녀자'로 보는 한 근대적 개인의 개념에 기초한 '시민'으로 여성을 인식하기가 어려워진다. '부녀'라는 말은 사회적·상징적 의미를 지니고 있다. 미군정이 도입한 서구적인 법질서는 형식적으로는 여성들을 봉건적 속박에서 풀어주고 참정권을 인정했다. 그러나 현실적으로 이 시기 여성들의 정체성은, '개인'으로서의 독립적 여성이

라기보다 가족의 삶 속에서 규정받는 '부녀', 즉 아내이자 어머니 또는
딸이었던 것이다. 따라서 정책적으로는 '몽매한' 여성대중에게 민주주
의 평등, 합리적 가정 살림 등 서구적 가치를 계몽한다고 했지만 그 정
책 대상은 여전히 여성이 아닌 '부녀'였다(황정미, 1999: 177-178).

미군정은 부녀국을 통해 여성운동단체의 활동에 적극적으로 개입했
다. 부녀국은 여성계몽에 대한 활동을 다양화해가기도 했으나 여성운동
단체들에게 부녀국에 등록하도록 유도하면서 결국 우익여성운동단체에
대한 지도와 지원, 좌익여성운동단체에 대한 탄압의 매개고리가 되기도
했다. 당시 우익여성 운동단체의 활동은 대부분 부녀국의 활동과 동일
선상에서 전개되었던 것이다.

부녀국의 지방조직 설치 과정에 조직된 '부녀국지방조직 실행위원회'
에서는 주로 우익여성단체에서 활동하던 이들이나 도지사의 부인이 위
원장을 맡아 활동했고 이는 우익여성단체와 각 지방 관료기구 및 부녀
국의 긴밀한 연계를 보여준다. 뿐만 아니라 실제 활동과정에서도 부녀
국과 우익여성단체는 동일한 보조를 취하는데 부녀국은 ≪새살림≫을
통해 독촉애부, 독립촉성여자청년단, 조선여자국민당, 불교여성총연맹,
여자기도청년연합회 등 주로 우익여성단체의 활동을 소개하여 이들의
활동을 장려했다. 한편 우익여성단체의 지도급 인물들은 1947년 중반
이후 우익세력이 단독정부 수립을 위한 남한만의 단독선거에 총역량을
결집시키자 여기에 적극 참여했다(김수자, 1999: 178). 그 과정에서 ≪새
살림≫의 지면을 통해 총선거를 홍보하는 글을 싣고, 부녀국은 5.10총
선거에 입후보한 우익여성 운동단체의 후보를 알리는 등 양자의 유착
관계는 단독정부 수립 운동과정에서 더욱 두드러졌다(이배용, 1996: 166).

여성운동단체의 활동에 대한 부녀국의 개입은 미군정의 점령 목표를
관철시키는 과정이었다. 미군정은 남한의 정치·사회적 안정과 자본주의
국가건설이라는 미군정 점령의 일반 목표에 따라 이를 지지하는 우익
여성단체를 적극적으로 지지했으며, 그것을 반대하고 진보적 민주주의
국가건설을 목표로 했던 좌익여성단체를 탄압했다. 미군정의 여성정책

에서 나타나는 여성에 대한 보호와 계몽 및 조직화 등의 흐름은 이후 한국의 부녀정책에서 계속 나타난다(황정미, 1999).

3) 여성참정권과 여성교육

미군정기 여성의 정치활동과 법적 지위에 나타난 가장 커다란 변화는 여성에게도 남성과 동등하게 선거권이 주어져 여성참정권의 실현되었다는 것이다. 미군정기는 정치활동 면에서 여성들에게 일정한 한계는 있었지만, 그래도 독자적인 정치세력화를 꾀할 수 있는 조건이 마련되었다는 점에서 의미가 있다. 남성과 동등하게 여성에게도 선거권과 피선거권이 주어졌고 여성 최초의 정당인 조선여자국민당이 조직되었다(이배용, 1996: 191). 임영신 등은 1945년 8월 전 국민의 요구에 의해 실현된 정치 지지 및 남녀평등 권리 주장 강령을 내세우면서도 현모양처, 모든 노력의 국가 제공, 일치단결 등을 선언하며 이승만의 추종세력으로서 조선여자국민당을 조직했다(최민지, 1979: 255).

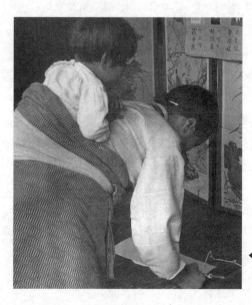

◀ 병풍을 두른 기표소에서 투표하는 여성(ⓒ 이경모, 1989).

여성참정권의 실현은 미군정기 여성의 법적 지위향상이라는 측면에서 가장 커다란 변화로 볼 수 있다.[7] 1948년 3월 17일에 공포된 법률 175호 「국회의원선거법」에 근거한 것으로 여성들에게 참정권이 주어진 것이다. 따라서 1948년 5월 10일에 시행된 제헌국회위원 선거에서 여성은 남성과 동등하게 선거권과 피선거권을 행사했다. 1948년 4월 13일자 국회선거위원회 발표에 의하면 총 유권자 877만 1,126명 중 805만 5,295명이 등록하여 전체 유권자의 91.7%에 해당하는 높은 등록률을 기록했다. 이 중 여성유권자의 등록률은 전체의 49.4%에 해당하는 39만 3,293명이었다. 입후보자 등록 상황을 보면 총 948명이 등록하여 평균 4.7대 1의 경쟁률을 기록했다. 이 중 여성은 총 18명인데, 그 중 7명이 서울에서 출마했다(이배용, 1996: 192).

1948년에 국회의원 선거법이 제정되면서 5.10총선에 여성 후보가 나오고 여성들이 유권자로 선거에 참여한 것은, 여성 최초의 참정권 행사로서 그 동안의 여성운동의 성과와 더불어 한국여성사에 새로운 장을 열어준 것이었다. 그러나 선거에서 여성입후보자는 한 명도 당선되지 못하여 여성의 정치참여가 법적으로 보장되어 있어도 현실적으로는 얼마나 어려운가를 여성들에게 확인시켜 주는 계기가 되었다.

여성들의 참정권은 참정권 획득을 위한 투쟁과정에서 이루어진 것이 아니라 남한단독선거를 준비하는 과정에서 '민주주의질서 확립'을 내건 미군정에 의해 주어진 측면이 크다. 참정권은 여성의 법적 지위 측면에서 여전히 제한적인 하나의 조치였을 뿐이다. 참정권의 부여가 여성들의 제반 법적 지위의 개선이라는 전반적인 목표하에서 이루어졌다고 볼 수 없다는 것이다. 여타 부분에서 여성들의 법적 지위는 일제시대와

---

7) 선거 홍보용 캠페인으로는 다음과 같은 구호들이 거론되었다(김수자, 1999: 180). "총선거는 여성을 부른다. 여성은 여성에게 투표하자. 선거로 남녀차별을 없애자. 총선거를 통해 남녀동등권을 찾자. 나라를 세우는 한 표, 여성은 여성에게. 남녀동등권은 이 기회에 찾아야 한다. 여성대의원 선출은 지상명령. 정권야욕의 남성 믿을 수 없다. 이번 선거는 우리 여성이 정치적 권리를 획득하는 첫 길이며 사회적 지위를 확보할 수 있는 서광이다."

전혀 다를 바가 없었고, 여성의 입장에서 커다란 불만이었다.

미군정기에는 군정 법령 제21호에 의해 일제시대의 법령이 그대로 적용되었기 때문에 여성의 법적 지위에는 이렇다 할 변화가 일어나지 않았다. 다만 1947년 9월 2일 대법원에서 처의 무능력제도를 철폐하는 판결이 내려지고 축첩을 아내에 대한 중대한 모욕으로 이혼의 원인이 된다고 여겼던 점 등은 여성의 법적 지위 변화를 예견할 수 있는 상황이라 할 수 있다(이배용, 1996: 172).

한편 미군정은 남한 사회에 미국식 민주주의를 보급, 확산하는 주요 수단으로 교육기회의 확대와 균등화의 실현을 기본 원리로 교육개혁을 추진했는데, 남녀차별을 없애기 위해 남녀공학제를 주창했다. 이에 1946년 6월 서울사범대학 부속중학교가 남녀공학으로 설립되었으며 따라서 여성의 교육기회가 확대되었다.

4. 미군정기 여성운동의 성격과 결과

미군정기 동안 한국여성운동의 귀결은 좌익여성운동의 패배와 우익 여성운동의 승리로 정리해볼 수 있다. 당시 좌우익 여성운동단체는 그 이념이나 구성원, 활동방향, 특히 여성해방의 구체적 목표에 커다란 차이점을 갖고 있었으며, 대립하고 있는 여성단체들에 대해 미군정은 우익여성단체에는 지원, 좌익여성단체에는 탄압이라는 편향적 입장으로 일관했다.

좌우익여성단체의 활동과 대립관계, 미군정과의 관계를 시기별, 이슈별로 나누어보면, 부총은 진보적 민주주의 국가를 수립하는 과업에 참여한다는 방침 아래 좌익진영이 전개하는 각종 정치집회에 참여함과 동시에 선전계몽활동, 독자적인 대중집회, 공사창제 폐지운동, 원호활동 및 쌀요구 투쟁 등의 다양한 활동을 전개했다. 그러나 부총은 1946년 9월 조선공산당이 신전술로 전환한 이후에는 독자성을 잃고 정치운동에 주력했고, 미군정의 가중되는 탄압을 겪으면서 그 세력이 약화되어갔다.

이에 비해 우익여성 운동단체들은 우익진영이 개최한 각종 집회에 여성대표로 참여하며 여성의 자아향상, 지능계발을 위한 계몽활동, 공사창제 폐지운동 등을 전개했다. 독촉애부를 중심으로 한 우익진영은 1946년 말 여총을 결성함으로써 결집된 역량을 과시하게 되는데, 이들은 주로 이승만과 한민당의 정치노선을 추종하며 그들이 주최하는 각종 집회에 여성들을 동원했다. 이러한 과정에서 우익여성단체는 미군정이라는 국가기구와의 유착관계를 통해 지원을 받으며 성장할 수 있었다. 여성단체와 국가기구의 이러한 관계는 이후의 여성운동단체에 계승되며, 여성단체가 친체제적·친정부적이라는 비판을 받게 되는 원인이 된다.

여성운동단체의 조직과 관련하여 살펴보면 이 시기 여성단체는 좌우를 막론하고 독자성을 획득하지 못하고 있었다. 부총은 조선공산당이나 남로당의 외곽단체로서, 독촉애부는 이승만계의 지지세력인 독립촉성중앙위원회의 산하단체로서 정치노선과 운동노선을 추종하고 있었다. 이러한 성격은 여성단체의 대중성과도 관련되어 나타나는데, 즉 부총의 경우 신탁통치 지지와 조선공산당의 신전술로의 전환 이후 많은 활동이 정치운동화됨으로써 지지 기반도 잃게 된다.

독촉애부의 대중적 기반도 매우 취약한 것이었다. 이 조직 자체가 여성의 분출하는 욕구를 기반으로 여성문제를 해결하기 위해 만들어진 것이라기보다 신탁통치 반대와 같은 정치문제를 계기로 여성을 동원하기 위해 만들어졌다는 점에서 처음부터 여성대중을 기반으로 삼지 못했던 것이다. 독촉애부의 운동노선 자체가 여성대중의 참여를 중요시하기보다 여성정치인의 육성을 통해 정치에 참여하는 방식을 더 중요하게 생각하고 있었던 만큼 대중성을 기반으로 문제를 해결하기보다 여성정치인을 통해 국가기구에 건의하는 방식을 주로 사용했다. 여성대중과 유리된 소수 여류명사 중심의 조직 방식의 원형을 이 시기에서 찾을 수 있는 것이다(문경란, 1989: 135-136).

미군정과 여성운동의 관계는 우익단체에 대한 후원과 좌익단체에 대한 탄압으로 요약할 수 있다. 미군정은 우익단체와는 부녀국을 통해 더 긴밀한 관계를 맺어가면서 우익여성단체의 활동을 음양으로 지원했다. 반면 좌익여성단체는 좌익의 불법화와 함께 체포, 테러 등으로 탄압하여 그 역량을 수축시켰다. 단정과 관련하여 여성운동단체들의 대응을 살펴보면, 부총은 단정을 위한 5.10선거에 적극 반대했지만 이미 조직적인 역량이 약화된 시기였으므로 그 활동은 미약했다. 이에 비해 우익진영 여성단체들을 남한만의 단독정부 수립을 지지하여 이를 위한 5.10선거에 여성들을 대거 참여시키기 위한 운동을 대대적으로 전개했다.

미군정의 여성정책은 공창제의 폐지나 독자적인 부녀행정의 시초라고 할 수 있는 부녀국의 설치, 여성참정권의 실현과 여성의 교육 기회 확대 등을 중심으로 살펴볼 수 있다. 그러나 이러한 제반 여성정책은 구체적인 준비나 대안이 없는 상태에서 전개되어 또 다른 사회문제를 야기하기도 했다. 뿐만 아니라 자본주의 사회로의 재편이라는 점령의 기본 목표를 관철시키는 과정에서 미군정 정책의 중심은 정부 수립과 관련된 정치적 문제의 해결이었고 이를 위한 정치·사회적 안정이었다. 그 속에서 여성문제는 정치·경제적 문제에 비해 부차적인 위치를 점하는 것이었다. 그러나 1948년 7월 17일에 공포된 헌법에 민주주의 이념에 입각한 남녀평등권이 보장되었다는 점에서 미군정기는 한국여성사에서 하나의 새로운 장을 연 것이었다.

분단국가의 형성과 함께 좌익여성단체는 약화되고 우익여성단체가 독점적인 지위를 향유하면서 이후 여성단체의 성격을 결정하는 데 압도적인 영향력을 미치게 된다. 그 후 여성운동은 미군정기 3년 동안의 특징으로 부각되었던 여성해방 이념의 부재, 국가권력기구와의 유착관계, 대중과 유리된 여류명사 중심의 여성조직이라는 특성을 강화시켜갔다.

■ 생각할 거리

1. 해방과 분단을 거치는 동안 여성들의 삶이 어떤 모습이었는지를 살펴볼 때 어떻게 자료를 수집하고 재구성할 수 있을지를 생각해 보자.

2. 미군정기는 분단국가가 형성되고 있었지만 분단이 고착되지 않았 으므로 남북한간에 상호작용이 있었을 것이다. 여성들의 의식과 활동을 남북한의 상호작용과 관련하여 생각해보자.

3. 1948년 5.10선거에서 여성은 처음으로 선거권과 피선거권을 획득 하게 되었다. 그 의의와 한계를 생각해보자.

4. 미군정기 동안의 좌우익 여성운동을 어떻게 평가할 수 있을지 생 각해보자.

■ 읽을거리

강이수. 1999, 「미군정기 공창폐지와 여성운동」, 『미군정기 한국의 사 회변동과 사회사』, 한림대학교 아시아문화연구소, 261-291쪽.

김수자. 1999, 「여성의 첫 참정권 행사 1948년 5.10 선거」, 이배용(외), 『우리나라 여성들은 어떻게 살았을까 2』, 청년사, 174-185쪽.

문경란. 1989, 「미군정기 한국여성 운동에 관한 연구」, 이화여자대학교 대학원 석사논문.

이배용. 1996, 「미군정기 여성생활의 변모와 여성의식, 1945-1948」, ≪역사 학보≫ 150, 역사학회, 159-214쪽

이승희. 1991, 「한국여성운동사연구: 미군정기 여성운동을 중심으로」, 이화여자대학교 박사논문.

제2장 분단, 한국전쟁과 여성
1950년대 한국 여성의 삶

김귀옥

1. 1950년대 한국여성의 삶에 다가가기

다음 두 장의 사진은 1950년대 우리 사회 어디에서나 볼 수 있었던 시장의 풍경이며, 좌판에서는 당시의 빈곤을 역력히 읽을 수 있다. 그러나 조금만 더 들여다보면 장사치들이 대부분 여성이며, 어린아이들까지 데리고 나온 젊은 여성들임을 알 수 있다. 그들 중 적지 않은 사람들이 소위 '전쟁미망인'이었을 것이다. 전통의 굴레는 아직 사라지지 않았지만, 여성들은 가족과 함께 생존하기 위해 거리로, 시장으로 나왔다. 과연 1950년대 여성들은 어떻게 살았을까?

▲ 한국전쟁 중 시장의 여성들.

▲ 1957년 김장시장의 여성들(국정홍보처, 2001, 『정부기록사진집 3권』).

오랫동안 한국현대사에서 1950년대 민중사 연구는 공백지대로 남아
있었다. 한국전쟁과 참화, 전후 복구, 4·19혁명으로 이어지는 이승만
정부하의 몇몇 정치·경제적 사건들을 제외하면 1950년대 민중의 삶은
드라마나 소설, 영화의 소재로만 남아 있었다. 1980년대 후반 이후에야
연구자들은 현대사에 주목하기 시작했다. 그러나 많은 연구들이 해방시
기와 정치사로서의 한국전쟁 연구에 치중되어 있었고, 1950년대의 민
중이나 여성의 삶에 대한 연구는 좀더 시간이 지난 후에야 가능했다(김
귀옥, 2004).

1990년대 말, 2000년대 초에 이르러 비로소 1950년대 여성연구가
차츰 진행되고 있다. 몇 편 되지 않는 연구는 대개 여성정책 및 여성운
동에 할애된 편이고, 1950년대 문예물 분석을 통한 여성성 연구가 발
표되고 있다. 또한 한국전쟁을 둘러싼 여성 문제 연구도 제한적이나마
발표되고 있다. 기존의 연구 중 한국사회의 젠더 성격을 담은 자료가
지극히 소수여서 아직까지는 문예물이나 정간물, 드라마 등 대중매체의
문헌분석에 치중되어 있다. 이 장에서는 최근의 연구 성과물과 구술사
조사(oral history research)에서 발굴된 증언 자료나 대중매체를 중심으로
1950년대 여성의 삶과 운동에 접근해갈 것이다.

우선 분단과 전쟁으로 얼룩진 1950년대 사회의 성격과 모습을 짚어
보기로 한다.

2. 1950년대 분단과 전쟁의 사회와 여성문제

1950년대 한반도에는 전쟁과 반공주의의 광풍이 휘몰아쳤다. 1953
년 7월 27일 정전협정이 체결되었으나 전쟁이 남긴 그림자가 21세기가
되어서도 여전히 드리워져 있을 만큼 전쟁의 피해상은 극심했다. 1950
년대 북한과 미국, 중국 간의 정치협상이 결렬됨으로써 사실상 한반도
는 평화가 정착되지 않은 채 준전시상태로 치닫게 되었고, 한국사회는

분단과 전쟁의 특징을 띠게 되었다. 이제부터 1950년대 한국사회의 특징을 살펴보고 여성문제를 도출해나가기로 한다.

1) 1950년대 인구학적 특징

1950년대 분단과 전쟁이 사람에게 미친 가장 심각한 문제는 인적인 피해상과 광범위한 이산가족의 발생일 것이다.

우선 정전 당시 남북의 인적 피해는 다음과 같다. 정확한 피해 자료가 없으므로 두 가지 자료를 통해 가늠해보도록 한다.

> 아군(남) 측은 국군(경찰 포함) 63만 명, 유엔군 55만 명을 포함해 119만 명이 전사·전상·실종당한 반면 적군(북) 측은 북한군 80만 명, 중공군 123만 명 등 약 204만 명의 손실이 생겨 군인 피해만도 총 322만 명에 달했다(국방군사연구소, 1997: 649).

> 우리가 추정컨대 200만 명 이상의 북한 민간인과 약 50만 명의 북한 병사들이 죽었을 것이다. 그리고 약 100만 명의 중공군이 죽었다. 약 100만 명의 남한 민간인들이 죽었고 전투와 관련되어서는 약 4만 7,000명이 죽었다(Cumings & Holliday, 1989: 202-203).

남북 군인만 해도 110-130여만 명이 전사·전상·실종되었고, 남북 민간인은 300만 명 가까운 사람이 학살·비행기 공습·전투로 사망했다. 1949년의 남북 인구가 3,000만 명 정도인데 3년의 전쟁으로 남북 전체 인구의 13%에 해당하는 사람이 사라졌다.

다음으로 남북에 걸쳐 광범위한 이산가족이 발생했다(김귀옥, 2004). 월남인과 월북인을 포함한 이산 당사자만 해도 약 100여 만 명이고, 그 유가족은 수배에 달하여 총 이산가족은 약 400여만 명으로서 한반도 전체 인구의 1/6에 달했다.

그런데 여기서 또 다른 인구학적 특성을 들여다보면 전사자나 이산 실향민(displaced persons)의 상당수가 20-30대 남성임을 발견하게 된다

(강정구, 2001). 또한 1950년대 당시 평균 초혼연령이 남성 24.7세, 여성 20.5세였던 사실로 미루어, 해당 남녀 모두가 기혼자는 아니었더라도 전사나 이산이라는 피해로 연속적인 피해자, 즉 수많은 미망인과 전쟁고아가 발생했던 것을 짐작할 수 있다. 실제로 1956년 대한적십자사가 납북인 신고를 받았을 때 당시 신고된 납북인 7,034명 가운데 남자는 6,884명, 여자는 150명으로 여성은 전체의 2.1%에 불과했다(김귀옥, 2004a). 이러한 사실은 2000년 6·15 남북공동선언 이래로 2004년 3월까지 아홉 차례 있었던 남북이산가족 상봉 현장에서도 확인할 수 있다.

한편 통계상으로 1950년대에는 남북을 통틀어 '여초사회'였다. 일제시대 말기의 성비[1]에서, 38선 이남지역이 여초사회였다면 공업지대나 광산지대가 많았던 이북지역은 남초사회(108.3)였다. 1953년이 되면 역전되어 북한의 경우 한국전쟁 이래 최근까지 '여초사회'로 1953년에는 여성 100명에 남성이 88.3명밖에 되지 않았고 1956년에는 91.6, 1960년에는 93.8이었다. 남한의 경우에도 1953년의 성비는 97.6, 1956년의 성비는 95.4로 여초를 보이다가, '베이비붐' 시기를 거치면서 1960년에는 100.7로 균형을 이루게 된다(통계청, 1997: 51).

2) 전통과 근대의 부조화된 결합

한국전쟁이 한국사회에 미친 중요한 영향 중 하나는 전통적 신분제도를 일소했다는 점이다. 다시 말해 한국전쟁은 사농공상의 차별이 제도화된 신분제 사회와 종중, 문중과 같은 혈족공동체 사회를 해체하여 평등한 관계를 기본으로 하는 한국식 근대적 사회질서의 기초를 마련했다.

그러한 과정은 한국전쟁 동안 계급간, 이념간의 대립과 갈등 속에서 이루어졌다. 계급과 이념에 따라 사회집단은 말할 것도 없고 친인척간

---

1) 성비(性比, sex ratio)=남성의 수/여성의 수×100, 즉 여성 100명에 대한 남성의 수를 의미한다(권태환·김두섭, 2002: 70).

에도 학살과 보복이 빈번하여 농촌 중심의 전통적 공동체는 깨어지고 사람들은 원자화되었다. 정치적·사회적으로 제1의 지배이데올로기가 된 반공주의가 한국전쟁을 거치면서 거시구조는 말할 것도 없고, 사람들의 행위나 내면적인 의식의 흐름까지 지배하면서 원자화를 부추겼다.

또한 한국의 도시화를 급속도로 진전시켰다. 서구의 도시화는 산업화와 함께 이루어지지만, 한국의 도시화는 분단과 한국전쟁의 결과로 시작됐다. 도시인구 비율이 1925년 3.2%, 1935년 5.6%에서 1945년에 12.9%, 1955년에는 24.5%로 변해갔다. 1945년 8·15 해방이 되자 일제시대 해외로 나갔던 사람들이 일거에 귀국하여 일본이나 만주 등의 귀환동포가 150여만 명이었고, 월남인도 약 50여만 명이 이남으로 내려왔다. 그들은 출신지(대부분 농촌)보다는 식량배급과 일자리의 기회가 있는 서울이나 도시로 몰려들었다. 한국전쟁 동안 정부는 월남인들을 포함한 피난민들을 농촌으로 배치하려고 노력했으나 대다수 피난민들은 서울이나 부산, 인천 등의 도시로 몰려들었다.

박경리의 소설 『불신시대』(1957)에서 보이듯 1950년대 도시의 삶은 이질적이고 낯선 사람들과의 불신으로 가득 찬 관계였으며, 상호 폭력과 기만으로 가득 차 있었다. 그러한 사람들간의 불신 속에서 믿을 것은 자기 자신과 '축소된 가족주의'(강인철, 1999)뿐이었다. 축소된 가족주의 사회는 과도한 교육열을 부추겼다. 고등교육을 통해 출세와 사회적 희소가치에 접근하려는 열망은 배금주의와 가족이기주의를 정당화시켰고 그 외의 모든 가치를 부차화·무력화시켰다. 이미 1950년대 일류로 분류되는 서울 시내 중심 초등학교에 들어가기 위한 위장전입이나, 명문 중·고등학교 입학을 위한 과외가 심각한 사회문제로 나타났다. 거기에는 도시 중산층 주부의 '치맛바람', 농민의 '우골탑', 월남인의 '북청물장수'가 일익을 담당했고, 특히 '희생적인 모성론'이 자리를 잡아가고 있었다.

이러한 불신시대, 축소된 가족주의와 과열된 교육열은 1960년대 이후 근대화와 만나면서 한국 경제를 발전시키는 원동력이 되었다. 그러나 근대화 과정은 정치·경제·사회 모든 관계에서 전통적인 지연, 학연 등과 같은 연고주의를 조장했고 성별 차별 기제를 철저히 활용했다.

3) 미국 문화의 확산과 남녀평등 의식의 형성

1950년대의 한국사회에는 미국 문화가 뿌리내리고 확산되었다. 1950년대에는 원조경제가 자리 잡게 되면서 한국 경제의 대미 종속이 심화되는 한편, 한국민들에 의한 미국 문화의 자발적인 수용이 미국에 대한 동경 속에서 이루어지고 있었다. 미국의 팝송과 절대 빈곤과 영화, 크리스마스와 기독교, 원조물자 및 구호물자로 들어온 밀가루, 옥수수가루, 우유를 포함한 식품류, 의류나 의약품, 미군부대에서 흘러나온 휘발유과 기계부품, 미군부대 매점 PX(Post Exchange) 물자와 부대고기, 소위 모든 '미제'의 보급과 확산은 한국민에게 미국을 '은인의 나라'로 내면화시키면서 미국식 생활양식을 동경하게 만들었다.

사실 이 시기에는 미군정이 친일파 경찰이나 친일파 관료들을 재등용하고 쌀 강제수매로 민생을 불안정하게 하는 등 실정을 거듭하여 한국인에게는 미국에 대한 비판의식이 자라났다. 그러나 한국전쟁 시기를 통해 숭미주의가 확립되고 미국적 가치가 제일의 가치가 되는 한편, 해방시기의 '사회주의=진보적 이념'이라는 생각이 '자유민주주의=반공주의=근대적 이념'으로 변화되었다(강인철, 1999). 특히 미국의 문화와 의식은 자유민주주의에 기초한 교육과정에서 어린 학생들에게 자연스럽게 자리 잡을 수 있었는데 미국=진보, 전통=후진이라는 이원화된 등식이 형성되었다. 대중매체 역시 그러한 기능을 하는 데에는 마찬가지였다.

또한 한국전쟁을 거치면서 기독교의 성장은 두드러지는 변화의 하나였다. 기독교의 보급 역시 미국 문화를 확산시키며 미국제일주의를 내면화시키는 데 중요한 역할을 했다. 한국전쟁 전에 기독교(개신교와 천주교)는 '6대 종교'의 하나였으나 1955년경에는 개신교가 불교와 함께

'양대 종교'가 되었고 천주교까지 포함한 '3대 종교가 정립(鼎立)'(강인철, 2003: 139-140)되었다.

기독교가 확산된 데에는 교회를 통한 원조의 영향이 컸다. 일반인들은 교회를 통해 그 시대 사람이라면 잊을 수 없는 부활절 계란, 크리스마스 선물과 같은 의류나 식료품, 문구류 등을 얻을 수 있었다. 또한 교회는 의료기관이나 교육기관으로서의 역할도 했으며, 보육원, 양로원, 요양원도 운영하여 일반인들에게 '구제기관'으로 인식될 정도였다.

그러한 과정에서 기독교 교회는 '한국 속의 미국', '미국에 이르는 통로'로 간주되었다(강인철, 2003: 171). 교회 기관이 주관하는 영어 강습회는 항상 수강생들로 만원을 이루었고, YMCA는 1950년대 영어강습회를 개최하기 시작하여, 1950년대 말까지 20만 명의 수료생을 배출했다고 한다.

한국 개신교의 특징 가운데 하나는 그것이 여성의 종교라는 점이다. 전체 개신교 신도의 62.6%가 여성이고, 교회 여성들은 교회를 통하여 미국식 세계관, 자유주의적 세계관, 기독교적 남녀 평등관을 자연스럽게 내면화할 수 있었다.

1950년대 여성운동가 및 여성 사회지도자의 대다수가 기독교 신자였는데, 그 중 당대 최고의 여성지도자인 국회의원 박순천은 여성의 정치적 참여를 다음과 같이 보고 있다.

여성이 정치를 논의하면 천하대사를 논의하는 것같이 생각하고 있는 것 같습니다. 그러나 국민의 필요를 충족시키고 국민의 권리를 증진시키기 위하여 일상생활을 원만하게 진보적으로 영위하는 것이라든지 우리가 매일 사용하는 음료수와 식료품, 거주하는 주택을 마련하는 것이라든지 자녀를 양육하는 상태, 우리 자녀를 교육하는 방법 같은 것, 이러한 것이 여성으로서의 정치문제일 것이니 마땅히 여성도 이에 참여하여야 할 줄로 믿습니다······.

남성들이 여성이 자기의 사명을 알고 완수할 수 있게끔 여성의 인격을 존중하고 가정의 신성을 중시해준다고만 하면 우리들은 일부러 불편과 고난을 감수하면서 정계에 루족하는 수고를 하지 않아도 좋을 것입니다. 그리고 나날이 각성의 도가 높아지는 여성들이 과거 남성에게 편리한 도구처럼 되어 있던 것과 같이 금일의 여성들이 모두 그와 같으리라고 생각한다면 나날이 달려가는 새 사상의 파동이 그와 같은 남성들은 용납하지 않을 줄 믿습니다. 전 국민의 과반수 이상을 찾이한 우리 여성들에게 부여된 당연한 이익을 위함과 동시에 류히 차태 국민의 훌륭한 어머니가 되기 위해서는 우리는 감연히 이 불공평한 사회와 싸우고 또 모-든 불순을 제거하기 위해서 노력해야 할 것입니다(박순천, "여성과정치", 《동아일보》, 1953. 5. 17.).

박순천은 여성이 정치를 논하고 참정해야 하는 이유를 남성이 여성의 인격을 존중하지 않고 가정의 신성을 중시하지 않기 때문이라고 한다. 그는 정치에 참여하는 것을 불편하고 고난스러운 '루족(淚足)하는 수고'라고 인식하고 있다. 즉, 소시민적 세계관에 입각해 공사의 영역을 고수하며, 가정적 질서를 지켜야 한다고 보는 한국형 '자유주의적 페미니스트'로서의 면모를 보여준다고 할 수 있다.

한편 1950년대를 풍미한 소설의 하나인 정비석의 『자유부인』[2]에도 미국식 자유 바람으로 전통적 가치가 무너지는 사회 분위기가 나타나 있다. 사실 1950년대에는 '춤바람', '치맛바람', '계바람'을 통칭하는 '3바람'이라는 말이 있었다. 이는 여성의 사회 진출이 확산되고 가정에서의 역할이 제고되면서 일부 여성들이 경제적 처분권을 가지게 됨에 따라 일어나는 현상이라고도 볼 수 있다. 그러나 당시에는 이것을 무분별한 미국 문화의 확산으로 보기도 했다(주부생활사, 1975: 23-24).

3. 1950년대 여성의 삶

1950년대 여성을 떠올리면, 삯바느질로 자식들을 키우는 어머니, '몸빼' 바지에 허리띠를 동여매고 시장에서 장사하여 번 돈으로 아들을 대학 보낸 어머니, '양코백이' 자식을 데리고 기지촌을 따라다니는 짙은

---

2) 1954년 1월부터 8월까지 《서울신문》에 연재된 「자유부인」과 1956년 《경향신문》에 연재된 「실락원의 별」은 커다란 사회적 반향을 일으켰다.

화장의 순이, '엘레나'가 그 시대 우리 어머니들의 초상화처럼 스쳐지나간다. '전쟁미망인', 여성 이산가족, 군기지촌 여성이 이 시대를 상징하는 여성이 아닐까 싶다. 여성이 가족의 부양을 책임지고, 여성이 남성 중심의 가부장제도와 이데올로기를 지켰다.

그런 분위기 속에서 1950년대 여성들은 어떤 일을 하며 살았을까? 1950년대 말 총 취업자 중 제조업 종사자의 비율은 5%에도 미치지 못했으므로 경제활동인구의 대다수는 농·어업 등 1차 산업에 종사했거나 실업상태에 있었다. 그 시대 여성들을 구술조사하면 당시 기혼 여성의 대다수가 주부라거나 별다른 경제활동을 하지 않는다고 말하는 경향이 있다. 그렇지만 사실 1950년대 우리 사회에서 전업주부라는 개념은 존재하지 않았고, 대부분의 여성들은 가사노동과 사회노동의 구분이 되지 않은 상태에서 일했다. 즉 사회 전체 구성원의 대다수가 농업인구였던 당시, 농촌여성들에게는 주부와 농부의 경계가 없었다. 반면 제조업의 저발전으로 1960년까지 제조업에서 일을 했던 여성노동자는 수만 명을 넘지 못했다(이옥지, 2001).

이 장에서는 전쟁미망인과 여성 이산가족을 중심으로 당대 여성의 삶을 짚어나가기로 한다.

1) 전쟁미망인의 삶

'전쟁미망인'은 전사한 남편을 둔 여성을 가리키는 말이다. 죽지 못하고 살아남았다는 부정적인 뜻을 가진 '미망인(未亡人)'란 말은 당대에 채택되었던 용어이자 전통적인 여성성을 바탕에 둔 개념이었다. 즉 '일부종사(一夫從事)'를 위해 남편이 먼저 죽더라도 여성은 순결 이데올로기 또는 정절(情節) 이데올로기를 고수해야 한다는 압력을 주는 말이었다. 그래서 미망인이란 딱지가 붙은 자들은 타인에게 요주의 대상으로 주목받기도 했다.

정부 당국은 전쟁미망인으로서 군인과 경찰관의 전쟁미망인, 납북자의 미망인, 민간인 피학살자 및 사망자의 미망인으로 분류했다. 1952년 4월 보건사회부 통계에 따르면, 전국의 미망인은 총 29만 3,676명이며 그 가운데 전쟁미망인이 10만 1,845명이고 나머지는 자연사로 인한 미망인이며, 미망인 중 40세 미만이 13만 명, 40세 이상이 15만 명이라고 한다(≪동아일보≫, 1952. 4. 29). 그런데 1955년 센서스 결과에 따르면 전체 미망인은 108만 7,716명이고, 40세 미만 17만 7,175명, 40세 이상 91만 541명이라고 한다. 몇 년의 간극이 있더라도 79만 4,000여 명은 너무 큰 차이이다.

객관적으로 볼 때, 센서스 자료가 보건사회부 통계에 비해 좀더 정확하다고 하더라도 현실적으로는 센서스 조사에서도 잡히지 않은 배우자의 생사존부에 대한 문제가 남아 있다. 즉 납치된 것이 분명한 납북인을 제외한 월북인의 배우자나 민간인 피학살자가 '빨갱이'로 낙인찍힐 것을 두려워하여 배우자의 생사존부를 제대로 밝히지 않음으로써 적지 않은 숫자가 조사에서 누락되었을 가능성이 있다. 한편 역으로 시간이 갈수록 전쟁미망인이 늘어난 것은 전쟁 당시 '행방불명'된 배우자를 정전협정 후에야 전쟁 중 사망자로 처리했기 때문이기도 하다. 연좌제가 개인의 삶에 질곡으로 작용했던 지난 반공의 시대, 월북했을지도 모르는 행방불명자를 둔다는 것은 유족 전체의 삶에 영향을 줄 수 있었다. 실제로 조사에서 만난 월북인의 배우자들은 그들을 모두 사망자로 처리했고, 그들이 죽은 것으로 믿고 있다(김귀옥, 2004). 조은의 소설, 『침묵으로 지은 집』의 주인공 가정도 행방불명된 아버지를 '병사(病死)'로 처리했다. 이런 경우의 미망인을 배우자의 생사여부와 상관없는 '사회적 미망인'이라고 할 수 있다. 1950년대 중반 이후, 이러한 사회적 미망인까지 합치면 전쟁미망인은 100만 명이 훨씬 넘을 수도 있다. 전쟁미망인의 기준을 엄격히 제시한 이임하(2002)의 연구에 따르면 전쟁미망인은 어림잡아 50여만 명에 달할 것으로 추정된다.

소수의 미망인을 제외한 대다수 미망인은 경제적 고통에 처했다. 1955년에는 미망인의 4.5%만이 상층이고 하층은 75.2%로 보고되었다.

또한 문맹 47.5%, 국문해득 35.5%이고 초등학교 졸업율은 15.2%에
불과했다(보건사회부, 1963). 또한 미망인들은 평균 2-3명의 자녀를 두고
있다. 전쟁으로 일자리를 잃은 실업자가 급증하고 미망인의 대다수는
교육수준이 낮았으며, 사회관습상 기혼여성의 정규직 진출은 거의 폐쇄
되어 있었기 때문에, 배우자가 사망한 미망인과 유족들의 삶은 매우 불
안정했다. 미망인들은 한정된 범위 속에서 경제활동을 했다. 1950년대
의 취업상황을 보면 다음과 같다.

　1955년 미망인의 46.3%가 농·어업에 종사하여 같은 해 전국 평균
67.9%에 현저하게 못 미친다. 30.9%에 달하는 무직자는 대개 무응답
자인데, 일부 전업주부나 고령자, 장애인과 같이 사회활동을 하지 않는
사람을 제외하면 대개 주·부업으로 농업이나 자영업, 그 밖의 경제활동
을 했을 것으로 추론할 수 있다.

　다음으로 많은 경제활동을 하고 있는 직업이 '상업·금융 및 부동산'
으로 자영업이나 사채업을 하는 여성으로 분류할 수 있다. 실제로 도시
미망인의 대다수는 장사를 했다. 자산이 있는 경우에는 가게를 갖추어

<표 1> 1950년대 미망인의 경제활동

(단위: 명, %)

구분		1955년	1956년	1957년	1958년	1959년	1960년
직업별	농·어업	227,912	236,612	206,929	212,206	255,479	264,381
	광업	480	1,424	957	1,207	1,177	587
	제조업	4,031	2,577	2,287	2,571	3,103	2,806
	상업·금융 및 부동산	35,676	41,717	34,260	33,616	39,666	44,196
	운수보관 및 중신업	1,190	915	713	848	639	821
	서비스업	7,776	8,128	5,075	6,761	5,373	5,660
	기타	63,387	52,923	44,514	38,464	46,506	47,370
	무직자수	152,139	165,407	130,355	134,131	156,052	183,873
	계	492,591	509,709	425,090	429,809	507,995	549,694

출처: 보건사회부, 『보건사회통계연보』, 1963, 459쪽.

규모가 있는 자영업을 했으나 상당수는 시장에서 좌판을 펴고 상행위나 행상을 했다. 자영업으로 성공한 대표적인 사례는, '과부촌', '원조할머니두부', '초당두부' 등과 같이 사회적으로 미망인을 상품화시킨 것에서 그 기원을 찾을 수 있다.

그러나 이러한 자영업을 하기 위해서는 자본금과 경영력, 연고망 등이 필요한데, 이것을 제대로 갖추지 못한 빈곤층 여성의 경우 대개 행상을 했다. 1957년 여성의 직업을 조사하기 위해 서대문구 홍은동, 영등포구 문래동, 종로구 가회동에서 300명을 직접 면담한 결과, 빈민지역인 홍은동의 경우 미망인 26명 가운데 53.7%인 14명이 떡장사, 광우리장사, 일용품장사, 옷장사, 새우젓장사 등의 행상과 식료품점을 했고 문래동(공장지대)의 경우 미망인 47명 가운데 36.6%인 17명이 야채장사, 화장품장사 등의 행상을 하는 것으로 나타났다. 다만 가회동(부유층 밀집지역) 미망인들의 경우에는 주로 가내 재봉, 즉 삯바느질을 했다(이임하, 2002).

또한 다음의 <표 2>에서 보듯이 서울부녀자직업보도소의 미망인 50명의 사회활동 조사결과에서도 행상을 하는 여성들이 18명(36%)으로 가장 많았다. 그리고 '가정일', 즉 남의 집에서 '식모'일을 하는 사람이 8명(16%)으로 그 다음으로 많았다. 즉 저소득층 미망인일수록 생계문제 해결로 많은 고생을 했던 것으로 볼 수 있다.

<표 2> 1959년 서울부녀자직업보도소 미망인들의 사회활동 조사결과

(단위: 명)

직업형태	수	직업형태	수	직업형태	수	직업형태	수
행상	19	내의 만들기	1	세탁	1	자수	1
가정살림	6	가정일	8	고아원 보모	1	전도사	1
편물	4	생선장사	1	직조	1	피난민 수용소	1
방직공장	1	재봉	2	양재	1	학교	1

출처: 임병형·고경숙, 『서울 부녀자 직업보도소 답사보고서』, 주한미군 경제협조처·지역 사회개발국, 1959.

2) 여성 이산가족

이산가족에 대한 본격적인 연구는 1990년대에 들어와서야 제대로 수행되기 시작했다. 이산가족에 관한 주제도 오랫동안 문예물의 대상이었을 뿐 이에 대한 총체적인 연구서는 드문 편이다.

이산가족은 '분단과 한국전쟁으로 본인의 의사와 관계없이 고향을 떠나 휴전선 너머로 헤어져 못 만나게 된 본인과 그 유가족'(김귀옥, 2004)을 의미한다. 이산가족의 범주에는 월남·월북인, 미송환 납치인(납북인과 납남인 모두)과 유가족, 미송환 군(국군과 인민군 포함)포로와 유가족, 미귀환 공작원(북파와 남파 포함)과 유가족 등으로 나눠볼 수 있다.

그런데 이산가족, 특히 이산의 당사자는 얼마나 될까? 우리는 아직도 정확한 이산가족의 규모를 모르면 앞으로도 알기가 쉽지 않다. 이러한 이산가족 범주 가운데 월남인의 수에 대해서는 여러 가지 자료들이 있지만, 다른 범주의 이산가족은 미궁에 빠져 있다. 그럼에도 우리 사회에는 이산가족이 편만해 있는 느낌이다. 대략 한국전쟁 당시 월남인은 70만 명 안팎이고 월북인은 30만 명 안팎으로 추산되어왔다. 월남인 중 가족 전체가 월남한 경우는 1996년 조사에 따르면 18% 정도이고, 부부가 함께 월남한 경우는 45% 정도였다[김귀옥, 2002(1999): 245, 309]. 부부 동반 월북인의 경우 대략적인 통계조차 없지만, 10%도 되지 않을 것으로 짐작할 뿐이다. 월북인의 유족, 특히 배우자의 고생은 말할 필요도 없을 것이다. 월남인의 경우, 적수공권으로 월남하여 '빨갱이사냥'(red-hunt)의 광풍이 몰아치던 1950년대 한국사회에서 정착한다는 것이 쉽지 않은 데다가 20-30대 월남인 남성들도 제2국민병이나 군노무자(KSC) 등으로 징용되는 경우가 많아 월남인 여성들의 고생도 극심하기는 마찬가지였다.

여성 이산가족들은 어떻게 살았을까? 월남인들이 '피난민증'을 받으면, 일반 남한 주민들에 비해 구호물자의 혜택을 받기가 상대적으로 용이했다. 정부는 1951년 피난민에게 하루 평균 양곡 3홉, 부식비 50환을 지급하도록 결정했다. 난민수용소에서는 끼니마다 주먹밥이 배급되었고, 1951년 하반기부터는 1인당 1일 2홉 5작의 양곡을 배급하여 가족단위로 밥을 해먹도록 했다. 수용되지 않은 월남피난민들은 행정기관에 피난민 등록 신고를 하면 양곡이나 밀가루, 외국쌀(안남미, '알랑미'로 불렀다), 옥수수 가루, 보리 등을 배급받을 수 있었다. 그 양은 늘 모자랐고, 행정직원들의 소개로 북에 두고온 가족들을 월남한 것처럼 등록하면 허위 등록한 사람만큼 더 받을 수 있었다. 소위 '유령인구'의 문제이다. '유령인구', 즉 허위인구는 구호물자와 관련이 있어서, 해방시기나 전시 보건사회부의 난민인구통계에 허위가 많았음을 의미한다. 배급받은 곡식은 늘 모자라서 그것을 받으면 여성들은 산과 들, 바다에서 풀이나 나물, 해초 등을 캐다가 나물밥이나 나물죽을 끓여먹었고, 그러다가 독초를 먹어 배탈이 나서 고생하기도 했다.

여성 월남인들은 대개 장사를 하거나 '품팔이'를 했다. 북한 흥남에서 미군의 해군함정(LST)을 타고 거제도[3]로 피난 갔던 어느 여성 월남인의 목소리를 들어보기로 한다.

우리가 왔을 때는 거제도 장승포 수용소(국민학교)는 먼저 온 사람들로 가득 차서 있을 자리가 없었어. 그쪽 직원이 장승포에서 가장 멀다고 하는 둔덕면으로 가라고 하데. 흥남에서는 많이 걸어야 10리였고 별로 걸을 일이 없었는데 남편도 없지, 만삭인 몸으로 30리를 걸으려니 완전히 지쳤어. 고개 중턱으로 다시 돌아와 나는 대성통곡을 하며 피난 나온 걸 후회했지, 뭐.
해 넘어가자 둔덕면 마을로 삼촌이 내려가 잘 방을 찾아 동네 구장을 만나러 가 대책을 세워달라고 요청을 했어. 국민학교 수용소 한 편을 얻었지만 그곳은

3) 1950년부터 1953년까지 당시 거제도에는 포로수용소와 난민수용소가 있었다. 1950년 11월 27일 유엔군에 의해 거제시 신현읍, 연초면, 남부면 일대 360만 평 부지에 수용소를 설치하기 시작하여 북한군 15만 명, 중공군 2만 명, 의용군 등 최대 17만 3,000여 명의 포로를 수용했다. 1953년 7월 27일 정전협정이 체결되어 폐쇄되었다가 지방문화재 자료 제99호로 지정되었다. 또한 난민이 1951년 초 일시적으로 거제도 월남인이 예상 월남인 수 10만 명을 훨씬 넘은 17만 명에 이르러 작은 거제도는 졸지에 인구 34만여 명의 섬이 되었다(김귀옥, 2002).

너무 좁았어. 어느덧 몸 풀 날이 다가와서 구장하고 다시 상의하니 면사무소 숙
직실을 빌려줬어. 그곳에는 이미 몸을 푼 한 부인과 그의 어머니 되는 사람이 와
있었어. 그의 아주머니가 나의 출산을 도와주었어.

그리고 얼마 있다가 흥남에서 헤어졌던 남편과 시숙, 시동생이 우리를 찾아왔
어. 우리는 또 목 놓아 서로 울며 반가와했어. 그런데 웬일인지, 며칠도 안 되어
남편과 시숙들은 그 뭐라지? 그래, 교육대, (국민방위군) 교육대로 뽑혀 장승포
로 올라갔어. 어느 날 교육대 훈련을 마치고 돌아오는 인편에 쪽지를 보내 배가
고프니 면회 오기 바란다고 연락을 주더라구. 밥과 떡을 해서 면회를 갔는데 이
때가 큰 아들 재학이를 낳은 지 1주일밖에 되지 않은 때였어. 구환이 제대로 되
지 않아 몸에서는 피가 흘렀어. 그 덕택에 나는 얼마간 파상풍에 시달려야 했지.

살아갈 일도 아득하지…… 그 즈음 거제도 계룡산 밑 고현진에 있던 포로수용
소를 둘러싸고 사업이 생겼어. 인민군포로들이 2중, 3중으로 된 철조망 안에 갇
혀 있었는데 그들은 데모를 한다고 하면서 미군이 주는 옷을 벗어 철조망 밖 사
람들이 가져가도록 던졌어. 이상한 일이지? 안에 있는 사람들은 담요나 옷가지,
보급품을 던져 자신들이 필요한 것을 주민들과 교환했어. 나도 간난 재학이를
업고 군수품 장수를 시작했어. 바꾼 돈으로 포로들이 원하는 떡, 고구마, 미역
등을 사가지고 돌아갔어. 또 팔아서 이문이 남으면 식구들 먹을 식량을 바꾸
고…….

그는 불행 중 다행으로 피난 후 남편과 상봉을 했지만, 남편과 사실
상 별거로 다섯 명이나 되는 가족의 가장으로 살았다. 그는 처음에 거
제도 포로수용소의 포로들과 물품을 거래했고, 나중에는 미군부대의 매
점인 PX에서 불법으로 유출된 물건을 거래하는 장사를 하기도 했다.
그러한 물건이 1950년대 경제에서 제2시장을 차지하면서 중요한 지위
를 점했고, 남대문시장에 소위 '도깨비시장'4)은 불법 유통된 미제 물건
으로 넘쳐났다. 이런 업종에 종사한 사람이나 물건의 양은 거의 알려진
바가 없지만, 문학가 박완서조차 한때 PX에서 일하여 다섯 식구의 가
장으로 생계를 책임질 만큼, 많은 사람들이 군부대와 관련된 일을 했다.

한편 월북인의 배우자로서 여성들은 명실상부한 가장이 되었다. 그들
의 삶은 전쟁미망인의 삶과 별로 다르지 않았다. 이 땅에서 살아남기

---

4) '도깨비시장'이란 별명은 미군 PX에서 흘러나온 물건을 몰래 팔던 상인들이
   단속 직원이 들이닥치면 번개처럼 상품을 숨긴 데서 유래한 것이다.

위해서는 무엇보다도 '빨갱이' 딱지를 부인하거나 거리를 두는 일이 선행되어야 했다(조성미, 2002). 이러한 일은 경제활동에도 필요했다. 남편이 납치되었다거나, 사망했다고 했을 때 주위 사람으로부터 동정이나 업신여김을 당하지 않을 수 있었다. 여러 월북 미망인들은 남편의 죽음을 확실시하고 자식들에게 아버지라는 보호망을 만들어주기 위해 재혼을 하기도 했다. 얼마 전까지는 전쟁과 관련한 '청상과부' 담론이 많았지만, 실제 조사에서는 의외로 전쟁미망인 중 재혼한 여성들이 많았다. 한국전쟁 당시 미망인과 정절 이데올로기의 산물인 '망부석' 신화의 현실성의 관계에 대한 연구가 필요하다.

그들이 생계를 잇고 자녀를 양육하는 데에는 개인의 능력이나 의지 외에 집안의 배경도 관련이 있었다. 남편이 월북한 어떤 여성은 요리솜씨를 발휘하여 조그만 식당을 차려 이제는 인사동에서 유명한 식당을 경영하고 있다(서울학연구소, 2000). 그가 성공하는 데에는 남편의 사회·경제적 배경이 한 몫을 하게 된다. 즉 남편이 부유한 인텔리 출신이었으므로 남편이 월북한 후에도 성공한 남편 지인들의 후원이 초창기 성공하는 데 디딤돌이 되었던 것이다. 그러나 사회·경제적 배경이 불후한 많은 월북 이산가족들은 전쟁미망인 못지않게 많은 고생을 했는데, 개인집 식모, 군부대 품팔이 노동, 행상, 자영업 등을 했다.

4. 1950년대 여성과 군대

한편 1950년대 여성의 삶에서 빼놓을 수 없는 것이 군대와의 직접적인 관계이다. 일반적으로 우리에게는 흔히 남성=전방, 여성=후방이라는 관념이 있다. 일제의 태평양전쟁에서도 여성에 대해서 '근로정신대'나 '일본군위안부'(또는 일본군'성노예')만 적용되었을 뿐 군인으로 징병하지는 않았다. 그러나 전시 남북 모두에는 여전사라는 개념이 있었고, 실제로도 여전사가 존재했다. 북한에서는 '김정숙 장군'이나 여성빨치산 전사들이 적잖게 있었다. 남한에도 좌우익의 여성 빨치산이 존재했고, 정지아의 『빨치산의 딸』에 나오듯이 여러 명 존재했다. 그러면 우리 사회에서 여성군인은 언제, 어떤 형태로 생겼을까?

이 방면의 연구결과는 아직 제대로 나온 적이 없지만 여성군인은 두 형태로 볼 수 있다. 비정규 군인으로서의 '특수위안대' 여성과 정규 군인을 들 수 있다.

1) 여성 정규 군인

우리 군에서 여군의 역사는 한국전쟁 전인 1948년 8월 26일로 거슬러 올라간다. 당시 군이 간호인력 충원의 필요성에 따라 간호자격증을 가진 여성 31명에게 군사훈련을 시킨 뒤 소위로 임관시켰던 것이 시발이다.

그러나 여군창설일은 한국전쟁 때인 1950년 9월 1일로 기록되어 있다. 이는 국방부가 여군 창설 명령에 따라 여자의용군 교육대를 설립, 491명의 여군을 배출한 것을 정식여군 창설로 삼고 있기 때문이다. 그 후 1955년에는 여군훈련소가 서빙고에 설립되었다(≪한국일보≫, 2001. 11. 11.).

한편 '제주 여해병 전우회'(정채호, 1999)에 따르면 1950년 8월 31일 제주도에서 해병대 제4기로 지원했던 군인 중 여군이 126명 포함되어 있었다. 126명의 여군 중에는 중학교 교사 1명과 초등학교 교사 약 20명, 나머지는 여중 2, 3학년생들이었다. 그들은 8월 31일 입대하여 해군함정(LST)을 타고 진해항에 들어와 40일의 해군 신병 훈련[5]을 받았지만, 126명 중 72명만 계급과 군번을 받고 실무 부서에 배치를 받았으며 1951년 7월 12일경에는 대부분 제대하고 말았다고 한다.[6]

---

5) 48년의 여군 역사에서 어머니라고 불릴 만한 사람으로는 단연 박을희를 꼽을 수 있다. 그는 명성여중에서 체육교사로 있다가 전쟁이 일어나자 현역 군인이 되었고 나중에는 최초의 여군인 여자의용군 교육대생들을 지도하여 훈련시켰다. 그는 1963년 39세의 나이로 중령에서 예편했다.

6) 그 후 여군훈련소는 1990년 여군학교로 승격되었다가 2002년 폐지되었다. 또한 육군은 여군의 역할을 확대하기 위해 1990년 여군단을 해체한 데 이어

2) 비정규 군대로서의 '특수위안대': 한국군위안부

이 문제 역시 충분히 연구되지 않은 문제이다. '특수위안대'로서 육군 내 위안부대에 관한 유일한 기록으로는 1956년 육군 본부의 『후방전사(인사편)』를 들 수 있다. 이 기록에 따르면 특수위안대는 육군이 자체적으로 조직한 특수 부대로서 소속된 여성들도 군에서 관리하여 일종의 군대에 준한다고 볼 수 있고 그 결과 한국군 위안부는 비정규 군인이라고 간주할 수 있다. 당시 육군본부에서는 그 부대를 설치한 목적을 다음과 같이 밝히고 있다.

> 표면화한 이유만을 가지고 간단히 국가시책에 역행하는 모순된 활동이라고 단안하면 별문제겠지만 실질적으로 사기앙양은 물론 전쟁 사실에 따르는 불선한 폐단을 미연에 방지할 수 있을 뿐 아니라 장기간 대가 없는 전투로 인하여 후방 래왕이 없으니만치 이성에 대한 동경에서 야기되는 생리작용으로 인한 성격의 변화 등으로 우울증 및 기타 지장을 초래함을 예방하기 위하여 본 특수위안대를 설치하게 되었다(육군본부, 1956: 146).

다시 말해 군인들의 '우울증'과 그에 따른 지장(성폭행과 같은 것)을 예방하기 위한 조치로서 설치했다고 한다. 군위안소가 설치된 곳은 다음과 같다.
① 서울지구
　　제1소대 서울특별시 중구 충무로 4가 148번지
　　제2소대 서울특별시 중구 초동 105번지
　　제3소대 서울특별시 성동구 신당동 236번지
② 강릉지구
　　제1소대 강릉군 성덕면 노암리

1991년에는 여군병과를 폐지했다. 이에 따라 여군은 남군과 같이 보병·정보병 등 일반 병과로 재분류됐으며, 1993년에는 훈련소 연대장, 신병 교육대소 대장직을 여성에게 개방했다. 또한 1996년부터는 3군의 사관학교에서 여자생도를 선발, 보병 소대장과 파일럿까지 배출하고 있다.

③ 기타: 춘천, 원주, 속초 등지

일부 부대의 요청이 있을 때에는 출동위안을 행하며, 소재지 내에서도 출입하는 장병에 한하여 위안행위를 허용했다. 예비역 장군, 채명신의 증언에 따르면, "당시 우리 육군은 사기 진작을 위해 60여 명을 1개 중대로 하는 위안부대를 서너 개 운용하고 있었다"라고 했으니, 60명 1개 중대가 3, 4개 있었다면 대략 군위안부의 수는 180-240명 전후였다고 할 수 있다.

불행하게도 육군에서는 군위안부의 실적을 치적삼아 제시하고 있는데, 이는 인권의식이 부재했던 지난 역사의 남성 중심적이고 불행한 면을 보여준다. 참고 삼아 보면 <표 3>과 같다.

이 부대의 설치 시기는 불명확하지만 1951년 하반기로 추정되며 폐쇄된 것은 1954년 3월경이다. 그 후 이 부대가 어떻게 되었는지, 부대

<표 3> 1952년 특수 위안대 실적 통계표

부대별	위안부수	월별 피위안자 수					
		1	2	3	4	5	6
서울 1	19	3,500	4,110	3,360	2,760	2,900	3,780
서울 2	27	4,580	4,900	5,600	4,400	6,800	5,680
서울 3	13	2,180	1,920	2,280	1,700	2,180	2,400
강릉 1	30	6,000	6,500	7,800	8,000	5,950	4,760
계	89	16,260	17,480	19,010	16,860	17,830	16,620
			*1)	*2)			

월별 피위안자 수							1인 하루
7	8	9	10	11	12	계	평균*)4
3,780	4,000	4,350	3,850	4,100	3,650	44,240	6.4
6,000	7,280	4,850	2,160	4,950	4,150	61,350	6.2
2,170	2,800	1,680	1,850	1,990	2,140	25,310	5.3
7,970	8,000	4,880	3,900	4,200	5,700	73,660	6.7
19,920	22,080	15,760	11,760	15,240	15,640	204,560	6.15
						*3)	

비고: 틀린 계산으로, 실제는 다음과 같다.
*1) =17,430 *2) =19,040 *3) =204,440 *4) 1인 하루 평균은 글쓴이 자신의 계산이다.
출처: 육군본부, 『후방전사(인사편)』, 1956.

에 소속되었던 여성들이 어디로 갔는지는 알 수 없으나 대개는 군기지
촌으로 흘러들었을 가능성이 농후하다. 그러한 점은 한국전쟁 전전(戰
前) 5만 여명의 공·사창이 전후에 어림잡아 30여만 명으로 늘어난 사실
을 통해서도 짐작할 수 있다.

5. 한쪽 날개를 잃은 1950년대 여성운동

1950년대, 여성단체를 비롯한 모든 사회단체는 '반관반민(半官半民)'
의 성격을 갖고 있었다. 해방 이후 민중적 힘에 기초하여 우후죽순 생
겼던 수많은 사회단체들이 모스크바삼상회의 결과를 둘러싼 '찬·반탁
논쟁' 과정의 좌·우 대결로 분열되었고, 1948년 분단정부가 수립되자
남북 사회에서는 반정부·반체제적인 사회단체는 약화되고 사라지기 시
작했다. 그러던 것이 한국전쟁에서 힘의 반전이 되풀이되면서 한국전쟁
이전 좌편향이던 스펙트럼이 이제는 우편향의 스펙트럼으로 급변하게
되었다.

이승만 대통령은 미국의 후원하에 1948년 8월 대통령으로 취임했으
나 아직 절대 권력을 갖지는 못했기 때문에 한민당 세력이나 이승만에
비우호적인 사회세력들과도 결합했다. 그러나 한국전쟁에서 반공주의
를 국시로 내세우며 절대권력을 차지하게 된 이승만은 한민당이나 민
족청년단 등은 말할 것도 없고, 초대 농림부장관이었던 조봉암조차 간
첩으로 몰아낼 수 있게 되었다. 1950년대 이승만 정부에 비판적이거나
반대하는 모든 세력에 대하여 '빨갱이' 혐의를 둘 수 있게 됨에 따라
정당조직뿐만 아니라, 모든 사회단체는 철저히 친정부·관변적이어야 했
다. 여성단체 역시 마찬가지였다.

1945년 8월 17일 건국부녀동맹이 결성되었다. 이 여성단체는 사회주
의를 표방한 여성들부터 일제말기 친일 경력을 가진 여성들까지 아우
르는 연대체로서의 성격을 가졌으나 차츰 좌우 갈등 속에서 좌우로 분

열되고 말았다. 좌익계 여성 운동에 비해 열세를 면치 못하던 우익여성
들은 독립촉성중앙부인단(1946. 1. 6 설립, 초대 단장 황기성, 부단장 박순
천), YWCA, 대한부인회, 대한여자청년단(역대 단장 박순천, 모윤숙 등)
등 우익여성단체를 묶어 '전국여성단체총연맹' 등을 건설했다.

1950년대에 등록된 여성단체는 14개로 설립 목적을 보면 <표 4>
와 같다.

한편, 한국전쟁으로 가장을 잃은 부녀, 이산가족 등 새로운 사회문제
가 등장했고, 당시의 여성활동도 이들의 구호, 보호, 선도에 집중되었
다. 그러나 이러한 시련을 통해 여성들은 그들의 사회인식을 높이고 경
제적으로 독립하는 것이 바로 여권신장의 길이라는 것을 깨닫게 된다.
1950년대 후반에 오면서 가정법률상담소, JOC(가톨릭노동청년회) 부녀
회 등에서 여성의 법적 문제, 노동과정에서의 문제점을 해결하는 데 도
움을 주려는 움직임이 일어났다. 또한 대한어머니회, 대한여성복지회
등 여성 지위향상을 위한 문화단체와 함께 전문직 여성들의 친목단체
인 여기자클럽, 여성항공협회 등이 나타났다. 1959년에는 이들을 총망
라한 '한국여성단체협의회'가 발족되어 여성운동의 횡적·종적 연결을
도모하려고 했다(최민지, 1993: 255).

1950년대에 두드러진 여성활동을 했던 단체로서는 '대한부인회'와
'여성문제연구원'을 들 수 있다.

회원 400만 명을 자랑하는 대한부인회는 1950년대 자유당과 깊은
인연을 맺고 있었다. 1951년 12월 자유당이 창당할 당시 국민회·대한
청년단·대한노동조합총연맹·농민조합연맹·대한부인회 등 5개 사회단체
를 규합했다. 그러다보니 대한부인회 총본부, 지방시도 본부장, 시·군

<표 4> 1949-1960년 사이에 등록된 여성단체 설립 목적별 분류

분류	종교단체	직업/직능별	연구회/학회	복지구호사업	지위향상/여권	자질향상/친목봉사	반공	기타	
단체수	2	3	1	5	2	1	-	-	14(개)

출처: 보사부, 『여성단체편람』, 1974.

지부장들이 자유당 중앙위원 상임위원으로 채워졌다.

원래 대한부인회는 1946년 9월에 우익여성단체들을 통합하여 조직
되었다. 그들의 설립 목표는 국가를 위한 봉사, 민족문화의 향상, 여성
의 사회적 지위향상 등이었다. 설립 당시 회장은 박순천이었고, 1954년
박마리아(이기붕 씨의 부인, 1960년 4·19 의거 당시 가족자살)가 회장직을 이
었다.7) 그 무렵의 여성단체는 정치계나 경제계와의 유착이 극심했다.

그들의 1950년대 대표적인 활동을 몇 가지 소개하면 우선 전선 군인
지원 사업이나 정전협정 반대와 같은 관제성 시위를 주도했다.

> 지난 25일에는 하오 2시부터 역시 시내 충무로광장에서 대한부인회 주최의『북
> 진통일총궐기대회』가 수많은 여성들에 의하여 거행되었다. 이날 대회는 민족의 숙
> 원인 완전통일이 이루어지지 못할진대 1천 5백만 한국의 여성은 낙화암의 3천
> 궁녀가 되어 먼저 나간 남편과 아들의 뒤를 딸아 적국을 압록강까지 밀고 나가
> 겠다는 절규를 선언문에서 표시하고 여성의 비장한 기개를 피력하는 한편 이대
> 통령을 비롯하여 미 대통령 유엔총회 및 '크라-크' 장군 등에 보내는 '메세-지'
> 평화 5개원 측을 각각 채택한 다음 북진통일을 절규하는 구호제창과 만세 三창
> 으로써 동 대회를 맛치었다(≪동아일보≫, 1953. 4. 27.).

그들은 자신을 의자왕의 '3천 궁녀'로 비유하는 우를 범하기도 했으
나, 이승만대통령과 국가에 대한 강력한 충성심과 북진통일에 대한 강
경한 의지를 표현했다.

대한부인회가 자유당의 시녀로서 자유당의 정책이나 이승만과 자유
당에 대한 전면 지지를 선언하면서 여성계의 갈등과 분열은 심해졌다.
이렇게 1950년대 대표적인 여성단체라 할 수 있는 대한부인회는 기층
여성이나 여성노동자 및 농민들의 어려운 현실과 유리되었다.

---

7) 일제 말기 내선일체운동과 징병 예찬활동을 하며 친일의 길을 걸었고, 해방기
   우익여성계의 지도자이며 대한부인회의 두 축이라 할 수 있는 박순천과 박마
   리아는 1950년대 중반 이후 다른 길을 걷게 되었다. 박순천은 자유당과 결별
   하고 민주당 창당에 합류하여 야당의 유력한 여성 지도자가 되었지만, 부통령
   이기붕의 부인인 박마리아는 이화여대 부총장직과 대한부인회를 등에 업고
   이승만 대통령의 부인인 프란체스카에 이어 제2인자로 군림했다.

한편 1950년대 설립된 대표적인 여성단체로는 '여성문제연구원'(초대 회장 이태영, 2대 회장 이희호, 그 후 여성문제연구회로 개칭)을 들 수 있다. 황신덕, 박순천, 이태영, 이희호 등 17인의 발기로 1952년에 발족한 연구회는 여성의 법적 지위 개선을 위한 본격적인 연구활동을 시도했다.

이 단체는 우선 남녀 쌍벌죄 적용을 규정한 형벌개정안을 국회에 제출하고 수백 명 회원의 응원을 받으면서 통과시켰고, 실질적인 축첩제의 폐지를 위해 노력했다. 여성연구원은 당시 유력한 단체인 대한부인회, YWCA, 기독교절제회, 대한간호협회 등과 연합하여 여성의 법적 지위향상위원회를 조직하고 계몽과 여론에 힘썼다(최민지, 1993: 255-256). 1956년에는 우리나라 최초의 여성변호사인 이태영 변호사가 여성문제연구회 부설 '여성법률상담소'를 창설했다.

▲ 북진통일을 외치는 여성들(국정홍보처. 2001, 『정부기록사진집 2권』).

6. 자립과 수호의 모순적 삶을 넘어서기

1950년대 한국 여성의 삶에는 분단과 전쟁의 암운이 짙게 드리워 있었다. 당시의 대표적인 여성으로 전쟁미망인과 여성 이산가족의 삶, 그리고 '여성군인'과 '한국군 군위안부로서의 여성의 삶을 살펴보았다. 전쟁미망인이나 여성이산가족의 삶에는 반공 콤플렉스가 강하게 어려 있다. '빨갱이'를 극복하여 자녀들을 안전하게 양육하고 지키기 위해 그들은 배우자에 대한 부정이나 거리두기, 침묵(예를 들면, 사망신고) 등의 방식을 택했다.

남성이 부재한 가족과 사회 속에서 여성들은 가족에 대한 생계부양자가 되었다. 그리하여 전통의 굴레를 벗고 억척스럽고 강인하게 행상이나 식모로 나섰다. 그들은 가족을 보호하고 양육하며 가장으로서 역할을 다하는 한편, 아버지의 집안을 지키기에도 여념이 없었다. '여초사회' 속에서 여성들은 '자유부인'과 같이 성적 주체로 눈을 떠가기도 했지만, 선남사상에 의지하여 가부장제를 지켜나가는 수호천사의 역할도 하였다. 그러한 양상은 여성운동가에게서도 볼 수 있다. 그들은 최소한의 여성 권리를 얻는 대가로 반공국가에 무조건적으로 충성하는 모습을 보였다. 양심적인 여성의 목소리는 낮아져 있었다. 그들의 목소리는 1970, 1980년대 여성운동의 자양분이 됨과 동시에 비판과 지양의 대상이 되었다.

생존이라는 동기하에 생계와 가족을 책임질 수밖에 없던 구조에서 여성의 자립과 가부장제 수호라는 모순적인 길을 택할 수밖에 없었던 1950년대 여성의 딸들은 어머니에게서 '착한여자' 콤플렉스를 발견했던 것이 아닐까 싶다. 1950년대 여성은 그 자신이 남녀평등의 열매를 따지는 못했지만 후대에 그 열매를 넘겨주는 징검다리로서의 역할을 한 것으로 평가할 수 있다.

■ 생각할 거리

1. 1950년대 한국전쟁이 여성의 삶에 미친 영향력을 정치, 경제, 사
   회문화적인 각도에서 생각해보자.

2. 1950년대 여성을 둘러싸고 '자유부인' 담론이 가능했던 배경을
   생각해보고, 일제시대의 '신여성'과 비교하여 자유부인의 특성에
   대해 토론해보자.

3. '미망인'의 다른 말은 '과부(寡婦)'이다. 두 말 모두 남편이 없는
   '홀어미'를 지칭하는 말이지만, 다른 어감을 준다. 그 차이에 대해
   생각해보자.

4. 1950년의 여성운동은 거의 친정부적인 관변단체로서의 성격을 가
   지는데, 그렇게 되는 배경을 생각해보고, 이후 여성운동의 과제를
   제기해보자.

■ 읽을거리

안정효. 1991, 『은마(銀馬)는 오지 않는다』(소설, 영화), 고려원.
이임하. 2002, 「1950년대 여성의 삶과 사회적 담론」, 성균관대 박사학
    위논문.
최민지. 1993(1979), 「한국여성운동 小史」, 이효재 엮음, 『여성해방의
    이론과 현실』, 창작과비평사.

제2부
산업화, 개발국가와 여성(1960-1970년대)

　　1960대와 1970년대는 5.16 군사쿠데타로 수립된 박정희 정권이 장
기집권했던 시기로 정치적으로는 군부독재를, 경제적으로는 수출주
도형 산업화를 통해 급속한 경제성장을 이룬 시기였다. 박정희 군사
정권은 쿠데타의 정당성을 '조국 근대화'와 '잘 살아보자', '하면 된
다'는 슬로건 아래 경제성장에서 찾으려 했다. 그러나 일제 식민지와
민족 간의 전쟁으로 폐허가 된 1960년 초 경제성장의 동력은 값싼 노
동력을 기반으로 한 저임금과 저곡가 정책, 그리고 노동권 유보를 전
제로 하는 강력한 노동통제정책에서 나왔다. 이 같은 사회정책은 강
력한 국가권력 아래 가부장적 가족제도와 결합하여 압축적 산업화를
가능하게 했다. 1960-1970년대의 경제성장의 핵심에는 여성들의 헌신
과 노동의 착취가 자리하고 있었던 것이다.
　　산업화 과정에서 중심적 역할을 한 것은 가난한 농촌의 딸들, 여성
노동자들이었다. 가부장적 가족구조의 희생과 헌신의 중심에 있었던
여성노동자, 기지촌 여성 그리고 가부장적 가족제도 아래서 외화획득
과 생계비 마련을 위해 생이별을 감수해야 했던 해외 취업 노동자와
그의 아내들은 1960-1970년대 우리 여성의 자화상이다.
　　수출 위주의 공업화과정에서 여성노동자들은 노동 기본권이 유보
된 채, 소위 '공순이'라는 이름으로 경제성장의 주도적 역할을 했다.

그러면서 남성노동자들보다 낮은 임금을 받았고, 그 돈을 저축하여 남자 형제의 학비와 가족의 생계를 돌봤다. 이들은 저임금 저곡가정책 아래 최저생계비에도 못 미치는 임금 획득을 위해 투쟁할 수밖에 없었다. 1960년대 경인지역의 여성노동자 투쟁은 일제 시대 이래로 억압되었던 노동운동의 명맥을 복원시키고, 1970년대 이후 한국사회 전체에 확대되었던 노동운동의 기수를 잡은 것이었다. 그러나 여성노동자들에게 돌아온 것은 해고와 자본 철수였다. 해고된 여성 노동자들 중에는 취업이 어려워 생계를 위해 몸을 팔 수 밖에 없게 된 사람들도 있었다. 이들은 성을 팔아 외화 획득을 하면서도 불법의 그늘에서 사는 사회의 최하층이다. 특히 미군을 상대로 한 '기지촌 여성'들은 대부분 가난한 농촌의 가부장적 가족의 딸들로 가족생계를 위해 기지촌으로 흘러들게 되었던 것이다.

한편 생계책임의 부담을 갖고 가족과 생이별을 한 채 돈을 벌기 위해 해외 건설현장으로 나갔던 노동자들의 가족도 가부장적 가족 공동체의 이름 아래 갖가지 고통을 감수하며 1960-1970년대 산업화과정의 한 부분을 이루었다. 해외건설 노동자의 아내에 대한 국가와 기업의 성적 통제는 어떻게 한국 사회에서 국가의 경제 정책과 가부장제가 결합되어 여성을 억압하는가를 여실히 보여주는 것이다.

이와 같이 1960-1970년대의 한국의 고도 경제성장의 저변에는 차별적 성별분업을 감내한 여성의 노동과, 국가의 가족단위 지출최소화 및 소득최대화 전략을 걸머졌던 여성의 희생이 존재했던 것이다.

제1장 산업화, 개발국가와 여성(1960-1970년대)

강인순

이 장에서는 한국사회에서 여성노동자운동의 전개과정을 살펴본다. 1960년대와 1970년대에 초점을 맞추되 국가, 자본, 노동의 3자 틀 내에서 여성노동자운동을 운동과제 중심으로 정리해보려고 한다. 이 시기에 국가는 노동 3권의 유보를 통해 노동운동을 탄압하는 노동정책을 수립했다. 이런 국가의 정책적 입장은 자본가 집단의 노조불인정, 노조 파괴, 인권유린을 포함한 부당노동행위, 열악한 노동조건 유지 등을 가능하게 했으며, 자본축적을 지원했다. 특히, 1960년대 중반 이후 투자하기 시작한 외국자본은 이러한 국가정책에 힘입어, 노조결성을 방해했고, 자본의 투자와 철수를 자유롭게 할 수 있었다. 반면에 노동자들은 열악한 노동조건(장시간 노동, 최저생계비에도 못 미치는 저임금)에도 불구하고 노동자로서의 기본권조차 보장받을 수 없었다. 따라서 이 시기의 여성노동자운동은 여성문제보다 노동문제에 치중할 수밖에 없었고, 운동의 중심과제로 임금인상을 포함한 노동조건 개선, 노동조건 개선을 위한 최소한의 민주적·자발적인 노조건설, 그리고 건설된 민주노조의 사수 등에 있었다.

1. 여성노동자운동의 이해와 여성노동자형성

1) 여성노동자운동이란?

여성노동자운동은 이것에 대한 개념이 학문적으로 제대로 정의되어 있지 않은 상태에서 학자에 따라 '여성노동운동' 또는 '여성노동자운동' 등으로 다르게 사용하고 있다. 이 글에서는 여성이면서 노동자라는 운동의 주체에 초점을 맞춰 여성노동자운동이라고 하겠다. 그러면 여성노동자운동을 어떻게 이해할 것인가?

박현채는 "노동운동의 움직임은 자기들에게 주어진 조건을 개선하기 위한 지구적인 움직임이어야 하고 집단적이어야 한다(1983: 354)"라고 노동운동의 요건을 주체, 조직, 목표, 지속성 등으로 제시하고 있다. 이런 노동운동의 요건에 따라 여성노동자운동을 정리해보면, 여성이자 노동자인 이들이 주체가 되어 그들의 정치·경제·사회적 삶의 조건에서 제기되는 제반 모순점을, 특히, 여성문제와 노동문제를 해결하고 나아가 평등하고 인간다운 사회건설을 목표로 조직적이고 지속적인 노력과 활동을 펼치는 것이라고 정의내릴 수 있다. 이처럼 여성노동자운동은 여성운동의 성격과 노동운동의 성격이라는 양면성을 가지고 있는 것이다.

여성노동자들의 주체 형성은 일제 식민지 시대로 거슬러 올라간다. 일제의 식민지 공업화 과정에서 창출된 여성노동자들은 일제 식민지자본의 착취와 억압에 저항하면서 노동자로서의 의식을 형성하여 해방 이후 산업화 과정에서 산업노동자로서 오늘에 이르고 있다. 하지만 조직적인 면에서는 1987년 노동조합의 결성이 합법화되기 전까지 여성노동자들의 조직화는 정부 주도 아래 산별로 조직된 한국노총에서만 가능했다. 노동자 조직으로서 가장 오랫동안 지속된 한국노총과 같은 상급노동단체의 활동을, 정치·경제·사회구조에서 제기되는 제반 모순점을 지양하고 인간다운 사회 건설을 향한 노동운동이라고 보기는 어렵다. 민주적이고 자발적인 노동조합이 합법화되기 전까지, 소수의 개별

사업장에서 상급단체조직과 별도로 상급단체의 조직운영의 비민주성에 문제를 제기한다든지, 자발적으로 노조의 재건설을 시도한다든지, 노동 조건 개선투쟁과 부당노동행위에 대해 항의한 경우가 대부분이었다. 또한 이 시기 열악한 노동조건과 부당한 노동행위는 자본가 집단뿐 아니라 박정희 군사정권에서도 기인한다고 여겨 정치민주화를 위한 투쟁도 했다.

따라서 이 시기 여성노동자운동은 비자발적으로 조직된 노조 틀에서 내용적으로 노동운동과 여성운동의 맥을 이었다고 볼 수 있다.

2) 일제 식민지 공업화와 여성노동자 형성

한국사회에서 여성노동자운동은 일제의 식민지 공업화 과정에서 창출된 근대적 임금 여성노동자의 형성과 더불어 시작되었다. 일제 식민지정책의 기본 목적은 일본 생산품의 시장화와 조선에서 식량, 원면, 광물과 같은 원료를 조달하는 것에 있었으므로, 주로 조선에서 식료품업, 면·방직업, 고무공업 등을 중심으로 공업화를 추진했다. 일제는 식민지 조선의 이런 공업화 과정에 필요한 노동력을 토지조사사업을 통해 확보했고, 농사를 지을 수 없었던 농민들은 도시로 이주하여 최저생계비에도 못 미치는 임금을 받고 노동을 했다. 이에 따라 노동에 종사하는 수많은 노동자들과 실업자들은 도시빈민층이 되었다. 여성노동자도 이런 과정에서 가족의 생계나 자신의 생계를 위해 돈벌이 노동에 편입되어 임금노동자가 되었다.

1911년에서 1940년 사이 공업부문에 종사하는 여성의 수는 1921년의 약 1만여 명에서 1940년에는 약 8만여 명으로 8배 가량 증가했는데, 같은 기간의 남성노동자가 약 4만에서 20만으로 증가한 것보다 높은 증가율을 보였다. 1921년 공업노동자 중의 여성 비율은 약 20%로 공업화가 본격적으로 진행되는 1930년대에는 약 30%를 상회했다. 1930년에는 제사공업에 1만 412명의 여성노동자가 있었고, 그 외의 섬유산업에서는 5,400명 정도였다. 이것이 1935년에는 제사공업에 1만

262명, 그 외의 섬유산업, 즉 방적, 연사, 직물, 메리야스, 제면 등에 고용된 여성노동자들이 약 1만 3,600명으로, 제사 비율이 섬유산업 전체 여성노동자들의 44% 정도로 떨어졌다. 섬유공업 전체에서 여성노동자의 비율뿐만 아니라 여성노동자 중 유년공의 비율도 높았다. 특히 제사업에서 유년공의 비율이 높아서 직물이나 방적의 경우 20% 내외였는데 비해 제사업에서는 16세 미만의 유년공 비율이 1921년에는 66.5%, 1930년 39.4%, 1935년에는 32%였던 것으로 나타났다(이정옥, 1990). 즉, 여성노동자들의 절반 이상이 섬유공업 중에서도 제사나 면·방직공업에 주로 고용되어 있었다. 제사 분야의 85~90%, 그리고 고무 관련 분야의 60~70%가 여성노동자였다. 식품공업에서 여성의 비율은 그리 높지 않았지만, 일제시대 전반기에는 정미공업에 쌀의 뉘를 고르는 선미여공으로 여성이 많이 고용되어 있었고, 후반기에는 통조림공업 등에 여성노동자의 비율이 증가됐다.

이효재의 연구(1983)를 보면, 당시 한국인 성인남자의 임금은 일본인 성인남자의 절반에도 못 미쳤으며, 한국인 성인여자의 임금은 일본인 성인여자의 절반 정도였다. 또한 유년공은 일반적으로 성년공 임금의 절반이었다. 1929년 공장노동자의 임금은 일본인 남자가 2.32원, 일본인 여자가 1.01원, 한국인 남자가 1.00원, 한국인 여자가 0.59원이었다. 노동시간에 대한 강동진(1983)의 조사연구에 따르면, 전체공장의 79.4%에서 10시간 이상 일했고, 46.9%의 공장에서는 12시간 이상의 노동을 강요당했다. 그 중 방직공장 노동자들이 가장 장시간의 노동을 강요당했다. 이처럼 노동자의 82.2%가 12시간 이상 일하고 있었으며, 노동환경은 매우 열악했고, 작업장 내에서의 비인격적 대우도 매우 심했다. 이는 여성노동자들의 다음과 같은 기술에 잘 나타난다.

"무서운 감시와 100도 가까운 열도 속, 인격적인 모독이나 몸 검사, 욕, 구타, 남성노동자들의 유혹"
"일하러 가는 것이 도살장에 끌려가는 소와 같아 싫었지만, 생존을 위해서는 감내하지 않을 수 없었다"(이효재, 1996).

이처럼 면방직과 고무공업에 고용되어 있던 여성노동자들은 열악한 노동조건에서 민족차별, 성차별을 받으면서 식민지 조선인이자 노동자로서 의식을 형성해갔으며 일제와 자본에 저항했다.

2. 1960년 산업화 이전 여성노동자운동

일제시대 여성노동자운동은 그들이 주로 고용되어 있던 정미·제분업, 선미업, 고무업, 제사업, 방직업 등에서 일어났다. 1920년대에는 주로 정미·제분업에서 임금인상 요구와 함께 감독·검사원의 횡포와 여성노동자 구타에 대한 쟁의가 자주 일어났다. 선미업에서는 "일본인 감독 중 2명의 여성노동자에 대한 태도가 좋지 못하므로 그들을 파면시켜 달라"라는 조건과 함께 임금인상을 요구했으며, 이외에도 민족차별철폐, 여성노동자 임금차별철폐, 경찰 간섭 반대, 단체 가맹 자유, 8시간 노동제 등의 요구조건으로 쟁의를 했다. 여성노동자의 비율이 높았던 제사업의 경우는, 1920년대 이후 수많은 노동쟁의가 발생했는데, 어린 여성노동자들은 13시간의 장시간 노동, 기숙사 위생, 식사문제 등을 이유로 자연발생적인 동맹파업을 일으켰다. 1919년에서 1940년 사이에 여성이 참여한 노동쟁의 사례는 123건이었고, 그 중 여공만 참가한 것이 94건, 남녀가 함께 참가한 것이 28건이었다(이효재, 1996).

고무신공장이 집중되어 있던 부산, 경성, 평양에서만 총 52건의 노동쟁의가 일어났고, 1920년대 중반 이전에 일어난 경성과 평양에서의 노동쟁의를 제외하고는 대부분 1929-1935년 사이에 발생했다(김경일, 1987). 노동쟁의의 요인으로는 임금문제, 불량품 배상제도 또는 벌금제도 문제, 감독원 또는 검사원 문제가 주류를 이루었다.

이효재에 의하면(1983), 일제가 전쟁준비에 박차를 가하기 직전인 1930년대 전반기(1930-1936)에는 파업투쟁이 더욱 고조되어 폭력화되기도 했다. 노동쟁의의 지도자는 예외 없이 검거, 투옥되었으며, 일제의 탄압이 심해짐에 따라 노동자들의 대항도 적극적이어서, 임금인상뿐만 아니라, 민족적 차별철폐, 노조의 자유보장, 경찰간섭 폐지 등을 요구하며 새로운 파업전술을 사용했다.

김중렬(1975)에 의하면, 1930년 1월에 파업이 일어났을 때 조선방직 공장에서는 남녀 직공 2,700여 명이 일하고 있었다. 파업의 동기는 첫째, 12-13세 여성노동자들의 극심한 저임금(일본인 직공 임금의 15%인 12시간 노동에 25전)과 수년 후에 그들의 임금인상 시기에 맞춰 해고하고 다시 채용하는 것, 둘째, 직공들이 사용하는 도구의 수리비도 직공이 부담하고 변상해야 하는 것, 셋째, 승급에서 일본인과 조선인들을 차별하는 것이었다. 그리고 일본 감독들이 조선노동자들을 '너', '이 자식'으로 부르며 여직공들을 걸핏하면 구타하는 것도 이유였다. 이처럼 조선방직 노동자들은 임금인상, 벌금제 폐지, 민족적 차별대우 철폐, 감독배척, 식사개선, 소년·소녀공의 야간작업 폐지, 8시간 노동제 실시, 취업 중 부상자에 대한 위자료 지불, 기숙사 직공들에게 자유허용 등을 요구했다.

제사업에서도 1930년대에 들어와 더 많은 노동쟁의가 일어났다. 당시 신문자료에 나타난 제사업에서의 파업 건수가 1930-1935년에만 47건이었다. 이 시기 일어난 47건의 파업 중 27건을 대상으로 연구한 서형실(1990)에 따르면, 파업에 참가한 인원이 대체적으로 약 200-600명 정도이며, 대부분이 여성노동자들만의 파업이었다. 이 파업의 요구조건을 보면 임금인상, 노동시간 단축 외에도 식사개선(식사차별 철폐), 벌금제 폐지, 기숙사생 외출의 자유, 최저임금보장, 감독(공장장) 해고, 구타금지, 부당해고 철회 등이었다. 그 중 주목할 만한 노동쟁의는 함흥, 전주 등지에 대규모 공장을 가지고 있던 카다쿠라제사 공장들에서의 파업과 동양제사 진해공장에서의 파업이다. 카다쿠라제사 함흥공장에서는 1932년 7월 30일, 420명의 여성노동자들이 노동시간 단축, 식사차별 철폐, 임금인상 등의 요구조건을 내걸고 파업을 했다.

대전의 군시제사 공장에서는 1932년 11월 초 여공 600명과 남공 50

명 등 전 직공이 노동시간 단축, 차별대우 철폐, 식사개선, 기숙사 사감 배척 등 5개 요구조건을 내걸고 단식투쟁을 했다. 동양제사 진해공장에 서도 1932년 12월 말 여공들이 파업을 계획하다 탄로가 나서 경찰에 취조를 당했다. 그 후 1933년 1월 4일, 노동시간 단축, 임금인상, 식사 개선, 점등자유, 불량감독 해고, 벌점제 폐지 등의 요구조건을 내걸고 300명의 여공들이 파업을 했다(이옥지, 2000).

1930년대 들어와서는 고무공업에서의 여성노동자들의 쟁의가 가장 활발하게 진행됐는데, 이는 1920년 이후 급격히 성장한 고무신 공장들 이 1930년에 공황을 맞아 임금인하를 단행했기 때문이다. 이처럼, 노동 쟁의는 1920년부터 1930년대 중반까지 가장 활발하게 일어났다. 일제 말기로 넘어가면, 중일전쟁을 위해 전시체제에 들어간 일제의 노동운동 에 대한 탄압이 1937년 이후 극심했다.

1939년과 1946년 사이에 공업생산은 60% 이상이 감소되었고, 2차 산업은 1948년 당시 전 산업 비중의 8.6%였으며, 공장 수는 1941년의 6,382개에서 1948년에는 3,808개로 40% 감소했다. 노동자 수는 1941 년의 14만 9,242명에서 1948년에는 10만 6,696명으로 29% 감소됐다. 공장 수의 감소에 따라 노동자 수도 감소되어 실업이 증가했고, 실업자 의 증가는 노동대중의 생활난을 한층 더 가중시켜, 쌀 가격 폭등, 임금 침체 등은 더욱 격렬한 노동쟁의를 유발하는 요인이 되었다(김대환, 1981).

이런 경제적 상황에서 1930년 이후 일제의 노동운동에 대한 탄압이 극심해지자 지하화됐던 노동운동이 다시 활성화되어 노동자의 자기권 리 주장을 내세워 일본인 적산과 친일파의 재산을 접수하고 관리하는 자주적인 노동운동이 시작됐다. 이에 따라 '공장과 기업의 주인'이라는 의식이 자연발생적으로 퍼져나갔다. 이렇게 해방 직후의 노동운동은 생 산시설의 자력 접수관리와 생활권보장이라는 두 가지 문제를 쟁점으로 했다. 이런 자발적인 노동운동은 1945년 11월 5일 조선노동조합전국평 의회(이하 전평)를 결성하여, 1946년 8월에는 235개 지부의 조합원이 57만 4,475명이었으나 1946년 9월 총 파업 후 대대적인 탄압을 받으며 쇠퇴하게 된다. 전평은 노동자계급의 일상적 이익을 옹호하며 활동하는 노동조합의 전국적 조직이자 그들의 정치적 권리를 고양하고 지도하기 위한 정치적 대중조직이었다(이성균, 1989: 161).

미군정청은 1945년 10월 말 조령을 공포하여 노동자의 자발적 접수 관리운동을 불법행위로 단정하여 단속했다. 군정은 우선 일제의 정치범처벌법, 치안유지법, 예비검속법 등을 폐지하고, 근로기준에 관한 보호, 파업의 억제와 강제중재제도의 채택, 노동부 설치에 관한 각종 법령을 제정하여 노동조정위원회를 구성하고 노동운동에 대해 적극적으로 대처했다(김형배, 1980: 260-262). 또한 미군정은 노동운동 규제를 목적으로 한 노동조정위원회 외에도 노동행정기구인 노동부를 설치했는데, 노동조정위원회의 감독과 관리가 그 주요 임무로, 노동쟁의에 대한 조정정책을 강화했다(이성균, 1989).

이 시기에는 여성노동자운동의 사례가 그리 많지 않다. 대표적인 사례는 경성방직의 사례이며, 이외에 광주의 약림제사, 동양제사, 삼화피복, 종연방직의 사례가 있다. 이런 투쟁들의 요구조건은 대체로 야근철폐, 8시간 노동제 실시, 직원·공원간의 차별 배급 철폐, 식사개선, 체불임금 지급, 공장관리위원회에 의한 공장관리 등이었다.

미군정청의 노동운동에 대한 이런 정책은 이승만 정권의 수립 이후에도 정책기구를 그대로 인수함으로써 이어진다. 그 당시 한국산업은행의 자료에 의하면(1959; 이옥지, 2000 재인용), 산업구조상 국민의 절대다수가 농업과 도·소매업에 종사했다. 제조업 종사자는 1941년의 15만 9,000명에서 1948년에는 10만 6,000명으로 약 29% 감소했다. 공장 수도 6,382개에서 3,808개로 약 40% 감소했으며, 전체적으로 볼 때 공장당 평균 노동자 수는 약 28명이었고 섬유공업은 약 41명인 반면 식품, 기계, 금속공업은 매우 영세하여 전체 노동자의 과반수 이상이 섬유공업에 종사하고 있었다.

이승만 정권기인 1948년부터 1960년 사이에 여성노동자의 고용 현황을 보면(한국경제연구원, 1990), 1948년에는 대부분의 여성취업자들이 농업에 종사하고 있었고 공업부문 종사자들은 극소수였다. 1958년에는 전체 취업자의 4.3%인 37만 7,000명이 제조업에 종사하고 있었으며, 그 중 8만 5,000명(22.5%)이 여성제조업 노동자인 것으로 나타났다. 또 1960년에는 총 취업자의 5.0%인 42만 7,000명이 제조업에 종사하고 있었으며, 그 중 여성노동자는 36.8%인 15만 7,000명이었다. 1940년 대 말에서 1950년대 말에 이르는 시기의 총 취업자 중 비농업 종사자 의 비율은 극히 낮았으며, 제조업 종사자의 비율은 5%에도 못 미쳤다. 즉, 근대적 임금노동관계에 있는 여성노동자의 수는 절대적으로 낮았 다. 따라서 이승만 정권하에서 노동운동은 미약할 수밖에 없었으나 조 선방직쟁의(1951-1952년), 대구 내외방직쟁의(1954년 10월 22일), 대구 대 한방직 쟁의(1955년 5월 20일) 등을 통해 여성노동자운동의 맥을 이어나 갔다.

3. 1960년 산업화 이후 여성노동자운동

1) 1960년대

1960년대는 정치적으로는 박정희의 군부쿠데타로 시작되었고, 경제 적으로는 일제와 민족간 전쟁의 경험으로 자생적 자립의 조건이 미약 한 상태에서 차관에 의한 대외 의존적 경제개발에 정책적 목표를 둔 시 기였다. '가난으로부터의 탈출'은 당시의 시대적 과제였기 때문에 군부 는 쿠데타의 정당성을 반공을 국시로 한 경제성장에 두었다. 경제개발 정책은 공업화를 중심으로 수출을 통해 외화를 획득하는 것이었고, 1960년대에는 경공업, 1970년대에는 중화학공업을 기반으로 진행되었 다. 1970년대로 넘어가면서는 투자자본 부족과 기술 수준의 낙후로 외 국의 차관을 상환하기 위해 정부는 외국자본을 적극적으로 유치했다. 즉, 국가 주도로 구로, 이리(현재의 익산), 마산 등지에 수출 공단을 설립했다. 정부의 수출 공단의 설치 목적은 풍부한 저임금의 여성노동력을 활용해 제품을 생산, 수출하여 외화를 획득하려는 것이었지만 사실 이 것은 여성노동력 착취를 기반으로 한 것이었다.

(1) 여성노동자의 고용과 노동조건

1960년 이후 산업화에 따른 경제성장은 저임금, 저곡가 정책을 기반으로 수출증대 및 외화 획득을 하려는 것이었다. 이런 경제성장정책으로 제조업에서 여성노동자의 고용은 증대되었고 이 과정에서 여성노동자들이 수행한 경제적 역할은 막대한 것이었다. 1960년대에 제조업 여성노동자들은 주로 섬유 의류산업에 집중되어 있었다. 5인 이상 제조업 여성고용 60% 이상이 섬유·의류업에 고용되어 있었고, 섬유·의류업 총고용의 75%가 여성노동자였다. 이외에도 고무산업과 전자·전기산업에도 여성의 비율이 증대되고 있었다.

노동집약적인 섬유·의류업에 주로 고용되어 있던 여성노동자들은 장시간 노동과 저임금을 기반으로 하는 노동정책 아래 산업화 과정에서의 경제적 역할을 수행했다. ILO 통계에 의하면(1970, 1972), 1960년대 초 한국 제조업노동자의 주당 노동시간은 1963년에 50.3시간으로 세계 최장이었다. 주당 노동시간은 산업화가 진행되면서 더 늘어나 1964년에는 56.0시간, 1965년에는 57.0시간, 1966년에는 더 길었다. 이처럼 1960년대의 평균 노동시간은 55시간 이상으로, 선진국과 비교해 우리 노동자들은 주 평균 10시간 이상을 더 일했다. 이것은 필리핀, 싱가포르, 태국 등 제3세계국가들과 비교해도 긴 것이었다.

장시간 노동에 따른 임금을 보면, 월 평균 임금을 달러로 환산했을 때, 1964년에는 월 $15.2(3,880원)였고, 1970년에는 $44.8(1만 4,150원)였다(이옥지, 2000). 220시간 이상을 일하는 한국노동자의 1970년의 월 평균 임금은 미국노동자들의 약 13시간 임금과 비슷하다. 일본의 경우는 1970년 월 평균임금이 한국의 4.5배 정도인데, 노동시간이 한국보다 주당 10시간 이상 짧기 때문에 시간당 임금은 훨씬 더 높다고 볼 수 있다. 또한, 보건사회부 자료에 의하면(1964), 이 시기 여성노동자는 남성보다 낮은 임금을 받았다. 1963년 제조업 상용근로자 중 여성의 남성 대비 임금비는 39.0%-45.9%였다.

(2) 노동정책

이 시기 정부는 외자도입법이나 노동관계법의 개정을 통해 노동자의 기본권을 통제하고 노동자들의 저항을 억압하는 노동정책을 수립했다. 정부는 노동자들의 저항을 염려하여 집단적 노사관계법을 수차 개정했다. 노동조합법은 복수노조를 금지하고, 노동조합의 정치활동 금지규정을 강화하며, 노조의 자유설립주의를 수정하여 행정관청에서 설립 신고증을 교부받아야만 노동조합을 설립할 수 있다는 일종의 신고제를 채택하고, 부당노동행위를 처벌주의에서 구제주의(원상복귀주의)로 전환하는 것 등을 골자로 했다. 노동쟁의조정법에 의하면, 공익사업의 범위는 확대되었다. 산하조직은 쟁의행위를 하기 전에 산별노조의 승인을 받도록 했으며, 쟁의 전에 노동위원회의 적부심사를 받도록 했고, 노동쟁의에 관한 긴급조정권이 신설되었다(김형배, 1980).

또한, 정부는 1966년에 외자도입법을 제정하여 외국인 직접투자에 대한 특혜를 주고 1969년에 구미공업단지, 1970년에 마산수출자유지역을 조성하여, 한국의 값싸고 풍부한 노동력을 이용해 외국자본을 끌어들였다. 1969년 12월 말에는 '외국인 투자업체의 노동조합 및 노동쟁의 조정에 관한 임시특례법'이 국회를 통과하여, 1970년 1월 1일 공포·발효되었다. 이것은 외국자본의 진출을 촉진하기 위해 외자기업에서 노조결성 및 쟁의에 이르는 권리를 제한하는 것이었다. 이처럼 1960년대 정부의 노동정책은 '경제성장'을 목표로 한 것이었다. 이런 친자본적·반노동적 노동정책은, 이후 몇 십 년 동안 한국사회의 노동정책 틀에 영향을 미치게 된다.

(3) 여성노동자운동

경제성장의 초기단계인 이 시기에는 여성노동자들의 미성숙한 계급의식과 함께 '가난으로부터 탈출', '잘살아보세'라는 정부의 경제성장 슬로건 아래 자본에 대한 노동자들의 저항이 활발하지 않았다. 그러나 몸수색과 같은 인권유린이나 임금인상을 포함한 열악한 노동조건 개선, 체불임금, 해고철회 등의 요구조건을 가지고 투쟁한 사례들이 있었다. 반공을 국시로 한 이 시기의 '친자본적이고 반노동적인 노동정책' 아래 노동운동은 소위 '빨갱이운동'으로 간주되었기 때문에, 여성노동자들이 투쟁하는 데 종교조직의 외피가 필요했기 때문에, 한국가톨릭노동청년회(JOC)와 도시산업선교회의 힘이 컸다. 이 두 조직은 1960년대 이후에도 한국의 노동운동사에서 노동조합과 함께 중요한 역할을 했다. 투쟁을 사안별로 정리해보면, 다음과 같다.

가. 임금인상투쟁 및 노동조건 개선투쟁
① 운수업체인 서울운수노조의 임금인상투쟁(1966)
② 마산의 마산방직의 추석보너스 쟁취투쟁(1964. 9. 9.)
③ 섬유노조의 임금인상을 위한 파업투쟁
④ 고려석면노동자들의 임금인상투쟁(1963. 5. 11, 1965. 4.)

나. 노조사수 및 노동조건 개선투쟁
① 근신산업의 노조탄압 저지투쟁(1963. 5. 22-1963. 9.)
② 부산의 조선방직의 해고철회투쟁(1964. 11. 23.)
③ 동신화학의 노조탄압저지 및 임금인상투쟁(1965. 3.)
④ 심도직물의 노조탄압 저지투쟁(1967. 7. 17-1969. 8.)
⑤ 전주의 한흥 물산의 직장폐쇄반대와 해고철회투쟁(1968. 6.)

다. 노조결성투쟁
① 서울 조광섬유의 노동조건개선을 위한 노조결성투쟁(1962. 12. 12.)

▲ 여성노동자들의 투쟁(여성노동자회 제공).

② 한국오크전자의 노조결성투쟁(1968. 7. 26.)
③ 한국시그네틱스의 노조결성 후 노조탄압 저지투쟁(1967. 9.)

2) 1970년대

1960년대 말 3선 개헌은 1970년대의 성격을 정치적으로 규정해주며, 박정희 군사정권이 장기집권의 틀을 만드는 것으로 1970년대는 시작된다. 1971년 중공의 유엔가입을 계기로 「국가보위에관한특별조치법」(국가보위법)[1]을 제정한 후 1972년 10월 17일에는 "남북의 평화적 통일을 지향하는 새 헌법을 만들겠다"라는 '10월 유신'이 선포되었다. 이에 따라 비상계엄이 선포되어 국회는 해산되고, 정당활동은 중지되었다. 현행 헌법의 일부 기능이 정지된 상태에서 비상국무회의가 국회의 권한을 대행하면서 통일주체국민회의 신설, 대통령의 권한강화 등을 골자로 하는 유신헌법안을 공고했다. 이 법안은 1972년 11월 21일 국민투표를 거쳐 확정됐다. 박정희는 이 헌법에 의거하여 통일주체국민회의 선거를 통해 대통령으로 선출되었고, 1972년 12월 27일에는 유신헌법을 공포하여 이른바 유신체제가 시작되었다. 유신체제는 남북의 평화통일을

---

1) 국가보위법은 국가안전보장에 효율적으로 대처하고 사회의 안녕과 질서를 유지하기 위해 대통령의 비상사태 선포, 경제규제 명령, 국가동원령 선포, 옥외집회나 시위 규제, 언론·출판에 대한 특별조치, 특정 근로자의 단체교섭권과 단체행동권 제한, 군사상의 목적을 위한 예산 조절 등을 목적으로 하고 있다(교회협, 1984: 136).

지향한다는 것이 명분이었지만, 유신체제 성립 이후에 오히려 남북관계
가 경색되어 명분이 퇴색되었고 독재적 권력 집중이 제도화되었다.

경제적으로 이 시기는 제조업과 사회간접자본의 성장률을 연간 20%
를 상회하면서 제2차 경제개발 5개년 계획(1967-1971)이 끝난 때이다. 2
차 경제개발 5개년 계획을 통해 경제성장과 수출이 급속한 증가세를
보이자 정부는 1960년대와 마찬가지로 저임금 노동력을 기반으로 수출
지상주의와 '선 성장 후 분배' 정책을 계속 추진했다. 하지만, 이 시기
에 외자에 의한 수출 주도적 경제개발계획은 많은 문제점을 낳았다. 변
형윤(1989)은 다음과 같이 문제점을 지적했다. 첫째는 외자 의존과 수출
지향의 외향적 공업화 문제였다. 제1차 5개년 계획에 54.2%였던 외자
비중은 제2차 5개년 계획 중에는(1967-1971) 39.9%가 되어 그 비중은
줄어들었으나, 투자 규모의 증대로 한국경제의 외채 의존적 성장 패턴
이 정착되었다. 둘째, 구조적으로 한국경제의 대외 불균형을 초래했다.
셋째, 1950년대 이후 만성적인 국제수지 적자 현상과 역조 현상이 계
속됐다. 이것은 급격한 수출 증대에도 불구하고 수출에 필요한 설비투
자와 원자재 등의 수입에 기인한 것이다. 이에 따라 대내적 산업 간의
불균형이 갈수록 심각해졌다. 넷째, 1960년대 후반부터 외자도입에 의
해 이루어진 공장들의 부실기업화이다. 부실기업문제는 외자도입으로
과잉투입된 대규모 설비투자와 국제경쟁력의 취약성에 기인한 것이었
다. 부실기업문제 이후, 경공업 수출이 한계에 부딪히자, 중화학 공업화
를 추진했으나 외채 규모는 더욱 커졌다. 1970년대의 중화학 공업화는
외형적 성장의 문제점인 세계시장에서의 경공업 제품의 경쟁력 저하문
제를 해결하고, 경공업 부문에 대한 원자재와 시설재를 원활히 공급하
여 해외의존도를 낮추며, 수출주도형 중화학공업체계를 확립하여 자립
적 경제구조를 달성한다는 목적을 가지고 있었다.

  (1) 여성노동자의 고용과 노동조건
  제조업의 급격한 성장과 수출의 증가에 따른 산업구조의 변화는 취

업구조에도 질적인 변화를 가져왔다. 한국경제연구원의 자료에 의하면
(1990), 1970년대에 총 취업자 중 제조업종사자의 비율은 1970년에는
13.2%, 1975년에 18.6%, 1979년에 22.9%로 증가했고, 제조업과 함께
종사자도 1970년대에 급격히 증가된 반면, 농림수산업에서는 취업자
구성비는 1970년에는 50.4%, 1975년에 45.9%, 1979년에 35.8%로 감
소했다. 제조업 분야는 1970년의 42만 3,000명에서 1978년에는 119만
2,000명으로 2.8배 증가했고, 5인 이상 사업체 여성노동자 고용은 29
만 3,000명에서 92만 7,000명으로 3.2배 증가했다. 노동청의 사업체
노동실태 조사보고서에 의하면(1974-1980), 제조업 전체에서 여성노동
자의 비율은 더욱 높아져 1970년대 말과 1980년대 초에는 약 40%였
으며, 5인 이상 사업체에서의 여성노동자 비율은 1976년에는 거의
50%였다. 이 시기 제조업 내의 각 산업부문에서 여성노동자 고용 현황
을 보면, 약간의 증감은 있지만, 섬유의복산업의 여성고용이 70% 이상
이었고, 고무제품산업의 여성고용 또한 높았다. 전기기계산업의 여성고
용도 1970년의 43.3%에서 1974년에는 64.2%로 크게 증가했다.

노동청 노동통계연감(1971)과 사업체 노동실태 조사보고서(1976)에 의하
면, 1970년 현재 여성노동자들은 노동집약적 수출산업에 종사하고 있으

▲ 공장의 기계(여성노동자회 제공).

며, 전체 제조업 여성노동자 29만 3,112명 중 18세 미만이 전체 여성
노동자의 8%, 29세 미만의 여성들이 93%였고, 1976년에는 제조업 여
성노동자 74만 3,017명 중 0.1%가 16세 미만이고, 43.9%가 17-19세
이고, 42.7%가 20-24세로 86.7%가 24세 미만이었다.

1960년대에 이어 1970년대에 들어서도 저임금정책과 장시간 노동정
책이 지속되었다. 1976년 경인지역 220업체의 1,115명의 제조업 생산
직 노동자들을 그 대상으로 한 조사연구를 보면(배무기, 1977), 주당노동
시간은 평균 60.7시간이다. 주당 노동시간과 그 업체의 수출 비중을 연
계해보면, 업체의 수출 비중이 1-10%일 때 노동시간이 55.6시간으로
가장 낮고, 업체의 수출비중이 높아지면 노동시간이 점점 늘어나,
100% 수출업체에서는 62.3시간이나 되었다.

노동청 사업체 노동실태 보고서에 의하면(1978, 1979), 한국 노동자의
평균 임금은 1970년대에 들어 놀랄 정도로 상승했지만, 제조업 근로자
의 60% 이상이 월 3만원 미만의 임금을 받고 있었으며, 월 2만 3,000
원 미만의 임금을 받는 노동자들의 비율도 26%로 저임금 노동자들이
광범위하게 존재했고 성별 임금격차도 심했다. 이외에 작업현장에서 생
산량 증대를 위해 중간관리자의 화장실 통제나 노동 감시 및 폭력 사용과
함께 남성관리자에 의한 성희롱 등 인권유린이 심했다.

(2) 노동정책과 노조운동의 지원조직

1970년대의 유신체제는 1960년대와 마찬가지로 특례법, 국가비상사
태선포, 국가보위법과 같은 법의 제정을 통해 노동에 대한 전면적인 억
압과 탄압, 통제를 실시했다. 이러한 노동정책은 노동자들의 기본권인
노동3권을 유보시키는 노동 악법을 기반으로 한 것이었다. 정부는 이미
1969년의 '외국인 투자업체의 노동조합 및 쟁의 조정에 관한 임시특례
법' 공포를 통해 외자기업에서의 노동3권을 억압하고 1970년대 외국자
본의 직접투자를 적극적으로 지원했다. '국가보위에 관한 특별조치법' 이
후, 외국인 투자업체만이 아닌 국내기업 전체에서 노동운동에 대한 규제

가 강화되어, 노동3권 중 단체행동권과 단체교섭권은 전면적으로 부정
되었다. 또한 노동조합법, 노동쟁의 조정법 등의 노동관계법이 개정되
어, 노동기본 3권도 단지 법률이 정하는 범위 내에서 보장받게 되었다.
　유신체제의 이런 억압적인 노동정책 아래 조직노동운동의 상급조직
은 정부와 기업가들 편에서 현장노동자들의 자발적이고 민주적인 노조
운동을 견제하고 심지어 노동조건 개선운동을 파괴하는 데 앞장섰다.
이러한 경향은 1970년대 후반으로 갈수록 더 노골적으로 되었지만, 여
성노동자들은 노동운동의 중심에서 민주노조결성, 노조민주화, 노동개
선을 위해 가열차게 투쟁했다. 정부의 억압적인 노동정책 아래 여성노
동자들의 민주적이고 자발적인 노동운동은 이것을 지원하는 종교조직
인 JOC, 개신교 각 교단별 산업선교회, 크리스찬 아카데미 등에 힘입
은 바가 크다. 이 조직들은 노동자들의 권익을 옹호하기 위해 공장노동
자와 노동운동 지도자들의 의식을 일깨우는 교육활동, 노동자들의 취미
활동, 상담과 교육활동, 소비조합, 신용협동조합 등의 노동자 복지활동,
노동현장 실태조사, 노조의 조직과 육성, 열악한 노동조건과 노동자의
참상에 대한 비판, 어용노조 지도부의 부패와 불의에 대한 비판, 제반
법적 절차에 대한 지원활동을 했다(기독교산업문제연구원, 1978: 105-109).
　자발적 노조결성이 합법성을 획득하지 못하는 억압적인 상황 아래
노동운동은 국가권력과 충돌이 불가피했는데, 정부는 이런 노동운동세
력을 '불순세력에 의한 반정부활동, 빨갱이, 공산주의 세력' 등으로 몰
았기 때문에, 종교조직은 노동운동의 비호세력 내지는 지원세력이 되었
다. 유신체제하의 한국에서 기독교 교회는 국가에 대해 제도적인 자율
성을 유지할 수 있는 유일한 사회단체였고, 종교조직이라는 성격을 이
용하여 '불순세력에 의한 반정부활동, 빨갱이, 공산주의 세력'으로 간주
되었던 노동운동의 바람막이가 되어줄 수 있었기 때문이다.

(3) 여성노동자운동[2]

이 시기 여성노동자운동을 국가, 노동, 자본의 3자 틀에서 보면 앞서
언급한 것처럼 우선 노동정책이나 노동법은 '반 노동자적·친 자본적'이
었다. 유신체제 아래 대외의존적인 수출 위주의 경제성장책 또한 친자
본적이었으며 저임금, 저곡가, 억압적 노동정책 등을 기반으로 하는 것
이었다. 국가의 노동 관련법과 노동정책은 자유민주주의 사회에서 노동
자들의 기본 시민권인 노동권을 제대로 인정해주지 않았다. 자본 측은
이런 국가의 입장을 기반으로 노동자들이 민주적이고 자발적으로 노동
조합을 결성한 경우 대부분 이를 인정하지 않거나 친자본적인 노조를
만들었다. 불가피하게 인정했다고 하더라도 폭력을 동원해 노조를 와해
시키거나 노조를 파괴하려 다양한 수단과 방법을 사용했고 핵심 조합
원이나 노조간부해고 등의 부당노동행위를 자행했다. 또한 여성사업장
의 경우 자본 측은 남성노동자를 활용하여 폭언과 폭력 등의 강압적 방법
을 사용했다. 즉 자본은 노동을 회사경영의 파트너로 인정하지 않았던 것
이다.

이 시기 여성노동자들이 집중적으로 고용되어 있는 전자·전기, 섬유
및 방직, 제약 등의 사업장은 대부분 유사한 노동조건을 갖고 있었는데,
최저생계비에도 못 미치는 저임금과 하루에 10시간이 넘는 장시간 노
동, 강제잔업, 휴일노동, 위해한 작업환경, 임금체불 등이 그것이었다.
이외에도 작업장 내에서의 폭언 및 욕설, 폭행, 지나친 작업감독, 성희
롱을 포함한 인권유린 등이 존재했다. 이같이 열악한 노동조건은 정부
의 억압적 노동정책의 지원을 받았다. 특히 외자인 투자기업의 경우는
국가의 적극적인 지원을 받아 자본의 투자와 철수를 용이하게 할 수 있
었다.

노동 측은 노동자로서 기본권 보장과 최저생계비 확보를 위해 노동

---

2) 1970년대로 넘어가면 1960년대보다 여성노동자운동이 활성화되고, 노동운동
   에서 중심적 역할을 한 만큼 운동의 사례들이 많다. 1970년대의 경우는 제한
   된 지면에 다 제시할 수 없어 운동 내용별로 간단히 정리했다. 이에 관한 구
   체적인 투쟁내용은 이옥지(2000)의 『한국여성노동자운동사 1』을 참고로 할 것.

조합을 건설하려고 시도했고 노조를 통해 노동조건 개선과 임금인상에 힘쓰고, 작업장 내에서 일어나는 중간 관리자들의 인권유린에 대항했다.

따라서 이 시기 여성노동자운동은 투쟁과제별로 노동문제와 여성문제로 나눠진다. 노동문제로 제기된 투쟁과제로는 노조결성, 노동조건개선투쟁(임금인상, 노동시간단축, 체불임금을 포함), 자본철수철폐투쟁, 폐업반대투쟁, 민주노조사수투쟁, 어용노조 민주화투쟁 등이 있다. 여성문제로 제기된 투쟁과제는 성별임금차별철폐 및 감소, 생리휴가와 모성보호 등이 있다. 하지만 이 시기 독재정권 아래서 최저생계비에도 못 미치는 인권유린이라는 노동 상황은 여성노동자운동의 투쟁과제 설정의 중심을 성차별문제보다 노동문제에 두게 했다. 따라서 롯데제과의 임금차별에 대한 투쟁, 삼성제약의 성별임금격차 감소에 대한 문제제기, 콘트롤데이타 노조의 일상활동으로 여성문제에 대한 인식을 갖는 노조교육 실시를 제외하고는 대부분 노동문제에 집중되었기 때문에 1970년대의 가부장적·사회문화적 조건으로 인해 성차별과제에 대한 문제의식은 약할 수밖에 없었다. 여성노동자운동에서의 성차별과제는 1987년 노동자 대투쟁 이후 합법화된 노동조합을 기반으로 운동이 활성화되자 성차별과제가 여성노동자운동의 중요 과제로 등장하게 된다.

1970년대 민주노조운동은 전태일 분신사건[3]과 함께 시작되어 YH무역 여성노동자들의 폐업철회투쟁으로 막을 내렸고, 1970년대 여성노동자운동은 1980년대로 이어진다. 1970년대 초 섬유방직업체에서 노조결성에 이어 청계피복, 전자업체, 그리고 제약업계 최초인 한국화이자에서도 노조가 결성됐다. 동일방직과 한국모방(원풍모방의 전신)의 경우는 이 시기에 이미 노조가 결성되어 있었으나 노조의 운영이 민주적으로 이뤄지지 않고 제 기능을 하지 못하자 노조민주화 투쟁을 전개하여 민주노조를 결성했다. 그 당시 여성노동자들이 집중되어 있던 섬유·방직

---

3) 1970년 11월 13일 영세 봉제공장들이 있는 평화시장에서 재단사인 전태일이 평화시장의 열악한 노동조건과 노동환경개선을 위해 "근로기준법을 지켜라"라고 외치면서 분신한 사건이다. 이를 계기로 청계피복노조가 결성되었다.

을 포함한 전자업체에서 결성된 노조의 경우 대부분 남성노동자들이 노조위원장이었기 때문에 동일방직이 최초로 여성지부장을 선출한 것은 여성노동자운동사에 의미가 깊다.

이 시기 국가와 자본의 억압적이고 전근대적인 노동정책은 1960년대와 다를 바가 없었지만, 여성노동자들이 집중적으로 고용되어 있는 섬유·방직업, 전자전기업, 제약, 화학업 등의 사업장에서 여성노동자운동은 1960년대보다 활발하게 진행됐다. 여성노동자운동을 사건별로 간단히 정리해보면 다음과 같다.

① 노조결성투쟁

노조결성은 대개 열악한 노동조건을 개선하기 위해 일어나므로 노동조건개선과 노조결성이 함께 진행되기도 하고 노조결성 후 임금인상을 포함한 전반적인 노동조건 개선투쟁을 하거나 노동조건 개선 요구를 하던 중 노조가 결성되기도 한다. 노조결성 과정의 공통된 특징은 자본측이 폭력행사를 포함하여 다양한 방해공작을 한다는 것이다. 결국 여성노동자들이 이런 다양한 방해공작을 막아내면 노조결성에 성공하는 것이다. 또한 노조위원장이 남성인 경우, 여성조합원들의 투쟁내용이 기록에서 빠져 있는 경우가 많다. 이런 경우는 그야말로 남성들만의 운동사인 셈이다.

- 섬유·방직업으로 청계피복노조(1970. 12. 20.), 한영섬유(1970. 12. 28.), 태광 산업(1974. 광진섬유로 개칭, 1972. 6. 13.), 한일나일론 (1970. 9. 동양나일론이 됨, 1970. 4. 26.), 삼송산업(1974. 3. 13.), 동서양행(1975. 1. 4.), 삼풍섬유(1975. 7. 9.), 무궁화주식회사(1976. 1. 11.), 삼경복장(1978. 7. 4.), 마산방직(1974. 8. 27.), 태광산업 부산공장(1974. 2. 17.), 호남잠사(1976. 7. 6.), 풍천화섬(1976. 9.) 등이 있다.
- 봉제·가발업으로 반도상사(자주적 노동조건개선운동을 통해 1974. 4.

15. 노조결성), 한독산업(1974. 6. 6.), 서울통상(1975. 5. 17. 노조결성 후 실패), Y. B. Lee상사(1975. 11. 12. 노조결성 후 노조가 어용화됨) 등 이 있다.

- 전자업으로 아이맥전자(1971. 2. 15.), 크라운전자(1972. 2. 3.), 신한 일전기(1974. 8.), 동남전기(1977. 3. 18.) 등이 있다.
- 제약업으로 한국화이자(1970), 국제약품(1974. 7. 24. 임금인상요구 와 함께 해 노조결성)이 있다.
- 고무업 외에 기타산업으로 삼완산업(1977. 11. 21. 노조결성 후 임금 인상)이 있다.

② 기존 어용노조의 민주화 및 노조탄압으로부터 자발적으로 결성한 노조를 사수하는 투쟁

어용산별노조의 산하노조가 최저생계비에도 못 미치는 저임금, 임금 체불, 강제적 잔업이나 장시간 노동과 같은 열악한 노동조건을 개선하 려 하지 않고, 조합원의 인권 유린을 방관하자, 노동자 스스로 기존 노 조의 어용성을 탈피하여 노조를 민주적으로 전환하려고 한 것을 '노조 민주화' 투쟁이라고 한다.

노동자가 자발적으로 기존 노조를 재조직화하거나 민주노조를 결성 한 사업장은 보통 자본 측의 노조탄압 및 와해공작으로 노조의 일상활 동에 방해를 받게 되는데, 이에 대한 저지투쟁을 하다가 실패하면 노조 간부나 핵심 조합원이 해고당하거나 감옥에 가게 된다. 이런 경우 대부 분 노조가 와해되고, 투쟁에 성공하면 민주노조가 유지된다. 하지만 노 동자들이 노조를 사수했다 하더라도 회사가 폐업을 하기도 하고, 외국 투자 자본인 경우에는 자본철수를 하기도 한다.

- 섬유업으로 삼원섬유(1973. 12. 12. 노조결성 후 1976까지 투쟁), 유 림통상(1973-1974), 유영 산업(1974. 3. 2. 노조결성 후 노조와해), 한 흥물산(1974. 6. 노조결성 후 1976년까지 투쟁해 노조사수), 국제방직

(1977. 4. 20. 노조결성 후 자본 측의 탄압으로 노조사수에 실패), 동일 방직(노조결성 후 지속적으로 노조탄압을 받은 후 노조사수 실패, 그러나 투쟁사례는 모범적), 반도상사(노조결성 후 노동조건개선 투쟁을 하면서 자본 측에서 노조파괴 공작을 받은 후 폐업), 원풍모방(1973-1979, 민주노조 전환 후 자본 측에서 노조파괴를 위한 공격을 받았고 이 탄압은 1980년대로 이어짐. 특히, 성차별과제로 남녀임금차별해소에 역점을 둠) 등이 있다.

- 봉제·가발업으로 YH무역(1975. 6. 30. 노조결성 후 1979년 폐업된 사업장으로 투쟁과정에서 김경숙 열사의 의문사로 1970년대 유신체제가 붕괴되는 데 중요한 역할을 했음), 한독산업(1976-1979 투쟁 후 노조사수), 청계피복(노조결성 후 지속적으로 노동조건 개선투쟁을 하다가 1981년에 해산 명령을 받은 후 1985년에 노조인정을 받아내어 노조사수) 등이 있다.

- 전자업으로 천우사(1975. 1. 8. 노조결성 후 자본 측의 탄압으로 노조사수 실패), 아남산업(1975. 3. 11. 노조결성, 노조사수), 한국마벨(1975. 6. 1차 노조결성 시도 후 9. 13. 재결성되고 어용화), 콘트롤데이타(노조결성 후 임금인상과 노동시간단축 등을 포함한 노동개선투쟁을 했고, 투쟁의 과제로 결혼퇴직문제, 임신·출산 후 직장에 계속 다니는 문제, 성별임금격차 해소문제, 성별 차이 없이 각종 수당 동일지급문제, 생리휴가 등의 성차별과제를 설정함. 노조교육 등 모범적으로 노조를 운영해오다가 자본철수 후 폐업) 등이 있다.

- 제약업으로 대일화학(1976년 노조결성 후 1981년까지 투쟁 후 실패) 종근당제약(1974. 8. 14. 노조결성 후 노조사수), 유한양행(1974. 3. 5. 노조결성 후 노조사수), 유유산업(1975. 5. 4. 노조결성 후 노조사수) 등이 있다.

- 식품업으로 제일제당(1977. 10. 22. 노조결성 후 자본 측의 탄압과 방해로 노조사수 실패)이 있다.

- 고무업 외 기타 산업으로 인선사(1975 노조결성 후 1976-1978 까지

투쟁했으나 실패), 남한제지(1973 노조결성 후 노조사수 실패했고 남성 중심의 노조화), 호남고무(1976. 1. 16. 노조결성 후 노조사수), 한진콜크(1978. 9. 노조결성 후 노조사수) 등이 있다.

③ 임금인상 및 노동조건개선(인원감축저지운동 포함), 해고자 복직 투쟁

- 섬유·방직업으로 광진섬유(1974-1975 투쟁 후 노조의 어용화), 동광모방(1977-1980 투쟁), 대한모방(미조직 사업장으로 1973), 경성방직(1973), 방림방적(1977), 대한방직(1974), 남영나일론(1976), 태평특수섬유(1977), 동광통상(1977), 삼기물산(1977), 동아염직(1973 기숙사 강제예배 반대투쟁), 청계피복(1980) 등이 있다.
- 가발·봉제업으로 승한봉제(1975 집단해고 반대투쟁)가 있다.
- 전자업으로 페어차일드세미콘닥터(1974), 한국시그네틱스(1974-1976 투쟁), 대동전자(1978) 등이 있다.
- 제약업으로 삼성제약(1975, 임금인상투쟁과 함께 여성특수과제로 성차별 언행금지, 생리휴가, 결혼퇴직제 철폐, 산전산후 휴가정착, 수유시간 확보 등을 투쟁과제로 설정한 것으로 유명) 등이 있다.
- 식품업으로 삼립식품(미조직 사업장으로 1973년 투쟁), 해태제과(1976-1979 투쟁, 도급제 폐지와 노동시간을 8시간으로 단축한 투쟁으로 유명), 롯데제과(1977, 여성특수과제로 남녀임금 차별격차 감소투쟁으로 유명), 진로(1978) 등이 있다.
- 고무업 외 기타 산업으로, 애경유지(1976), 대협(미조직 사업장으로 1975-1976 투쟁) 등이 있다.

④ 민주노동자들의 공동투쟁과 정치투쟁
1960년대 노동운동을 통제하기 위해 정부가 주도적으로 조직한 비민주적인 산별조직 아래에서 여성노동자들의 투쟁과 운동은 개별사업장 단위로 이뤄져왔다. 즉, 어용산별조직 아래에서 개별 노동운동의 역사

는 1987년 노동자 대투쟁 이후 1990년대로 가면 자발적이고 민주적인
산별노조운동이 시작된다. 이런 노동운동의 조건에서 노동자들은 1970
년 중·후반으로 넘어가면 유신체제에 대항하여 노동조건개선을 위해
공동투쟁과 정치투쟁을 했다. 그 사례를 보면, 민종진 가스질식사 항의
투쟁(1977), 기독교방송 진입항의투쟁(1978, 동일방직 노동자들의 투쟁을
공산주의자로 모는 보도에 대한 항의투쟁), 부활절예배투쟁(1978년, 동일방직
똥물사건, 방림방적 체일사건, 산업선교에 용공선전을 한 것에 대한 항의로 대
중집회 이용투쟁) 등이 있다. 이런 투쟁경험은 1980년대 구로지역 동맹
파업으로 연결된다.

4. 글을 맺으며

1960년 이후 산업화 과정에서 노동, 자본, 국가의 관계에서 노동에
대한 자본 측의 입장은, 노동조합이 결성되면 노동조합을 파괴하거나
와해시키고, 노조를 어용화시키는 등 전근대적이었다. 이런 자본 측의
공격을 지원했던 것은 반공을 국시로 하는 국가의 노동정책이었다. 즉,
정부는 기득권에 반대 또는 대항하는 노동운동 세력을 모두 '빨갱이',
'불순'으로 간주하여 탄압했던 것이다. 반면에 여성노동자들은 이를 통
해 민주노조의 단결력과 교섭력을 키워갔으며 노동자들에게 가해지는
인격적 모욕, 멸시, 천대를 노동자 의식으로 키워나가 노동과 노동운동
에 긍지를 가졌다. 이를 바탕으로 여성노동자들은 자본 측의 폭력적인
통제방법, 전근대적인 인격 무시에 굴하지 않고 민주적인 노조운동을
통해 노동조건을 개선했고, 남성과의 차별, 사무관리직과의 차별을 철
폐해나갔으며, 인격 차별이나 실제적인 평생노동권까지 확보했다.
1950년대 이후 1970년대까지 국가의 친자본적이고 반노동적인 억압
적 노동정책 아래서 모범적으로 잘 싸웠던 대표적 사업장인 동일, 반도,
YH, 콘트롤데이타, 원풍, 삼성제약 등은 여성노동자운동의 투쟁과제로

노동문제와 여성특수과제를 동시에 설정했다. 이는 열악한 노동조건 개선에 매몰되어 여성특수과제를 투쟁의 과제로 선정하기 어려웠던 노동 상황에 비추어볼 때, 여성노동자운동사에 큰 의미를 가지는 일이다.

하지만, 여성노동자들의 민주적인 노조들은 1970년대 말과 1980년대 초 신군부 독재정권과 자본 측의 탄압으로 파괴됐다. 반도상사, YH무역, 콘트롤데이타 노조는 회사의 폐업으로 노조가 파괴됐고, 동일방직과 원풍모방의 경우는 구사대를 동원한 노골적인 폭력에 민주노조가 파괴된 후 어용화되었다. 청계피복노조는 국가의 해산명령과 무력으로 파괴되었으나, 해산 후에도 노조간부들은 법외노조로 활동을 하면서 노조의 명맥을 이어갔다.

한편, 이 시기 민주노조들이 파괴되고 어용화되었다 하더라도 여성노동자들의 민주적인 여성노동자운동 정신은 1980년 이후 노동자대투쟁으로 이어졌고 오늘날 비정규직 철폐 여성노조운동으로 이어지고 있다.

■ 생각할 거리
1. 여성노동자운동과 노동운동의 차이는 무엇인가?
2. 1960년대와 1970년대의 노사관은 어떠했는가?
3. 산업화 과정에서 여성들의 역할을 짚어보자.

■ 읽을거리

강이수. 1992, 「1930년대 면방 대기업 여성노동자의 상태에 관한 연구」, 이화여대 박사학위논문
방혜신. 1993, 「70년대 여성노동운동에서 여성특수과제의 실현조건에 관한 연구」, 서강대 박사학위논문.
서형실. 1990, 「식민지시대 여성노동운동에 관한 연구」, 『일제하 사회운동과 농촌사회』, 한국사회사연구회논문집 25집, 문학과지성사.
이옥지. 2000, 『한국여성노동자운동사 1』, 한울.
박수정. 2003, 『숨겨진 한국여성의 역사』, 아름다운 사람들.

제2장 경제개발과 젠더의 정치학
1970-1980년대 '중동건설 프로젝트'를 중심으로

최성애

1. 들어가며

'경제개발과 여성'이라는 주제를 마주할 때마다 흔히 우리에게 떠오르는 몇 가지 이미지가 있다. 그 중에서도 가장 대표적인 것은 '산업역군'이라는 이름하에 저임금과 장시간 노동에 시달리며 공장 컨베이어벨트 앞에서 일하는 나이 어린 여성노동자들의 모습일 것이다. 은행으로, 기업체로, 백화점으로 대거 취업하게 된 사무직, 또는 판매직 여성노동자들 또한 빼놓을 수 없다. '산업화=공업화'라는 우리나라의 파행적 근대화 과정에 관심이 있었던 사람이라면 남성들과 젊은이들이 도시로 빠져나가고 황폐해진 농촌 경제를 떠안게 된 초로의 여성농부들의 휘어진 허리도 떠오를 것이다. 외화 획득의 일환으로 국가의 지원하에 번성한 '기생관광산업'을 기억하는 사람이라면 1970년대의 '관광기생들' 또한 쉽게 떠올릴 수 있을 것이다.

'경제개발과 여성'이라는 화두가 자아내는 이러한 기존의 지배적인 이미지, 그리고 이러한 이미지를 생산해온 관련 논의들은 거의 대부분 여성이 '직접적인 경제 행위자'로서 산업화 과정에 동원되거나 개입되는 형태를 보여준다는 공통점을 갖는다. 즉, '경제개발과 여성'이라는 주제에서는 산업화를 통해 여성이 '여성'으로서 어떻게 노동자화되고,

'노동자'로서 어떻게 산업화에 참여하고 기여하며, 고통받고 저항하는 가가 주요 쟁점이 된다. 노동자로서의 여성정체성의 등장과 부각은 '자본과 노동'이라는 두 세력의 대립이 특징인 자본주의 산업사회에서 여성이 사회의 움직임과 변화의 주체로 자리매김되는 데 크게 기여했다.

그러나 '직접적인 경체행위자로서의 여성', 또는 '노동자로서의 여성'에 초점을 둔 '경제개발과 여성' 논의는 경제개발 과정에서의 젠더의 역학을 제한적으로만 보여줄 뿐이다. 젠더는 여성과 남성, '여성적인 것'과 '남성적인 것'에 대한 사회적 지식이며 의미체계이다(Scott, 1999: 2). 여성에만 관심을 집중하는 것은 여성적인 것과 남성적인 것의 사회적 구분이 경제개발의 성격을 규정하는 다양한 차원의 젠더 작용을 간과하게 만든다. 예컨대, 왜 특정산업이 (일반적으로 여성들의 임금이 훨씬 낮은데도) 남성 중심 산업이 되며, 또 다른 특정 산업은 여성 중심 산업이 되는가, 남성들은 어떻게 '남성노동자'가 되며 여성들은 어떻게 '여성노동자'가 되는가, 경공업이나 중공업 등 특정한 산업 프로젝트들에 젠더와 관련하여 어떻게 의미를 부여하는가 등은 젠더의 렌즈를 통해 경제개발을 들여다보지 않고서는 파악하기 어려운 것들이다. 남성, 또는 '남성적인 것'을 주어진 규범으로 삼아 여성 또는 '여성적인 것'을 비교하는 것은 은연중 남성적인 것을 절대화하는 오류를 낳는다. 또한, '노동자로서의 여성'에 국한된 '경제개발과 여성' 논의는 노동자가 아닌 다른 방식으로 경제개발에 깊숙이 동원된 여성들을 드러내고 주체화하는 데 도움을 주지 못한다. 산업화, 근대화를 통해 여성들이 노동자여성, 중산층전업주부, 전문직여성, 상층여성 등으로 분화되었다는 도식화된 여성의 계층 분류방식은 그 도식에 들어맞지 않는 많은 여성들의 경험을 놓칠 뿐만 아니라, 산업화에 개입된 젠더 정치경제학의 다양한 층위에 대한 문제발굴과 이해를 어렵게 한다.

'경제개발과 여성'에서 '경제개발과 젠더'로 문제를 재설정할 때 우리는 여성과 남성, 여성적인 것과 남성적인 것의 사회·문화적 구분과 의미화가 산업화를 구체적으로 어떻게 모양짓고, 산업화에 의해 그 구분이 어떻게 재생산되거나 변화되는지를 좀더 깊이 이해할 수 있다. 즉 젠더를 통한 접근은, 산업화 논의에 단지 여성노동자들을 '끼워 넣는 것'에서 벗어나 예컨대, 성 편견이 내재된 특정한 산업 프로젝트들이 남성과 여성을 어떤 다양한 방식으로 산업화에 편입시키는가, 성별에 대한 기존의 관념과 역학이 산업화 과정에 편입된 남녀의 삶을 어떻게 달리 구성하는가 등에 관련된 역동적인 성의 정치학을 파악할 수 있게 한다.

이 글은 지난 1970-1980년대 우리나라 외화수입의 주요한 원천 중 하나였던 '중동건설 프로젝트'를 통해, 특정한 경제개발 전략의 입안과 실행 과정에서 젠더가 어떻게 핵심적인 조직원리로 작동했는가를 보여 주는 사례연구이며, 그 프로젝트에 각기 다른 방식으로 동원된 남성들과 여성들의 이야기이다. 국가 주도의 수출 드라이브 정책으로 급격한 경제개발이 행해지던 당시, 10여 년에 걸쳐 연 인원 100만 명에 달하는 건설노동자들이 사우디아라비아를 비롯한 중동지역 국가들에 수출되었다. 물론 그들은 모두 남성이었으며, 대다수가 기혼 남성이었다. 수많은 청장년 남성들을 해외로, 그것도 상상을 초월하는 더위와 모래폭풍이 휩쓰는 사막국가로 떠나게 하기 위해서, 그리고 그들의 노동에서 창출된 달러의 국내 유입을 안정적으로 보장하기 위해서 국가 및 노동자 송출 기업에게는 이들 남성 노동자들의 '고통스런 노동'을 미화하고 정당화시켜줄 담론과 매우 잘 짜여진 노무관리가 필요했다. 남성성(masculinity), 그 남성성에 기반한 군사주의와 애국심, 그리고 가족주의는 서로 밀접하게 맞물린 채 정당화 담론과 노무관리 체제의 근저를 이루게 된다. 또한, 더없이 '남성적인' 중동건설 프로젝트의 이면에는 이들 노동자들의 부인과 그들의 '몸'이 남편의 남성성을 유지하고 재생산해내기 위한 보루로 존재했다. 부인들에 대한 성적 통제는 중동취업 건설노동자 노무관리 체제의 핵심적인 부분이었으며, 남편이 부재한 부인들의 성적 '일탈'의 가능성과 위험성은 중동건설 프로젝트 자체에 대한 위협으로서뿐만 아니라, 나아가서 국가경제발전에 대한 위협으로 다루

어지기도 했다. 소위 '사우디 부인들'을 둘러싼 이중적이며 모순적인
언어와 정책들은 중동건설 프로젝트와 그 성패가 사실상 이 특정 그룹
의 여성들에게 얼마나 '의존'해 있었는가를 잘 보여준다.

이 연구를 위해 필자는 전 중동취업 건설노동자, 전 중동취업 건설노
동자들의 부인, 전 중동지역 건설현장 관리자 등 총 12명을 면접했으
며, 중동취업 노동자 및 부인들의 각종 수기들, 중동취업 노동자들을
위한 월간잡지 ≪밀물≫, 1970-1980년대의 일간지 등도 주요 자료로
사용했다.

2. 중동건설 프로젝트와 '사우디 노동자'의 형성

중동지역의 정치적·군사적 긴장이 고조되면서 1973년에 발생한 전
세계적 석유위기는 1961년 군사쿠데타로 집권한 박정희 정권이 사납게
추진해오던 경제개발계획에 커다란 충격을 가져왔다. 천정부지로 치솟
는 원유가격은 수입된 원유를 에너지로 저가의 공산품을 생산·수출하
는 것을 골간으로 하는 당시의 국가경제발전 전략을 뒤흔들었으며, 원
유 수입을 위한 외채의 급속한 증가는 항시적인 외환위기에 직면하게
했다. 그러나 이와 동시에, 밀려들어오는 석유 달러에 힘입어 기간산업
의 건설 등 대대적인 경제근대화 프로그램에 착수하기 시작한 중동지
역 석유생산 국가들은 박정희 정부의 경제팀에게 달러 획득을 위한 매
력적인 기회로 간주되었다. 근대적 의미의 노동자계급이 충분히 형성되
지 않았던 당시 대부분의 중동지역 국가들은 산업의 설계와 기술뿐만
아니라 산업건설에 필요한 대량의 노동력 역시 외국에서 수입해야 했
다. 아프리카와 아시아의 많은 개발도상국들의 남성노동자들이 건설노
동자로 중동지역에 몰려들기 시작했으며, 1974년 395명의 건설노동자들이
사우디아라비아와 이란에 취업한 것을 시작으로 우리나라 또한 그 대열
에 합류했다.

첫 해의 중동 건설노동자 수출은 (주)삼환건설이 독자적으로 이룬 것이었지만, 뒤이은 해외건설용역 및 노동자 수출은 철저히 국가의 지휘와 통제하에 진행되었다. 1975년 3월, 정부는 한국해외건설협회를 발족하여 건설용역수출업체 선정, 수출계약, 계약이행 과정 등의 감시·감독 업무를 부여했다. 그 해 11월에는 중동문제연구소 설립에 착수했고, 12월에는 건설부 장관에게 사실상 해외건설수출과 관련한 지휘 감독의 전권을 부여하는 해외건설촉진법이 국회를 통과했다. 이어서 1976년에는 정부 내에 대중동 업무전담반을 설치했고, 정부 관료들과 건설업체 임원들로 구성된 건설수출진흥위원회가 발족했으며, 노동부는 해외취업근로자에 대한 관리규약을 제정하여 공기업인 (주)한국해외개발공사로 하여금 해외취업을 지원하는 건설노동자들을 선발, 모니터하도록 했다. 이후 노동부는 점차 건설노동자들의 모집과 관리에 중요한 역할과 책임을 맡게 된다.

이러한 정부의 집중적인 중동건설 프로젝트 공략에 힘입어 이후 수년간 한국의 해외건설수출액은 빠르게 신장하여 1974년에는 2억 6,000만 달러에서 1976년에는 25억 달러, 1979년은 64억 달러, 그리고 1981년에는 137억 달러의 수주를 기록하게 된다. 이 중 90% 내지 95%가 중동국가에서, 특히 그 중 70-80%가 사우디아라비아에서 벌어들인 것이다. 해외로 송출된 건설노동자의 수도 크게 증가하여 1975년에는 5,951명이던 것이 1979년에 10만 5,696명, 1982년에는 17만 2,540명을 기록했다. 이 중 약 90% 가량이 역시 중동지역에서 일했고, 나머지는 아프리카와 동남아 지역에서 일했으며, 중동지역에서 일한 노동자들의 75% 가량이 사우디아라비아에 집중되어 1974년부터 1987년 초까지 약 13년 동안 연 인원 93만 명에 달하는 건설노동자들이 사우디아라비아로 향했다(김상기, 1983; 정현수, 1982; 이정웅, 1981). 중동파견 건설노동자들이 '사우디 노동자'로, 그 가족들이 '사우디 가족'으로, 그리고 그 부인들이 '사우디 부인'으로 흔히 불리던 것은 바로 이 때문이다. 이러한 '중동붐'에 힘입어 1977년에는 국가 건설 이후 최초로 경상

수지 흑자를 기록했고, 해외취업 노동자들이 국내로 송금한 임금은 1981
년 우리나라 무역외수지수입의 26.4%를 점하게 된다(김상기, 1983: 34).

중동건설 프로젝트는 대량의 남성 건설노동자들을 효과적으로 동원
하지 않고는 불가능했다. 무엇보다도 국내 건설노동자보다 2-3배 높은
임금을 받을 수 있다는 경제적 유인이 큰 역할을 했다. 특히, '남성=가
장=생계책임자'라는 이데올로기는 수많은 기혼남성들이 '가족을 위해
서' 중동행을 택하는 원동력으로 작용했다.

> 떠나기 전 며칠간 나는 아내를 물끄러미 바라보며 생각했다. 한 여자의 남편
> 으로서 다른 여자같이 행복하게 해주지 못한 것이 안쓰러웠다. 그러고는 다짐했
> 다. 가난 속에서 행복을 찾는다는 것은 보통 어려운 것이 아니다. 그러기에 나를
> 의지하고 가난의 고통을 감수하며 최선을 다하는 저 사람을 위해서, 밀려오는
> 잡념을 깡그리 떨쳐버리고…… '자, 내 기필코 당신이 원하는 대로 떳떳하고 건
> 강한 모습으로 영예로운 귀국을 해서 행복한 보금자리를 선사하겠소'…… (심상
> 만, 『밀물가의 메아리』, 219-223).

하지만 악명 높은 자연조건과 이질적인 문화적 조건 속에서 수많은
남성들에게 중동취업의 욕구를 만들어내기 위해서는 단순한 경제적 인
센티브 이상의 정당화 담론과 내재화가 필요했다. 1974년 당시 청와대
제2경제수석이었고 중동건설 프로젝트의 최초 창안자의 한 사람으로
알려진 오원철이 박정희 대통령에게 보고한 아래의 건의문은 중동건설
프로젝트를 일관하는 조직원리가 '남성성'에 기반을 두고 있음을 단적
으로 보여준다.

> "각하, 중동은 고온에다 모래바람이 부는 열악한 땅입니다. 게다가 금녀에 금
> 주여서 근로자들에겐 오락도 없죠. 하지만 이렇게 나쁜 조건이야말로 우리에겐
> 극히 유리합니다. 선진국 근로자는 아무리 돈을 준다 해도 갈 사람이 없답니다.
> 우리에겐 군인정신으로 무장한 수십만 제대장병이 있지 않습니까. 그들은 월남
> 전 참전의 경험도 있습니다. 각하, 지금까지 우리 경제는 어린 여자근로자가 만
> 든 상품을 수출함으로써 지탱해왔습니다. 지금 우리는 에너지 위기라는 국난을
> 당했습니다. 이제는 한국의 남아가 나서야 할 땝니다." 박대통령은 "국내업자를

불러 설명회를 열고 중동진출에 적극 나서라"라고 지시했다("70년대 경제위기 이렇게 이겨냈다", ≪중앙일보≫, 1998. 7. 1.).

위의 인용문에서 우선 주목할 것은 '경제발전=남성성의 구현'이라는 젠더화된 발전 전략이다. '어린 여자근로자'에 의한 경제발전은 '국난'에 대처할 힘이 없으며, '남아'가 나서야 비로소 국난을 극복할 경제적 비약을 이룰 수 있다는 논리설정은 '기존의 경제 전략=여성적인 것=극복할 대상', '새로운 경제 전략=남성적인 것=지향할 대안'이라는 구도를 담고 있다. 중동건설 프로젝트는 새로운 경제 전략을 향한 한 걸음이고, '다행히도' 건설 산업의 특성상 그 주체는 남성이었다. 특히, "군인정신으로 무장한 수십만 제대장병," 더구나 "월남전 참전의 경험"이 있는 다수의 남성들은 중동건설 프로젝트의 좀더 구체적인 주체로 설정된다. 군대 경험, 특히 월남에서의 실전 수행의 경험이 "술도 없고 여자도 없는 땅"이라는 '혹독한' 조건을 이겨낼 자격으로 제시되고 있으며, '국난'이라는 상황규정은 수십만 제대장병들로 이루어질 중동 건설노동자들을 '애국자'로, 그들의 취업을 '애국적 행위'로 규정하는 효과를 갖는다.

나는 이 세상에 태어나서 두번째로 사랑하는 조국을 떠나 외국에 나왔다. 첫번째는 조국의 명예와 나의 목숨을 걸고 민주자유를 수호하기 위해 끊임없이 격전을 치루던 베트남 전쟁터였다. 그때 우리 따이한의 용사들을 위시한 여러 나라 병사들은 살벌하고 황량한 전쟁터에서 젊음의 끓는 피를 뿌리고 또 뿌렸다. 비록 지금 이곳은 비록 총을 겨눈 전쟁터는 아니지만 망치와 삽으로 싸우는 '국제경제전선'이라고 말하고 싶다. 아빠는 월남과 중동에서 너와 그리고 회사와 조국을 위하여 열심히 싸우고 일했다(이기호, 사우디 브록공, 『해외건설 취업자의 수기』, 17-19).

애국심, 군사주의, '유혹'으로부터 단절된 금욕의 실천, 가장 이데올로기, 그리고 이러한 것들의 근원적 구성원리인 남성성에의 호소는 많은 남성들을 '사우디 근로자'로 동원하는 데 필요한 이념적·문화적·도덕적 정당화의 근거로 작용했다. 또한 남성성은 해외 건설현장에서 이들 한국인 건설노동자들의 노동세계를 지배하는 '규칙'이자, 노동통제의 중심 계기가 되었는데, 지금부터는 이 점에 대해 좀더 자세하게 논의하기로 하겠다.

3. 남성성, 남성의 성, 그리고 노동통제

민족주의, 군사주의, 가부장제적 성별 이데올로기 등이 소위 '개발독재' 시기였던 1960년대 이후 30여 년간 한국인들의 일상적 삶과 노동세계를 규정해왔다는 점은 익히 알려져왔다. 그것들은 우리 대부분의 경험에서도 상기할 수 있고 지금도 여전히 경험하고 있는 문화적 장치들이다. 1970-1980년대 중동의 한국 건설노동자들 역시 이러한 문화적 장치에서 자유로울 수 없었을 뿐만 아니라, 오히려 이 장치들의 가장 집약적이고, 때로는 야만적인 통제에 노출되곤 했다.

열악한 노동환경과 중노동에서 노동자들의 이탈을 방지하기 위해, 그리고 이들의 임금을 통해 거두어들이는 달러와 이윤을 최대화하기 위해 국가와 기업들이 가장 일관되게 동원한 것은 철저한 군대식 노동통제 방식이다. 엄격한 신체적 규율과 질서, 명령과 복종, 전체주의적 생활관리, 폭력 등 군생활을 이루는 모든 요소들이 여과 없이 사용됐다. 이러한 군대식 노무관리는 출국 전부터 시작되는 것이 보통이었다. 사우디아라비아에서 K 건설의 도로공사 현장소장을 지낸 바 있던 N 씨는 이렇게 회고한다.

많은 노무자를 한꺼번에 내보내니까 회사는 당연히 노무관리자를 보내는데 대부분 군에서 조교하던 사람이라든가 …… 그런 사람들을 데려갔어요. 군에서 병졸 통솔능력이 많은 사람들을 우대했어요. 그래서 심지어는 공항출발부터 아주, 군대행렬을 방불케 하듯이, 차렷! 줄 세워놓고 호명하고 점검하고, 앉아! 일어서! 앉아! 일어서! 이런 훈련을 부리고, 조금이라도 이탈하게 되면 출국을 지

연시킨다든가 불이익을 주고 했으니까요. 완전히 군대통솔 해나가듯이 그렇게
했어요. 반말은 당연하고. 현지 공항에 내려와서도 여러 나라 사람들이 보는 앞
에서 줄을 세워서 앉았다 일어섰다 이렇게 훈련을 시키곤 했어요. 그러다보니
당시에 사우디 정부기관 사람들은 우리가 군대를 동원한줄 알았대요. 군대식으
로 해서 그런 거지 사실은 그게 아니라고 해명도 하고…… (전 사우디 현장소장
N 씨).

한국의 군대식 노무관리는 현지에 나와 있던 다른 나라 건설업 관계
자들에게 큰 관심을 불러일으키기도 했다. 특히, 병영식 숙소 운영을
통한 노동자 관리방식은 한국이 최초로 중동지역 건설현장에 도입한
것으로, 이후 여러 다른 나라들 역시 유사한 방식을 시도하는 계기가
되었다(Ling, 1984: 22). 다른 나라 노동자들의 경우 숙식을 노동자들이
현지에서 개인적으로 해결하는 것이 주된 방식이었으나, 우리나라의 경
우에는 회사가 군대식 집단 수용시설을 지어 군 내무반을 운영하듯 노
동자들의 근로시간 외의 자유시간까지도 회사의 관리망 안에 들어오게
했다. 단체 취침, 단체 기상, 단체 점호, 단체 애국가 제창, 단체 식사,
단체 출근, 단체 노동, 단체 퇴근, 제복 차림의 단체 나들이 등등 생산
과 소비, 여가활동을 포함한 일상의 모든 생활이 집단적이고 획일적으
로 이루어졌다. 적게는 8명에서 많게는 20여 명으로 이루어진 '내무반'
생활은 사적 공간이나 사적 시간을 거의 허용하지 않았다. 석현호는 이
러한 군대식의 폐쇄적·조직적 노동 및 생활관리체제는 타국인들이 현
지인과 교류할 깃을 우려하는 중동 국가들의 이해관계와 맞아떨어졌을
뿐 아니라, 노무관리의 효율성으로 국내 송금액의 증가를 가져오는 등
궁극적으로 국가경제에 크게 기여했다고 평가하고 있다(석현호, 1983:
282). 당시 대다수 노동자들은 이러한 준군사적 집단 관리체제에 대해
대체로 긍정적인 반응을 보였던 것으로 알려졌는데, 이는 그들이 과거
군생활을 경험했다는 점에 기인하는 것으로 보인다(김형방, 1981: 86).
실제로 필자가 인터뷰한 중동 근로자들은 한 명의 예외도 없이 중동에
서의 생활을 자신들의 군대경험과 등치시켰고, 각종 '사우디 근로자들'

의 현장수기에서도 자신들의 노동경험을 군경험에 비유하는 언급들이
무수히 나타난다. 군복무 경험을 통해 익숙해진 규율과 질서, 몸에 대
한 집단주의적 통제에 대한 순응은 군복무가 '국가와 민족'을 위한 것
이었듯이, '국가와 민족'을 위한 또 다른 '군대'인 해외 건설현장에서의
생활 역시 저항할 대상이 아니라 자연스러운 것, 그리고 남성적인 것으
로 받아들이게 했다.

 "인간을 개조 또는 재창조한다는 군대생활도 변변히 못해본 나로서는 난생 처
 음 당해보는 집단생활이었다. 여럿 속에서 나를 생각하고, 또 나를 포함한 여럿
 을 생각하는 동안 더 큰 인간관계를, 조국의 사랑을 생각하게 된다"(이정호, 『해
 외건설 취업자의 수기』, 42).

 "여보, 옛날 약혼시절 월남 갔다 왔을 때처럼 검게 그을린 내 얼굴을 상상해
 보아요. 이 구리빛 나는 내 얼굴이 곧 발전한국, 부지런한 한국인의 표상이라 생
 각하면 당신 마음 뿌듯하리라 믿소"(김옥수, 『밀물가의 메아리』, 166).

 "우리는 흔히 '군대갔다 와야 사람된다'고 하지만 요즈음에는 이렇게 바뀌었
 다는구려. '중동 갔다와야 사람된다'고"(신복룡, 『밀물가의 메아리』, 254).

노가다, 잡부, 날품팔이 등 건설노동자를 비하하는 이름들이 말해주
듯이, 건설노동은 현재에도 과거에도 사회적으로 천시되는 직업 중 하
나이다. 육체노동에 대한 사회적 폄하를 내면화한 건설노동자들은 종종
극단적인 남성성의 현시를 통해 그것에 저항하는 모습을 보이는 경향
이 있다(J. Freeman, 1993). '강한 육체'의 강조는 그것의 차별화된 대상
으로서의 '여성의 육체'를 담론 안에 끌어들이고, 여성에 대한 (가상의)
성적 지배와 '점령'을 통해 남성성을 확인함으로써 자신의 정체성에 대
한 존중감을 회복하는 방식이다. 여성비하적이며 성적인 농담과 은유가
일반화된 건설노동자들의 노동과정과 문화(J. Riemer, 1979)는 남성성
(masculinity)이 남성의 성(masculine sexuality)을 통해 어떻게 구현되고 (재)
생산되며, 동시에 자신들의 노동을 어떻게 '의미 있는 것'으로 위치짓

는지를 드러낸다. 다음 인용문은 뉴기니의 한 한국인 현장관리자의 공사체험기의 일부분이다. 터널 굴착작업을 여자에 대한 '강간'에 비유한 다음 대목은 노동 대상을 성적 대상화(sexualizing)시킴으로써 노동의 남성적 의미를 만들어내는 방식의 단적인 예이다.

> "터널 굴착공사의 상식이긴 하지만 암괴로 이루어진 곳보다 토사가 섞인 지질이 얼마나 더 굴착하기 어렵다는 것은 누구나 잘 알고 있을 것이다. 냇물처럼 쏟아져 흐르는 지하수, 그리고 예측 못할 낙반의 연속, 그에 대비하기 위한 지보공 설치의 어려움 등으로 이 '젊은 섬'은 마치 처녀처럼 그 몸을 열지 않으려고 우리들에게 완강히 저항하는 것 같았다"(박동만, 「해외난공사 시공기」, ≪월간건설≫, 1977. 6.).

군인정신, 남성적 애국심, 강인한 근력과 정신력 등 남성성에 호소하여 노동생산성을 극대화시키려고 했던 중동 건설노동자들에 대한 노동관리 전략은, 남성의 성을 통해 남성성이 재생산되고 강화되는 문화적 관행과, 이들 남성노동자들의 성적 욕구를 해소할 수 없는 '금녀의 땅'이라는 현실적 조건 사이에서 긴장을 유발하기도 했다. 1977년 3월, 사우디아라비아의 쥬베일 항만공사장에서 발생한 H 건설 한국인 노동자들의 대규모 소요사건은 이러한 긴장이 파괴적인 노동쟁의의 도화선으로 작용한 한 예이다. 3,000-4,000명의 건설노동자들이 약 3일에 걸쳐 중장비를 동원하여 공사장을 부수고, 관리자 차량을 불태우며 시위를 벌여 사우디아라비아 정부가 공사장 주변에 군대까지 파견했다고 전해지는 이 사건은, 유신체제하의 당시 국내 언론에는 전혀 보도된 바가 없다. '폭동(riot)', '극심한 난동(rampage)' 등으로 묘사하며 이 사건을 보도한 몇 개의 외국 매체들은 소요의 원인이 노동자들의 낮은 임금과 장시간 노동 등 열악한 근로환경에 있었다는 짧은 분석만을 싣고 있다(*The Economist*, May 14, 1977; *Far Eastern Economic Review*, May 6, 1977). 그러나 당시나 그 이후에 중동지역에서 근무한 바 있는 몇몇 현장 관리자들에 따르면 소요의 직접적인 계기는 사뭇 다르다.

"그때 노사분규가 크게 났다는 소리를 듣고 내 나름대로 왜 그런가 분석해보고 싶어가지고 바레인에 있던 H사 현장 소장인 후배를 찾아갔지요. 그때는 사무실 내부 근무하는 사람으로 한국에서 여자 종업원을 데려왔어요. 가족을 다 내불고 와서 일하는 그 노무자 사이에서 여사원이 몇이 있으니까 서로 이 여자들에 대한 그 말 한마디 붙이고 싶은 마음이 나지 않았겠습니까. 노무관리자라는 사람들이 그 여자들하고 희롱하고 하는 거 보니까. 자기들은 전혀 근처도 못가고, 여종업원을 관리하는 사람들이 점유하는 것에 대해서 불만이 제일 생긴데다가, 거기서 뭐 여자한테 말 좀 붙였다가 야단맞고 두드려 맞고 하던 게 비화되드라구요. 그때 조금만 노무관리 요원들이 노무자 앞에서 냉정하게 여사원들을 자기들도 좀 거리를 두고, 보는 앞에서 히히덕거리지 말고, 자기들만 여자들하고 시간 보낸다는 자랑도 하지 말고 그랬어야 하는데…… 차량을 동원하고 불태우고 그런 일이 생겨요"(전 K 사 사우디아라비아 현장소장 N 씨).

"70년대 중반만 해도 여자직원들을 아마 동반했던 모양이에요. 왜냐면 타이핑 때문에…… 70년대 중반에 한번, 사우디에서 사건이 일어났었죠. 저도 들은 애기입니다. 그때 여직원들이 많이 강간을 당했다 그러더라구요. 근로자들한테. 제가 듣기로는 트레일러 기사 하나를 (관리)직원이 폭행을 해가지고 그때 근로자 중의 한명이 어떻게 조직적으로 잘했는지 규모가 커져서 사우디에서 경찰이나 군대가 출동한 걸로 알고 있습니다. 그때까지는 여직원들이 있었는데 그 후론 없습니다. 지금은 뭐 남자들이 다 타이핑하고"(전 H 사 중동 현장 관리직원 C 씨).[1]

여직원들에 대한 관리직원의 '독점적 희롱'에 대한 노무자들의 반발이 노무자-관리직 간의 폭행으로 이어졌고, 이는 노무자들의 대규모 폭동으로 비화되었다. 폭동과정에서 발생한 것으로 알려진 여직원에 대한 노동자들의 강간은 '관리자들의 것'인 여직원들에 대한 성적 침탈을 통

---

1) N 씨와 C 씨가 언급하는 이 소요사건이 동일한 사건을 지칭하는 것인가에 대한 확실한 증거자료는 없다. 이 소요사건에 대한 국내 보고자료의 입수가 불가능했기 때문이다. 또한 P씨는 이 사건이 사우디아라비아가 아닌 바레인에서 발생한 일로 기억하고 있다. 그러나 사우디아라비아와 바레인이 지리적으로 극히 인접해 있다는 점, 두 사람 모두 이 소요사건이 1970년대 중반 H건설의 대규모 항만 공사 현장에서 발생했다고 진술한 점, 그리고 수천 명의 근로자가 참가한 건물 파괴와 방화가 일어났으며, 그리고 현지 군대까지 동원된 흔치 않은 대규모 '폭동'이었다는 점, '여직원'이 소요의 전개과정에 개입되었다는 점 등을 미루어볼 때 동일한 사건이라는 점은 분명해보인다.

해 권위와 통제에 맞선 저항 행위인 동시에, 대상화된 여성의 몸에 대한 폭력으로 성적 금기에 억눌렸던 남성성을 복원하려고 한 성정치적 행위로 해석할 수 있을 것이다.

남성성과 남성적 가치의 이데올로기적 극대화를 통해 생산성을 높이려는 노동관리 전략과 남성성의 적극적인 실천이 현실적으로 가능하지 않은 조건 사이의 이 같은 긴장은 '성(sexuality)을 관리하는 것'을 노무관리의 주요한 의제로 다루도록 하는 결과를 낳았다. 포르노그라피, 특히 포르노 필름의 공급과 소비는 중동 건설노동자들에 대한 '성 관리'의 핵심을 이루었다. 각 현장마다 정기적인 포르노 필름 상영이 관례화되었으며, "포르노 비디오를 잘 구해야 능력 있는 관리과장으로 인정"되기도 했고, "입수한 포르노는 소장, 관리직원, 일반 노무자 순으로 돌려보는" 것이 상례였다(전 현장소장 N 씨). "스트레스를 해소하는 차원에서 회사에서, 총무부에서 틀어준 거지. 1주일에 한 번 정도. 어쩌다 안 틀면 난리나지"(전 사우디근로자 J 씨), "스트레스 푸는 건 그 섹스하는 필름 있잖아, 일해서 피곤해도 그건 본다구. 그거 보면서 …… 막 그 자리에서 쏴버려. 보고 나가서 자위행위하고, 한 10-20분 보면 돼. 오래보면 그것도 못써"(전 사우디근로자 K 씨) 등의 증언이 말해주듯, 포르노 필름 소비의 조직화·일상화는 중동 건설근로자들의 노동문화의 커다란 부분으로 정착하게 된다. VTR이 귀하고 값비쌌던 당시, 한국에 있는 각 건설업체들의 본사는 물론, 건설부·노동부 등 정부 부처들은 '중동근로자들에게 VTR 보내기 운동'을 지속적으로 펼치곤 했다. 1978년 건설부는 상주 노무자 30인 이상의 해외공사 현장에 VTR 기기를 설치하지 않은 업체에 대해서는 도급허가 및 공사수주 경쟁에 참여할 수 없도록 할 방침임을 발표하기도 했다(≪월간건설≫, 1978. 3.). 표면적인 이유는 "건전한 교양 오락물 상영을 통해 중동 근로자들을 위로하기 위한 것"이었고, 많은 문화 영화, 인기 TV 드라마 등이 중동 건설현장에 제공된 것이 사실이지만, 중동 현지에 대량공급된 VTR은 무엇보다도 노동자들의 '성 관리'를 위한 유용한 기술적 뒷받침이었다.

4. '사우디 부인': 애국과 반역의 각축장

남성 정치·경제 관료들에 의해서 입안되고, 남성기업인들에 의해서 추진되었으며, 남성노동자들에 의해서 수행된 중동건설 프로젝트는 철저히 남자들만의 경제 프로젝트로 보인다. 그러나 좀더 젠더에 민감한 시선으로 중동건설 프로젝트의 실현 과정을 자세히 들여다보면 그 프로젝트의 성패를 좌우한 일군의 여성들의 존재를 어렵지 않게 감지할 수 있다. 바로 '사우디 부인', 즉 중동취업 건설노동자들의 부인들이다.

중동취업 건설노동자들은 대부분 기혼남성들이었으며 가족을 동반한 취업 출국은 소수 고위 관리직원을 제외하고는 정책적으로 금지되어 있었을 뿐만 아니라 현실적으로도 가능하지 않았다. 국가 차원에서는 노동자들의 현지 소비를 최소한도로 억제하여 되도록 많은 임금을 본국에 송금하여 외화 획득을 늘리기 위해 가족동반을 금지했다. 노동비용을 최소화함으로써 이윤을 최대화해야 했던 건설업체들로서는 수천, 수만 명 노동자들의 가족동반은 어불성설이었다. 무엇보다 노동자들로서는 국내보다 높은 임금을 보장하는 중동 취업을 통해 단시일 내에 가족의 경제적 이익을 꾀하려는 것이 가장 직접적인 목적이었기 때문에 가족동반 금지는 그 누구도 그 정당성을 의심하지 않았다. 무덥고 메마른 사막의 나라, 문명 후진국, 여자들이 살 수 없는 곳 등등 중동국가들에 대한 폄하적 오리엔탈리즘도 가족동반의 가능성을 묻지 않게 한 편리한 요인이었을 것이라 짐작된다.

가장이 집을 비운 가족, 특히 남편 없는 (젊은) 부인들의 '대량생산'은 중동건설 프로젝트의 이념적 선전물(propaganda) 중 하나인 가족주의와 본질적으로 모순, 갈등 관계를 이룬다. '가족을 위한, 남편으로서의 의무를 다하기 위한' 중동취업이 실제로는 부인들을 가장, 즉 남편의 직접적인 신체적·경제적 통제로부터 자유롭게 만드는 아이러니를 낳았기 때문이다. 노동자들을 국가경제 전략에 동원하기 위한 동의의 전략으로서의 가족주의와, 그것의 실천이 필연적으로 수반한 가족의 파괴나 해

체의 가능성은 중동건설 프로젝트의 진행과 더불어, 중동 현지에서는
'노동문제'로, 한국에서는 '사회문제'로 나타났다. 1970년대 후반과
1980년대에 성인시절을 보낸 사람들이라면 당시 빈번하게 신문 사회면
을 장식했던 아래와 같은 보도들을 쉽게 기억할 것이다.

도박주부 24명 검거…… 이들은 주씨의 남편 송00 씨(44)가 작년 2월부터 지
난 1월까지 사우디 취업 중 송금해준 400여만 원을 주씨가 동네 가정주부들과
도리짓고땡이를 하다 모두 탕진한 사실을 귀국 후에 알고 경찰에 신고함으로써
붙잡혔다(《조선일보》, 1980. 4. 2.).

해외취업근로자 부인들 가운데는 외로움을 이기지 못해 탈선하는 경우가 없
지 않고 춤바람에 놀아나 피땀으로 벌어보낸 돈을 탕진하는 사례까지 있다. 밖
에 나가 있는 사람들로서는 걱정이 그칠 날이 없다. 상담실 운영으로 국내 가정
문제를 해결해줌으로써…… "현장에서의 안전사고가 눈에 띄게 줄었고 가정문
제로 인한 중도 귀국자도 현재 0.5% 미만으로 줄었다"라고…… (《동아일보》,
1981. 6. 6.).

남편이 해외취업으로 출국한 공백 기간에 가정주부들이 외간남자와 불륜 관
계를 맺는 등의 '주부탈선'이 잇달아 해외취업자 가정보호가 절실한 사회문제로
등장하고 있다. 일부 주부들은 열사의 땅에서 피땀 흘리며 송금해준 돈을 유흥
비로 탕진하거나 제비족에게 발목이 잡혀 집까지 날려 끝내 가정파탄이나 자살
극으로 치닫는 비극을 빚어내고 있다(《중앙일보》, 1983. 3. 7.).

12세기 유럽에서 정조대라는 것이 발명되었다. 십자군 운동이 한창이던 때
다…… 정조대가 유행했었다는 것은 아내의 탈선이 얼마나 심했으며 떠나는 남
편의 마음이 얼마나 불안했던가를 반영했다. 그러나 오늘날 우리나라에서 해외
취업을 위해 떠난 남편들의 마음 또한 중세 유럽의 십자군 못지않게 불안하다.
일부 아내들이 가정을 버리고 정부와 놀아나는 불륜이 잇달아 일어나고 있다는
데서 그렇다(《동아일보》, 84. 4. 26.).

부인의 성적·경제적 '탈선', 또는 그 탈선의 가능성이 중동 현지에서
'노동문제', 그리하여 '노무관리상의 문제'로 부각되었으리라는 것은 전
중동 건설노동자들의 증언을 통해 충분히 짐작할 수 있다. 필자가 인터

뷰한 전 중동 건설노동자들은 부인들이 '바람을 피워' 한국으로 중도 귀국해야 했던 많은 동료 노동자들의 사례를 들려주었으며, 부인들의 성적 탈선에 대한 염려와 불안이 중동에서의 노동과 삶에 주었던 부정적인 영향에 대해 목청을 돋우어 이야기했다.

"(조기귀국한 사람) 어휴, 많았지. 내가 7년 가 있었는데 많았지. 마누라한테 미쳐가지고 일도 안하고 드러누워서 밥도 안 먹고 상심하고 그러고 있어요. 그러다가 자기가 돈 물면서 조기귀국하고…… 그런 경우는 자기가 돈 물어야 돼. 회사에서 총무과에서 알아가지고 이 사람 마누라가 문제 있으니까 들여보내라 그러면 안 물어도 돼. 편지 오는 거 보면 다 알아. (내) 마누라가 보름에 한번 편지가 오잖아. 미쳐 환장해, 마누라 편지 올 때 안 오고 그러면. 막 미쳐. 열 받아서 편지 쓴다고, 이 개 같은 년아, 육시랄 년아, 죽일 년아 이렇게. 하루만 참으면 되는데 그걸 못 참고 편질 보내면 그 이튿날 마누라 편지가 오는 거야"(전 사우디근로자 J씨).

가족주의를 통해 노동자들로부터 '생산에의 동의'를 이끌어 내려한 노무관리 전략은 소위 '사우디 부인들'에 의한 가족파괴의 가시적, 잠재적 위협으로부터 도전받는다. 건설업체들이 추진한 다양한 '해외근로자 가족관리정책'은 이러한 도전에 대한 대응으로, 노동자 부인들을 노동관리의 핵심적인 대상으로 규정하고 노동통제 전략 안에 깊숙이 포섭하는 방식을 보여준다. 중동건설 프로젝트는 단지 사적 기업들의 이윤추구 차원을 넘어, 국가적 차원에서 국가를 최종 관리자로 한 경제발전 전략이었다. 따라서 국가 역시 사우디 부인들에 의한 가족주의에의 위협을 노동문제, 경제문제, 사회문제 등으로 취급했고, 사우디 부인들의 관리정책에 직접적으로 개입했다. 국가와 기업들에 의한 해외근로자 가족관리정책은 크게 세 가지 차원에서 수행되었다. 첫째는 해외건설 노동자들의 부인, 즉 사우디 부인들을 '문제집단'으로 구성하는 담론의 생산과 유포이고, 둘째는 사우디 부인들을 기업과 공공(the public)의 관리망 안에 끌어들이기 위한 다양한 프로그램의 실시이며, 셋째는 '문제 사우디 부인들'에 대한 직접적인 감시, 훈육, 그리고 처벌이었다.

사우디 부인들을 '요주의 집단'으로 구성하는 담론의 생산과 유포는 무엇보다도 대중매체에 의해 주도되었다. 위에서 인용한 신문기사들의 예처럼, 도박·외도·유흥업소 출입·치정 살인 등 해외 취업근로자 부인들의 '일탈행위'에 대한 보도는 특히 1970년대 말부터 1980년대 중반까지 각종 일간지 사회면의 단골 기사가 되다시피 했다. ≪동아일보≫는 1983년 3월 첫 1주일 동안 다음과 같은 세 건의 '중동취업자 아내' 관련 기사를 싣는다.

- 중동취업자 아내, 정부. 남편 귀국 앞서 함께 자살…… 남편은 사우디에…… 다음 달 귀국을 앞두고 괴로워하다…… (1983. 3. 1.).
- 중동취업자의 아내 여관서 피살(1983. 3. 7.).
- 춤바람 아내 송금 탕진…… 집까지 팔고 가출. 중동취업자 귀국 자살(1983. 3. 7.).

며칠 후인 3월 11일, 정한주 당시 노동부 장관은 ≪동아일보≫와의 인터뷰에서 "근로자들이 피땀 흘리며 벌어서 보낸 돈을 국내에 있는 일부 가족들이 흥청망청 써버리고 탈선까지 한다면 해외취업 붐은 식을 수밖에 없다"라며 우려를 표명했고, "부도덕한 탕진이 없도록 노동부 지방사무소를 비롯, 각급 행정기관에 해외근로자 가족 민원상담창구를 차려 활동하고 지역별 기업별로 근로자 가족 선도대책도 마련해나가겠다"라는 의지를 피력했다. 같은 해 6월 6일자 ≪동아일보≫는 부인 탈선에 대한 염려로 해외 노동자들의 사기가 저하되고 있는 기업 노무관리상의 어려움과 그 대책에 대해 논한 「해외노동자 집안단속 비상령」이라는 대형 기획 기사를 경제면에 싣고 있다. 이는 노동자 부인들의 성적(sexual) 품행을 경제적 의제로 연결하여 취급한 의미 있는 지면 선택이라 하겠다. 사우디 부인들에 대한 이러한 '이슈화'는 각 건설업체들의 사보와 해외(주로 중동) 취업자를 독자로 한 잡지 ≪월간 밀물≫(해외건설협회 발간), 그리고 각종 해외취업자와 그 부인들의 수기들에서도 지속적으로 언급되고 있다.

'해외취업자의 아내＝위험한 여성들'이라는 설정과 그에 대한 공감대의 확산은 이들에 대한 정부와 기업의 다양한 관리 프로그램의 개발과 시행으로 연결됐다. 가장 광범위하게 실시된 관리 전략은 부인들을 회사와 공공의 가시권 안으로 끌어들이는 것이었다. 예컨대, S 건설의 경우 월 1회 발간되는 8면짜리 회사신문 중 3면에서 5면 정도는 늘 '사우디 가족'들의 공개편지로 가득 채워져 있었다. 중동 현지에서 한국의 가족(아내)들에게 보내는 편지와 한국의 자식들이 중동의 아버지에게 보내는 편지들도 상당수 포함되어 있지만, 중동의 남편들을 위로하고 가장이 부재한 가족을 훌륭히 지켜나가고 있다는, 실명으로 되어 있으며, 종종 사진까지 실린 부인들의 편지가 단연 중심에 있다. 나라와 회사와 가정을 위해서 희생하는 남편을 위해 아내의 역할에 충실하겠다는 일종의 '충성 서약서' 같은 공개편지들은 《월간 밀물》의 주요 코너이기도 했다. 노동부가 매년 공모, 수상, 출판했고 수상자들은 청와대에서 영부인과 오찬을 나누는 '영광'을 누렸던『해외취업자 가족 수기 당선작 모음집』의 글들, 그리고 노동부, 해외건설협회, 각 기업들이 개별적으로, 또는 공동 주최의 형식으로 연중 수회에 걸쳐 개최한 '해외취업자 가족 위안 잔치' 역시 '익명의' 사우디 부인들을 '실명화'시키고, 이들이 애국과 가족애에 대해 '스스로' 대중에게 말하게 했다. 또한 이것은 애국과 가족애라는 규범과 부인들의 성적·경제적 금욕을 요구하는 공공의 시선 안으로 이 부인들이 자발적으로 참여하도록 유도하고 조직화하는 중요한 방식이었다.

'해외취업자 가족보호 캠페인'과 사우디 부인들에 대한 각종 교육 역시 빼놓을 수 없는 가족관리 전략이었던 것으로 보인다. 해외취업자 가족보호 캠페인에 관한 공공문서는 현재로선 수집 불가능하다. 그러나 다음 인용문에서 중동취업자 가족에 대한 사회적 관리와 감시가 구체적으로 어떻게 정당화되고 실시되었는지를 부분적으로나마 엿볼 수 있다.

"봉급 지불을 담당하던 직원들도 첫 봉급을 타러오던 허름한 아낙이 몇 개월

지나면 빨간 손톱과 붉은 루즈를 칠한 모습으로 변하여서 적이 걱정스러웠다고 들 합니다. 결국 이것이 사회물의로 지적되고 정책적으로 '해외취업자 가족 보호'란 이름의 운동으로 전개되었지요"(강인욱. ≪월간 밀물≫, 1985. 9. 36-37).

"하지만 중동 붐으로 인해 국내에서는 뜻밖의 문제가 발생했다. 남편을 머나 먼 타국에 보내고 외로움을 달래지 못한 부인들 사이에서 춤바람이 난 것이다. 이러한 물의를 진정시키기 위해 정부에서는 중동건설진출 캠페인 못지않게 건전 한 가정을 건설하자는 캠페인을 펼쳐야 했다. 시청의 간부급 공무원들이 집집마 다 방문하여 상담원 노릇까지 하면서 대대적인 제비족 퇴치운동을 벌였던 것이 다"(<개항 120년 이 땅을 찾은 외국인들>, http://docu3.co.kr).

또한, 노동부의 각 지방사무소와 개별 기업들은 해외취업자 가족상담 실을 운영했는데, 그 역할은 명목상 남편과 부인, 자식들의 서신왕래를 위해 편의를 제공하고, 가족들의 고민과 고충을 상담·처리해주는 것으로 되어있으나, 실제 기능은 무엇보다도 부인들의 탈선예방과 감시에 있었던 것으로 보인다. 해외건설 협회는 1983년 3월, 39개 회원 건설 업체의 노무관리 담당자 40명이 모인 가운데 '취업자 사기진작 대책회 의'를 가졌는데 이날 세워진 아래의 '대책'들은 해외취업자 사기진작의 열쇠는 '가정의 안정'이라는 문제인식, 그리고 가족상담실을 통한 부인 들에 대한 관리와 감시의 필요성을 선명하게 드러내준다.

- 상설 가족상담실의 설치운영(가능하면 중년 교원 출신 부인을 채용)
- 지역별로 정기 순회, 가족과의 상담 실시
- 가족들의 건강생활 유도를 위한 교양강좌 실시
- 지방거주자의 가족에게는 반드시 지정수취인의 인근 금융기관 또는 우체국 에 송금하여 수령 시의 위험부담을 경감
- 출국 시 봉급수령자를 지정하되 부녀의 경우 수령 시 필히 남자를 동반
- 가능하면 시집이나 친정과 같이 동거토록 적극 권유할 것

(≪월간 해외건설≫, 1983, 4월호, 64)

해외취업 담당업체들의 가족상담실 운영실태를 보도한 1983년 3월 10일자 ≪중앙일보≫는 부인들의 탈선방지를 위한 기업 상담실의 여러

활동들에 대해 자세히 보도하고 있다. "1년에 두세 차례 가정을 방문, 저축액의 확인과 가족을 중심으로 한 홍보교육 실시", "친지가 고발하는 배우자 탈선문제를 비롯해 각종 생활지도 및 법률문제 상담", "남편에게 편지를 자주 하도록 무료 편지봉투 전달", "가족 간담회 개최" 등이 주요 활동들로 소개되었으며, 특히 "해외근로자 가족들간의 교류를 넓혀 부인들의 탈선위험을 막는 것"을 가족보호를 위해 상담실이 할 수 있는 가장 효율적인 방법으로 제시하고 있다. 즉, 부인들끼리의 모임을 주선하여 상호 감시를 통해 자발적 통제를 유도하는 방법이다. 노동부와 기업 외에 지역 행정기관들도 사우디 부인들에 대한 교육에 참여했는데, 그 한 예로 성남시의 경우에는 1984년 5월, 관내에 살고 있는 해외취업자 가족 1,300명을 시민회관에 초청, '정신교육'을 실시했으며, 각 동사무소와 시청 등 30개소에 고충상담소를 설치, 취업자 가족의 '관리대장'을 만들어 이들을 돕기로 했다고 발표했다(《월간 밀물》, 1984. 7.: 124).

<그림 · 安伯龍>

◀ 《동아일보》, 1983. 6. 6.

'문제부인', '문제가 있다고 의심되는' 부인들에 대한 직접적인 감시와 지도도 행해졌다. 필자의 피면접인들은 회사에서 부인들에 대한 '암행', '사설탐정식 뒷조사'가 행해졌다고 이구동성으로 말하고 있다.

"회사에서 암행 비스름하게 개개인 집을 방문하게 만들어논 거야. 직원들을 전부 다 너는 오늘 어느 구역, 너는 서대문구역, 너는 마포구역 이렇게. 우리 해외근로 가정들은 다 편안한가 조사해서 오라구"(전 사우디근로자 Y 씨).

"H 건설 같은 경우에는 해외인력사업본부라는 게 있는데, 해외인력을 주로 담당하는 부섭니다. 지금은 없을 겁니다. 거기에는, 저도 들은 얘깁니다, 거의 사설탐정 비슷한 사람들이 있습니다. 편지가 자주 안 온다든지…… 그러면 거기 있는 근로자가 굉장히 불안한거예요. 그러다가 사고도 날 수가 있습니다. 중장비 사고도. 회사입장으로도 그건 손해니까 회사(본사)에 연락을 합니다. 자기가 와서, 거기 근로자들을 상담하는 직원들이 있거든요. 상담을 해서 '우리 마누라가 좀 이상한 것 같다' 그러면 거기서 본사에 텔렉스해서 그 부인 뒷조사를 좀 해봐서, 예를 들어 춤바람이 났든지 바람났다 하면, 돈이 더 이상 그 부인에게 안 가게 조처를 취해주죠. 뭐 미행했겠죠, 흥신소에서처럼"(전 중동 현장 관리직원 C 씨).

"회사에서 직접 와요. 애기가 그때 갓난애였는데…… 장독에서 기저귀 빨고 있는데 막 찾아와서 묻는 거예요, 왜 편지 안하냐고. 내가 바람이 나서 갔던가 집에 무슨 일이 있어서 편지를 못헌가 이래서. 거기 있는 사람도 집안이 편해야 잘 있을거 아녜요. 그래서 왔드라구. 뭐, 애나서 편지를 자주 못했다 이랬더니 '아 그러시냐'고. 그렇게 회사에서도 많이 신경을 써요"(사우디 부인 P씨).

또한 사우디 부인들의 탈선에 대해 국가의 특별한 사법적 처리도 뒤따랐다. 한편으로는 탈선 사우디 부인에 대한 법적 처벌을 강화하고, 다른 한편으로는 사우디노동자들이 자신의 부인에 대해 저지른 범죄에 대한 처벌을 약화시켰던 것이다. 우선, 사우디 부인들이 간통죄로 고소된 경우 일반 간통죄보다 더 중한 형량을 부과하거나, 적어도 더 중한 형량이 부과된다는 '믿음'이 지배했던 것으로 보인다.

"그때가 83년도였어요. 제가 있던 감방 안에 간통죄로 들어온 아줌마들이 좀 있었죠. 그 아줌마들이 '그래도 난 사우디 간통은 아니다'라는 애기를 하곤 했어요. 자기들이 간통을 했을지언정 사우디 여자들 간통한 것보다는 덜 부도덕하다는 뜻으로 들렸어요. 사우디 간통은 형도 훨씬 무겁게 내려진다고 하더라구요. 6개월 때릴 거 1년 때리고 이렇게……"(전 서대문형무소 복역수 C 씨).

"박정희 때 무조건 사우디 부인 건드린 놈은 5년 이상 징역 발표하고 그랬잖아요. 그런 법도 생겼었어요"(전 사우디노동자 Y 씨).

"그때 그렇게 했어요, 5년 이상. 간통했을 때. 부인들도"(전 사우디 노동자 C 씨).

간통을 범한 사우디 부인들이나 그들의 간통 상대들의 처벌에 관해 별도의 법이 제정된 사실은 없다. 그러나 법의 유무보다 더욱 중요한 것은 그러한 법이 존재한다는 믿음, 그리고 그러한 믿음을 지속적으로 생산해내는 사회적 장치의 뒷받침이다. 해외취업자 부인들의 '탈선 장소'로 인식된 카바레, 댄스홀 등에 대한 경찰의 빈번한 기습단속, 부인들의 '탈선파트너'로 규정되었던 '제비족' 또는 '가정파괴사범'들의 수시 검거, 그리고 이에 대한 빠짐없는 언론보도는 탈선 부인과 그 상대에 대한 '강한 법집행'에 대한 믿음을 생산하는 주된 공장이었고, 가장을 대신하여 부인과 부인의 몸을 관리하고 통제하는 권력이었다.

사우디 부인의 탈선에 대해 강화된 처벌은 동시에 그 남편들의 범죄에 대한 사법적 너그러움과 병행되었다. 귀국한 남편들이 탈선한 부인들을 살해하거나 상해를 입히는 사건이 종종 발생하곤 했는데 그런 경우 거의 예외 없이 법의 '선처'가 뒤따랐다. 대표적인 한 예로, 유흥과 도박으로 가산을 탕진한 부인을 살해한 정○○ 씨가 항소심에서 집행유예로 석방된 사례를 들 수 있다. 살인범에게 집행유예의 선고는 매우 이례적인 일로서 각 일간지의 사회면 머리기사로 보도된 이 재판에서 재판장은 "법률적 상식에 어긋난다는 비판을 무릅쓰고 일반적 상식에 따라 판결했다. 때로는 일반적 상식에 따른 판결이 실체적 진실에 부합할 수 있다고 확신했기 때문이다"라는 판결 이유를 들었다. 일반적 상식, 즉 '죽은 자가 죽을 만한 짓을 했을 뿐'이라는 공감대는 이미 널리 형성되어, 재판 전 정씨의 동네주민들은 "부정한 아내 때문에 불행하게 된, '성실하고 착한' 정씨의 선처를 호소"하는 탄원서를 제출했고, 현직 국회의원 6명을 포함한 36명의 '평범한 시민', 심지어 살해당한 부인의 친정 식구들까지도 재판부에 탄원서를 제출한 바 있다(≪동아일보≫, 1986. 9. 1.).

언론을 통해 구축한 '사우디 부인은 위험하고 의심스러운 여성들'이라는 광범위한 사회적 담론과 동의, 그리고 기업, 경찰, 사법, 이웃주민, 가족까지 동참한 부인들에 대한 판옵티시즘(panopticism)적 감시와 통제(Foucault, 1994)는 스스로 '사우디 부인'의 시선을 내면화한 중동취업자 부인들을 통해 생산적 효과를 발휘한다. 면접을 통해서 또는 수기를 통해서 필자가 접해본 대부분의 사우디 부인들은 '탈선한' 사우디 부인들과 자신들을 강하게 구분지었으며, 사우디 부인들에게 요구되는 사회적 규범을 끊임없이 의식하며 살았던 자신들의 경험을 전한다.

> 기막힌 일입니다. 시간 있고, 배부르고, 정조 없는 여자들 아니고서야 어찌 그런 짓을. 저는 지난번 남편이 동료를 통해 보낸 물건을 찾으러 나갔을 때도 친정 어머니와 같이 나갔었지요(주화영 부인, 「해외가족탐방」, ≪삼환사보≫, 1984. 7. 1.).

> 남자가 해외에 나갔다 그러면 그냥 몰아치는 거예요, 가만 있는 사람이나 바람난 사람이나…… 똑같이 한통속으로 몰아버린다구, 주위사람들이. 그때는요, 아주 옷이 조금 색다른 걸 골라도, 이런 건 사우디 간 사람들 아줌마들 입는 거라구, 그런 말꺼정 하구 그랬어요. 그래서 옷도 하나 제대로 못 입고 댕기고 그랬어요(전 사우디 부인 L 씨).

> 난 그이가 떠난 뒤 입술에 루즈 한번 발라보지 않았다. 그이 없는 생활에 좀 더 처신을 바르게 하려고……(김영희, 『그날을 기다리며』, 123).

'정숙'을 증명하기 위해 사우디 부인들이 자신의 몸에 실천하는, 이

러한 자발적인 자기통제를 통해 중동 건설현장에서는 한국 남성 노동
자들의 유순한 노동이 재생산될 수 있었고, 국가와 기업은 달러와 이윤
의 안정적 유입을 도모할 수 있었다. 사우디 부인들과 그들의 몸은, 외
관상으로는 오직 남성들의 세계로 보이는 이 중동건설 프로젝트의 중
심에, 그 생산의 정치학의 한가운데에 이렇듯 자리하고 있었다. 노동통
제의 매개로서 이들의 몸은 저항을 파괴와 반역으로, 순종을 생산과 애
국으로 의미부여하는 사회적 권력에 의해 끊임없이 사찰(policing)당하는
전략적 거점이었다. 역설적이게도, 우리나라의 1970년대와 1980년대는
'외화 획득'이라는 목적하에 국가가 주도한 성매매 관광산업, 소위 '기
생관광산업'이 가장 번성했던 시기이기도 하다. 사우디 부인들의 '몸단
속' 여부에 사회적 시선과 관심을 집중시키던 바로 그 시기에 국가는
외국인 관광객을 상대하는 매춘여성을 교육하고 관리하며 '애국자'로
칭송했다(민경자, 1999). 여성, 성, 도덕, 가족, 애국, 그리고 이것들 모두
에 작용하는, 다중적이며 모순적인 젠더 정치경제학에 대한 이해는 우
리나라 경제개발의 성격을 파악하는 데에 필수적이다.

5. 글을 맺으며

'남성다움'과 '여성다움', 그리고 이 두 규범이 만들어내는 성역할과
제도들을 주된 문화적·담론적 자원으로 하여 중동건설 프로젝트는 진
행됐다. 남성성에 바탕한 전투적 애국심과 가장 이데올로기는 '사우디
노동자들'을 형성하고 그들의 유순한 노동을 재생산해내는 이념적 동력
이었다. 또한 남성으로서의 성적 욕망의 현시와 관리는 해외건설 현장
에서 긴장요인이 되는 동시에 남성성의 강화를 낳는 이중적 효과를 보
였다. 가장 없는 가족, 특히 남편이 부재한 '사우디 부인들'의 등장은
이들을 '가족 위기'의 주된 혐의자로 담론화하는 사회 일반의 편집증적
시선을 불러일으켰으며, 국가와 기업은 이들에 대한 감시와 통제, 처벌

을 조직하고 실천하여 외화와 이윤 획득을 위한 경제 전략의 '볼모'로 삼았다. 이들 중 많은 사람들이 노동자였지만 '노동자로서의 여성'을 분석하는 기존의 논의 방식으로는 '사우디 부인'들의 경험을 이해할 수 없다. 노동자가 아닌 사우디 부인들의 경험과 그들에게 부여된 사회·정치적 의미 또한 보통의 '중산층 주부'의 그것과는 매우 다르다. 주연이면서도 정치적 주체로 부각되지 않았던 이들 여성들의 존재와 경험을 어떻게 위치지을 것인가는 여성주의 역사학의 한 과제일 것이다.

젠더 규범은 경제개발의 성격과 방향을 구성하고, 또 그러한 경제개발은 특정한 젠더 규범을 생산하며, 기존의 젠더규범을 변형시키고, 남성과 여성을 만들어내며, 그들의 삶과 관계를 모양짓는다. 경제개발과정에서 여성의 역사를 알기 위해 그 과정에서의 남성의 역사를 추적해야 하는 이유가 여기에 있다.

■ 생각할 거리

1. 1970-1980년대 민족주의 경제발전 전략이 어떠한 '가족'이념을 형성했으며, 그 이념형적 '가족'이 어떻게 노동 과정과 노동통제에 개입해왔는지에 대해 논의해보자.

2. '남성다움'과 '여성다움'에 대한 문화적 담론과 실천이 '노동자 정체성'을 생산하는 방식에 대해 이야기해보자.

3. 1970년대 '사우디 부인'과 '관광기생'을 생산해낸 '젠더 규범'의 다양성과 모순성에 대해 좀더 구체적으로 논의해보고, 오늘날의 젠더 규범의 성격에 대해 생각해보자.

■ 읽을거리

김은실. 1999, 「한국 근대화 프로젝트의 문화논리와 성별 정치학」, 『동아시아의 근대성과 성의 정치학』, 이화여자대학교 한국여성연구원 편, 183-212쪽.

미셸 푸코. 1994, 『감시와 처벌: 감옥의 탄생』, 오생근 역, 나남출판.

Cynthia Enloe. 1989, *Bananas, beaches & bases: making feminist sense of international politics*, London: Pandora.

Scott, Joan. 1999, "Women in the Making of the English Working Class," *Gender and the Politics of History*, New York: Columbia University Press, pp.68-90.

제3장 한국 기지촌의 여성(Women in Korea's Gijichon)

캐서린 문(Katharine Hyung-Sun Moon)

1. 들어가며

기지촌 성매매의 역사에 대해 쓴다는 것은 위험한 일이다. 대부분의 한국인들은 기지촌 성매매의 역사를 책으로 활자화하여 학교에서 가르치는 것을 원하지 않을 것이다. 한국과 미국의 양쪽 정부 역시 이것을 피하거나 부인할 것이다. 마치 이 모든 일에서 그들은 책임이 없는 것처럼 말이다. 그들은 기지촌 성매매를 수립하고, 운영하며, 군복 입은 미국인들에게 가난한 한국 여성들이 손쉽게 몸을 판다는 것을 묵과하고 있다. 기지촌 성매매의 역사는 공산주의자들의 침입에서 한국을 구하는 구원자, 즉 빅브라더(big brother)라는 미국의 영예로운 이미지에 오점을 남기게 된다. 기지촌 여성들의 노동과 삶이 한·미 안보관계를 공고화하는 데 밀접하게 연관되어 온 것이 사실이지만, 이 여성들의 곤경과 성적 교환은 사람들에게 현재 미군 주둔에 들어가는 사회적·개인적 비용과 혜택에 대한 문제를 떠올리게 한다. 기지촌 여성들을 포함해서, 한국인들은 대부분 이 역사를 잊고 싶어한다. 기지촌이라는 말 자체가 개인적으로나 국가적으로 수치심과 굴욕감을 불러일으키기 때문이다.

실제 장소로서의 기지촌은 역사적으로 한시적인 것이었다. 한반도의 분단과 미군의 주둔이 영구적일 것이라고 여겨지진 않았기 때문이다. 1954년 11월 한미 상호 방위조약이 체결되었을 당시, 어느 누구도 수백만의 미국인들과 한국인들이 50년 또는 그 이상 동안 살을 섞고, 체액을 공유하며 서로가 서로를 알게 될 것이라고는 예상하지 않았다. 미국과 한국의 사람들은 대부분 미국과 남한의 밀접한 군사적 동맹이 남한의 방어 체계에 필수적이라고 이해할 것이다. 한국 여성과 미국 남성 사이의 성매매를 똑같은 전략적 시각에서 파악하려는 이는 별로 없을 것이다. 그러나 사실, 지난 50년 동안 미국 남성과 한국 여성이 한국의 경제적 '기적'이나 방어정책과 같은 것 보다는 기지촌 성매매로 인해 훨씬 친숙해졌다는 것은 전혀 과장이 아니다. 백만 명 이상의 한국 여성이 기지촌에서 성을 팔았고, 셀 수도 없는 한국 여성과 미국 병사들이 아메라시안(Amerasian) 자손들을 만들어냈다. 그러나 한국과 미국은 모두 이 사실을 부인한다.

2003년은 한미 군사 동맹 50주년이 되는 해다. 남한 땅에 주둔하고 있는 미군의 존재는 이제 고착화되었고, 남한과 북한 양쪽 사람들의 마음에도 자리를 잡았다. 지난 한 해 동안 남한과 미국에서는 이것을 축하하고 기념하기 위한 수많은 행사들이 있었다. 그러나 그 기념식에 기지촌 성매매 50주년이 포함되어 있었던가? 한국인과 미국인 병사들의 희생과 용맹은 공식 기념행사 프로그램에서 기억되고 칭송되었다. 그러나 한국 정부가 기지촌 여성들을 한미동맹을 위한 '섹스 대사'로 미국에 제공했지만, 한국과 미국 어디에서도 사기와 폭력, 속박된 노예제도, 공포와 사회적 경멸을 참아왔던 수백, 수천의 여성들의 희생과 생활력은 인식되지 않았다.

2. 기지촌 역사쓰기의 장애물

사람들이 기지촌 여성들의 역사를 구성하고, 기억하고 인식한 것은 한국에서도 매우 최근의 일이다. 이 여성들의 삶과 한국사회에서 이 여성들의 역할이 지난 반세기동안 일상적인 한국인들의 삶의 한 부분을 이루고 있었음에도 말이다. 기지촌 여성들은 수많은 사회적·정치적·법적 권력에 의해 침묵을 강요당해왔으며, 공적으로 비가시적인 존재가 되도록 강요되어왔다.

1) 한국사회의 문화적 규범

첫째, 여성의 정절과 순종에 대한 유교적 규범에 근거하는, 여성의 미덕에 대한 일반적인 규범이 이 여성들을 도덕적 최하층민으로 주변화시켰다. 또한 단일민족과 순수한 혈통이라는 한민족에 대한 인종-민족주의적 강조는 기지촌 여성들을 한민족에서 배제하도록 만들었다. 그리고 한국사회의 엄격한 계급/신분 의식과 차별은 이 여성들과 이들의 아이들을 사회적 위계의 밑바닥에 놓았다. 결과적으로 기지촌 여성들은 '정상적인' 사회에서 차단당했으며, 주변적인 지위로서 경멸당했고 퇴폐적이고 더러운 양갈보, 양공주로 영원히 낙인찍히게 되었다. 비록 성매매에 관여하지 않고, 미군 군속과 사랑에 빠져 결혼하게 된 여성이나 업소 또는 클럽에서 일하다가 미군 남자친구 또는 남편과 새로운 삶을 살기 위해 한국을 떠나 미국으로 간 여성들의 경우에도 한국과 미국 양쪽에서 다른 한국인들의 도덕적 비난과 사회적 차별에 노출되었다. '기지촌(camptown)의 그림자'는 이 여성들이 어디를 가도 오랫동안 이들을 따라다닌다.

2) 군부정권의 기지촌 통제

둘째, 30년에 걸친 군부의 전제적인 지배하에서 시민권과 인권의 억압 때문에 기지촌 여성들, 기지촌 주민들의 불만과 요구는 국가 정치학 속에서 침묵당하고 억눌렸다. 그러나 기지촌 지역의 사회적·경제적 젠더 관계는 항상 긴장되어 있었다. 비록 주류 사회가 그들을 무시하고, 중앙 정부가 그들의 불만을 엄격히 통제했다고 하더라도, 지역 기지촌 주민들은 전혀 순종적이거나 조용하지 않았다. 그들은 자신들의 수입과 자부심이 미군의 행동으로 부정적인 영향을 받을 때, 지역 미군기지 사령관에게 불만을 토로하길 주저하지 않았으며, 한국의 지방 정부 기관의 압력에도 저항했다. '양키 고 홈' 구호와 '반미' 시위가 처음 등장한 것도 지역 기지촌 주민들, 특히 기지촌 성매매 여성들에 의해서였다. 예를 들면 1969년 초에는 300명 이상의 성매매 여성들이 아래와 같은 집회를 열었다.

> (부평의) 8057 미군 부대 앞에서 장례 집회가 열렸다. 테니(발음상) 하사관을 나오라고 요구하는 시위였다. 그들은 자신들의 친구인 이연자(23세)씨의 죽음에 미군이 책임을 져야 한다고 주장했다. 흰색 소복을 입은 여성들을 태운 영구차가 장지로 가는 길에 부대 정문 앞에 멈추어 섰다. 여성들은 외쳤다. "나와라, 테니. 테니를 여기로 데려와라." 그들은 또한 부대 건물로 들어가려고 시도했으나, 50명의 미군과 30명의 한국 경찰에 의해 저지당했다(Korea Times, May 25, 1969).

이후 1971년에는 험프리 기지(Camp Humphreys)의 정문 폐쇄와 안정리 출입금지 결정에 항의하여 7월 13일 100-150명의 성매매 여성들이 시작한 저항이 8월 9일에는 약 600명의 매춘여성과 3,000명의 마을 주민들이 참여한 대규모 시위로 커졌다. 일련의 저항이 계속되는 동안, 성매매 여성들은 기지 당국자들이 출입구를 개방하여 (7월 10일 주말에 흑인들과 싸운 주민들에 대한) '비겁한 보복'을 철회할 것을 요구했다. 이들은 이 과정에서 기지에서 일하는 웨이트리스들이 주둔지로 들어가지 못하도록 막고 군 인사들에게 돌을 집어던지고 평택 경찰서장의 차를 전복시키면서 기지 사령관을 만나게 해달라고 요구했다. 한국지원사령부의 사령관인 육군 소장 조셉 페디츠(Joseph Perditz)는, 험프리 기지 밖에서 성매매 여성들이 이끄는 군중들이 6명의 미군을 인질로 붙잡고 부대 사령관과 면담을 요구했다고 편지에 썼다.

그러나 미군과 한국 정부에 대한 공적인 저항은 지속되기가 어려웠다. 40년 동안의 전제적인 지배체제하에서, 한미 관계에 대한 독립적인 시민단체의 평가와 미군에 대한 비판은 적극적으로 그리고 체계적으로 억압당했다. 박정희, 전두환 정권하에서는 어떤 종류의 "반미 운동도 친공산주의 또는 친북 세력의 운동으로 동일시되었다"(Kim, 1989: 754). 기지촌 내의 한국 지방 정부기관은 미군과 지역 공동체 사이의 관계를 될 수 있는 한 부드럽게 하려고 했다. 또한 지역적인 갈등이 한미 동맹의 중요한 문제로 불거지지 않도록 신경 썼다. 결국 1990년대 초중반 정부의 탈중앙집권화가 이루어질 때까지, 이러한 지역 책임자들은 중앙 정부에 의해 임명되었으며, 따라서 자신들의 경력과 승진을 위해서는 지방 주민들이 아니라 중앙 정부, 즉 서울을 예의주시해야만 했던 것이다.

3) 기지촌 여성들에 대한 사회적·정치적·법적 통제

셋째, 기지촌 여성들은 자신들의 이해관계와 건강, 직업, 삶의 환경을 개선시킬 수 있는 정책을 요구할 수 있는 사회적·정치적·법적 권력이 부족했다. 특히 매춘에 대한 법적 금지와 처벌(1961년의 윤락행위 등 방지법)은 호객행위를 하는 어떤 여성도 '체포될 수' 있음을 뜻했으며, 몸을 파는 것은 구금이나 신체적 학대를 당할 수 있다는 것을 뜻했다. 비록 법은 원칙적으로는 여성과 남성(고객과 포주) 양자를 처벌하는 것을 목적으로 했으나 대부분의 경우에 여성은 즉결 심판에 회부되어 감옥에 가거나 강제적으로 직업훈련 센터에 보내졌다. 반면 남성들은 훈방조치로 풀려났다. 매춘이 불법임에도 정부는 1962년에 104개의 '특정 윤락 지역'을 만들어서, 매춘을 관리하기로 결정내렸다. 이 특정 지역에서 성적 교환에 참여하는 여성들의 법적 지위는 더욱 자의적인 것이 되었다. 또한 이로 인해 그들의 몸과 노동에 대한 정부의 통제도 훨씬 증가되었다. 1964년에 이르면 이 특정 지역의 숫자는 145개로 늘어

나고, 이 중 60%는 경기도에 집중되었다. 경기도는 대부분의 미군이
주둔하고 있는 지역이다(Moon, 1997: 42). 한국의 페미니스트 연구자인
조형과 장필화에 따르면, 기지촌 지역의 심각한 성매매 현실은 1961년
의 금지법의 적용을 불가능하게 만들었다(조형·장필화, 1990: 95).

   기지촌 여성들에게 규제는 기본적으로 다음과 같은 것을 의미했다.
① 이름과 주소를 비롯하여, 미군 밀집 지역의 업소와 클럽에서 '합법
적'으로 일하기 위해서 지역 경찰에게 제공해야 할 필수적인 정보들을
등록하는 것, ② 성병(STDs) 검사를 위해 일주일마다 강제적으로 검진
을 받아야 한다는 것, ③ 지역 보건소(1970년대 초중반부터 보건사회부의
인가를 받은)로부터 '성병 검진 카드(VD card)'로 '허가증'을 받아야 한다
는 것이다. 이것은 그들이 성병이 없다는 것을 증명하는 것으로, 업소
주인과, 고객인 미군, 미군 당국 관계자들(의사와 군경을 포함하여)이 요
구하면 언제든지 보여줘야 하는 것이었다. 만일 그들의 '성병 검진 카
드'가 제대로 증명되지 않은 경우에, 그들은 쉽게 감금당할 수 있으며,
한국 경찰과 미군 헌병에 의해 '검거되어', 그들이 검사를 통과하거나
다시 허가증을 받을 수 있을 때까지 업소와 클럽에서 일할 수 있는 '권
리'를 몰수당하게 된다. 이 건강 규제 시스템은 여성들이 미국인 남성
에게 성병을 퍼뜨리는 것을 방지하기 위한 것이었지, 결코 그 반대는
아니었다. 업소와 클럽에 자주 드나드는 미군들은 정기적인 성병 검사
를 의무적으로 받지 않아도 됐다. 업소에 들어가 여성과 섹스를 해도
안전하다는 어떤 종류의 허가도 받지 않았다. 또한 보건소 시스템 자체
도 여성들의 성병을 감시하고 통제하는 것에만 초점이 맞추어져 있을
뿐, 그들에게 일반적인 건강 보호 프로그램이나 교육 프로그램을 제공
할 목적은 아니었다.

   기지촌 여성들은 자신들의 병원비를 대기 위해서, 업주나 매니저(펌
프) 또는 동료들에게 돈을 빌리는 일이 허다했다. 많은 여성들은 심각한
질병이나 위급한 상황을 제외하고는 성병 검진 체계에서 의학적인 관
심을 받지 못했기 때문이다. 그들은 건강과 빚 사이에서 선택을 해야

했다. 업주/매니저에게서 빚을 낸다는 것은 여성 자신들과 클럽 주인/매니저(업주/핌프) 사이의 관계를 지배하는 채무 속박 시스템에서 그들이 갚아야 할 돈을 늘릴 뿐이기 때문이다.

이 채무 시스템은 속박당한 노예처럼 여성들을 업소에 묶어두었다. 클럽 주인들은 온갖 명목으로 빚을 늘려갔다. 이를테면, 성매매 여성을 한 곳에서 다른 곳으로 옮기느라 브로커(trafficker, 매매자)에게 지불한 '소개비', 주인이나 매니저가 집이나 가구를 선택하여 구입한 후 이의 지불을 여성들의 책임으로 떠넘기는 집세 및 가구 대여비, 여성들이 자신의 병원비나 가족의 위급한 상황, 또는 부모님의 장례비로 클럽에서 빌린 돈 등이 빚 목록에 계속 추가된다. 이 채무 시스템은 클럽 업주/매니저가 그/그녀의 수입을 늘리는 방법이기 때문에, 그들은 기지촌 성매매 여성들을 담보로 그 여성들에게 매우 높은 이율로 돈을 빌려주었다. 어떤 여성들은 미국인 병사나, 다른 가족들, 교회 단체의 도움을 받아 이 빚을 갚기도 했다. 그러나 대부분 여성들은 이러한 조력자를 만날 행운이 없었다. 도망친다 해도 지역 경찰에 붙잡혀 다시 클럽으로 돌아올 위험을 감수해야 했다. 일단 클럽으로 다시 붙잡혀 들어온 후에는 그들의 빚은 더 늘어난다. 왜냐하면 여성을 잡아온 경찰이 클럽 업주에게 뇌물을 요구하기 때문이다. 기지촌 성매매 여성들이 빚을 갚지 않고 도망을 시도하는 경우에는 클럽 업주로부터 신체적 학대와 같은 처벌을 받았다.

3. 기지촌 역사쓰기의 시작

사회적 억압과 차별, 법적 취약함, 정치적 힘의 부재, 몸에 대한 신체적·성적 학대, 이에 수반되는 정신적 손상 등은 최근에서야 한국사회와 국제사회의 좀더 진보적인 분위기 속에 인권 침해로 인식되었다. 1990년대 여성의 인권 운동에 대한 지지와 정치적 힘이 증가하는 분위기 속에서, 기지촌 여성들의 학대와 착취, 그리고 전 세계적으로 일어나는 다양한 종류의 성매매가 조명을 받기 시작했다. 아시아에서는 태평양 전쟁 당시 일본군이 한국인과 다른 지역 여성들에게 저지른 성적 범죄에 대한 정부 차원의 책임과 보상, 역사적 배상을 요구하는 정신대 운동이 있었다. 이 운동은 미군을 상대로 한 성매매를 역사적 연속선상에서 볼 수 있도록 했다. 무엇보다도, 1980년대 한국의 민주화운동은 국가와 시민사회의 관계를 극적으로 변형시켰다. 오랫동안 은폐되어 오고, 묻혀져 있던 학대와 억압은 표면으로 드러나 공적인 관심을 받을 수 있게 되었다. 기지촌 여성들의 고통은 정부와 사회의 민주화가 없었다면, 공공 정책의 이슈나 정치적 사안이 될 수 없었을 것이다. 한국인들이 시민단체와 비정부기구(NGO)에 적극적으로 참여하고, 오랫동안 금기시되어 왔던 주제에 대해 역사적으로 연구하며, 정부에 정치적 책임을 요구하고, 시민 사회의 이해관심과 불만을 적극적으로 공적 이슈로 만든 것은 기지촌 문제가 중요하고 정당한 것으로 여겨질 수 있는 환경을 조성했다.

1) 윤금이 씨 살해 사건

특히 한 비극적인 사건이 이후 미군 범죄 근절 운동에서 하나의 선례가 되었다. 1992년에 미군 사병 케네시 마클이 동두천의 업소에서 일하던 23세의 여성인 윤금이 씨를 잔인하게 살해한 사건은 한국인들로 하여금 기지촌 여성들에게 행해지던 군대 범죄의 현실에 처음으로 직면하게 만들었다. 그리고 동맹군이 자행하는 인권 침해와 폭력적 범죄에 대해 정치적 목소리를 낼 수 있게 만들었다. 그녀의 죽음 이후, 주한 미군 관련 범죄를 다루는 최초의 전국적인 조직인, '주한미군범죄근절운동본부'가 설립되었다. 일반적인 반미 감정에 국가적인 차원의 새로운 정치적 응집력이 더해져서, 한미관계를 비판하고 변화를 촉구하는 사회적 운동이 된 것이다.

윤금이 씨 살해 사건은 또한 지역 기지촌 주민들을 자극하여, 그들의 개인적인 고통과 정치적 불만을 공개적으로 표현하도록 만들었다. 그들은 단지 지역 미군 사령부나 지방 정부뿐만 아니라, 특히 중앙 정부를 향해 자신들의 목소리를 냈다. 예를 들면, 1992년 11월 초, 기지촌 여성들과 아이들을 위한 운동 단체(이를테면 두레방), 동두천 시민의 모임, 택시 조합, 교사 조합, 학생 연합 등을 포함한 수많은 시민 단체들은 미군의 야만성과, 지역 경찰 및 언론의 무시에 항의하는 집회를 열어, 가해자를 조사하고 감금시킬 것을 요구했다(전우섭, 2001: 100-103; 이교정, 2003). 미2사단 정문 앞에서는 미군 폭력에 반대하는 청원서와 미군 범죄에 대해 공정한 수사를 촉구하는 대규모 집회가 열렸다. 1993년 4월에는 이 운동에 10만 명이 서명했다. 또한 지역 택시 운전사들과 상인들은 미군들을 보이콧했으며, 동두천과 서울의 시민들은 자신들의 주장을 공론화하기 위한 규탄집회를 열렸다. 1994년 4월 29일, 한국 대법원은 케네시 마클에게 15년 형을 언도했다.

윤금이 씨의 죽음은 그 동안 기지촌의 삶을 자신들과 한번도 연결시켜 보지 않았던 많은 한국인이 기지촌 주민들, 특히 여성들의 투쟁에 공감하도록 만들었다. 아마 윤금이 씨는 국가 안보의 명목으로 희생되어, 국민들이 기억하는 유일한 매춘 여성일 것이다. 학생들은 학내 집회를 통해 매년 그녀의 죽음을 기리며, 예술가들은 그녀의 삶과 죽음을 기리는 공연을 기획한다. 그녀의 죽음 이후, 한국 대중들은 미군 범죄에 좀더 민감해졌고, 그들이 한미주둔군지위협정(SOFA)에서 느끼는 불평등함에 대하여 더 이상 참지 않았다.

그러나 미군의 기지촌 여성들에게 가해지는 폭력에 대한 이와 같은 대중적 관심과 공감은 매우 이례적이고 선택적인 것이다. 대중적으로 주목을 받은 한 사건 뒤에는, 셀 수 없이 많은 여성들의 죽음과 학대가 있었다. 그 여성들의 사건은 조사되지도 않았으며, 무시되거나 은폐되었다. 예를 들면, 1999년 1월 신차금 살해사건, 1999년 9월 이정숙 살해 사건, 2000년 3월 서정만 살해사건, 허주연, 이기순 등의 살해사건

의 경우, 사회복지사들을 비롯한 지역 기지촌 주민들은 미군이 자행할
것이라고 믿고 있지만, 이 여성들의 살해범들은 지역 당국에 의해 적절
한 조사를 받지도 않았다.

공개적으로 처리되었던 윤금이씨의 죽음과 달리, 1950년대, 1960년
대, 1970년대, 1980년대 미군의 폭력 아래 죽어갔던 기지촌 여성들은
대부분 알려지지 않았으며, 한국사회 내에서 인식조차 되지 않았다. 예
를 들면, 1977년 7월 13일, 군산 공군 기지에서는 끔찍하고 잔인한 살
인 사건이 일어났다. 이 사건에 대해 미공군 보고서는 다음과 같이 말
하고 있다.

> 피해자는 오른쪽 눈 위를 가격당했거나, 스카프로 목을 졸려 뇌가 산소 부족
> 을 일으켜 무의식 상태로 방치되었던 것 같다. …… 어떻게 보면, 피해자는 오른
> 쪽 손으로 가해자의 머리카락을 움켜쥘 만큼의 정신은 있었던 것 같다. 이로 인
> 해 가해자가 고통을 느꼈을 것이다. 그녀의 입이 크리넥스로 강제로 틀어막혀
> 있는 것으로 보아, 피해자는 다시 의식을 잃은 것으로 보인다. 그러고나서 가해
> 자는 피해자의 가슴, 배, 성기 부분을 칼로 찔렀다. 가해자는 피해자 위에 무릎
> 을 꿇고 있었던 것으로 보이며, 피해자의 머리를 그의 가슴 쪽으로 들어 올린
> 후, 등 쪽을 다시 칼로 찔렀다. …… 세 번째 공격 후, 칼은 부러져, 피해자의 등
> 에 깊숙이 박힌 채 있었다. …… 1)

1970년대에는 여성의 인권에 대한 사고가 아직 개념화되지 않았으
며, 국제적으로도 성문화되지 않았다. 그리고 박정희 정권은 일반적으
로 인간과 시민의 권리를 유린했으며, 미군 주둔으로 인한 사회적·개인
적 대가를 자각할 수 있는 자발적인 시민운동이 존재하지 않았다.

2) 지방 자치제의 실시와 지역운동의 성장

기지촌의 여성들과 마찬가지로, 기지촌이라는 공간은 50년 동안 '최

---

1) U.S. Department of the Air Force, District 45(AFOSI). Report of
   Investigation, File #7745 D-6-206, August 5, 1977.

하층 천민의 도시'로 취급되었다. 따라서 '정상적이고', '규범적인' 한국인들에게는 출입제한 구역으로 여겨졌다. 많은 한국인들은 여전히 기지촌을 성매매, 마약, 질병, 폭력, 조직 폭력 등과 같은 도덕적 문란함과 동일한 것으로 생각한다. 그리고 일반적으로, 이 지역의 교육적·경제적·문화적 발전은 지방 정부와 중앙 정부에 의해 무시되었다. 게다가 몇 년 전까지만 하더라도, 미군기지에 비판적이거나 미군속의 범죄와 학대의 피해자들에 대해서 (공공연히, 그리고 실제적으로) 지지하던 지방 정부 관리들과 시민활동가들 사이에도 서로서로를 적으로 보는 경향이 있었다. 그들은 서로의 동기에 대해서 불신했고, 다른 활동가들에 대해서 비판적이었다. 대부분의 이 지역에서, 지방 정부는 사복 경찰을 파견하여, 기지촌(camptown) 교회나 여성 쉼터, 대학생들의 현장활동 등과 같이, 캠프 외부에서 기지촌 생활에 '개입'할 수 있는 활동들을 감시했다. 이러한 감시는 두레방(1986년 설립)과 새움터(1996년 설립)에서의 기지촌 여성과 아동에 대한 상담과 후원활동을 매우 어렵게 만들거나, 위험한 일로 만들기도 했다.

그러나 1990년대 들어 미군 주둔 지역 주변의 새로운 주민 운동은 더 집중적이고 강력한 모습을 갖추었다. 1991년과 1995년[2]에 실시된 지방자치는 선거와 청원 등의 형식으로 지역 주민들이 지방 정부에 압력을 가함으로써 정치에 참여하는 것을 합법화하고 고무시켰다. 2000년에 이르렀을 때, 지방 의원들은 미군 주둔 관련 문제가 선거에서 매우 중요한 문제라는 것을 실감하게 되었다. 즉 그들의 정치적 경력의 승패가 미군 주둔 관련 이슈에 대하여 어떻게 대처하느냐에 달려 있었던 것이다.[3] 한국 역사상 처음으로, 관내에 미군 부대가 주둔하고 있는

---

2) 지방자치법에 의하여 1991년에 기초의회선거와 광역의회선거를 치뤘으나, 전면전인 지방자치가 시작된 것은 1995년 4대 지방선거, 즉 기초의회, 광역의회, 기초단체장, 광역단체장 선거를 시작하면서부터이다(옮긴이).

3) 자세한 내용은 다음을 참조할 것. Katharine H.S. Moon, "Korean Nationalism, Anti-Americanism and Democratic Consolidation," in Samuel S. Kim(ed), *Korea's Democratization*, New York: Cambridge University Press, 2003.

전국 14개 기초 자치단체장들이 2000년 5월 24일 대구에서 모여, 지방 정부의 '전국적인 합의기관'을 수립하기 위한 모임을 가졌다. ≪대한매 일≫(2000년 5월 24일)은 다음과 같이 보도했다.

> 지방자치단체들은 각각 관내 미군부대 시설 현황을 소개하고, 미군부대와 자 치단체간 관계 유지 실태, 미군부대 시설이 지역발전에 미치는 영향, 미군부대 시설로 인한 재정수익 결함 규모와 산출근거 등을 설명했다.

이 모임에서 미군 주둔 지역 지방 자치체 합의기구는 국회에 "지방 정부와 주민들에게 중앙 정부 차원의 도움"을 주는 특별법을 제안할 것 을 결정했다. 또한 이 제안은 중앙 정부가 "미군 주둔 캠프와 시설 주 변 지역에 대한 전체적인 환경 평가"를 실시해야 한다는 것과 이 지역 의 개발 필요성을 평가할 위원회를 설치할 것을 포함하고 있다. 미군 주둔으로 인해 그 지역이 떠안아야 하는 경제적·환경적 및 기타 손실을 주장하면서, 그들은 중앙 정부가 자신들의 의견을 진지하게 고려해줄 것을 촉구했다. 춘천 시의원은 다음과 같이 말했다. "특별법은 …… 지 방 정부의 목소리와 협상력을 높이는 데 도움을 줄 것이며, 이후 주민 들이 미군 쪽과 협상하는 데에도 도움을 줄 것이다."

4. 민족 운동 내에서의 여성

민주화와 탈중앙집중화를 계기로 환경 파괴, 도시 계획, 경제 발전, 성매매와 미군 관련 범죄등과 같은 많은 기지촌 관련 이슈에 대한 사회 적 관심과 정치적 자각이 확산되었다. 언론과 비정부기구(NGO), 학계, 교회 단체, 여성 운동조직 등을 비롯한 정치적 활동가들은 미군을 상대 로 한 성산업(sex industry)에 관심을 기울였다. 이들은 한미 동맹에서 남 한의 (불평등한) "아우(junior)"의 위치를 강조하기 위한 방법으로, 여성의 존엄성에 대한 훼손과 여성에 대한 폭력을 부각시켰다. 물론 양심적인 몇몇 활동가들은 기지촌 여성들과 아동들의 신체적·감정적 안녕과 경제적 생활 등 일상적 복지 증진에 힘쓰기 위해 기지촌에 거주하기도 했다. 하지만 대부분의 대다수 운동 그룹에서는 기지촌 문제를 주권의 문제로, 민족주의의 문제로, '반미'의 문제로 설정했다. 이 과정에서, '남성 중심적인' 수사학과 정치적 의제는 기지촌 여성들과 아동들의 일상적인 욕구와 인권의 문제를 가리는 결과를 낳기도 했다. 주한미군범죄근절운동본부의 공동 설립자이자 전 대표였던 정유진은 미국에 대해 비판적이던 남성활동가들과의 토론과 대화에서는 미군 철수가 근본적인 문제이고, 강간, 살인, 성 착취, 아메라시안 아동 유기 등과 같은 문제는 '부차적'이고 '개인적'인 문제였다고 설명한다(정유진, 2000a: 219-245; 2000b: 89-114).

민족주의가 여성의 억압 또는 착취에 적용될 때, 민족주의는 종종 그 자체로 목적으로 추구되며, 여성의 몸과 섹슈얼리티는 집합적 자산으로 치부되는 경향이 있다. 최근, 여성에 대한 강간과 다른 형태의 성적 폭력 및 훼손은 전쟁에서 침입당한, 훼손된, 패전 국가에 사용되는 정치적 은유로 사용된다(전 유고슬라비아와 르완다의 경우에서처럼). 이것은 여성에 대한 억압과 착취의 종식, 그들 국가의 이해와 안녕의 증진이라는 두 가지 목표를 추구하는 페미니스트들에게 심각한 도전을 제기했다. 근대사에서 발견되는 수많은 사회 운동 안에서, 여성들은 여성의 권리를 둘러싼 자신들의 '특수한' 이해를 포기하도록 설득당하거나 강요받아왔다. 더 나아가 페미니즘은 식민지 지배로부터의 독립이라는 공동의 목표나, 사회주의/공산주의 건설, 신정주의(theocratic) 지배의 수립과 같은 '더 중요한' 정치적 목표를 위해 포기되어왔다. 정유진은 한국 내 민족주의를 남성들이 '근본적'이고 '공적'인 의제라고 생각하는 것을 발전시키기 위해 여성의 고통과 필요를 선택적으로 사용하고 조작한다는 의미에서, '도구화'라고 비판했다.

이러한 정치적 틀 내에서, 여성의 권리는 정치적 사다리에서 맨 밑으로 던져지고, 정책 형성과정에서 왜곡되고 무시된다. 예를 들면, 1990

년대 후반 소파(SOFA) 협상 개정 시기에 비정부기구(NGO)와 시민운동
단체 연합은 살인, 강간 등 심각한 미군 관련 범죄에 대하여 남한의 사
법적 권한을 강화하려는 캠페인을 벌였다. 그러나 역사적으로 봤을 때
기지촌 여성들이 그러한 살인과 강간 범죄의 대상이 되어왔는데도 활
동가들은 한국과 미국 정부가 다뤄야 할 필요가 있는 젠더 관련 이슈들
에 대해서 대부분 침묵했다. 정유진에 따르면 진보진영에 의해 제기된
모든 미군 관련 문제들 중에서 기지촌 여성들의 권리와 복지를 다루는
문제가 가장 큰 저항에 부딪혔으며, 특히 진보 진영의 남성 리더가 가
장 크게 저항했다. 남성 리더들은 자신들의 성차별주의적 편견을 드러
내면서, 기지촌 여성들이 '자발적으로' 미군 병사들과 우호적인 관계를
맺고 있다고 비난했고, 그들 스스로가 위험을 '자초'하고 있다는 식으
로 말했다. 이것은 지겨운 '피해자 비난주의'적 태도이다.

5. 기지촌 운동의 국제 정치학 맥락

1) 피해자 대 행위자

　　최근 피해자 대 행위자(agent) 이슈를 둘러싸고 페미니스트들 사이에
논쟁이 있다. 매춘여성의 피해자성을 부정하는 페미니스트들은 '성노동
자(sex worker)'라는 용어를 선호한다. 성노동자라는 용어를 사용함으로
써 페미니스트들은 매춘 여성들이 자신들의 경제적 상황을 증진시키고,
성을 파는 자신들의 '권리'를 보호하는 정책을 요구하기 위해 합리적인
결정을 내릴 수 있는 방법, 그리고 자신들의 수입과 고객, 노동 환경에
대해 좀더 많은 자율적 통제를 가질 수 있는 방법을 강구한다. 이들은
'피해자주의자'들이 나약하고, 무기력하고 보호가 필요한 존재라는 전
통적인 여성 관념을 강화한다고 비판한다. 이 논쟁은 특히 국제적인 이
주 노동과 인신매매의 맥락에서 이 이슈를 다루는 인권 운동가, 유엔

기관, 정부를 비롯한 여타의 정책 집단에서 활발하게 논의된다. 특히 국경을 넘어 외국의 성산업에 종사하는 여성들을 여성의 몸을 통해 이익을 추구하는 범죄 조직의 강압에 굴복하는 것으로 볼 것인가? 아니면 그 여성들 스스로가 자신들과 가족들의 경제적 이익을 위해 더 나은 조건을 찾아 경계를 넘은 단순한 이주 노동자로 볼 것인가? 만일 그렇다면, 그들의 노력은 정부 정책에 의해 제한받아야 하는 것이 아니라, 장려되어야 하는가?

국제적 성거래(sex trade)에 종사하는 여성들을 피해자로 볼 것인가 행위자로 볼 것인가를 범주적으로 결정할 수 있는 방법은 없다. 어떤 면에서 보면, 그들은 양쪽에 모두 해당한다. 많은 경우 그들은 피해자이자, 행위자이다. 많은 요소들 가운데서, 개인의 의지, 이주 과정에 대한 정보에 접근하고 정보를 이해하는 것, 미래 직업에 대한 전망과 예상치 못한 상황에 적응할 수 있는 능력, 성거래에서 신체적·감정적 건강을 유지하는 것 등과 같은 요소들이 이 여성이 자신을 희생자로 볼 것인가 행위자로 볼 것인가에 영향을 미친다.

2) 기지촌 여성의 인종적 다양성

피해자와 행위자를 둘러싼 정치적 논쟁은 직접적으로 기지촌에서 일하고 있는 여성들의 법적 지위와 한국 내의 비정부기구(NGO)와 정부의 정책에 영향을 미친다. 최근에는 한국인 여성이 아닌 외국인 여성이 미군부대 내 성산업 종사자 또는 엔터테이너의 상당한 부분을 차지한다. 1990년대 중반 이후, 필리핀이나 구소비에트 지역의 여성들이 이 지역으로 유입되어, 더 싸고, 더 순종적인 노동력으로 공급되면서, 성산업에 종사하는 한국인 여성들의 숫자는 계속적으로 감소해왔다. 취업 알선자 또는 브로커들에 의해 한국으로 유입된 대부분의 외국인 여성들은 기지촌 지역에 정착한다. 주요 미군 시설이 위치하고 있는 34개의 주둔기지의 65%가 몰려 있는 경기도지역에서, 업소나 클럽에서 일하고 있는 한국인 여성들의 숫자는 1999년의 1,269명에서 2001년에는 386명으로 급격하게 줄었다(새움터, 2001: 77). 이러한 현실에도 불구하고 진보운동 진영과 한국 정부, 그리고 미국 정부는 현재 기지촌 성매매의 특징과 사회적 (또는 반사회적) 삶의 법적, 문화적, 정치적 복합성을 간과하거나 무시하고 있다. 반미활동가들은 한국인 여성들을 동원하여 미군 주둔을 비판하지만, 최근 미군과 접촉하는 대다수의 여성들은 외국인 여성들이다. 이들은 '불법'(등록되지 않은) 체류자들이며, 따라서 한국사회에서의 합법성과 권리가 매우 취약하다.

경기도 지역의 성산업에 대한 최근 연구 조사에 따르면, 2001년 말 현재 성 산업에 종사하고 있는 여성들의 분포는 '러시아인'이 512명, 필리핀인들이 671명이다(새움터, 2001: 77-78).[4] 1991년에서 2001년 사이에 '러시아인' 여성들의 증가 속도는 필리핀 여성들의 증가 속도를 압도했다(1999년에서 2001년 사이 '러시아인' 여성들은 149명에서 512명으로 증가했으며, 필리핀 여성들은 636명에서 671명으로 증가했다). 이 여성들 중 일부는 성매매에 종사하고, 다른 여성들은 종사하지 않는다. 그러나 대부분의 경우에, 브로커나 매매알선자, 업주/매니저가 그들의 여권, 서류들을 압수하기 때문에 그들의 이동성은 매우 제한되며, 민족 정체성이나 법적 권리는 사라진다. 그리고 기지촌 내의 다른 한국인 여성들과 마찬가지로 외국인 여성들도 부채 시스템에 묶이게 된다. 특히 이들이 국경을 넘는 데 드는 이동 비용과 서류 작성에 드는 비용, 한국인이 운영하는 업소나 클럽에 소개하는 '알선(referral)비', 새로운 기지촌 생활과 관련되는 다른 '비용' 때문에 그들의 빚은 더욱 늘어난다.

기지촌의 인구학적 특성은 다국적·다문화적으로 변해가고 있다. 외국인 여성들의 유입으로 외국인 남성 이주노동자들도 이 지역에 거주하면서 일을 하기도 하고, 여성들이 일하는 업소나 클럽에서 여성들을

---

4) 한국인들은 '러시아인'이라는 말을 '코카시아인'으로 보이는 여성들을 지칭할 때 사용한다. 이 여성들은 러시아, 카자흐스탄, 우즈베키스탄, 슬로베니아, 그리고 몽고를 비롯한 다른 신생독립국가들에서 온 여성이다.

감시하기도 한다. 필리핀 여성들은 대부분의 경우 업소나 클럽에서 '아가씨' 또는 웨이트리스로 일하는 동안 필리핀에서 같이 온 남자와 여자친구-남자친구의 관계로 얽혀 있었다. 1990년대 중후반에는 기지촌 내의 한국인 여성들과 필리핀 여성들 사이에서 종종 싸움이 일어났다. 기지촌 내의 한국인 여성들은 보통 자신들보다 더 어리고, 영어를 더 잘하는 필리핀 여성들의 존재에 경제적 위협을 느꼈기 때문이다. 또한 서로 다른 민족 출신 여성들의 이와 같은 갈등에는 자민족중심적인 편견과 문화적 충돌 또한 하나의 요소로 작동했다. 그러나 미군 주둔으로 인해 생기는 문제에 대한 한국인들의 관심은 여전히 한국과 미국에만 머물러 있었다. 지난 10년 동안 활동가들은 소파(SOFA) 개정을 주장하면서, 한국인들의 시민권과 복지의 증진을 요구해왔다. 이와 같은 요구는 다음과 같은 사실을 전제하고 있다. 즉 미군 주둔 지역에 거주하는 사람들은 오직 한국인들과 미국인들뿐이며, 오직 한국인들만이 미군의 위법 행위와 범죄의 공공연한 피해자가 된다는 것이다. 그리고 시민운동 단체가 보이는 한미간의 양자적이고 민족주의적인 정책 요구의 틀은, 외국 출신의 여성을 포함하여 여성의 인권에 대한 의제를 강하게 갖고 있는 상담 센터나 쉼터가 기지촌으로 들어가는 것을 어렵게 한다.

3) 기지촌 여성과 인권

세다가 1990년 후반 이래로, 미국 정부가 반(反)인신매매(anti-trafficking) 정책을 채택하면서 인권 학대에 대한 정부 책임을 촉구하는 것에 더 많은 혼란이 가중되었다. 미국 국무부가 2001년에, 1차 인신매매 보고서(미국 의회의 위임을 받아)를 제출했을 때, 한국은 3등급에 속했다. 보고서 기준에 따르면, 3등급에 속하는 나라는, "[반인신매매(anti-trafficking)를 위한] 최소한의 요구를 완전히 갖추지 않은 나라이며, 기준을 충족시키기 위해 스스로 유의미한 노력을 하지 않는 나라"를 뜻한다. 1등급은 최상의 조건을 만족시킨 국가로, 대부분의 유럽 연합 국가들이 여기에

속한다. 한국이 속한 3등급에는 수단과 버마와 같은 국가들이 있다. 한
국 정부는 이 보고서에 분노했다. 그들은 다음 보고서에서 좀더 높은
등급을 받기 위해, 미국을 상대로 적극적인 로비에 들어갔다. 여성부를
비롯한 다른 정부 기구는 매매의 피해자를 위한 쉼터와 상담 센터를 지
원했다. 그러나 성산업에서 여성의 매매 반대 운동에 참여했던 대부분
의 비정부기구(NGO) 활동가들의 말에 따르면, 인신매매를 규정하거나,
인신매매 여성을 돕기 위한 재활이나 보호 제공, 인신매매 범죄에 대한
책임을 지는 것에서 정부는 주도적이지 않았다.

　미국 정부의 입장은 특히 문제였다. 국무부(the State Department)차원
에서는 성 노예와 인신매매에서 여성 인권 보호에 앞장서고, 제도적인
주도권을 갖고 있는 반면, 국방부(the Defense Department) 차원에서 보
자면, 매매의 고객 범주에 드는 미군의 존재로 인하여, 전 지구적인 성
산업 내에서, 인신매매와 성매매의 주요한 "수요"를 창출한다. 미국의
정부 기구 내의 이러한 모순은 화해 될 수 없었다. 오히려 미군과 국제
적 인신 매매 사이에 형성되어 있는 연결고리를 공적으로 이슈화한 것
은 기지촌의 장면을 몰래 카메라로 찍어 방영한 폭스(FOX) 텔레비전
기자였다. 이 프로그램을 보았던 국회의원들과 대중들의 압력으로 미국
국방성(펜타곤)은 내부 조사를 시행하기 시작했다. 전 세계 미군 기지에
배포되는 미국 신문인, 네이비 타임즈(Navy Times)에 따르면, 한국 내 미
군 관료는 다음과 같이 말했다. 미군은 여성 매매를 묵과하지 않지만
"미군이 할 수 있는 것은 거의 없을 것이다." 즉, 미군 관구는 "남한 주
권을 존중하며" 미군 내의 법 집행에 제한되어 있다는 이야기다. 그러
나 신문에는 미군 부대 내의 일반 사병들은 이 상황에 좀더 솔직하며,
사령부가 "여성들이 매매된다는 것을 알고 있음"을 인정하는 것으로
드러났다.[5]

---

5) *Navy Times*, 2002. 8. 12. Navy Times와 Military Times는 2002년 여름, 한국
　과 오키나와에서 미군과 성매매, 인신매매와 관련된 문제들을 광범위하게, 그
　리고 집중적으로 다루었다. Stars and Strips 또한 한국에서의 이 문제에 대하
　여 보도한 바 있다.

6. 글을 맺으며

기지촌과 기지촌에 살고 있는 여성들의 삶은 정적인 신화로 남아 있지 않다. 비록 한국과 미국의 텔레비전, 소설, 영화 속에서는 그와 같은 방식으로 그려지더라도 말이다. 그러나 최근 들어 업소와 클럽에서 일하는 여성들의 신체적 특징과 국적이 엄청나게 변했음에도 속박된 노예 시스템은 여전히 변하지 않은 채 지속되고 있다. 시간이 지남에 따라 새로운 법제도가 만들어지고 정부 차원의 관심과 비정부기구(NGO)의 지원도 증가했지만 기지촌 성산업과 엔터테인먼트 산업에 종사하는 여성들이 삶의 조건을 개선하기 위해 필요한 법, 권리, 보호, 지원의 측면에서 보자면, 상황의 개선과는 거의 거리가 멀다. 정부는 여기에 대해서 책임을 부정하고, 민간기업은 직·간접적으로 한국인 여성을 비롯한 다른 국가 출신 여성들이 성산업과 성노예에 종사하는 것을 조장하고 있다. 또한 정부는 지난 50년 동안 지속되어왔던 수천 명 여성들의 신체적·경제적·심리적 고통에 대한 책임을 부인하고 있다.

한국 내에서, 그리고 국경을 넘어서 자행되는 매매를 금지하는 것은 시급한 일이다. 미국인이건, 한국인이건, 포주와 경찰에 의해, 그리고 개인적으로 행해지는 유린과 폭력에서 희생자를 보호하고 치유하는 일이 긴박하게 요청되고 있다. 늙고 병들어서 가족과 일정한 수입 없이 존엄성을 잃으며 죽어가는 기지촌 여성들에게 건강 검진과 쉼터를 제공하는 것은 정부와 사회가 역점을 두어야 하는 긴급한 일이다.

■ 생각할 거리

1. 기지촌 성매매 운동의 변화 과정을 시대적 특징과 관련시켜서 생
   각해보자.
2. 1990년대 들어 기지촌 성매매 여성들의 인구학적 특성이 다양해
   짐에 따라 새롭게 제기되는 문제들은 무엇인지 토론해보자.
3. 한국사회에서 민족주의적 담론과 기지촌 운동 담론의 관계에 대해
   서 토론해보자.
4. 한국의 기지촌에서 제기되는 문제들과 미군이 주둔하고 있는 다른
   지역의 기지촌에서 제기되는 문제들을 비교해보자.

■ 읽을거리

김현숙. 2000, 「민족의 상징, '양공주'」, 일레인 김, 최정무 편저. 1998,
    박은미 역, 『위험한 여성』, 삼인.
캐서린 H. S. 문. 1997, 이정주 역. 2002, 『동맹속의 섹스』, 삼인.
정희진. 1999, 「죽어야 사는 여성들의 인권: 한국 기지촌 여성운동사,
    1986-1998」, 한국여성의전화연합 엮음, 『한국여성인권운동사』,
    한울아카데미.
박경태 감독. 2003, <나와 부엉이>, 두레방, 다큐이야기 제작.

제4장 근대화와 가족의 변화

김수영

1. 근대성, 근대화, 근대가족

서구사회의 근대성은 중세의 신 중심적 세계관과 봉건적 질서에 대한 도전 속에서 오랜 기간에 걸쳐 자체적으로 출현했다. 즉 서구의 근대성은 인간 중심 세계관과 이성과 과학을 중시하는 세계관의 발전, 그리고 개인의 권리를 존중하는 개인주의의 출현을 의미하는 것으로 '해방의 근대성'과 '기술의 근대성'이라는 이중적 측면을 가진다. 이렇게 이중적 측면이 공존하는 근대성을 기반으로 내재적 동인에 의해 추진된 서구의 근대화는 경제체제의 자본주의화를 의미하는 산업화를 핵심으로 하면서도 시민혁명을 동반하여 전근대적인 모순을 극복할 수 있었다. 이러한 과정에서 근대민족국가의 기초 단위로 성립한 서구의 근대가족은 친족에서 자유로운 부부 중심의 핵가족, 낭만적 사랑을 기반으로 한 부부관계, 부부간의 엄격한 성별역할분업, 애정과 보살핌의 대상으로서의 자녀, '가정중심성', '프라이버시', '친밀성'을 특징으로 했다. 근대화에 따라 가족형태와 가족관계의 측면에서 모두 근본적인 변화가 나타난 것이다. 이러한 서구의 근대가족은 가족임금과 사회보장제도의 지원을 받으면서 노동력 재생산의 단위로 기능하게 되었다. 서구사회에서는 전근대시대의 가부장제와 명확히 구분되는 서구적 근대 가부장제가 성립했던 것이다. 이제 여성은 국가와 남편에 의해 통제되는 존재가 되었다.

반면 비서구사회에서는 반강제적으로 서구의 근대성과 직면하여 비서구사회 고유의 전근대성이 제대로 청산되거나 극복되지 못한 채 서구의 근대성이 이식되었다. 서구의 침탈이라는 위기 속에서 서구적 근대성 중 기술의 근대성만이 수용되고 전근대성을 극복하려는 해방적 근대의식은 오히려 철저히 억압당하고 반자주적인 태도로 비난받았다. 또한 많은 비서구사회는 서구제국주의의 식민지가 되어 식민지 모국의 필요에 따라 왜곡된 식민지적 근대화를 경험했다. 그 결과 비서구사회의 근대화과정에서 전근대적인 모순은 '전통'이라는 미명하에 오히려 새롭게 재구성되고 창안되면서 교묘한 방식으로 심화되었다. 특히 '가족'과 '여성' 부분은 전통적인 미풍양속으로 미화되면서 근대적으로 재구성되어 창안된 전통의 핵심에 위치하게 된다. 그리하여 비서구사회에서는 전근대적 가부장주의가 단절의 기회 없이 근대성 속으로 포함되어버렸다. 비서구사회의 근대화에 따른 가족의 변화는 서구사회와는 달리 가족관계의 근본적인 재구조화까지 나아가지는 못했던 것이다.

'전통'은 비서구사회인 동아시아사회의 근대화, 산업화 과정에 깊은 영향을 끼쳤다. 유교적 전통은 동아시아사회에서 근대적 재편 및 창안을 통해 근대화 전략으로 활용됐으며, 특히 산업화 과정에서 효과적인 국민동원을 위해 최대로 활용됐다. 각국마다 유교적 전통이 근대적으로 재구성되는 방식과 국민동원에 활용되는 방식에는 차이가 존재했다. 그러나 본래 유교가 가족을 중심으로 한다는 점에서 동아시아사회의 근대화 전략의 핵심에는 공통적으로 '가부장적 가족'이 있었다. 그 결과 동아시아에서 자본주의는 철저히 가족의존적이고 여성희생적인 방식으로 작동해왔다(김수영, 2000).

2. 가부장적 가족에 기반한 한국의 근대화 전략

한국의 근대화에는 식민지, 해방, 분단, 한국전쟁, 군사독재, 산업화로 이어지는 역사적 격변 속에서 진행되었다는 특징이 있다. 한국의 근대화에서 특히 주목되는 것은 일제가 주도한 식민지 근대화와 군사 쿠데타로 집권한 박정희 정권이 국가 주도의 산업화를 핵심으로 본격적으로 추진한 근대화이다.

1) 식민지권력에 의한 근대화

18세기 이후 조선에서는 신분제의 동요, 실학의 등장, 상공업의 발달, 천주교의 전파, 삼정의 문란 등으로 인해 성리학과 중세적 신분질서에 도전하는 민중의식 및 여성의식이 성장해가면서 자생적으로 근대적인 의식이 출현했다. 그러나 19세기에 서구의 근대성과 직면하면서 자주적 근대화 시도에 실패하고 일제의 식민지가 되었고, 자생적으로 생겨났던 전근대 극복의 움직임은 말살당하게 된다. 일제는 일본의 자본주의 발전을 위한 수탈체제로서 식민지 자본주의를 이식하고 효과적인 식민지 통치를 위해 왜곡된 식민지 근대화를 추진해간다. 이때 효과적인 식민지 통치를 위해 전근대적 요소가 최대한 활용되는데, 그 핵심에 바로 '가부장적 가족'이 있었다.

(1) 일본의 근대화 전략과 가족

일본의 근대화는 다른 비서구사회와 마찬가지로 외압에 의해 서구의 근대성에 직면하면서 시작되었다. 일본에서는 막부시대 말기에 서구의 침입에 따른 전반적인 위기감 속에서 발생한 메이지유신(1868년)으로 막부체제가 종식되고 천황제에 기반한 근대민족국가가 건설됐다. 일본의 근대민족국가가 '천황제'를 기초로 했다는 점은 일본적 근대화의 특징을 잘 보여준다. 서구사회에서 근대민족국가가 내부의 배제자들(=여성)을 온존시키면서도 개인의 권리에 입각한 근대적 '시민' 주체(=남성)를 형성해냈다면, 일본은 천황에게 절대적으로 복종하는 '신민(臣民)' 주체를 형성하려 했다. 즉 메이지 정부가 주도한 근대화 전략은 부국강병의 기치 아래 기술의 근대성에만 치중한 것으로 전근대의 유교적 전통을 근대적으로 재구성하여 최대한 활용하는 방식으로 이루어졌다. 근대 일본에서 실제로 이러한 근대화 전략의 핵심적인 작동기제는 '가족'과 '교육'이었다. 메이지정부는 사회 전반에 걸쳐 서구적 근대화를 추진해나가는 과정에서도 일본의 미풍양속이라는 미명하에 '가족'과 '교육'의 영역에서만은 전근대적인 지배계급의 규범을 전 국민에게 제도적으로 강요했다.

유럽의 법전을 모델로 거듭 수정하여 1898년에 최종적으로 확정된 메이지민법은 유럽법의 개인주의적 성격을 완전히 탈피하고 오히려 일본의 에도시대 사무라이 가족의 규범 및 이에(家)제도를 근대적으로 새롭게 재구성하여 창안한 '근대적 이에(家)제도'가 핵심이었다. 메이지민법은 '이에(家)'가 일본사회의 일차적이고 근본적인 요소라는 전통적인 시각을 유지했다. 또한 이에 내의 다른 모든 성원에 대한 '가장(家長)'의 도덕적 우월성을 확정하고, 가장인 호주에게 강력한 권력을 부여했다. 메이지민법에서 여성은 모두 법적 무능력자로 규정되었고, 가구 가장권 및 가족자산들과 재산은 장남에게만 단독으로 상속되는 것이었다. 그때까지 평민의 경우 '이에'는 경제적 활동에 의해 정의된 기능적 단위로서 혈족뿐만 아니라 소작인들과 하인들도 가족구성원에 포함되었으며, 가장의 계승도 장남에 제한되지 않고 능력주의에 기반을 두고 있었다. 그러나 메이지민법의 '근대적 이에제도'가 실시되면서 평민가족들도 상층계급과 동일한 가족구조를 갖게 되었고, 그 결과 상대적으로 대등했던 가족관계가 지배자와 피지배자로 구성되는 위계적·수직적 가족관계로 바뀌어 가족구조의 위계적 성격이 대폭 강화되었다.

메이지민법의 이에제도가 에도시대에 실제로 존재했던 계층별, 지역별로 다양했던 이에제도와 결정적으로 다른 점은 이에(家)의 상위집단이 직접적으로 '국가'라는 점이다(西川祐子, 2000). 메이지정부는 근대적 이에제도의 창출을 통해 일본의 전 국민을 호주로 편재된 가족으로 재편하면서 근대민족국가의 기초단위로서 일본형 근대가족을 구축했다. 더 나아가 메이지정부는 천황가가 국민의 종가(宗家)로서 천황가와 각 이에(家)의 관계는 본가(本家)와 분가(分家)의 관계에 있으며, 천황가의 신화적 조상인 아마테라스신(天照大神)이 국민 전체의 조상이라는 '가족국가관'을 만들어낸다(西川祐子, 2000: 13-14). '가족국가관'은 천황제와 가족제도를 결합하여 천황에 대한 충성과 가족도덕의 핵심을 구성하는 '효'를 결합하고 이것을 '국민도덕'의 중핵으로 삼으려 한 것인데, 이는 메이지정부가 정치적 필요에 의해 새롭게 발명한 체제 이데올로기였다 (家永三郎, 1974).

메이지정부가 근대적 이에제도를 발명한 것은 이러한 정치적 필요뿐만 아니라 경제적 필요에 의한 것이기도 했다. 메이지정부는 서구처럼 사회보장제도를 통해 국가가 가족과 더불어 노동력 재생산을 담당하는 방식을 취하는 대신에 가부장에 의한 '이에'의 자치를 존중하는 '이에'제도를 통해 가족이 노동력 재생산을 전담하는 방식을 선택했다.

한편, 메이지정부의 교육정책은 '근대적으로 재구성된' 유교적 규범을 그 내용으로 했다. 1890년에 발표된 '교육칙어'를 기본으로 한 수신교육은 궁극적으로 국민들에게 천황가에 대한 복종을 내면화시키기 위해 부모에 대한 복종과 조상에 대한 숭배를 강조했다. 또한 메이지정부는 차세대의 양질의 국민을 재생산하기 위해 교육하는 어머니가 중요하다는 서구의 근대적 모성관을 받아들이면서 서구지향적 근대여성교육을 시작했다. 그러나 1880년대부터 논의의 중심은 양처현모주의로 바뀌기 시작하고, 가족국가관이 체계화되는 1890년대가 되면 지식 중시의 교육과 남녀동등론이 비판되면서 반동적 의미를 내포한 양처현모주의로 변형되었다(瀬地山角, 1996). 당시 여자고등학교의 '양처현모주의' 교육은 에도시대의 사무라이 가족의 유교규범을 근대적으로 재구성한 것으로서, 가족 내 성별위계제와 성별역할분업을 기반으로 한 일본형 근대 가부장제를 형성하기 위한 것이었다.

이와 같이 일본의 근대화는 천황제 근대민족국가의 건설과 이에제도의 창출, 근대적으로 재구성된 유교적 규범을 내용으로 하는 교육을 통해 진행되었다. 일본의 근대가족의 바탕에는 서구적 의미의 가정 관념 및 정서(牟田和惠, 1996)와 동시에 전근대적인 권위주의적 정서(石田雄, 1975)가 있었다. 일본형 근대 가부장제는 성별로 상이한 역할을 기반으로 한 관계를 중심으로 지배·종속관계가 특징인 부부관계와 모성주의를 특징으로 했다.

(2) 식민지 통치의 기본단위로서의 가족

1906년에 일본이 설치한 통감부는 갑오개혁이 실현한 신분제 해체의 기반 위에서 식민지 통치에 대비해 호적 사무를 경찰기관에 이양시키고 1909년에 민적법을 제정·시행했다. 민적법은 식민지 통치를 준비하는 과정에서 제정된 것으로, 일본의 이에제도를 근간으로 하는 메이지시대 일본의 호적제도를 적용한 것이었다.

민적법의 시행을 전후로 한국의 호적제도는 그 성격이 근본적으로 달라진다. 고려시대와 조선시대에 호적은 봉건적 신분제의 사회·경제적 질서를 유지하기 위한 목적에서 주로 부역, 징세상의 필요 때문에 실시된 것으로 호구조사의 수단이 되었다. 즉 민적법 이전의 호적제도는 호구조사식 호적으로서 현실의 가족형태를 반영하고 있었다. 그러나 민적법에 이르러 호적은 호구조사의 수단보다는 '가(家)' 또는 집안 내에서 개인의 신분관계를 공시 또는 증명하는 공증문서가 되었다. 민적법에서 호적은 현거주지를 기반으로 한 호구(가구)의 기재가 아니라 가족의 본적을 호적의 기반으로 했다. 그리고 입적자의 범위도 남녀 가구주를 중심한 동거자가 아니라 호주를 중심한 부계친족이 되었다. 이것은 가계를 함께 하는 주거단위의 가구가 아니며 남자호주와의 관계에서의 개인들의 신분관계 즉 가족 내의 신분지위를 나타내는 것이다. 결국 호적은 호구조사와는 다른 영구보존 문서로서 가족상의 개인신분과 이동을 감시하고 통제하기 위한 기본자료가 된 것이다(이효재, 1990: 24). 이처럼 민적법의 시행을 통해 호적은 근본적으로 일제의 식민통치를 위한 중요 도구로 그 성격이 변질되었다. 더구나 민적법에서 호주의 지위는 이전의 호구상의 지위에서 사법상 가(家)의 주행자로 바뀌어 가부장성이 강화되었는데, 이는 가(家)를 식민지 통치의 기본단위로 삼아 가족구성원에 대한 통제와 감시를 더욱 효율적으로 함으로써 전 주민에 대한 지배력을 강화하기 위해서였다.

한일합방 후 일제는 1912년에 조선민사령을 제정하여 시행했다. 조선민사령 제1조에 의하면 조선인의 민사에 관한 사항은 조선민사령이나 기타 법령에 특별한 규정이 있는 경우 거기에 준하고 그러한 특별법령이 없는 것에 한하여 일본민법을 의용한다고 규정했다. 그리고 조선민사령 제11조에서 민법 중 친족 및 상속에 관한 규정은 조선인에 적용하지 않고 당해 사항에 관하여는 조선인의 관습에 의한다고 규정했다. 문제는 여기서 말하는 조선인의 관습이 일제의 시각과 필요에 따라 행해진 관습조사를 원천으로 하고 있었다는 점이다(양현아, 2001: 78).

더 나아가, 일제는 몇 차례의 조선민사령 제11조 개정을 통해 거의 모든 분야에 걸쳐 일본민법의 가족법 규정을 적용해나감으로써 한국의 가족제도에 일본의 이에제도를 점차적으로 이식시켜갔다. 이로써 일제는 조선의 가부장적 가족을 그들의 식민지 통치의 기본단위로 이용하여 식민지 통치를 더욱 효율적으로 하려는 그들의 전략을 실현시켜나갔고, 더 나아가 민족말살을 위한 식민지 동화정책으로 활용했다.

1922년에 발효된 조선호적령에 따른 호적제도는 신분관계를 공증하는 호적제도로서 민적법을 보완하는 것이었다. 조선호적령에 따라 호적편제는 호주상속, 분가 또는 일가창립과 전적 등일 때만 호적을 새로 편제하며, 완성된 호적은 영구보존문서로서 변경사항이 발생할 때마다 기록했다. 호적에는 원칙적으로 호주 기타 신고의무자의 신고나 보고, 신청, 등본이나 재판을 바탕으로 기록하며, 신고사항은 출생, 인지, 입양, 파양, 혼인, 이혼, 친권과 후견, 사망과 실종, 호주상속, 친족입적,

분가와 폐가, 개명, 가칭의 상실, 전적과 취적 등 신분변동에 관한 모든 것을 포함했다. 호적의 기록사항은 본적, 호주에 관한 사항, 친족에 관한 사항이었다. 이렇게 조선호적령을 바탕으로 한 호적제도로 부계혈통을 이어가는 호주제도가 완전히 정착·확립되었고, 호적은 부계혈통을 나타내는 것으로 확정되었다. 이렇게 2차 개정에서 신분행위에 대한 신고주의가 채용되고, 호적제도가 효율화됨에 따라 일제는 전 조선인의 일상사에 대한 파악 및 통제를 효과적으로 강화할 수 있었다.

이렇게 일본의 호적제도와 이에제도가 이식되면서 조선의 가족제도에는 몇 가지 중요한 변화가 나타난다. 첫째, 통일적인 지배권으로서의 가장권인 호주의 호주권이 새로운 형태의 가부장권으로 창출되어 강제되었다. 조선의 가족제도에서 '가장' 개념은 법률상 외부에 대해서 집을 대표하는 경우에만 사용했으며, 실제 가족관계에서도 아버지로서의 권력(父權), 남편으로서의 권력(夫權) 외에 따로 특별히 가장의 권리를 인정한다든지 취임할 직위로서의 가장제도는 없었다(박병호, 1988). 일본의 이에제도가 이식되면서 부모자녀관계, 부부관계, 형제자매관계, 조손관계, 기타 친족관계로 파악되었던 고유한 종래의 친족적 신분관계가 이보다 우위의 호주가족관계 속에 포함된 내부관계가 됨에 따라 호주의 호주권이 새로운 형태의 가부장권으로 창출된 것이다(박병호, 1988: 178).

둘째, 호적이 호구에서 가로 바뀌면서 부자간의 호주상속이 가계계승의 신분상속으로 변했다(이효재, 1990: 24-25). 조선의 상속제도는 제사상속과 재산상속의 2종이 존재했고, 조선후기가 되면 제사상속이 부자계승의 기본으로서 더 중시되었다. 그런데 일제는 호주제도를 이식함과 동시에 호주상속제도를 이식하기 위해 관습조사에서 조선의 상속제도에 3종이 존재하는 것으로 조작함으로써 일본식 가독상속제를 조선에 강제하려고 했고, 1933년이 되면 제사상속을 법률상 제외시켜버렸다(박병호, 1988: 180). 17세기 이래 종법제가 정착하면서 조선의 가족제도는 부계혈통계승을 중시하는 유교적 가부장제 가족으로 확립되었다. 종법의 핵심은 남계 위주의 가계계승과 그를 바탕으로 한 제사의례이기 때

문에, 조선후기가 되면 제사봉사를 하는 종손이 그 가문의 계통을 잇는
사람으로 간주되었다. 그런데 이 종손이라는 지위가 일제의 시각과 필
요에 의해서, 국가가 승인하는 서류상의 지위인 호주라는 지위로 대체
되어버린 것이다. 이렇게 조선의 가계계승의 원리가 호주제도의 논리
속으로 병합되면서 조선의 종법적 가족제도와 일본의 이에제도는 융합
되어버렸다(양현아, 2001). 일제에 의해 조선의 가계계승의 원리가 일본
의 이에제도의 원리 속에서 재배치되는 과정을 거치면서 조선의 종법
적 가족제도의 부계혈통주의는 법제화를 통해 더욱 안정적으로 한국의
가족제도에 정착되어갔다.

셋째, 여성의 법률상의 지위가 대폭 약화되었다. 여성은 미성년자, 금
치산자와 같은 위치에 놓이게 되어 남편의 권리를 무제한 인정해야 했
다. 또한 여성은 호주로서의 지위도 약화되었다. 고려와 조선왕조의 호
적에서는 여성도 호주가 될 수 있었는데, 일제 식민지하의 호적에서는
호주권과 호주상속이 남계 중심으로 됨으로써 여성은 배제되었고, 다만
과도기적 지위만이 인정되었다. 호주를 상속받을 아들이 없을 경우, 양
자를 두기 전까지만 일시적으로 호주의 조모, 친모, 처의 순서로 호주
상속이 이루어졌다. 여성은 재산상속에서도 원칙적으로 분할받을 권리
와 상속권을 상실했다(이효재, 1990: 25).

결국 효율적인 식민지 통치를 위해 일제가 이식한 일본의 호적제도
와 이에제도가 조선의 종법적 가족제도와 융합되면서 한국의 가족제도
는 더욱 강력한 가부장적 가족제도로 재구성되었다. 조선시대의 종법적
가족제도에 내재하는 가부장성에 일본의 이에제도에 내재하는 가부장
성이 더해지면서 가부장주의가 강화되고, 부계혈통주의가 법제화되어
한국의 가족제도에 더욱 안정적으로 정착되면서 여성의 지위는 구조적
으로 더욱 하락해갔던 것이다.

일제는 더 나아가 가족을 황국신민화와 내선일체의 도구로 활용하기
시작했다. 1930년에 개정된 조선민사령은 이성(異姓)양자를 인정하는
일본식의 서양자제도[1]를 수립했고, 1939년에 개정된 조선민사령은 가

족의 칭호를 일본식으로 창씨개명하도록 강요했다.

2) 군사독재정권에 의한 근대화

(1) 박정희 정권의 근대화 전략

한국에서 본격적인 근대화는 1961년 쿠데타를 통해 등장한 박정희 정권에 의해 이루어졌다. 박정희 정권의 근대화 전략은 일본의 메이지 유신을 모델로 유교적 전통을 최대한 활용하면서 서구의 기술을 배우고 '따라잡는' 것이었다. 박정희 정권은 정치적 정당성을 확립하고 자신의 권력을 강화하기 위해 '경제발전'을 중요 수단으로 삼고, '지도받는 자본주의'를 표방하면서 강력한 국가 주도의 산업화정책을 추진했다. 한국의 산업화는 서유럽의 산업화가 원형산업화를 전사(前史)로 하면서 내재적 발전동인에 의해 서서히 이루어진 것과 대조적으로, 일본 자본주의의 이식에서 출발하여 일본제국주의 본국을 위한 수탈체계로 성립되었던 식민지산업화를 전사(前史)로 국가 주도하에 불과 20-30년 만에 전쟁을 치르는 듯한 방식으로 이루어졌다.

당시 국제적 조건으로는 제2차세계대전 이후 미국의 동아시아 전략에서 남한의 지정학적 중요성과, 당시 냉전정책의 수단으로서 경제성장을 이용하려는 미국의 지배 전략, 그리고 동아시아지역에서 일본을 중심으로 하는 새로운 국제분업의 형성이라는 유리한 조건들이 존재했다(Arrighi, 1994; Cumings, 1987; Palat, 1998). 당시 미국은 동아시아에서 공산주의의 확산을 막기 위해 반공의 최전선인 남한과 대만에 막대한 양의 원조를 제공하며 군사정권이 권력을 유지하는 것을 도왔다. 또한 1960년대 케네디 정권은 자본주의적 방법에 의해서도 전후 사회주의권 국가들이 달성한 경제성장을 상회하는 결과를 낳을 수 있다는 것을 보여주는 모범적인 사례를 동아시아지역에서 창출하려고 했다. 이런 측면

---

1) 이에(家)에 남자가 없고 여자만 있는 경우, 사위를 양자로 맞아들여 그 사이에서 출생하는 자로 하여금 여자의 이에를 이어나가도록 하는 제도.

에서 미국은 동아시아 신흥공업국이 '수출지향 산업화 전략'을 채택하도록 하기 위해 미국시장을 그들에게 열었다. 게다가 일본은 한국전쟁 특수에 힘입어 1950년대 중반 이래 급속한 고도성장을 이루었고, 1960년대 중반부터 동아시아지역으로의 진출을 모색하고 있었다. 미국의 중재로 1965년 한일국교 정상화를 이룬 후 1970년대 초에 엔화의 가파른 상승과 일본에서의 생산비용 상승에 부딪힌 일본무역회사들과 중소규모의 회사들은 본격적으로 국경을 넘어 남한, 대만, 홍콩, 싱가포르에 진출했다.

박정희 정권의 강력한 국가 주도 산업화는 수출지향 산업화 전략, 친자본적·반노동적 노동정책, 반(半)프롤레타리아 가구의 성장을 촉진하는 정책, 경제발전에 동원하기 위해 민족주의, 가족주의, 가부장주의를 이용하는 이데올로기 정책을 기본 축으로 성립했다(김수영, 2001). 박정희 정권은 경제개발 초기에 수입대체산업화 전략을 지향했지만 곧 실패로 끝나고 '수출지향 산업화' 전략으로 전환한다. 그리하여 1966년에 외자도입법, 1970년에 '수출자유지역 설치법'을 제정하여 마산과 구미에 수출자유지대를 조성하고 외자를 우대조치하고 한국의 저임금 노동력을 선전하여 외국의 투자자들이 참여하도록 했다. 이 같은 외자에 대한 우대와 한국의 조직되지 않은 저임금 노동력이 흡인력으로 작용하여 일본자본과 미국자본 등의 한국진출이 계속되었다.

박정희 정권은 경제성장을 위해 채택한 수출지향적 산업화를 위해 자본에 대한 제도적 지원 및 노동에 대한 통제를 양축으로 하는 정책을 시행했다. 한편으로는 국가가 차관형태로 외자를 도입하여 재벌들을 적극 지원하고 지시하면서 외국자본에게 특혜를 주어 그들을 유치하는 개발독재 방식을 통해 자본축적의 조건을 형성하고 유지해갔다. 다른 한편으로는 노동자의 권리확보를 억압하는 노동 관계법 체계, 국가의 직접적인 개입을 통한 물리적 노동탄압, 기업별 노동조합체제의 강화를 통한 노동자계급의 정치적 무력화 등 폭압적인 노동통제방식을 통해 자본축적을 이룩해갔다. 경제기획원의 정책입안자들은 수출에서의 가격경쟁력을 위한 '저임금의 유지'를 산업화 성공의 기본전제로 여겼다. 그 결과 한국의 노동정책은 원활한 자본축적을 위해서 억압적인 기제와 다양한 이데올로기적 기제를 동원하여 노동자들의 요구를 억누르는 폭압적인 노동통제정책의 성격을 띠게 되었다. 국가의 노동정책이 노동자계급의 복지를 향상하고 이들의 요구를 수용하기보다는 폭압적으로 배제하는 노동통제정책의 성격을 띠었다는 점은, 한국사회에서 노동자계급의 생활보장을 위한 국가복지가 덜 발달된 원인들 중 하나이다. 결국 노동자계급의 경제적 욕구 및 사회적 욕구의 해결은 노동자계급의 개별 가족과 개별 산업현장이 담당하게 되었다.

박정희 정권은 농촌인구의 광범위한 이농을 유도하여 이들을 도시의 저임노동력으로 동원하는 한편, 이들과 농촌가족과의 지속적인 경제관계의 유지를 통해서 저임금으로도 노동력을 안정적으로 재생산할 수 있도록 반(半)프롤레타리아 가구를 촉진하는 정책을 취했다. 이를 위해 농촌에 대한 상품경제의 심화로 이전에는 화폐경제 외부에서 추구되어 온 많은 경제활동들을 계속해서 수행할 수 없게 함으로써 농촌의 가족 성원들이 화폐소득을 취득하기 위해 도시노동력에 참여하도록 유도했다. 다른 한편으로는 세계시장에서의 경쟁력을 확보하기 위해 저임금을 유지하려고 했고, 이를 위해 저곡가정책을 지속적으로 추진했다(김수영, 2001). 이러한 저곡가정책은 결국 농촌을 궁핍하게 하고 농민층의 분해를 촉진하여 도시를 향한 영세농들의 가족이농이나 그 가족구성원들의 단신이농을 대량으로 창출해냈다. 단신이농 노동력은 대부분 영세한 제조업체에 잠정적으로 취업하여 도시 내의 생활구조에 익숙해지면 상위 기업으로 전직해갔다. 특히 1960~1970년대의 산업화가 미혼 여성노동력의 저임금에 의존했기 때문에 미혼여성은 공식부문 도시노동자로의 취업이 용이했다. 도시 내의 기존 친족관계가 어느 정도 안정화되어 있는 경우는 판매직이나 하위 사무직, 기타 서비스 업종에 취업하는 경우가 많았다. 가족이농의 경우도 미혼자녀는 단신이농의 경우와 유사했다. 가구주는 대개 연령장벽 때문에 도시경제에 피고용노동자로 흡수되지 못하고 자영업이나 기타 비공식부문의 임시적인 작업에 종사했다(조희연, 1985: 298). 여성들은 결혼한 뒤에는 도시 비공식부문에 취업하여 가계보조적인 소득을 벌었다.

이들의 불안정한 고용지위 및 열악한 임금조건은 농촌의 가족들과 계속해서 경제적 유대를 유지하게 했고, 농촌의 가족들도 농업생산만으로는 가계를 꾸려나가기 어려운 상황이었기 때문에 도시로 나간 가족원들의 송금을 통해 부족한 부분을 보충해 가계를 꾸려나갔고 자신들의 열악한 영세농적 지위를 계속 재생산해갔다. 이렇게 하여 도시공업부문과 농촌부문 간의 경제적 종속관계는 가족 내로 도입되었다. 그리하여 이는 가족원간의 경제협력 내지는 분업관계화하여 가족 내에서 해결하도록 되었다. 그 결과 한국에서 외국자본과 국내자본은 생계수준에 못미치는 열악한 저임금을 유지하면서도 노동력의 재생산비용을 효과적으로 가구와 '생계'부문으로 이전시킬 수 있었다(김수영, 2000: 103).

박정희 정권은 '조국의 근대화'라는 기치하에 '성장제일주의'를 사회에 광범위하게 존재하고 있던 '민족주의'와 '가족주의'와 결합시킴으로써 국민들의 자발적인 동원을 위로부터 효과적으로 이끌어낼 수 있었다. 한편으로 박정희 정권은 억압적 국가장치를 통한 폭압적 강제로 민주주의를 억압하고, 반공주의를 이용한 폭압적인 노동탄압으로 강력한 노동통제를 행하여 급속한 자본축적을 이룩했다. 박정희는 국민들에게 한국전쟁이라는 비극의 경험과 보릿고개라는 가난의 기억을 끊임없이 상기시키며 폭압적인 독재정치에 대한 국민적 저항을 무마시켰다. 그리하여 서구의 근대화가 정치적 민주주의의 발전과 병행했던 것과는 달리 한국의 근대화는 급속한 산업화의 달성을 위해 정치적 민주주의와 분배의 정의를 무기한 연기하고 성장제일주의로 나아간 것이다. 다른 한편으로 박정희 정권은 폭압정치를 정당화하기 위해 유교적 전통을 충효사상과 가족주의를 중심으로 근대적으로 재구성한 후 이데올로기적 국가장치인 학교교육과 대중매체, 새마을운동과 새마음운동 등을 통해 국민들에게 내면화시킴으로써 정치이데올기로 활용했다. 특히 1971

년 12월 국가비상사태를 선언하고 1972년 10월 유신 및 긴급조치 9호
를 선포하면서 '한국적 민주주의'를 강조하고 이를 정당화하는 데 유교
적 전통을 본격적으로 이용하기 시작한다. 정권 초기부터 교과서를 통
해 유교적 가족주의와 유교적 가부장주의를 주입했고, 1968년에 국민
교육헌장을 선포하며 1977년부터 본격적으로 충효교육을 실시하면서
학교교육을 통해 학생들에게 국가민족주의와 권위주의를 주입시켰다.
또한 1973년 새로운 방송법 공포를 통해 방송을 확실히 장악한 후 각
방송은 충성경쟁을 벌여온 신문들과 함께 일반 성인들을 대상으로 국
가민족주의와 가족주의 등을 주입했다. 새마을운동은 농어촌 근대화라
는 목적에서 출발했지만 점차 거대한 '유신정치운동'(강준만, 2002a:
124)의 성격을 띠게 되고, 성장제일주의와 반공주의, 국가민족주의를 주
입하는 장이 되었다. 특히 새마을운동은 여성들에게 현모양처이면서 동
시에 국가와 사회를 위해 봉사하는 여성이 되어야 한다는 의식을 주입
시킴으로써 가족의존적이고 여성희생적인 산업화가 여성들에게 부과한
과중한 노동과 종속적 지위를 감내하도록 했다. 1970년대 중반부터 시
작된 새마음운동은 충효를 강조하는 전국규모의 이데올로기적 주입운
동(강준만, 2002a: 82)으로 유신체제를 합리화하고 산업화 이후 구조화되
기 시작한 위계구조들을 은폐하려는 시도였다.

　　그러나 무엇보다 중요한 것은 박정희 정권이 당시 대중에게 가장 친
숙했던 유교적 가족주의와 가부장주의를 활용하여 체계화한 지배 이데
올로기로 산업화를 위한 국민동원과 노동통제를 효과적으로 이루어낼
수 있었다는 것이다. 한국의 노동자들이 그렇게 열심히 일하면서 엄청
난 고통과 학대를 참으려 한 것은 자기 가족을 위한 것이었다(구해근,
2002: 98). 식민지, 미군정, 분단, 전쟁, 가난, 군사 파시즘이라는 비극적
인 근현대를 살아야 했던 한국인들은 '가족'을 중심으로 그 가혹한 시
대를 견딜 수밖에 없었다. 그러한 과정에서 '가족'은 한국인들의 의식
과 무의식의 심층에 깊이 뿌리내리게 됐다. 가족을 떠나서는 생존 자체
가 힘들었던 상황은 한국인들의 의식에 가족을 '운명공동체'로서 강력

하게 각인시켰다. 한국인들에게 가족은 고단한 삶을 지탱해나갈 수 있
는 유일한 기반이었고, 또한 삶을 살아가는 유일한 이유가 된 것이다.
이 과정에서 한국인에게 고유한 끈끈한 가족의 정, 가족을 위한 자기희
생 윤리, 혈연 중심의 배타적인 가족주의가 생성된 것이다. 그리고 군
사독재정권과 자본가들은 이러한 한국인의 '가족주의' 의식을 권력유지
와 자본축적을 위해 철저히 이용한 것이다. 유교적 가족주의에 기반한
강고한 가족윤리는 산업화기의 한국노동자들이 저임금과 장시간 노동,
그리고 안전부재의 위험한 작업장 조건을 감내하도록 만들었다. '부계
제' 가족제도에 기반한 유교적 가부장주의는 산업화 초기 미혼여성들을
노동집약적 산업으로 동원해내고, 저임금 노동력으로서 공장 내 가부장
제적인 위계구조에 복종하도록 하는 노동통제 수단이었다. 또한 박정희
정권은 유교적 가족주의와 효 사상을 이데올로기적으로 활용하여 복지
와 관련한 국가책임을 개별 가족에게 전가함으로써 자본축적에 집중할
수 있었다. 이와 같이 한국의 산업화과정에서 국가와 자본은 유교적 전
통에서 이끌어낸 가족가치들을 활용하여 어린 미혼 여성노동자들과 남
성노동자들을 극도로 열악한 노동조건 속에서 착취함으로써 본원적 축
적을 이루어냈다.

(2) 박정희 정권의 가족정책

박정희 정권의 근대화 전략은 서구적 핵가족과 같은 가족형태를 띠
면서도 가족관계의 원리는 유교적 가족규범 및 가족제도를 기반으로
한 가부장적 가족을 추구했다. 따라서 박정희 정권의 가족정책은 한편으
로 가족계획사업을 통해 서구적 핵가족과 같은 가족형태를 창출하는 것
이었고, 다른 한편으로는 가족법에 호주제도를 유지함으로써 유교적 가
족규범 및 가족원리를 기반으로 하는 가부장적 가족제도를 재생산해내려
고 했다.

① 가족계획사업-서구적 핵가족과 같은 가족형태 지향

박정희 정권은 빠른 경제성장을 달성하기 위해 인구증가를 억제할 필요가 있었고, 이를 위해 당시 6.0 수준이었던 한국여성의 높은 출산력을 통제해야 한다고 생각했다. 이에 따라 국가가 행정력과 의료기술을 동원하여 여성들에게 다양한 피임방법을 제공하고 여러 가지 이데올로기 장치들을 통해 인식의 전환을 유도하면서 한국여성들의 재생산 행위를 재조직화해냈다.

1960년대의 가족계획사업은 급격한 인구증가가 사람들의 삶의 질 향상을 방해하고 국가의 근대화를 방해한다는 내용의 캠페인으로 시작된다. "우리 집 부강은 가족계획으로부터", "많이 낳아 고생 말고 적게 낳아 잘 기르자", "덮어놓고 낳다 보면 거지꼴을 못 면한다" 등 당시에 가장 대중적으로 보급되었던 표어들은 피임을 통한 출산력 조절 자체가 근대성, 행복, 가족복지를 가져온다는 이미지를 국민들에게 소개하는 데 주력했다(김은실, 2001: 317).

"아들 딸 구별 말고 둘만 낳아 잘 기르자"라는 표어로 대표되는 1970년대의 가족계획사업은 더 체계적으로 전개되며, 가족계획을 효과적으로 추진하기 위해 다양한 유인 및 규제정책이 채택되었다. 1974년에는 소득세법, 상속법 개정을 통해 세금공제대상 자녀수를 3명으로, 1976년에는 2명으로 제한했으며 세제를 통해 다자녀출산을 규제했다. 주택

「앗다 ! 어지간히도 많이 낳네」

▲ ≪주부생활≫, 1958년 1월호.

▲가족계획 포스터(대한가족계획 협회 제공).

　정책에서는 1977년 대한주택공사나 국민주택부금으로 건립되는 민영아파트에 대해 입주우선권을 불임시술 수용자에게 부여하는 유인제도가 채택되었다. 또한 도시저소득층이나 영세민이 불임시술을 할 경우 일정액의 생계비를 지급하는 제도와 취로사업에 우선권 부여 등 각종 경제적 유인책을 동원했다. TV 드라마에서는 부부의 자녀 수가 모두 2명 이하로 되었고, 인구폭발과 관련한 특별 프로그램을 만들어 대중매체를 통한 출산력 통제 교육을 실시했다. 또한 인구증가에 대한 부정적 이미지를 보급하기 위해 정부는 우표, 담배갑, 극장표, 통장, 주택복권과 버스, 택시, 지하철, 기차 구내 등에 인구조절에 괸한 표어를 부착했다(김은실, 2001: 318-319).

　국가 주도하에 강력하게 추진된 가족계획사업은 가족 근대화정책으로서 외형상으로 서구사회의 핵가족과 같은 가족형태를 사회에 정착시키려는 시도였다. 한국자본주의의 안정적인 노동력 재생산을 위해 여성의 출산과 정서적 보살핌의 역할이 중요했기 때문에 국가는 가족계획사업을 통해 한국여성의 재생산행위를 재조직화했던 것이다.

② 가족법: 직계가족적 원리 및 유교적 가부장주의의 유지

제2차 세계대전 직후 미국의 일본점령정책의 기본 방침은 일본의 군국주의를 해체하는 것이었다. 이는 전전(戰前)에 군국주의체제를 만들어 내고 지탱해온 메이지 이래 근대 일본의 사회체제 전체의 총체적인 변혁을 의미하는 것이었다. 그리하여 일본에서는 비교적 철저한 전후개혁이 행해지면서 천황제 가족국가체제의 기초단위였던 이에제도도 폐지되었다. 반면 해방 이후 한국에서 미군정의 점령정책은 일본에서와는 달리 봉건제적 유제를 청산하지 않았고 민주개혁도 시행하지 않았다. 그 결과 일본의 이에제도에서 비롯된 한국의 호주제도과 일본식 호적제도는 관습법으로 계속되었고, 1958년에 제정된 민법과 호적법에서도 그대로 유지됨으로써 일제시대의 가부장적 가족제도의 기본 골격을 계승했다.

박정희 정권은 일제 식민지의 유산이라고 할 수 있는 한국의 호주제도를 계속 유지하면서 당시 핵가족화하고 있는 현실을 반영한 법정분가제도를 신설했다. 이로써 한국남성은 장남의 경우 이미 있던 호주권을 승계하는 승계호주가 되고, 차남 이하는 분가하여 분가호주가 되는 것으로 되었다. 반면 남편이 살아 있는 기혼여성은 남편의 가족에 입적되는 지위에 있기 때문에 절대로 호주가 될 수 없었다. 그 결과 현대한국사회에서 하나의 호적을 구성하고 있는 모든 소규모 가족이 마치 계승되어야 할 하나의 계통을 가진 것처럼 되어버리고, 아들이 모든 소가족에게 필요해졌다(양현아, 2001: 92-93).

박정희 정권 이래 호주제도가 계속 유지되어온 것은 독재정권들이 호주제도를 국민감시 통제장치로서 효과적으로 이용하려고 했기 때문이다. 효율적인 식민지 통치를 위해 활용되었던 호주제도는 억압적 국가장치와 이데올로기적 국가장치를 통해 폭력적으로 정권을 유지해온 독재정권들에게 아주 효과적이었다. 가부장적 가족제도의 유지는 성장제일주의에 따라 자본축적의 극대화를 위해 저임금의 유지와 사회보장제도의 부재를 특징으로 했던 한국의 산업화과정에서 개별 가족에게

노동력 재생산을 전담하기 위한 것이기도 했다. 또 유교적 가족규범을 통해 한국적 민주주의에 적합한 권위주의적 주체 형성이 이루어지길 기대했기 때문이기도 했다. 그러나 무엇보다도 유교적 가부장주의에 기반을 둔 성별주체형성을 통해 가족의존적이고 여성희생적인 한국적 자본주의를 지속적으로 재생산해내려고 했던 것이다.

③ 가족에 의한 복지

박정희 정권은 성장제일주의에 의한 자본축적의 극대화를 최우선시했기 때문에, 복지에 대한 지출을 비생산적이고 낭비적인 것으로 간주했다. 따라서 국가정책에서 사회복지는 항상 경제성장의 부차적인 것이었고, 선성장 후분배 논리에 의해 그 명분만 유지하는 것이었다. 박정희 정권이 사회복지를 실질적으로 방기하고 그 부담을 개별 가족에게 완전히 전가시킬 수 있던 것은 유교적 전통 및 관습에 입각한 '가족주의' 이데올로기를 활용했기 때문이다.

성리학에서는 가족관계를 모든 사회관계의 근본으로 삼고 있으며 실제로 가족에서 이러한 규범들의 사회화가 이루어진다는 점에서 가족을 매우 중시한다. 또한 성리학의 핵심을 이루고 있는 종법제는 가계계승을 중시하고 있기 때문에, 유교를 이념으로 하는 사회에서는 가족주의가 발전하게 된다. 성리학을 국교화한 조선시대 이래 한국사회에 강력하게 자리 잡게 된 유교적 가족주의는 다른 무엇보다도 가족을 중시하고, 가족 내에서 구성원들의 생활보장을 책임지도록 하는 강력한 이데올로기로서의 역할을 하게 되었다. 박정희 정권은 자본축적의 극대화를 위해 이러한 유교적 가족주의 이데올로기를 활용했던 것이다. 그리고 이렇게 유교적 가족주의를 활용하는 국가정책은 1980년대와 1990년대에도 계속됐다.

이러한 과정에서 한국사회에는 유럽과 같이 가족을 단위로 하고 가족을 위해 시행되는 가족복지정책이 거의 부재했다. 결국 한국의 가족정책에서 가족은 복지의 대상이라기보다는 '사회보장의 담당자'로서 규

정되었던 것이다. 그 결과 한국의 복지체계는 가족의존적 성격을 강하
게 띠게 되었고, 사회안전망이 부재했으며, 노인부양문제도 전적으로
효윤리와 경로사상에만 의존해왔다. 따라서 개인은 생활보장을 전적으
로 가족에 의존할 수밖에 없었고, 이는 사회 전반에 가족주의를 강화시
키고 여성의 부담을 증가시켰다.

3. 산업화에 따른 한국가족의 변화

1) 1960-1970년대 중반까지 가족의 변화

박정희 정권은 수출지향 산업화를 추진했기 때문에 저임금을 유지하
는 것이 대단히 중요했고, 이를 위해 지속적으로 저곡가정책을 병행했
다. 이는 농촌의 궁핍화를 초래하여 농민층 분해가 가속화되었고, 이에
따른 영세농의 가족이농 또는 가족성원들의 단신이농이 대량으로 창출
되었다. 또한 산업화가 진행되면서 산업구조와 직업구조가 변화했고,
이에 따라 취학 및 취업을 위한 이농도 증가했다. 그리하여 1960년대
중반 이후 도시화가 진전됐는데, 문제는 당시의 이촌향도 현상이 도시
산업부문의 고용흡수능력을 초과하여 광범위하게 진행되었다는 점이다.
이것은 한국의 산업화가 새롭게 형성된 국제적 분업구조 속에서 주변
부로서 세계자본주의경제 내로 편입해 들어가는 종속적 산업화였다는
점에 기인한다(조희연, 1985). 그 결과 이농인구의 상당 부분은 고용의
안정성이 결여되고 생활의 안정성이 끊임없이 위협받는 사회의 하층부
문에 취업하여 자신의 생계를 도모하는 것이 보통이었다(조희연, 1985:
306). 이러한 과정에서 형성된 도시빈민들은 상대적 과잉인구로서 산업
화기의 저임금구조와 가혹한 착취구조의 유지에 기여했다. 1970년대
중반 서울 인구의 3분의 1에서 5분의 1에 해당하는 100만에서 300만
명이 판자촌에서 비참한 삶을 살아야 했는데, 이들은 대부분 농촌에서

올라온 사람들이었다(강준만, 2002a: 127). 이들은 비공식부문에 종사하면서 다양한 방식으로 생계를 유지해갔다. 행상, 노점상, 도소매업의 하위종사자, 구멍가게, 파출부, 개인적인 의류수선 제조인, 기계 차량의 유지·수선·설치인, 수위, 식모, 가정부, 성매매, 영세업체의 하청노동자, 단기 임금노동자 등의 임시노동자, 건설노동자 등을 하며 생계를 유지했지만, 그 소득의 저급함, 고용의 불안정성, 직업의 영세성 때문에 지극히 열악한 생활을 했다.

복지정책이 부재했던 상황에서 도시빈민가족의 생존 전략은 다가구원 취업, 여러 가지 소득활동을 결합한 소득극대화 전략과 극한적인 지출극소화 전략이었다. 이들 가족의 생존 전략에서 가장 현저한 특징은 딸들에게 의존한 가족 전략이었다. 이들 가족에서 가족의 생계유지를 위한 미혼 딸들의 기여는 매우 크고 중요했다. 특히 이들 가족이 생계 위협을 받게 되었을 때 나타나는 전략은 딸의 취학 중단, 빠른 노동시장 방출, 결혼의 지연 등 가족의 생계책임을 딸에게 의존하는 것이었다(조은, 1990). 이들에게 친족으로부터의 도움은 거의 없으며, 생존 전략에서 동원되는 인적 자원은 핵가족 성원에 한정되었다. 이들에게는 친족보다 오히려 실제적인 도움을 주고받는 이웃으로 이루어진 사회적 연결망이 더욱 중요한 기능을 했다.

이 시기 가족구조의 변화의 특징은 가구 규모의 감소와 외형상의 핵가족화였다. 산업화에 따른 대규모의 이촌향도 현상으로 전국 총가구 수의 증가, 특히 도시의 총가구 수 증가, 평균 가구원 수의 감소가 나타났다. 평균 가구원 수가 감소한 것은 인구억제를 위한 가족계획사업의 실시로 자녀 수가 감소한 것도 중요한 요인이었다. 또한 농촌 청장년층의 대규모 이농에 따라 직계 가족가구가 도시의 자녀 핵가족가구와 농촌의 노부모 핵가족가구로 분화되면서, 외형상의 핵가족화가 나타났다.

2) 1970년대 후반-1980년대 중반까지 가족의 변화

산업화가 진전되어 취업구조가 변화하고, 도시로 이농한 인구 중 고학력을 취득한 남성들이 근대화된 부문들로 취업하게 되면서 화이트칼라층도 빠르게 성장해갔다. 산업화기 한국의 임금구조에서는 특히 학력별, 직종별, 성별 임금격차가 컸기 때문에, 이들은 상대적으로 높은 임금을 받았고 고용이 안정되었다. 이들의 성장은 현대 한국사회에 도시 중산층가족의 본격적인 등장과 주부의 출현을 의미했다.

1960년대 이래 산업화가 진전되면서 한국경제는 고도성장을 계속했고, 이에 따라 임금도 지속적으로 상승해갔다. 그러나 1960년대 후반부터 자본축적상 위기가 나타나기 시작해서 1973년 1차 석유위기를 맞으면서 경제성장률과 실질임금 증가율이 모두 하락했다. 박정희 정권은 유신체제를 선포하여 이러한 자본축적의 위기를 기층 민중들에게 전가하는 방식으로 극복해낸다. 이에 따라 1976년 초부터 다시 수출이 크게 증가하고 중동특수까지 더해지면서 높은 경제성장률과 급격한 실질임금 증가율이 나타났다. 이러한 실질임금의 현저한 상승으로 화이트칼라층 가족의 남성가구주들은 단독으로 가족생계를 부양할 수 있는 가족임금을 취득할 수 있었다. 이로써 1970년대 후반 한국사회에는, 남편은 가족임금을 받아 생계를 책임지고 부인은 가사 및 육아를 전담하는 방식의 근대적 성별역할분업에 충실한 핵가족이 본격적으로 등장했다. 그러나 이 시기에 남성가구주 1인이 가계를 부양할 수 있을 정도의 충분한 소득을 벌었다기보다는 남성가구주의 소득 수준에 지출 수준을 맞추는 지출극소화 전략이 이들의 가족 전략이었다는 점이 중요하다. 당시 국가의 여성정책은 유교적 전통의 내외 개념을 근대적으로 재구성한 현모양처 이데올로기를 활용하여 여성이 가정 안에서 가사와 육아 및 가족원에 대한 정서적 보살핌에 몰두하게 하는 것이었다. 게다가 당시에는 결혼퇴직제가 있어서 기혼여성의 직장생활은 거의 불가능한 상황이었다. 그 결과 여성들은 가정에서 남편의 소득에 맞춰 알뜰하게 살림하여 집을 마련하고 자녀교육을 하는 전업주부로 존재하게 되었다.

이 시기 도시중산층 핵가족이 등장하면서 이에 걸맞는 주거형태로서 아파트가 등장했다. 1970년대에 본격적으로 건설된 대형아파트 단지는 산업화 이후 지가가 급속히 상승하자 토지 이용의 효율을 극대화하기 위해 고안된 것이었다. 그러나 대형아파트단지는 점차 투기의 대상이 되면서 신규아파트는 분양 즉시 폭등했고 시세 차익을 노리는 복부인들이 등장했다. 1968년 1,000만 평의 강남지역이 본격 개발되면서 반포, 잠실, 압구정동에 아파트가 들어섰고, 1974년에 강남지역에서 시작된 아파트 열기는 1978년 절정에 달했다(강준만, 2002a: 181). 이때부터 한국사회에서 부동산 투자는 자산증식의 수단이 되었고 주택은 중요한 투기 대상이 됐다. 도시중산층 핵가족들은 부동산 투기를 통해 자산을 증식해갔고, 지속적인 지가 및 집값 상승을 이용하여 내집마련의 꿈을 실현해갔다.

한국자본주의는 산업화 초기에 미혼여성 노동력을 기반으로 한 노동집약적 산업에서 유혈적 테일러리즘의 형태로 본원적 축적을 달성하고, 1970년대 후반이 되면 경공업 중심의 산업구조에서 중화학공업 중심의 산업구조로 전환되어 중심부 국가들과 외형상으로 비슷한 산업구조를 갖게 되었다. 그러나 중심부 국가들과는 달리 반주변부인 한국에서는, 노동생산성의 상승에 상응하여 가족임금 수준의 상대적 고임금을 지불함으로써 대량소비를 창출하고 노동자계급을 체제화하는 것이 아니라, 포디즘과 테일러리즘이 결합하여 물리적 통제에 기반을 둔 병영적 관리에서 저임금·장시간 노동체제를 유지하는 주변적 포디즘이 나타났다. 그 결과 1987년 노동자대투쟁이 일어나기 전까지 블루칼라층 노동자들은 핵심적 노동자층과 주변부 노동자층, 대기업 노동자와 중소기업 노동자의 구별 없이 모두 저임금을 받았다.

이러한 저임금구조에서 블루칼라층 가족은 남성가구주뿐만 아니라 부인, 자녀들까지 취업하여 각각의 소득을 결합하는 소득극대화 전략과 지출극소화 전략을 취하여 생계를 유지했다. 따라서 이들 가족에서 부

인의 취업은 가계유지에 절대적으로 필요했다. 그러나 이들의 취업이
주로 하위직에 집중되어 있고 한국의 높은 성별임금격차로 인해 대단
히 낮은 임금을 받았기 때문에 투여된 노동에 비해 가계소득에 대한 기
여도는 그리 높지 않았다. 또한 성별역할분업 의식으로 이들 가족의 부
인은 생계보조를 위한 생산노동과 가사노동의 이중노동을 해야만 했다.
남성가구주의 임금은 가계소득의 기여도에서 가장 큰 부분을 차지했지
만 가족의 생계를 부양할 수 있는 가족임금의 수준에는 크게 못 미치는
수준이었다. 그러나 현대 한국가족의 가장 중심적 권력구조는 저임금구
조 때문에 실제로는 가족임금을 받지 못하는 블루칼라층 남성가구주들
의 권위를 유지시켜주었다.

3) 1980년대 후반-1990년대 중반까지 가족의 변화

　　1980년 5·17쿠데타와 광주학살을 배경으로 등장한 전두환 정권은
자본축적상의 위기를 돌파하고 정권의 취약한 정당성을 만회하기 위해
더욱 폭력에 의존하는 폭압정치를 행했다. 그러나 1970년대 이래 성장
해온 민주화운동이 거대한 사회변혁운동으로 발전하면서 전두환정권의
폭압정치는 결국 1987년 6월 민주항쟁을 통해 종식되었다. 그 해 7·8
월에 전국적으로 일어난 노동자대투쟁은 국가의 직접적인 폭압적 노동
통제정책에 대한 거대한 도전이었다. 그리하여 1987년 이후 국가의 노
동정책은 노동자들의 전국적인 조직화를 막으면서 기업노조 내에서의
준법활동은 허용하는 것으로 변화했다. 이러한 국가의 노동정책의 변화
는 노사관계에서 노동 측의 협상력을 높였고, 그 결과 노동조합운동이
급성장하면서 최저생계비에도 못 미치는 저임금을 받았던 블루칼라층
노동자들의 임금도 급속히 인상되어갔다. 임금교섭이 기업별 노조체계
에서 이루어졌기 때문에 노조의 교섭력과 기업의 지불능력이 큰 대기
업에서 특히 임금상승률이 높았다. 더욱이 대기업의 중공업노동자들의
임금인상투쟁은 가족주의를 기반으로 한 '가족임금 쟁취' 투쟁의 성격

이 강했다. 게다가 대기업들은 기업복지를 노사관계의 안정화기제로 이용하여 노사협조체계를 확립하려고 했고, 노동자들도 국가복지의 확대를 요구할 수 있는 길이 차단되어 있는 상황에서 기업 내에서 복지 욕구를 해결하려고 했기 때문에 기업복지가 확대됐다. 그 결과 1987년 이후 노동운동의 전면에 등장한 대기업 중공업노동자들도 점차 상대적 고임금과 다양한 기업복지의 보충을 통해 단독으로 가족의 생계를 부양할 수 있는 가족임금을 쟁취하게 되었다.

이러한 대기업 중공업 노동자가족의 가족임금 도입과정에서 젠더 이데올로기에 입각한 가족 이데올로기는 중요한 역할을 했다. 이들은 가장이면서 생계부양자인 남편과 가사노동 및 자녀양육을 전담하면서 며느리로서의 의무에도 충실한 전업주부로서의 부인이라는 한국사회의 고유한 젠더 이데올로기에 기반하고, 비인간적이고 경쟁적인 바깥세계와 대조적인 아늑한 안식처로서 이상화된 가족이데올로기를 수용하면서 가족임금 쟁취투쟁을 했던 것이다. 그러나 대기업 중공업노동자들이 받는 가족임금은 잔업과 특근으로 소득을 극대화하는 과정을 통해서만 가능하다는 점에서 불안정한 것이었다(조주은, 2002: 57). 또한 전체 블루칼라층 노동자 중에서 이러한 형식의 가족임금을 받을 수 있는 노동자는 일부 대기업 중공업노동자들뿐이었다. 그럼에도 이를 계기로 한국사회에 남성 생계부양자 규범이 더욱 강화되었고, 불안정한 가족임금체계를 기반으로 한국의 가족임금 이데올로기도 더욱 강해지는 결과를 가져왔다. 더욱이 가족임금 이데올로기는 노동시장에 참여하는 여성의 소득을 단지 가족임금을 보충하는 이차적인 소득으로 보는 통념을 강화함으로써 노동시장에서 여성의 저임금과 불안정한 고용형태를 정당화하는 힘을 발휘해왔다. 그리고 이러한 저임금과 고용의 불안정성은 가족 내 권력관계에서도 여성에게 부정적인 영향을 끼쳐 여성의 낮은 지위가 지속적으로 재생산되는 결과를 낳게 됐다.

한편 1980년대 후반 한국경제는 저금리, 저유가, 저달러를 기반으로 3저 호황을 누렸고, 이에 따라 화이트칼라층의 실질임금도 대폭적으로

상승했다. 더욱이 1986년의 아시안게임과 1988년의 서울올림픽을 계
기로 정부가 소비를 부추겼기 때문에, 소득의 대폭적인 증가와 맞물리
면서 내수시장이 급속히 확장됐다. 또한 1987년 이후 부동산 값이 크
게 오르고 주식시장이 한동안 폭등하면서 이들은 자산소득도 크게 늘
려나갈 수 있었다. 1980년대 후반부터 1990년대 중반까지 가구의 소득
절대액이 급격히 증가하고 부동산 투기와 주식투자를 통해 자산소득을
크게 늘어나면서 화이트칼라층의 생활에서도 큰 변화가 나타났다. 무엇
보다도 가계의 소비지출구조가 변했고, 소비규모가 급속히 확대됐다.
내구소비재의 보급이 확대되고, 서비스 지출이 증가하면서 생활양식에
큰 변화가 나타났다. 서울올림픽을 전후로 밀어닥친 풍요 속에 자신들
의 경제생활이 현저히 달라지면서 국민의 60%가 스스로를 중간층이라
고 생각하게 되었다. 이렇게 과도하게 부풀려진 중산층의식에 따라 각
종 가전제품과 백화점식의 과시적 소비문화, 그리고 3대 붐(마이카, 증권투
기, 부동산 투기)에 대한 욕구가 강하게 나타났다(강준만, 2003b: 201). 또한
이 시기에 자녀교육에 대한 열기가 더욱 높아지면서 사교육산업이 급
성장했고, 이에 따라 중산층가족의 교육비 지출도 지속적으로 증가했
다. 한편 부동산 투기의 가열로 집값과 전세비용이 폭등하면서 주거비
의 부담도 상당히 커졌다. 이러한 요인들이 복합적으로 작용하여 가계
지출을 압박하면서 이를 보충하기 위한 기혼여성의 취업이 급증해갔다.
그러나 자신이 가족의 유일한 생계부양자라는 점에서 가장의 권위가
나온다고 생각하는 남성들의 인식은 기혼여성의 취업 여부와 형태를
상당히 제한했다. 그리하여 한국 중산층가족의 기혼여성들은 남편들의
부정적인 태도와 가사노동을 비롯한 각종 가족적 책임 때문에, 자발적
으로 시간제 노동이나 임시직, 가내노동 등의 비정규직이나 가시화되기
힘든 비공식부문에 취업했다. 이러한 취업을 통해 그들은 가계보조적인
소득을 취득하는 경우가 많았다.

4. 현대 한국가족과 여성억압

현대 한국가족은 외형적 측면에서는 핵가족화되었지만 가족관계의 원리는 부계혈통 중심의 직계가족 원리가 지속되어왔으며, 가족 내 성별위계제가 강하게 나타나고 있다. 이는 한국의 근대화가 유교적 가족주의와 유교적 가부장주의를 이데올로기적으로 최대한 활용하는 방식으로 진행된 것에서 비롯된 결과이다. 또한 현대 한국가족의 강력한 가족주의는 한국인들이 격동의 근현대사에 직면하여 가족을 중심으로 생존 전략을 취할 수밖에 없었던 상황에서 비롯됐다. 나아가 가족주의는 가족 단위의 호주제도와 제사 등의 가족문화적 경험을 통해 끊임없이 개인 의식에 각인됐다. 또 한국자본주의가 재생산해내는 전쟁 같은 경쟁구조가 이러한 가족주의를 부추기는 가운데 새로이 생명력을 부여받으며 한국인들의 의식의 심층에 자리 잡게 되었다. 그 결과 '가족주의'는 혈연, 지연, 학연을 중심으로 재생산되면서 현대 한국사회의 가장 중요한 조직원리가 되었다. 그리고 '가족'은 현대 한국사회에서 여전히 개인의 정체성과 행위를 강하게 규정하고 있고, 가족 내에서 재생산노동의 책임자로 상정되는 여성에게 큰 부담을 부여하고 있다.

부계조상에 대한 숭배를 유지하는 제사의례와 가족법의 호주제도와 부가입적혼, 가족을 단위로 한 호적제도야말로 현대 한국가족에 직계가족 원리 및 이에 입각한 가족관계를 강고하게 뿌리내리는 결정적 기반이 되어왔다. 여성배제적이고 여성차별적인 호주제도와 호적제도, 부가입적혼 등을 포함하고 있는 한국의 가족법과 호적법은 부계계승주의를 핵심으로 하면서 가부장적 가족의 전형인 부계가족제도를 강력하게 지탱시키는 기제이다. 일제가 효율적인 식민지 통치를 위해 조선의 가족제도와 일본의 이에제도를 융합하여 새로운 가부장적 가족을 출현시킨 데서 유래한 호주제도와 호적제도는 식민지권력이 조선민중을 완벽하게 관리하기 위한 장치였다. 이러한 호주제도가 해방 이후에도 계속 유지되어온 것은 군사쿠데타를 통해 등장한 독재정권들이 호주제도를 한국의 전통으로 미화하면서, 실제로는 국민을 효율적으로 관리 및 통제하기 위한 수단으로, 또 가족의존적이고 여성희생적인 한국형 자본주의의 재생산을 위한 수단으로 활용했기 때문이다.

호주제도는 박정희가 한국적 근대화 전략을 통해 한국의 사회구조 속에 심어놓은 권위주의적이고 여성배제적인 한국적 민주주의의 가장 상징적인 부분으로 지금 이 시간에도 한국적 가부장제를 강력하게 재생산하고 있다. 현대 한국사회에서 호주제도는 한국의 성별주체 형성 및 재생산의 핵심 기제로서 남성에게는 가장으로서의 정체성을 강제하며, 여성에게는 남편을 내조하는 아내로서, 시가를 위해 봉사해야 하는 며느리로서의 정체성을 강제해왔다. 즉 호주제도는 한국사회의 강력한 성별위계구조를 재생산하는 핵심기제로서 가장 이데올로기와 부덕 이데올로기를 끊임없이 재생산해내고 있다. 따라서 아무리 남녀 개인의 평등을 지향하는 법률이 많이 만들어진다 하더라도 한국사회구조의 가장 심층에서 성별위계제와 가부장제 문화를 재생산해내고 있는 현행 호주제도와 호적제도, 부가입적혼이 존재하는 한 한국여성의 노동권은 구조적으로 끊임없이 위협받을 수밖에 없다. 결국 현대 한국사회의 여성억압의 특유한 메커니즘은 바로 '계보'의 문제와 밀접한 관련이 있다. 가족법과 호적법이 남성과 남성가족에 대한 여성의 종속을 당연시하면서 불평등한 젠더관계를 구조적으로 재생산하고 있는 한 한국사회에서 여성의 지위는 구조적으로 낮을 수밖에 없으며, 여성의 정체성은 불안정할 수밖에 없다. 따라서 현대 한국사회의 여성억압의 극복은, 한국적 가부장제의 유지 및 재생산기제인 호주제도의 철폐에서부터 시작해야 할 것이다.

■ 생각할 거리

1. 박정희 정권이 추진한 근대화 전략의 특징은 무엇이며, 그 전략 속에서 추구된 가족은 어떤 것이었는가? 그리고 여기에서 비롯된 가족정책의 특징은 무엇이며, 그러한 가족정책이 한국가족의 변화에 끼친 영향은 무엇인가?
2. 1960년대의 산업화 이후 한국가족은 어떻게 변화해왔는가?
3. 현대 한국가족의 특징은 무엇이며, 여기에서 비롯된 한국적 가부장제의 특징은 무엇인가?
4. 현대한국사회의 여성억압의 메커니즘과 호주제도는 어떤 관계에 있는가?

■ 읽을거리

강준만. 2002, 『한국현대사 산책 1970년대편 1-3권』, 인물과사상사.
강준만. 2002, 『한국현대사 산책 1980년대편 1-4권』, 인물과사상사.
권명아. 2001, 『가족이야기는 어떻게 만들어지는가』, 책세상.
양현아. 2000, 「호주제도의 젠더정치: 젠더 생산을 중심으로」, 《한국여성학》 16권 1호.
여성사 연구모임 길밖세상. 2001, 『20세기 여성사건사』, 여성신문사.
여성한국사회연구회 편. 1990, 『한국가족론』, 까치.
일레인 김, 최정무 편, 박은혜 옮김. 2001, 『위험한 여성: 젠더와 한국의 민족주의』, 삼인.

제3부
민주화와 여성의 사회참여의 확대(1980년대)

1980년대는 독자적인 여성운동이 아직 등장하지 않았던 1970년대와 가부장적 성차별을 해소하고 양성평등을 실현하기 위한 법, 제도의 개혁이 이루어지고 여성운동이 다양화, 제도화된 1990년대 사이에 놓인 이행기적 시기이다. 1960-1970년대 산업화과정에서 이루어진 광범위한 여성노동자층의 형성과 군부독재에 항거한 민주화운동은, 1980년대에 전체 사회변혁의 맥락에서 여성차별을 해결하려는 변혁 지향적인 여성운동의 성장 기반이 되었다. 또한 1980년대에 들어와서는 가정폭력 등 오랫동안 은폐되어온 사적 영역에서 이루어진 여성에 대한 폭력과 억압이 표면으로 드러나 공적인 관심을 받게 되었다.

한국현대여성사에서 광주항쟁은 1980년대 사회변혁적 여성운동의 시발점으로 자리매김된다. 광주항쟁에서 매우 중요한 역할을 했던 여성들의 활동은 1970년대까지 발전되어왔던 한국사회 여성들의 잠재력이 집약적으로 표출된 것이며, 그 활동 안에는 변혁이념을 가진 여성운동의 가능성이 내포되어 있었기 때문이다. 그것은 곧 1980년대에 전면적으로 등장한 여성해방의 이념을 갖는 여성운동 조직의 결성으로 이어지는 역사적인 연속성 속에 자리하는 것이다.

1980년대 여성 상황의 변화는 노동력의 변화에서 직접적으로 나타났다. 여성경제활동 참여율의 전반적인 증가와 함께 기혼여성의 취업률이 급격히 증가하여, 여성노동력의 구성은 미혼의 생산직에서 기혼여성으로 그 중심이 이동하게 되었다. 이러한 여성노동력의 양적 추세는 내용적인 면에서 부정적인 측면을 수반했다. 여성노동력의 비정규직화를 비롯하여 각종 차별과 고용불안정이 여성노동의 조건을 특징지웠던 것이다. 이러한 상황 속에서 여성노동자 조직은 크게 성장했다. 한편 여성농민이 농업생산의 주체로서 인식되게 되었으며, 그와 함께 여성농민조직도 성장했다.

1980년대는 노동자, 농민 조직뿐만 아니라, 민주화운동과 시민사회 성장의 맥락 속에서 전반적인 여성운동조직이 양적, 질적으로 크게 발전된 시기였다. 전국 각 지역의 각종 여성단체를 망라한 전국적인 연합조직인 여성단체연합이 만들어진 것도 이 시기이다. 이것은 1959년에 설립된 여성단체협의회와 함께 한국사회의 여성운동을 주도하는 양대 조직으로 현재까지 자리잡고 있다. 이러한 여성운동의 성장은 가부장제와 젠더관계의 변화와도 맥을 같이 해왔다. 1980년대 한국영화에서 성산업의 호스티스 멜로드라마가 유행한 것은 그 시대 여성들의 문제가 치환되어 나타난 것이며 근대화 속에서 흔들리는 가부장제와 젠더 갈등을 재현한 것으로 해석할 수 있다.

이와 같이 1980년대는 지난 시기에 비해 여성의 조건이 크게 변화되어, 여성 관련 법·제도의 개선과 여성의 정치세력화 및 양성평등 문화가 만들어진 1990년대의 기반을 마련한 시기라고 평가할 수 있다.

제1장 5·18 광주항쟁과 여성

안진

1. 5·18광주항쟁의 젠더화

한국현대사의 한 분기점을 이룬 광주항쟁의 주체세력을 '광주시민'이라고 통칭하는 것에 아직까지 의문이 제기된 적은 없다. 그러나 대부분의 사람들은 계엄군을 결정적으로 패퇴시킨 차량돌진의 주역인 민주기사나 마지막까지 총을 들고 싸운 남성전사의 모습을 '시민'으로 떠올린다. 반면에 차량시위대에 김밥을 날라주거나 시민군을 위해 밥을 지어주었던 여성들은 남성시민의 보조자로 여겨진다. 이처럼 항쟁에는 직접적인 투쟁과 그것을 뒷바라지하는 재생산이 모두 필요하지만 남성의 역할은 여성의 역할보다 더 중요하고 우월한 것으로 간주된다.

흔히 대문자로 표기하는 기록된 역사(History)는 소문자로 표기되는 실제 역사(history), 즉 과거의 사건 그 자체와 구별된다. 역사적 사실들은 후대의 역사가들이 선별하고 해석한 과거의 사건들로서 하나의 문화적 산물이다. 그런데 역사가와 일반대중의 가부장적 인식 때문에 여성들은 역사적 사실의 기록에서 빠지거나, 기록되더라도 겨우 주변을 차지할 뿐이다(G. Lerner, 1993: 19). 이 글은 그동안 광주항쟁의 기록된 역사에서 간과된 여성들의 피해와 저항활동을 역사적 사실로 복원해내고, 주변화된 여성들의 활동을 올바로 자리 매김으로써 광주항쟁의 역사를 젠더화(engendering)하려고 한다. 젠더의 관점에서 광주항쟁을 분석하는 작업은 이제까지 풀리지 않았던 의문들에 해답의 실마리를 제공해줄 수 있을 뿐만 아니라 역사해석을 풍부하게 해준다.

광주항쟁을 보는 관점은 항쟁의 주체세력을 어떻게 규정하느냐에 따라 '광주시민항쟁론' 대 '광주민중항쟁론'으로 대립된다. '시민항쟁론'은 호남지역 주민들의 사회심리적 특징, 즉 저항기질을 강조하거나 군대의 과잉진압 등 사건의 직접적 원인을 강조하여 항쟁을 이해하고자 한다(박광주, 1997; 김영명, 1992: 353). 이에 비해 사회변혁을 지향했던 사회세력과 진보적 지식인들이 주장했던 '광주민중항쟁론'은 광주민중항쟁을 군부의 학살, 시민들의 희생과 같은 도덕적·윤리적 차원으로 문제를 한정시켜서는 안 되며, 항쟁의 발생원인을 항쟁의 성격에 본질적으로 연관되어 있는 정치·사회·경제적 모순구조 속에서 파악해야 한다고 주장한다.

'광주민중항쟁론'에 의하면, 광주항쟁은 "지배층과 피지배 민중간의 대립이 역사적으로 특정한 국면에서 민주와 독재의 대립으로 집약되고, 이렇게 집약된 지배층과 피지배층의 대립이 다른 요인들과 복합적으로 얽힌 가운데 특정 시기와 장소에서 가장 날카롭고 적대적인 형태로 폭발된 것이다"(김세균, 1990: 14). 요컨대, 항쟁의 주체세력은 '전체 시민'이라는 추상적인 존재가 아니라 실재하는 계급인 '피지배 민중'이다. 항쟁의 전 기간에 걸쳐 노동계급의 정치적 입장이나 헤게모니가 확인되지 못했기 때문에 광주항쟁을 노동계급의 봉기로 규정하는 것은 무리겠지만, 노동계급이 광범위한 시민적·민중적 연대의 전위세력으로서 항쟁을 무장투쟁으로 발전시킨 핵심세력이라는 점은 명백하다.

민중항쟁의 성격을 강조하는 입장은 초기 시위에는 다양한 연령과 계층이 참여했지만 무장투쟁의 과정에서는 노동자층과 학생층이 참여했다는 점을 특히 주목한다. 이것은 5·18 당시의 사망자, 부상자, 구속된 시민군을 계급, 직업별로 분류해보면 노동자, 농민, 영세 상인이 다수를 차지하고, 특히 생산직 노동자의 비중이 높다는 점에서 설득력을 갖는다. 또 가두투쟁이 영세 중소기업체와 빈민촌에 집중되어 있는 반면에 부촌지역 주민들은 거의 시위에 참여하지 않았다는 사실도 이를 뒷받침해준다(손호철, 1995: 172-178). 또 이들은 당시 시위대중이 외친 구호 중에 노동3권 보장, 평등사회의 실현 등이 광주항쟁의 이념적·민중적 지향을 잘 드러내고 있다고 본다.

필자는 군부가 광주라는 특정지역을 의도적으로 선택했다는 사실과 과잉진압 그 자체만으로는 항쟁의 원인을 제대로 설명할 수 없다는 민중항쟁론의 주장에 전적으로 동의한다. 항쟁에 참여한 여성들의 사회적 성격도 추상적인 여성 전체가 아니라 '민중여성'으로 이해해야 할 것이다. 광주항쟁에 참여했던 여성들의 증언을 분석해보면 이 점이 더욱 뚜렷이 드러난다. 마지막까지 광주항쟁에 적극적으로 참여한 여성들의 계급적 배경이 노동계층과 사회운동 진영의 인텔리 여성들이라는 점은 민중항쟁론의 타당성을 뒷받침해준다.

2. 5·18광주항쟁 직전의 광주지역 여성의 현실

1980년 광주민중항쟁에서 여성들의 저항을 이해하려면 광주지역 여성들의 특수한 상황을 살펴보기에 앞서 1980년에 이르기까지의 한국여성의 일반적인 사회적 상황을 간단히 짚어볼 필요가 있다. 제2부 '여성노동자의 형성'에서 살펴보았듯이 해방 후 1960-1970년대의 산업화과정은 여성들을 광범위하게 사회적 생산의 영역으로 끌어냈다. 한국의 산업화는 제조업부문의 여성노동자들의 저임금에 기초하고 있었으며, 2차 산업에서뿐만 아니라 유통·서비스·판매직 분야에서도 자본축적의 주된 기반은 저임금 여성노동이었다. 자본주의적 생산이 발전함에 따라 광범위하게 산업예비군으로 존재하는 여성노동에 대한 수요가 증대하는 일반적인 경향에 더하여, 한국의 자본축적과정이 저임금, 저곡가정책을 기초로 했기 때문에 노동계층을 비롯한 기층민중 가정의 아내와 자녀들은 절대적 빈곤으로 인해 아무리 열악한 조건일지라도 사회적 생산에 참여해야만 했다.

한국의 종속적 자본축적구조는 조직화된 근대적 산업부문에서의 고용노동뿐만 아니라 비공식부문의 고용을 비대화시켰다. 도시빈민층의 기혼여성들은 가족의 생계를 보조하기 위해 막노동, 도시 중상류 가정의 가사노동, 노점상, 행상 등의 영세상업, 가내부업 등에 종사했으며 노동의 비공식성과 주변성 때문에 장시간 노동과 적은 수입에도 불구하고 아무런 사회적 보호를 받지 못했다. 제3장에 나타나 있듯이 농촌여성의 경우에도 1960, 1970년대 농촌 과잉 노동력의 이농과 임노동화에 따른 전반적인 농업의 몰락으로 생활은 더욱 궁핍화되었다. 또 토지규모와 경영의 영세성으로 인해 가족노동을 중심으로 생산이 이루어짐에 따라 과중한 생산노동 위에 가사노동, 양육의 부담이 여성에게 가중되었다.

1960-1970년대의 산업화는 중간 제계층 가정주부들의 삶과 의식에도 변화를 가져왔다. 해방 후 교육기회의 증대로 인해 고등교육을 받은 여성들이 증가하게 되었지만, 생산직 분야의 값싼 여성노동에 대한 자본의 수요가 컸던 것과는 대조적으로 인텔리 여성의 취업기회는 극히 제한되어 있었다. 국가부문의 행정, 관리직의 비대화와 개별자본 영역에서의 관리, 경영직 증대로 신중간 계급이 성장했으나 이 분야에 대한 여성의 진출은 제한되어 있었으며 전문교육을 받은 다수의 여성들이 가정주부로 살아야만 했다. 도시에 거주하는 대부분의 중간 제계층 가정주부들은 자본주의적 산업생산이 가정을 생산영역에서 분리함에 따라 고립된 가정생활 속에서 만족을 구해야만 했던 것이다. 그러나 가정생활 속에서의 고립과 상대적인 생활의 여유는 여성문제에 대한 자각과 함께 정치에 대한 관심을 일깨울 수 있는 조건이 되기도 했다.

이와 같이 산업화과정에 따라 여성의 사회참여는 증대했지만, 그것이 여성의 삶의 조건을 향상시켰다기보다는 오히려 여성의 소외를 심화시켰으며 특히 생산의 주체인 기층민중여성들의 생활조건은 극도로 열악

해져 여성운동의 객관적 조건이 성숙되어가고 있었다. 그러나 다른 사
회운동과 마찬가지로 여성운동도 1970년대까지 낮은 수준에 머물러 있
었다.

1980년 당시 광주는 소비도시, 교육도시라는 특징 때문에 학생인구
가 타지역보다 많았고 여성인구구성에서도 타도시에 비해 제조업부문
의 생산직 여성노동자보다 사무직·서비스직·판매직 여성노동자가 상대
적으로 많았지만, 광주항쟁에서 마지막까지 항쟁에 참여했던 사람들은
학생이나 3차 산업부문의 여성노동자들이 아닌 생산직 여성노동자들이
었다. 1970년대 말 여성노동자가 집중되어 있는 광주 소재의 대규모
사업장은 일신방직, 전남방직, 로켓트 건전지(호남전기) 등인데 여기에
고용된 여성노동자들은 가톨릭노동청년회(JOC) 등 종교단체를 매개로
한 소그룹 학습을 통해 민주노조를 결성하기 위해 활동하고 있었다. 섬
유업계의 산별노조에는 17개의 단위노조 가운데 12개 사업체의 여성노
동자들이 JOC 활동을 매개로 소그룹으로 활동하고 있었고 이 그룹의
여성노동자들이 1970년대 후반 광주지역에서 노조의 민주화운동을 주
도했다.

광주항쟁에서 여성노동자들의 참여가 두드러진 것은 1970년대 말 한
국사회의 전반적인 상황의 당연한 귀결이었지만 지금까지의 광주항쟁
의 역사서술에서 가장 소홀히 다루어져왔다. 한국의 산업화는 노동집약
적 수출산업을 중심으로 이루어졌고 여기에 노동력을 제공하는 여성노
동자들은 저임금과 장시간 노동에 시달렸다. 1970년대까지 여성노동자
대부분은 임금이 낮고 노동집약적인 섬유, 의류, 전자, 식료품 등의 제
조업 부문에 집중되어 있었으며 미혼이었다. 이들은 남성의 절반에도
못 미치는 저임금과 장시간 노동으로 자기 노동력의 재생산도 불가능
할 정도의 열악한 처지에 놓여 있었다. 1970년대 노동운동의 주도세력
이 여성노동자였던 것은 세계시장에서 가격경쟁력을 갖기 위해 생산원
가를 낮추어야만 하는 노동집약적 수출산업화 때문이었다(이옥지, 2002:
192). 1970년대 말의 대표적 노동운동인 동일방직, YH 여성노동자들의 투

쟁은 노동집약적인 여성노동 중심 사업장의 노동조건이 얼마나 열악했
는가를 단적으로 보여주는 것이라 하겠다. 노동운동의 관점에서 보면
1975년 이후로 여성노동자들의 민주노조운동과 생존권투쟁이 거의 한
국 노동운동의 명맥을 유지하고 있었다고 보아야 할 것이다. 1980년
당시 광주지역에 결성되어 있던 노조의 대부분이 여성 중심 사업장인
섬유노조였다는 점은 이러한 보편적인 상황을 말해준다.

항쟁에 참여한 여성들의 구술 증언에 의하면 일신방직을 비롯하여
섬유업계의 대기업 여성노동자들이 차량시위에 대거 참여했으며 특히
공식적인 항쟁지도부가 구성된 25일 이후부터 계엄군이 진주한 마지막
순간까지 도청에 남아서 활동했던 여성들의 주축은 JOC와 관련하여
활동하고 있었던 여성노동자들과 들불야학의 여성노동자들이었다. 광
주지역에는 1970년대 후반부터 '들불야학'과 '백제야학' 등 노동야학을
중심으로 중소 영세사업장의 노동자들이 결집되고 있었는데 이 중 '들
불야학'의 여성노동자들은 윤상원, 박용준과 함께 마지막까지 항쟁에
참여했다.

3. 5·18광주항쟁에서 여성의 피해

광주항쟁에 대한 기존의 논의는 최근에 발전된 인권논의에도 불구하
고 여성이 당했던 억압과 폭력, 고통의 어려움을 담아내지는 못했다.
여성들은 남성들이 침해되지 않는 다양한 방식으로 침해된다. 그러나
지금까지 대부분의 전시 범죄가 그렇듯이 광주항쟁에서의 다양한 성적
잔혹행위는 법정에서는 물론 광주항쟁의 역사에도 기록되지 못했다. 민
주화운동에서 나타난 국가폭력은 진압 초기 임산부의 배를 구타하거나
배를 가르거나 젖가슴을 잘라내는 등 상상을 초월하는 전시적 성폭력
외에도 수사과정에서의 성고문과 잔혹행위에서도 볼 수 있다.

국가폭력은 폭행, 구금, 고문 등 직접적이고 물리적인 폭력을 통해

신체적 해를 가하는 것에서부터 해직, 징계 등 사회적 박탈, 여러 가지 이데올로기를 통한 심리적·정신적 침해에 이르기까지 실로 다양하다. 그것이 여성을 대상으로 했을 경우에는 성폭행, 성적 수치심의 자극 등 더욱 폭력적이며, 남성에 대한 침해와 다른 다양한 형태를 띤다.

항쟁의 여성피해자들은 항쟁의 참여자들이 그렇듯이 매우 다양하다. 경찰에 연행된 여성들은 극히 일부에 지나지 않지만 항쟁 도중에 사망하거나 부상당한 사람들처럼 다양한 계층으로 구성되어 있다. 계엄군이 항쟁을 진압하고 난 후에 광산 경찰서 유치장에서 수사를 받은 50여 명의 여성들을 보면, 27일 계엄군 진주 이전에 미리 잡혀온 여성들, 가두방송을 하다 간첩으로 몰려서 붙잡혀온 여성들, 도청 앞 상무관에서 시체를 염해준 여성들, 시위에 참가한 여성들, 시민군 순찰차를 타고 나갔다가 유일하게 생존한 여고생, YWCA에서 취사를 하거나 검은 리본을 만들던 가정주부들, 시민군에게 김밥을 제공한 나이 많은 아주머니, 수배자를 숨겨준 여성 등 연령과 계층을 초월하고 있다.

1) 물리적 폭력의 희생자

민주화운동에서 가장 처참하게 국가폭력에 희생된 사람은 손옥례였다. 그는 가장 잔인하게 희생된 사람이었을 뿐만 아니라, 그 충격으로 인한 가정의 붕괴도 가장 비극적이었다. 당시 만 20세의 손옥례는 대검으로 왼쪽 젖가슴이 잘렸으며 머리에서 발끝까지 70cm 박달나무 진압봉으로 두들겨맞아 온 몸이 두부처럼 짓이겨지고 아랫배에 수십 발의 총탄을 맞아 숨졌다.

또 다른 대표적 피해사례는 주남마을학살에서 사살된 여고생 박현숙과 부상자 홍금숙이다. 민주화운동 당시 실업계 고등학교를 다니던 박현숙은 21일 공수부대가 패퇴한 이후에 도청에 들어가서 도청 지하실에 안치된 시신을 닦아내고 옷을 갈아입히는 일을 맡았다. 당시 도청 지하실에 있던 시체들은 대부분 신원이 확인되지 않은 희생자들이었고

▲ 왼쪽: 망월동 묘지로 운구되어온 희생자의 관 앞에서 오열하는 유가족(광주시 5·18 사료
편찬위원회, ⓒ 김녕만).
▶ 오른쪽: 친구를 추모하는 여학교 교실(광주시 5·18 사료편찬위원회, ⓒ 김녕만)

신원이 확인된 후에야 입관하여 상무관 앞에 안치했다. 외부와 철저하게
차단된 상태에서 많은 희생자들을 입관할 관이 부족하자 도청 지하실
에 그녀와 함께 있었던 시민군들은 어떻게든 시외로 나가 관을 구해 와
야 한다며 소형버스를 타고 화순 방향으로 향했다. 이 차에는 박현숙
외에도 다른 여고생인 홍금숙과 두 여성노동자(일신방직의 김춘례, 고영
자) 등 여성 4명과 남성 14명, 이렇게 총 18명이 타고 있었다. 이들이
탄 소형버스가 주남마을에 도착했을 때 도로 양쪽에 매복해 있던 공수
부대는 무차별 총격을 가했다. 차 안의 사람들은 대부분 박현숙과 함께
즉사했고, 중상자 2명은 뒷산으로 끌려가 총살되었다. 유일한 생존자인
홍금숙은 총알은 직접 맞지 않았지만 온 몸에 파편이 박혔고 지금도 그
후유증으로 고통을 받고 있다.

2) 상징적 폭력의 희생자

항쟁 초기에 탁월한 가두방송으로 시민들에게 계엄군의 잔혹상을 알리고 시민들이 봉기하는 데 큰 영향을 끼쳤던 전춘심의 경우, 국가폭력은 구타, 폭행, 총격이라는 물리적 폭력에 그치지 않았다. 항쟁 도중에 군중 속에 섞여 있던 경찰에 의해 간첩으로 몰려 연행되었던 전춘심은 5월 항쟁을 남파간첩에 의한 선동으로 조작하려는 수사관에 의해 극악한 고문을 당했다. 전춘심에 대한 수사과정은 한 여성의 몸을 폭력행사의 장소로 선택하여, 폭력의 수행자를 통해 성적으로 대상화하고 폭력을 행사하는 국가폭력의 성정치 기술의 전형을 보여준다.

"네 년은 이북에서 온 빨갱이니까, 바른대로 말을 하라고 하며 자술서를 쓰라고 했다. 네가 처녀인지 아닌지 봐야겠다"면서 옷을 벗겨 알몸으로 만들었다. 그리고 몽둥이로 …… 때리고……. 정말 인간으로서, 한 여자로서는 당할 수 없는 비참한 고문이었다. 아픔도 느낄 수도 없었고 두려움도 없었고 정말 빨리 죽여주었으면 하는 마음뿐이었다. 이북 모란봉에서 2년간 교육받고 남한으로 남파되서 광주사태를 일으키지 않았느냐고 다그쳤다. 끝까지 모른다고 하니까 송곳으로 무릎을 쑤시고……. 그러고도 모른다고 하니까 열 손가락 사이에 볼펜을 넣고 비틀었다. 그래도 불지 않으니까 다시 고문이 시작되었다(5월여성연구회, 2003: 87, 199).

수사관들은 전춘심이 고문에 굴복하지 않고 신원이 확실했기 때문에 간첩으로 조작하려던 계획을 포기하고 MBC 방송국 방화범으로 처리했다(나간채 외, 5·18항쟁 증언자료집, 2003: 94-95). 그러나 반공이데올로기에 의한 폭력의 이력은 석방 후에도 끝나지 않았다. 전춘심은 석방된 후에도 "저 여자가 간첩이었다"라는 주위의 수군거림에 시달려야 했다. 전춘심은 항쟁에 우연적으로 개입했을지라도 계엄군의 학살이라는 역사적 현장에서 눈부시게 저항했다. 그녀는 광주항쟁을 간첩의 선동에 의한 폭동으로 조작하려는 수사관들의 고문에 굴복하지 않고 저항의 순수성을 지켜냈다. 또 항쟁 이후에는 성고문이라는 국가폭력이 피해여성에게 주는 가부장적 억압을 극복하고 청문회와 언론을 통해 진실을 폭로하여 역사적 사실의 규명과 기록에 큰 족적을 남겼다.

4. 절대공동체의 형성에서 여성의 역할

광주항쟁에서 마지막까지 투쟁했던 사람들이 기층 노동자나 서민층이었다고 하더라도 항쟁이 특정한 계급이나 집단의 주도가 아니라 단기간에 형성된 시민공동체의 자기 존엄성 투쟁으로 분출된 데에는 시민들의 피해, 여성의 피해와 그에 대한 시민들의 분노가 원동력이 되었다. 광주항쟁에서 공수부대는 부마사태 진압에서와 달리 여성들에게 더 잔혹했다. 그런데 공수부대의 잔혹한 진압과 그것이 의도한 공포에도 불구하고 저항을 멈추지 않고, 오히려 투쟁을 확산시키고 무장봉기까지 하게 했던 힘은 무엇이었는가?

군대의 무차별 폭력행사로 인한 시민들의 결집, 민주화의 열망을 대변하는 학생운동권, 호남지역 차별에 대한 불만과 원한, 호남지역 저항운동의 역사와 전통, 지역의 경제적 상황, 전통적 공동체 문화, 지역의 지리적·인구학적 조건 등 다양한 요인들이 공동체의 형성에 긍정적으로 작용했지만, 공수부대의 진압과 예측 불가능한 상황에서 순수한 공동체적 결속을 만들어낸 것은 여성들이었다.

지금까지의 광주항쟁 논의들은 계엄군을 축출한 시민군의 저항에 초점을 맞추었기 때문에, 항쟁의 전 과정에서 여성들이 수행했던 역할을 제대로 보지 못했다. 그러나 아래로부터 자발적으로 무장 세력이 조직될 수 있었던 데는 항쟁 초기에 계엄군의 만행을 알리는 여성들의 가두방송과 홍보활동이 큰 역할을 했다. 항쟁 초기에 차량시위와 가두방송을 주도한 여성들은 적(계엄군)과 우리(광주시민)의 대립을 상정하고, 일반시민의 저항의지를 고무시켰다. 항쟁 이전에 존재했던 사회운동의 조직적 자원들 — 소그룹활동이나 노동야학을 통해 결집되어 있었던 여성노동자들, 송백회라는 여성운동 조직 — 과 대중봉기가 융합될 수 있었던 것은 개

별적인 참여를 촉발시킨 공동체 담론 때문이었다. 아래의 증언 속에는
절대공동체의 형성의 윤리가 잘 나타나 있다.

"금남로에 접어드니 공수들은 붙잡힌 학생과 시민들을 개처럼 두들겨 패고
있었다. 그때부터 우리는 전 시가지를 누비며 시민들을 선동하는 방송을 했다.
방송내용은 '계엄군 아저씨, 당신은 피도 눈물도 없습니까?', '광주 시민 여러분,
여러분은 어떻게 편안하게 집에서 잠을 잘 수 있습니까? 우리 동생, 형제들이 죽
어가고 있습니다. 우리형제들이 무자비한 계엄군에 끌려서 죽음으로 떠나가고
있습니다'(5월여성연구회, 1991: 194). 가슴이 난자된 채 대검에 찔려 피투성이
가 된 여학생의 시체를 본 나는 시민들에게 그 사실을 알렸다"(5월여성연구회,
1991: 194-195, 197).

위의 증언에서 볼 수 있듯이 공동체 담론의 핵심은 죽어가는 우리 형
제들을 적(계엄군)으로부터 지키자는 것이었다. 담론의 실재화의 과정에
서 '젖가슴이 잘리고 대검에 난자된 여성의 몸'은 국가폭력의 장소로
머무는 게 아니라 가두방송가의 선동에 의해 국가폭력에 맞서는 대항
폭력을 구성하는 역동적인 힘을 만들어냈다. 이러한 저항담론의 틀은
공수부대의 진압작전이 시작된 27일 새벽 3시까지 홍보부에서 광주 시
내 전역을 돌며 내보낸 한 여대생의 가두방송에도 똑같이 나타난다.

"시민 여러분, 지금 계엄군이 쳐들어오고 있습니다. 사랑하는 우리 형제자매
들이 계엄군의 총칼에 숨져가고 있습니다. 우리 모두 계엄군과 끝까지 싸웁시다.
우리는 광주를 사수할 것입니다. 우리는 최후까지 싸울 것입니다. 우리를 잊지
말아주십시오"(광주광역시 사료편찬위원회, 1998: 136).

이러한 저항의 동기와 보호윤리는 평범한 주부에게는 '자식을 가진'
사람의 마음으로 표현된다. 학생들의 시신을 본 주부들은 '자식 가진
사람으로서'의 울분으로 동네아주머니들과 모여 주먹밥을 만들었다. 차
량시위를 했던 한 여성노동자는 공동체적 연대에서 나온 공동체 성원
들간의 상호지지의 감정을 "여러 군데서 아주머니들이 도와주었는데
그 때문에 더욱 용기를 얻었고 한없이 자랑스러웠고. 이렇게 해서라도

세상이 좋게만 된다면 열심히 해야겠다는 생각이 들었다."라고 표현했
다(5월여성연구회, 1991: 163-164).

> "동네 아주머니들과 모여 주먹밥을 만들어 시위대 차량에 공급해주었다. 22일
> 쯤 옆집 부인의 제안으로 전남대 병원을 다녀왔다. 영안실 밖에도 세 줄로 열 명
> 남짓의 시체가 죽 눕혀져 있었다. 지금도 생생히 기억에 남아 있는 것은 하늘 색
> 체육복을 입은 학생이다. 전남대 병원 영안실을 다녀온 후 나흘이나 밥을 제대
> 로 못 먹었다. 자식을 가진 사람으로서 뭔가 울분이 일었다. 뭔가 확실한 것은
> 몰랐지만 그렇게 죄 없는 사람들이 죽어 가니 워매, 뭔 죄가 있다고"(5월여성연
> 구회, 1991: 171-172).

이렇게 하여 공동체적 연대에 의해 공포를 극복하고 투쟁에 나선 시민
들은 남녀노소, 각계각층의 사람들, 도시의 룸펜까지 망라하고 있었다.

5. 5·18광주항쟁에서 여성의 활동

광주항쟁에서 많은 여성들은 개별적으로든 자신이 속했던 조직 안에
서든 시민으로서 계엄군의 잔혹한 폭력에 저항하여 싸웠다. 모든 사회
운동이 그렇듯이 저항을 가능하게 한 구조적인 요인만으로는 운동의
발생을 설명할 수 없다. 광범위하게 참여한 개인들의 저항의 힘은 어디
서 왔는지, 또 그러한 개별적·우연적인 참여들이 어떻게 조직화된 힘으
로 결집되었는지를 설명하는 것이 중요하다. 이것을 설명하기 위해서는
대부분의 사회운동이나 항쟁의 발생에서 기존 사회운동조직의 매개를
살펴보아야 한다. 단기간에 전면적인 시민항쟁의 양상을 띠고 전개되었
던 광주항쟁에서 시민들의 항쟁을 결집시켰던 것은 통일적인 사회운동
조직의 지도력이 아니라 여성조직의 활동이었다. 광주항쟁에서 사실상
준조직적으로 활동했던 여성들로는 생존권 확보와 민주노조 결성을 위
해 소그룹 활동을 하고 있었던 여성노동자들 외에도 민주화운동에 관
여해온 인텔리 여성그룹인 '송백회'가 있었다. 이 두 그룹은 항쟁 이전

에도 조직적인 사회운동의 경험이 있었으며, 항쟁의 확산과 발전 과정
에 큰 영향을 미쳤다. 송백회를 중심으로 연결된 민주화운동 그룹의 여
성들은 일반시민의 활동을 조직화하고 결집시키는 데 결정적인 역할을
했으며 여성노동자들은 항쟁을 고양시키고 도청을 사수하는 데 큰 역할
을 했다.

1) '송백회'의 활동: 대중과 사회운동세력의 매개체

단기간에 일반 시민들 사이에 형성된 공수부대에 대한 분노와 저항
의 연대감을 기반으로, 항쟁 초기부터 마지막까지 각 단계에서 일반 대
중과 사회운동세력을 결집시키는 데 결정적인 역할을 했던 것은 여성
운동 조직인 송백회[1]였다. 대학생들 외에 항쟁에 조직적으로 참여했던
사회운동세력으로 노동운동 그룹인 광천공단의 들불야학과 가톨릭노동
청년회(JOC), 문화운동세력인 극단 '광대', 여성조직인 송백회의 세 가
지 흐름이 있었는데 이 중 송백회는 사회운동세력을 상호 연결해주는
접착제였을 뿐 아니라 사회운동세력과 대중을 연결해주는 매개체였다.
송백회(총무 홍희담)는 페미니즘을 명시적으로 표방한 여성운동조직은
아니었지만 1970년대 후반 광주지역에서 사회운동에 관여하고 있었던
유일한 여성단체였다. 송백회 구성원들의 중요한 특징은 구성원 대부분

---

1) 송백회는 교사, 간호사, 가정주부, 민청학련 구속자 부인, 여성노동자, 학생운
동 출신 등 지식인 엘리트 여성들 20여 명이 모여 1978년 12월에 창립됐다.
송백회 구성원들은 민주화운동 관련 구속자들의 옥바라지를 하면서 50-80명
정도로 조직성원이 늘어났으며 소모임 학습을 통해 한국근현대사, 환경공해
문제, 기생관광문제 등 한국의 사회현실에 대한 인식을 공유했다(이수애,
1991). 이들은 광주항쟁이 발발하자 초기부터 사회운동권의 남성들과 함께
녹두서점에 모여 항쟁을 조직화해나가다가 25일 이후에는 활동거점을 도청에
서 가까운 YWCA로 옮겼다. 이후 이들은 이곳에서 일반시민들이 광범위하게
참여한 가운데, 광천동 들불야학에서 투사회보의 인쇄를 맡아왔던 박용준과
함께 유인물을 제작하여 시민들에게 객관적 상황과 행동지침을 알렸다. 또 극
단 광대의 여성단원들, 미술전문가인 홍성담 등과 플랜카드, 피켓, 대형 허수
아비(전두환의 화형식에 필요)를 제작하여 시민궐기대회를 이끌어갔다.

이 구속자 가족인 경우가 많았고, 종교와 관련된 사회운동, 문화운동 등 다른 운동 영역에서 중첩적으로 활동하고 있는 경우가 많았다. 송백회가 항쟁 지도부와 대중을 결합시키는 접착제 역할을 했을 뿐만 아니라 사회운동 각 부문을 통합시키는 매개체 역할을 할 수 있었던 이유가 여기에 있다. 항쟁이 산발적 저항에 머물지 않고 조직화된 데에는 1980년 봄, 광주의 지역운동의 결집상황도 중요한 요인으로 작용했다. 1970년대 중반부터 광주·전남지역의 사회운동세력은 민청학련 세대를 중심으로 노동, 농민, 야학, 문화, 학생운동 등 각 부문의 활동가들이 꾸준하게 연결망을 형성해왔는데 이들이 항쟁을 조직화해가는 주춧돌 역할을 했다. 송백회의 여성들은 항쟁 이전부터 이 다양한 부문을 연결시켜주는 교량이었다.

송백회의 구성원 중에는 남편이나 가족이 17일 밤에 예비 검속된 경우가 많았으므로 이들은 계엄군 진주 직후부터 당시 광주지역 사회운동의 사랑방이었던 녹두서점에 모여 대책을 논의하고 민첩하게 움직였다. 녹두서점에는 다음 날 이른 아침부터 간밤에 무장괴한들에게 연행된 예비검속자들의 부인들과 상황이 궁금한 대학생들이 모이기 시작했다. 당시 서점에서 일하고 있던 들불야학의 윤상원은 모일 장소를 묻는 학생들에게 전남대 앞이라고 연락할 것을 당부하며 전남대 정문 앞에서 학생들과 함께 싸우기 시작했다. 자연스럽게 녹두서점에 모인 송백회 회원들은 연락업무, 부상자 치료, 식사 등을 본격적으로 맡기 시작했다. 그들은 항쟁 초기부터 녹두서점을 중심으로 계엄군의 움직임에 대한 정보를 집약하여 유인물을 제작했고 녹두서점에 모인 학생들과 함께 화염병을 비롯하여 검은 리본 제작, 의약품 구입 및 항쟁에 필요한 제반 물품들을 마련했다.

녹두서점을 중심으로 활동했던 송백회 여성들과 사회운동권의 핵심 인물(윤상원, 김영철, 박효선, 김상집)들은 일반시민과 학생들로 조직된 초기의 수습대책위원회에서 무조건 항복하자는 의견이 나오자, 일부는 도청 수습대책위에 참여하기 위해 도청 안으로 들어가고 나머지는 시민

들의 뜻을 결집하기 위한 궐기대회 준비, 죽은 사람들의 장례식 준비
등을 하기로 결정한다(정현애, 2001: 217). 그 동안 녹두서점을 거점으로
활동해왔던 송백회가 도청 인근에 있는 YWCA 건물로 장소를 옮긴 것
도 바로 이 무렵인 25일이었다. 그 이후 YWCA는 광주항쟁의 '숨겨진
지도부'였고 도청에 결성된 항쟁지도부의 보이지 않는 파트너였다. 지
금까지 광주항쟁의 역사에는 남성들이 주축이 된 도청의 항쟁지도부만
드러나 있고 항쟁지도부의 공식적인 직책을 갖지 않았던 여성들의 활
동은 가시화되지 못했다. 아래의 증언은 이를 잘 뒷받침해준다.

"(송백회의) 주축 멤버들이 없었다면, 항쟁파가 그렇게 만들어서 들어갔을까
의심스러워요. YWCA에서 그만큼 둥지를 틀어주어서 가능했다는 얘기죠. 그렇
지 않으면 도청 상황에서 할 수가 없어요. 그니까 정리된 단계는 YWCA에서 다
정리해서 들어갔던 거고 거기에는 우리가 강경하게 끝까지 싸워야 한다는 뒷받
침을 여성들이 강하게 갖고 있었기 때문에 되지 않았나 싶어요"(나간채 외,
2003: 150).

송백회의 여성들은 YWCA 건물로 활동장소를 옮긴 후, 항쟁지도부
와 유기적인 관계 속에서 선전기획활동과 취사활동을 좀더 체계화했다.
이들은 기획조, 궐기대회조, 가두방송조, 대자보조, 인쇄조, 취사조, 대
민업무조, 시체처리조 등으로 역할을 분담하여 대중들을 결집시켜갔다.
당시 광주는 고립되고 모든 대중미디어가 정지된 상태여서 라디오조차
들을 수 없었기 때문에 이들이 만든 유인물의 역할은 컸다. 들불야학팀
이 만든 투사회보와 YWCA에서 만든 유인물과 대자보 등 대안적인 매
체들이 시민들에게 소식을 알려주었을 뿐 아니라 시민들이 국가폭력에
대항하는 저항공동체 성원으로서 집단적 정체감을 유지하는 데 결정적
역할을 했다. 또 시민들로부터 쌀, 김치 등 음식재료들을 지원받아 도
청과 YWCA에서 활동하고 있는 사람들과 기동타격대의 식사를 위해 대
규모로 취사를 맡았다. 궐기대회에서는 20여 개의 모금함을 마련하여
항쟁기금을 모았고 송백회 회원이 여성대표로서 당시의 시민들의 요구

▲ 여성들의 활동거점이었던 광주 YWCA의 위치.

와 여성의 입장을 대변하는 성명서를 낭독했다. YWCA에서 활동했던
여성들 중 10여 명은 5월 27일 새벽까지 그곳에 남아 있었다.

2) 준조직적 저항집단

송백회 외에 사실상 집단적으로 항쟁에 참여했던 여성들로는 JOC의
여성노동자들, 일신방직 여성노동자들, 들불야학의 노동자들, 문화운동
그룹인 극단 광대의 대학생들을 들 수 있다.

(1) JOC여성노동자들의 가두투쟁과 보급활동

1970년대는 광주지역 노동운동의 태동기라고 볼 수 있는데 전국적인
상황과 마찬가지로 극심한 노동탄압 때문에 종교 관련 조직이 노동운
동을 이끌어오고 있었고, 학생운동 그룹이 야학이나 탈춤 등 전통문화
운동을 통해 노동자들과 유대감을 형성해가고 있었다. 광주지역에서는
도시산업선교회의 활동은 없었고 1970년대에 JOC의 여성노동자들을
중심으로 노조결성이 이루어지고 있었다. 1980년 봄에는 이들을 중심

으로 여성노동운동이 가시화되는 상황에서 5·18이 발생했다. 로케트전기, 전남방직, 일신방직, 그 밖에도 한국노총 소속의 많은 노동자들은 1980년 전후의 민주노조운동의 분위기 속에 계엄령이 선포되기 전인 5월 14일부터 5월 16일까지 도청 앞에서 전남대 총학생회 주최로 열린 민족민주화 대성회에 대규모로 참여했다.

가톨릭노동청년회(JOC)의 노동자들은 일요일인 5월 18일, 연초부터 시작된 로케트전기 임금투쟁의 성과평가와 민주노동조합운동 활성화를 위한 노동자교육을 실시하던 중이었다. 이 교육은 시내 중심가인 도청 부근에 위치한 YWCA와 전남대학교 정문 앞에 위치한 사레지오 고등학교 강당 두 군데에서 로케트전기, 삼양제사, 일신방직, 전남제사, 전남방직 등의 여성노동자들을 대상으로 진행됐다(황석영 외, 1996). 이 때 교육을 받고 있던 노동자들은 60명 정도였는데 대부분 항쟁의 주역이 되었다. 도청 인근에 위치한 YWCA에서는 최루탄의 매캐한 냄새가 진동하는 가운데에서도 교육을 계속하다가 전경들의 교육장 난입으로 교육이 중단되자, 그 곳에 있던 여성노동자들이 가두투쟁에 참여했다.

이들은 가두시위에 적극적으로 참여하다가, 공수부대의 총에 맞아 죽는 사람이 발생하자 충장로에서 검정천을 사다가 제일 먼저 시민들에게 나눠줬다(나간채 외, 2003: 15-16). 항쟁의 전환점이었던 20일 저녁의 차량시위 이후에는 여성노동자들이 집단적으로 차량시위에 참여했고 계엄군의 재진입이 임박한 25일 이후에도 마지막까지 도청에 남아 취사를 담당했다. 시민군이 도청을 함락하고 광주가 해방된 후에는 그 이전의 학살과 총격전으로 황폐해진 거리를 청소하고 치안을 유지하기 위해 다수의 여성들이 활동했으며, 도청에서도 취사뿐만 아니라 대민업무(행방불명자 접수, 출입증 발급)와 시체처리를 맡았다. 다음의 증언은 마지막까지 항거했던 JOC 여성노동운동가의 증언이다.

"시위 도중 공수부대에 쫓겨 죽을 고비도 여러 번 넘겼다. …… 21일 집단발포가 시작되자 가톨릭센타 앞 도로가 일시에 피바다가 되었다. 나는 흥건히 고인 핏자국 위로 정신없이 뛰었다. …… 이 때까지 가두시위에 참여하면서 녹두서점, 노총 등을 오가며 때로 취사활동, 리본 만들기, 유인물 필경, 대자보 작성 등 등 필요한 일이라면 모두 했다. 그 밖에도 사망자, 행불자 접수 등 필요한 일이 라면 최선을 다했다……" (나간채 외, 2003: 15-16).

(2) 일신방직 여성노동자들의 가두투쟁

22일 이후에는 JOC의 노동자들 외에도 광주 시내 제조업체의 여성 노동자들이 대대적으로 항쟁에 참여했다. 남성 사업장으로는 아세아 자 동차, 화천기공사, 남선 선반의 노동자들이, 여성 사업장으로는 전일섬 유, 일신방직, 전남방직, 광주어망, 남해어망, 로케트 전기의 노동자들 이 작업복을 착용하고 버스, 트럭 등 대형 차량으로 항쟁에 참여하게 된 것이다. 여성사업장의 경우 회사 측이 사원들을 못나가게 했기 때문 에 21일까지는 거의 나오지 못했지만 22일 이후에는 대거 참여했다. 어림잡아 시위대열의 1/3 정도가 여성이었는데 이 여성들 중에는 대학 생보다 노동자와 주부가 압도적으로 많았고 차량시위에는 주로 남성이 참여했지만 차량 후미의 가두시위에는 여성들이 많았다(5월여성연구회, 1991: 135-141; 나간채 외, 2003: 15-33). 뿐만 아니라 무기접수를 위해 광 주 외곽지역을 다녀온 시위차량에도 여성노동자들이 동승했고, 일신방 직 여성노동자들처럼 해남, 강진 등 광주 외곽의 차량원정시위에도 참 여했다. 아래의 증언에는 여성노동자들의 활동이 잘 나타나 있다.

"21일 회사 측에서도 더 이상 붙잡아 둘 수 없었는지 집에 갈 사람은 가고 각 자 알아서 하라고 했다. 시위하는 봉고차, 트럭이 오자 거기 서 있던 여공원들 대부분이 타기 시작했다. 23일 도청에서 집회가 있었다. 점덕이, 영심이, 나 3명 이 나갔다. 23일 아침 10시경에 눈을 떴는데 고영자, 김춘례가 점덕이 자취방으 로 찾아왔다. 오후에 기숙사로 옷을 가지러 회사에 갔더니 아침에 만났던 영자 와 춘례가 죽었다고 했다"(5월여성연구회, 1991: 163-164).

(3) 들불야학 여성노동자들의 홍보물 제작과 도청 상황실의 활동

들불야학의 여성노동자들도 사실상 항쟁에 집단적으로 참여한 주축 가운데 하나였다. 항쟁에 참여했던 들불의 노동자들은 박용준, 오경민,

이영주 등을 비롯해 10-15명으로 윤상원의 지도하에 낮에는 흩어져서 상황을 파악하고 저녁에 모여서 유인물을 인쇄하여 시민들에게 나누어 주었다. 이들이 만든 유인물은 언론보도가 모두 끊긴 급박한 상태에서 시민들이 정보를 얻을 수 있는 대안매체로 광주시민들에게 상황을 인식시키고 공통의 저항의식을 형성시키는 데 큰 영향을 끼쳤다. 이들은 광천동 어느 빈 집에서 유인물을 만들기 시작했다가 21일부터는 YWCA로 가서 송백회, 극단 광대 단원들과 함께 조직화된 소식지 '투사회보'를 만들었다. 이들은 낮에는 취사와 함께 도청 상황실에서 모금 기금 관리, 시체처리 등을 했고 밤에는 소식지를 만들었다(나간채 외, 2003: 191).

(4) 문화운동 그룹인 극단 '광대'의 대학생들

문화운동을 하고 있었던 극단 '광대'의 구성원들도 대거 항쟁에 참여했다. 이들은 23일 아침 윤상원과 의논하여 전날의 수습위원회가 주최한 투항적 시민집회의 문제점을 인식하고 대중의 요구수렴을 위해 시민궐기대회를 갖기로 결정했다. 이들은 홍성담 씨 중심의 미술그룹, 송백회와 함께 궐기대회의 기획과 준비, 진행을 맡았는데 YWCA에서 이름 모를 아주머니들이 해준 밥으로 식사를 해결하였으며 그곳에서 생활하다시피 했다. 또 궐기대회에서 전두환 화형식 거행을 위해 대형 허수아비를 만들고 범시민궐기대회 사회를 맡기도 했으며 25일 민주시민투쟁위원회가 결성되고나서는 도청으로 들어가 활동하기도 했다(5월여성연구회, 1991: 208-209).

공식적인 항쟁지도부가 조직된 이후 도청에서 활동했던 여성들은 어떤 사람들이었을까? 도청에서 항쟁지도부가 형성되기 전에는 우연적·일시적으로 참여한 사람들이 다수였지만 항쟁이 본격화된 이후에는 노동자계층과 사회운동에 관여하고 있었던 사람들이 주축을 이루었다. 도청에서 활동했던 여성들은 송백회 중심이었던 YWCA에서의 활동이나 가두시위에서와는 달리 남성에 비해 수적으로 적었다. 대민업무를 주로 맡았던 초기 수습위원회가 도청을 나간 후 200여 명이 함께 도청을 떠나게 되자 25일 저녁 이후에는 여성노동자를 중심으로 한 20명 정도의 여성들이 YWCA에 남아 있던 여성들과 함께 활동했다. 도청에서 활동했던 300-500명(일시적으로 활동했던 사람들을 포함한 인원) 중 여성들은 총 30-50명(초기에 일시적으로 활동했던 사람들을 포함한 인원) 정도였다. 도청에서의 활동은 무기회수 및 관리, 부상자 수송 및 시체관리, 식량공급, 도청 및 외곽경비, 조사 및 상황실 업무, 대민업무 등이었는데 여성들의 활동은 주로 상황실업무(행방불명자 접수, 사망자 명단 발표, 가두방송, 상황보고, 공지사항, 출입증 발급)와 부상자 간호 및 수송, 시체처리 및 장례준비, 취사 및 식량보급, 모금 등이었다. 도청의 여성들은 적은 인원으로도 수많은 일을 했다. 이들 중 최후의 순간까지 도청에 있었던 여성은 13명 정도였다.

　도청에서 초기에 취사를 맡았던 여성 중에는 여고생, 여중생들이 다수 있었는데 25일 새로운 투쟁위원회가 구성된 후에 이들은 김창길 학생수습위원장과 함께 도청을 나갔다. 이후에는 정향자(28세, 노총 부녀부장) 등 JOC에서 활동했던 여성노동자들 10여 명을 중심으로 13명이 2교대로 취사팀을 결성하여 마지막까지 취사를 맡았다. 25일경에는 여성들도 총을 들 때가 올지도 모른다는 생각에서 도청 안에서 총기사용법과 수류탄 투척법을 훈련받기도 했다(5월여성연구회, 1991: 141). 학생수습위원회가 활동할 때에는 소수의 여대생들이 상황실업무를 맡았고 시체처리에도 여고생 몇 명이 참여했다. 당시 관을 구하러가다 광주시 외곽에서 계엄군의 집단학살에 의해 사망한 박현숙(18세, 신의여상 3년)이 대표적인 경우이다. 극도의 악취가 풍기는 부패한 시신을 염하는 일은 매매춘 여성들이 끝까지 도맡았다.

3) 개별적 저항: 항쟁의 재생산과 관련된 활동

　항쟁에 우연적·개별적으로 참여한 여성들은 대부분 역사에 기록되지 않은 사람들이다. 항쟁에 참여한 대다수의 일반시민 여성들의 활동이 이처럼 비가시적인 이유는 가두방송을 맡았던 선동가 전춘심과 차명숙의 경우처럼 눈에 띄는 경우를 제외하고는 여성들의 활동이 재생산활동의 성격을 가지기 때문이다. 항쟁이 발전하는 과정에서 사회운동조직에 관여해오던 사람들이 핵심적인 역할을 차지했다고 할지라도 이들이 영향력을 발휘할 수 있었던 것은 공동체적 연대감 속에서 이를 뒷받침해주었던 일반 시민여성들의 광범위한 심리적·물질적 지원의 덕택이었다고 볼 수 있다.

5월 18일 오전에 대학생 중심의 전남대 정문 앞 시위에서는 주로 여대생들이 참여여성의 주된 계층이었으나 5월 19일에는 다양한 계층의 여성들에게로 투쟁이 확산되어갔다. 계엄군의 시내투입 직후에는 공수부대가 시내 곳곳에서 닥치는 대로 여성들에게 무차별적 폭행을 가하거나 대검으로 찌르고 강간을 하는 등 전시를 방불케 하는 성폭력을 행사했다. 평화적 시위에 대한 계엄군의 무자비한 만행과 여성에 대한 잔혹한 국가폭력은 여중고생부터 주부, 매매춘여성, 할머니들에 이르기까지 나이, 계층을 막론한 여성들이 광범위하게 항쟁에 참여하는 동인

▲ 노상에서 시위대에게 제공할 밥을 짓는 여성들(광주시 5·18사료편찬위원회, ⓒ 황종건).

으로 작용했다. 시위는 일상적인 상황에서 이루어지는 것이 아니라 무차별적인 구타와 만행 속에서 죽음을 무릅쓰는 행위였기 때문에 여성들의 자발적 참여는 중요한 의미를 갖는다. 5월 19일 오전 11시경에는 중앙여고생들이 교내에서 시위를 벌였고 같은 날 오후 2시에는 광산여고 학생회 간부들이 가두시위를 결의했으며 그 이후에도 나이 어린 여중생, 여고생들이 폭증하는 부상자들 치료에 혈액이 부족해지자 헌혈을 호소하고 시위대에게 음료수, 김밥을 전달하는 등 항쟁에 자발적으로 참여했다.

또 시위와 물적 지원에 주부들이 대규모로 참여했다. 항쟁 초기인 19일 오전 10시부터 많은 아주머니들이 거리로 뛰어나와 시위대의 후방에서 보도블록을 깨서 시위대의 전위에 날라주거나 돌을 모아 전해주는 역할을 했으며, 일부 지역에서는 동이나 반 단위로 쌀을 거두고 모금하여 김밥, 주먹밥, 김치, 마실 것 등을 마련하여 시위대에 신속하게 공급했다. 많은 여성들이 시위대의 후미에서 구호를 외치고 화염병이나 돌멩이를 공급하기도 했다. 가두투쟁에 직접 참여하지 않은 여성들은 시위대에 물수건, 마실 것 등을 신속히 제공하거나 부상자들을 응급처치하는 역할을 맡았다. 또 이름 없는 많은 아주머니들이 YWCA에서의 취사와 모금에 참여하여 항쟁지도부가 원활하게 항쟁을 이끌어갈 수 있도록 했다. 의약품이 있는 경우는 의약품을 제공했고, 시장의 노점상 아주머니들은 자신들이 파는 상품들 중 시위에 도움이 될 만한 것들을 아낌없이 내주었다. 부상자의 간호와 운반에 있어서도 나이의 차이가 없었다. 기독병원에서 헌혈하고 나오다 사망한 여고생 박금희를 비롯하여 여학생들이 다수 헌혈에 참여했고, 연령과 지위를 불문하고 수많은 여성들이 헌혈에 참여했다. 계엄군의 만행과 무차별학살로 부상자들이 대량으로 속출하고 광주시가 고립된 상황에서, 이들이 제공한 피는 총을 들고 싸우는 것 못지않게 중요했으며, 강고한 연대감을 형성하는 데 큰 영향을 미쳤다.

6. '쓰여진 역사' 다시 쓰기

송백회의 여성들은 시민들이 공유한 분노를 공동체적 연대감 형성과 항거행위로 결집시키는 매개역할을 했으며, 여성노동자들은 초기의 가두시위에서부터 YWCA와 도청에서의 마지막 항전에 이르기까지 주도적인 역할을 했다. 또 수많은 아주머니들, 각계각층의 여성들이 개별적으로 항쟁에 참여했다. 그러나 지금까지 이들의 활동은 항쟁의 지배적인 담론인 이른바 '광주시민항쟁론'의 위력에 가려져서 제대로 조명되지 못했다

지금까지의 광주항쟁의 역사에서 여성들의 활동이 드러나지 않았던 데에는 지배적인 담론의 영향 외에도 다른 요인들이 작용했다. 항쟁 이후 결성된 5월운동 관련 조직들은 대부분 남성들에 의해 주도되었으며 피해에 대한 보상도 가시적인 활동을 했던 남성들에게 집중되었던 것이다. 또한 항쟁에 참여했던 여성의 침묵도 자신들의 활동을 비가시적인 것으로 만드는 요인으로 작용했다. 항쟁 직후 수립된 신군부정권하에서의 은폐와 침묵은 강요에 의한 것이었지만, 정치적 담론의 영역에서 항쟁의 진실이 어느 정도 밝혀지고 항쟁의 참여자들이 폭도가 아닌 민주화운동의 투사로 규정되는 상황에서도 당시에 목숨을 버리고 항거했던 여성들이 여전히 침묵하고 있는 것은 무엇 때문일까? 항쟁 직후의 폭압적인 상황에서도 여성들은 여러 가지 방식으로 진상 알리기와 구속자·수배자 뒷바라지, 희생자 가족을 돕기 위한 모금운동 등 항쟁을 계속했다. 그런데 항쟁 이후에 항쟁을 계속해왔던 여성들은 정작 항쟁의 정당성이 회복된 상황에서는 오히려 침묵하고 스스로를 드러내기를 꺼렸다. 여기에는 몇 가지 원인이 있다.

첫째, 당시 활동했던 여성들은 사망자나 총을 들고 싸웠던 사람, 부상당한 사람에 비해 살아남은 자로서의 죄책감, 그리고 항쟁에서의 충격으로 인한 트라우마에 시달렸기 때문이다. 죽은 자들 앞에서 자신들의 트라우마를 하찮게 여겼기 때문에 그것을 자신들의 언어로 표현할

수 없었다(나간채 외, 2003: 13, 32).

둘째, 항쟁에 참여했던 여성 당사자들은 물론 항쟁을 평가하고 기록하는 사람들이 여성들이 했던 일을 '보잘 것 없는 일' 또는 '궂은 일'로 여겼기 때문이다. 취사일에서 전형적으로 드러나듯이 재생산과 관련된 일은 법적인 제재의 대상이 아니며 '표 나지 않는' 일이다. 학살의 상황을 알리고 검은 리본을 달게 하거나 모금을 하거나 취사하거나 시체를 처리하는 일 등은 시민들 사이에 연대감을 형성하고 항쟁을 계속하게 하는 데 필수불가결한 일이었지만 여성들 스스로도 '하찮은 일'로 여기거나 마땅히 해야 할 일로 간주했다. 당시 도청 상황실에서 끝까지 활동했던 한 여성노동자의 표현대로 엄청난 양의 식사를 쉴 새 없이 마련해야 했던 취사일은 너무 힘든 일이었다. 증언자들의 표현을 빌리자면, 항쟁에서 여성들의 역할은 '보잘 것 없는 일'이었으면서도 '궂은 일'이고 힘겨운 일이었다(나간채 외, 2003: 197).

셋째, 항쟁이 발전하면서 나타나는 계층적 분화와 여성 내부의 차이 때문이다. 기존의 연구에서 잘 알려져 있듯이 항쟁지도부가 도청에서 형성되기 이전에 수습대책위원회에 참여했던 지역의 재야 명망가들이나 대학생, 지식인들 — 이른바 '투항파'들 — 은 끝까지 항쟁하는 데 동의하지 않고 항쟁에서 이탈했다. 그러나 항쟁 이후 진실규명과 보상을 둘러 싼 정치적 담론 속에서 투쟁의 주체가 추상적인 '광주시민'으로 규정되면서, 항쟁의 핵심적 주역과 항쟁세력 내부의 차이가 드러나지 못했다. 이는 '광주시민항쟁론'이라는 지배적인 담론의 영향이라고 볼 수 있다. 항쟁 주체를 '우리', '광주시민' 전체로 규정하는 지배적인 담론 속에서 항쟁에서 중도이탈하지 않고 끝까지 저항했던 핵심 세력은 오히려 침묵해야 했다(나간채 외, 2003: 187). 항쟁의 핵심 주체들은 명예회복과 피해자 보상이라는 정치적 담론 속에서 부각된 항쟁의 명망가와 항쟁 도중에 도피했던 지식인들에 대해 심리적으로 거부감을 가지고 있었다(나간채 외, 2003: 94).

넷째, 항쟁 이후 5월 항쟁 관련 조직들에서 여성들이 배제되었을 뿐 아니라, 진상규명과 피해자 보상이 가시적인 남성의 활동에 초점을 두었기 때문에 대부분 법적 제재를 받지 않은 여성들의 활동은 역사적 사실의 재구성에서 제외됐다. 5월 26일 밤까지 도청에서 활동했던 여성 노동자들이 계엄군 진압 직전 도청에서 나왔다는 이유만으로 역사적 진실규명에서 묻혀버린 것이 단적인 예일 것이다.

여성들의 활동이 명시화되지 못한 이유는 무엇보다도 남성 중심적인 관점 때문이다. 남성 중심적인 시각에서는 항쟁의 전 과정을 총체적으로 보기보다는 계엄군을 직접적으로 물러나게 한 차량돌진이나 총을 들고 직접 싸운 시민군의 활동, 공식적인 투쟁위원회의 조직에만 초점을 맞췄던 것이다. 항쟁의 분출과 지속을 가능하게 했던 절대공동체의 형성과 유지에서 여성의 역할, 항쟁을 가능하게 했던 재생산활동(취사, 모금, 기타 보급 및 지원활동), 그리고 학살의 뒤처리(시체 염하기)와 항쟁이 패배한 이후의 생존문제(구속자 뒷바라지, 모금 및 진실 알리기)는 남성 중심적인 시각에서는 주변적인 일로 간주된다.

광주항쟁의 '쓰여진 역사'에서 드러나지 않은 여성들의 활동을 가시화하고 항쟁의 전체 모습을 다시 그려내기 위해서는 역사를 기록하는 역사가가 항쟁 당사자인 증언자의 목소리를 얼마나 잘 대변할 수 있는가가 중요한 관건이 된다. 지금까지 '쓰여진 역사'가 반쪽인 이유는 역사가가 여성들의 활동 자체를 낮게 평가하는 지배담론의 가부장적 인식에서 자유롭지 못했기 때문이다. 항쟁을 총체적으로 재구성하는 데는 지금까지 가시화되지 않은 여성들의 활동을 드러내고 단순히 증언하게 하는 것 자체가 중요한 것이 아니라, 역사를 기록하는 사람이 지배적인 담론에서 해방되어 어떻게 증언에 접근할 것인가가 중요하다.

과거청산의 논의 속에서 이미 '청산된 과거'로 간주되는 광주항쟁이 지금 새롭게 쓰여야 할 이유가 바로 여기에 있다. 역사적인 차원에서 과거청산이란 역사기록의 종결, 역사적인 사건에 대한 해석의 종결을 의미한다. 따라서 역사의 절반을 차지하고 있는 여성들이 겪었던 경험과 저항활동이 제대로 밝혀지지 않는 한 과거청산은 말할 수 없다. 최근 논의되고 있는 과거청산은 정치적인 청산은 될 수 있을지 모르지만 역사적인 청산은 될 수 없다. 역사적인 차원에서의 과거청산은 정치적인 필요에 의해 이루어지는 것이 아니라 역사적인 사실규명에 입각한 정의구현에 의해 이루어지는 것이기 때문이다.

◼ 생각할 거리

1. 1980년 5월 항쟁에서 시민들이 그 이전에 발생했던 부마항쟁에서 와 달리 계엄군의 잔혹한 학살에 굴복하지 않고 대규모로 저항할 수 있었던 힘은 어디에서 나왔는가에 대해 얘기해보자.

2. 우연적이고 개별적인 저항을 집단적인 힘으로 고양시키는 데 있어 운동조직이 하는 역할에 대해 광주항쟁의 경우와 다른 여성운동의 경우를 비교해서 토론해보자.

3. 항쟁 초기부터 광범위하게 참여했던 여성들이 공식적 투쟁지도부의 구성에 참여하지 못한 이유는 무엇인지 생각해보자. 이 또한 운동사회 내에 팽배해 있는 성별분업이나 가부장적 의식의 영향은 아닌가라는 비판에 대해 의견을 말해보자.

4. 무장투쟁=남성, 홍보와 취사 등 재생산활동=여성이라는 역할분담을 광주 항쟁의 성별분업으로 해석할 수 있는가? 다른 사회적 항쟁에서 젠더는 어떻게 나타나는가와 비교해보자.

5. 국가간, 인종간의 전쟁이나 내전상황에서 국가폭력의 잔혹성이 여성들에게 더욱 극악하게 나타나는 이유를 성정치와 관련하여 논의해 보자.

◼ 읽을거리

5월여성연구회. 1991, 『광주민중항쟁과 여성』, 한국기독교사회문제연구원.

광주전남여성단체연합. 2000, 『여성·주체·삶』, 도서출판 티엠씨.

홍희담. 1988, 「깃발」, 『창작과 비평』(복간호), 창작과비평사; 2003, 소설집 『깃발』, 창작과비평사.

박수정. 2003, 『숨겨진 한국여성의 역사』, 아름다운 사람들.

Catharine A. MacKinnon. 2000, 조시현 옮김, 「전쟁시의 범죄, 평화시의 범죄」, 『현대사상과 인권』(옥스퍼드 엠네스티 강의), 도서출판 사람생각.

제2장 1980년대 이후 한국의 산업화와 여성노동력의 변모

강이수

1. 한국경제의 변화와 여성노동

한국의 경제발전과 산업화의 전 과정에서 여성들의 참여와 역할은 항상 중요한 기반이 되었다. 여성들은 1960년대 산업화 초기부터 저임금을 기반으로 한 수출지향적 산업화를 지탱하게 한 중요한 노동력이었으며, 이후 여성들의 경제활동 참여는 지속적으로 확대되어왔다. 2002년 현재 여성의 참여는 전체 취업자 2,216만 9,000명 중 922만 5,000명으로 전체 취업자의 41.6%를 점하며[1], 여성노동력이 참여하는 직종도 사무직, 전문직, 판매·서비스직 등 전 직종으로 크게 확대되었다. 여성의 교육수준도 높아지고 취업의식 및 성평등에 대한 의식도 크게 변화하여 과거에는 결혼 전의 단기적 취업이 일반적이었다면 1980년대 이후에는 결혼 이후에도 취업을 지속하는 여성이 늘어나 기혼 여성노동력의 경제활동 참여 역시 크게 늘어나고 있다.

그러나 1980년대 이후 여성노동력 참여의 양적 증대와 다양화가 그만큼 여성취업의 질적 지위를 상승시켰는가에 대해서는 좀더 조심스런 분석이 필요하다. 이 절에서는 우선 1980년대 이후 산업화의 특성을 살펴보고, 다음으로 여성노동력구조의 변모와 특징, 그리고 고용형태상

---

1) 통계청, 『경제활동인구연보』, 2003.

의 중요한 변화로 여성노동력의 비정규직화와 문제점, 이어서 취업현장에서 여성이 경험하는 차별과 불평등에 대한 구체적인 검토를 통해 여성노동의 현실과 문제를 살펴보려고 한다. 그러면 우선 1980년대 이후 한국 경제의 변화 양상을 간략하게 살펴보기로 하자.

1980년대에 들어서면서 우리 경제는 중화학 공업화의 추구와 함께 1960-1970년대의 섬유, 식품을 중심으로 한 경공업 중심의 산업구조에서 기계, 자동차, 화학산업 등 중화학공업과 반도체를 중심으로 한 전자산업 중심의 산업구조로 변화했다. 중화학공업 위주의 산업화 과정에서 종래의 섬유, 봉제산업 등은 경쟁력이 낮은 산업으로 점차 사양산업이 되어갔으며, 이에 따라 제조업 부문의 여성취업은 상대적으로 감소·정체되기 시작했다. 아울러 이 시기에는 금융·보험·유통산업 등 3차 산업이 크게 확대됨에 따라 여성 사무직 종사자들이 늘어나기 시작했으며, 1980년대 초반 '3저 호황'의 분위기에서 유흥산업이 비정상적으로 급격하게 확대되면서 도·소매, 개인 서비스업 부문으로의 여성 유입도 크게 증가했다.

1990년대에 들어서면서 전 지구적 차원에서 산업사회에서 정보사회로의 이행이 진행되고 있으며, 우리의 경우에도 급속한 정보화에 따라 정보산업화와 서비스 경제로 전환하고 있다. 경제발전과 더불어 생산에서는 물론 소비에서도 서비스업의 중요성이 커짐에 따라 '경제의 서비스화'가 진전되기 시작했다. 서비스업 중에서도 '전근대적'이라고 할 수 있는 개인 서비스업과 도소매 및 음식 숙박업의 비중은 이전 시기에도 높았으나, 1990년대에 들어서면서부터는 생산활동과 더 밀접한 운수·창고 및 통신업과 금융·보험업 등의 증가가 뚜렷해진다. 이는 기업의 생산활동에서 금융비용, 유통비용과 연관을 갖는 서비스 그리고 기술 및 경영과 연관된 정보 통신서비스 등이 중요한 경제활동으로 부상했기 때문이라고 할 수 있다. 유통·판매업의 대형화와 판매·서비스직의 노동자가 크게 증가하는 것도 서비스 중심 경제로의 재편 과정에서 진행되는 현상이며 이 같은 부문에 여성노동자의 참여가 크게 증가했다.

한편 정보산업도 빠르게 진전되고 있는데, 21세기 정보화사회는 정보가 중심이 되는 사회로서 컴퓨터와 통신기기를 중심으로 한 전자·소프트웨어 기술이 더욱 중요해질 것으로 예상된다. 일반적으로 정보통신 분야는 여성 특유의 섬세함이 발휘되어 여성이 활발하게 취업하거나 창업할 수 있는 분야라고 말해진다. 특히, 게임·애니메이션·영상 등 멀티미디어 콘텐츠 분야는 여성인력이 적극적으로 참여해야만 획기적인 발전이 가능한 것으로 평가된다. 이에 따라 정보화사회에서는 유연한 노동력으로서의 여성인력이 크게 활용될 것이라고 전망되고 있으나 실제로 국내 여성의 정보화 수준은 남성에 비해 훨씬 뒤떨어져 있어 21세기 정보화사회의 새로운 소외계층이 될 우려도 잠재한다.

2. 여성노동력구조의 변모와 특징

그렇다면 1980년대 이후 우리나라 여성노동시장의 변화와 특성, 그리고 새롭게 드러나고 있는 문제는 무엇인지 검토해보기로 하자. 1960년대의 산업화 이후 저임금에 기반을 둔 수출주도형 산업화와 저학력, 미혼여성의 참여를 중심으로 구성되었던 여성노동력은 1980년대 이후부터 새로운 차원으로 변화하기 시작했다. 1980년대 이후 여성노동력 구성의 주요한 변화양상과 특성을 살펴보면 다음과 같다.

1) '노동력의 여성화', 그러나 불안정한 통합

우리나라 여성의 경제활동 참가율은 1960년대 산업화 이후, 지속적으로 증가했다. 1960년 26.8%에서 1980년에는 42.8%로 증가했으며, 이후 빠른 증가세는 다소 주춤해졌지만 1997년 경제위기 직후 기간을 제외하면 꾸준하게 참가율이 늘어나고 있어 2002년 현재 여성의 경제활동참가율은 49.7%이다. 물론 이 같은 여성의 경제활동 참여율은 남

<표 1> 경제활동 참가율의 변화 추이

(단위: %)

년도별	여자	남자
1980	42.8	76.4
1985	41.9	72.3
1990	47.0	74.0
1995	48.4	76.4
2000	48.6	74.2
2002	49.7	74.8

자료: 통계청, 『경제활동인구연보』, 각 연도.

성에 비해 아직 매우 낮고, OECD 국가들의 여성경제활동 참가율인 평균 70-80%에 비해서도 매우 뒤처지지만, 전체적으로 여성들의 경제활동참여의 추세는 꾸준히 이어지고 있다.

또한 전체 취업자 가운데 여성노동력이 차지하는 비율도 지속적으로 증가하여 여성취업자 수는 1963년에는 전체 취업자 756만 명 중 34.8%인 263만 명이었으나, 1990년에는 40.8%, 2002년에는 전체 취업자 중 41.6%에 이르고 있다(통계청, 2003). 즉 여성의 경제활동 참여는 여전히 제한적이지만, '노동력의 여성화'라는 세계 노동시장의 일반적인 경향이 진행되고 있는 것이다.

'노동력의 여성화(feminization of labor force)'는 전 지구적 차원에서 발견되는 노동력 변화의 장기적인 추세 중 중요한 현상의 하나로 세계화와 노동력의 유연화를 통해 선진국뿐만 아니라 개발도상국에도 적용되는 일반적인 추세이다. 이 같은 노동력의 여성화과정은 남성노동에 대한 여성노동력의 대체, 전통적인 여성집중부문의 확장, 여성과 관련된 고용형태의 확장 등 다양한 측면에서 진행되고 있다(Sylvia Walby, 1997). 영국의 경우, 1995년 총피용자의 49.6%가 여성이었으며, 프랑스에서는 1980년대 중반에 여성이 총피용자의 45%를 넘어섰다. 물론 이 같은 '노동력의 여성화'에서 일어나는 양적 증가가 여성의 취업상 질적 지위의 상승으로 그대로 연결되는 것은 아니다. 그러나 이것은 여성들이 남성과 마찬가지로 일을 통해 자신의 정체성을 구성해나가는 존재가 되며, 동시에 여성의 의존성을 경감시킨다는 측면에서 여성 지위 변화에 중요한 함의를 갖는 현상이라고 할 수 있다.

그러나 문제는 이 같은 여성들의 참여가 얼마나 안정적인 형태로 지속되는가 하는 것이다. 1980년대 이후 경제발전과정에서 꾸준하게 증가추세를 보였던 우리나라 여성노동력의 참여가 위기를 맞이하게 된 것은 1997년 경제위기 기간이었다. 1997년 49.5%에 이르던 여성경제활동 참가율은 1998년 47.0%로 1990년 수준으로 후퇴했고, 전체 취업자 중 여성비율도 1997년 41.2%에서 1998년에는 40.4%로 급격하게 위축되는 양상을 보였던 것이다. 즉, 경기변동에 따라 여성노동력은 매우 취약하다는 것이 단적으로 드러난 것이다. 이후 여성들의 경제활동 참여는 다시 서서히 증가하고 있으나 1997년의 혹독한 경제위기는 우리나라 여성들의 노동시장 통합도가 여전히 불안정하고 제한적임을 확인시켜준 계기였다.

2) 기혼여성노동력의 증가

1980년대 이후 여성노동력 구조의 변화에서 주목되는 또 하나의 특징은 기혼여성의 경제활동 참여가 크게 증가하고 있다는 점이다. 산업화 초기 미혼·저연령 여성으로 대표되었던 여성노동력의 구성은 1980년대 이후 기혼·고연령 여성 중심으로 재편되고 있다. 기혼여성의 경제활동참가율의 변화를 살펴보면, 1980년 40.0%에서 1990년에 46.8%, 2000년에는 48.7%로 계속 높아지고 있다. 이에 비해 미혼 여성의 경제활동 참가율은 1980년에 50.8%, 1990년에 45.6%로 크게 하락했으며, 2000년에는 47.0%이다(황수경, 2003). 연령별로 보아도 24세 이하의 연령층은 계속 감소 추세에 있고, 25-39세의 연령층, 40-49세의 연령층의 경제활동 참여가 증가하고 있다. 이에 따라 취업여성 중 미혼과 기혼의 비율은 1981년 86.2 : 13.8에서 1991년에는 65.1 : 34.9, 그리고 2001년에는 50.5 : 49.5로 기혼여성의 노동참여가 크게 증가하고 있는 것이

<표 2> 생산직 여성노동자의 혼인상태별 분포

(단위: 1,000명)

	1985년	1990년	1998년
미혼	442(35.5)	386(20.3)	136(6.9)
유배우	683(54.9)	1,309(68.8)	1,524(77.5)
사별·이혼	120(9.6)	209(10.8)	307(15.6)
전체	1,245(100.0)	1,904(100.0)	1,967(100.0)

주: 통계청, 『경제활동인구연보』, 원자료 테이프에서 재계산.
출처: 한국여성개발원, 『여성통계연보』, 1999.

다(황수경, 2003; 176).

기혼 여성노동력의 참여 실태를 구체적으로 보면 1960, 1970년대만
해도 여성은 가정이 우선이었으며, 결혼하면 퇴직하는 것이 불문율처럼
되어 있었고, 따라서 주로 미혼 여성노동력을 중심으로 고용확대가 이
루어졌다. 그러나 여성들의 교육기간이 길어지고 고학력화가 진행됨에
따라 젊은 여성노동력의 공급이 감소되었고 이에 따라 기혼 여성노동
력에 대한 수요가 높아지기 시작했던 것이다. 전문직 및 준전문가 직종
과 사무직에서는 여전히 미혼여성의 비율이 높으나, 판매·서비스직과
생산직 등 다른 직종에서는 기혼여성의 비율이 압도적이며, 특히 생산
직 여성노동자의 혼인상태별 분포는 급격하게 재편되는 모습을 보여준다.

1960-1970년대 대표적인 저연령·미혼여성의 취업직종이었던 생산직
의 경우에도 1980년 이후 지속적으로 그 비율이 감소하면서 이제는 기
혼 여성노동력이 생산직 노동력의 주력군이 된 것을 볼 수 있다. 1985
년의 미혼여성 비율은 35.5%였으나 1990년에는 20.3%로, 1998년에는
6.9%에 불과하다. 대신 유배우가 77.5%, 사별·이혼이 15.6%로 대부분
이 기혼여성인 것이다.

이같이 기혼여성의 참여가 꾸준하게 증가하고 있으나 이들의 취업경
험은 여전히 단절적이어서 여성들의 연령별 경제활동 참여형태를 보면
여전히 M자형 취업유형을 보여주고 있다. 미혼 시의 취업이 결혼과 출산
으로 단절되는 이 같은 취업의 불연속성은 이후 기혼여성의 노동시장
재진입시 대부분 하향취업으로 이어져 기혼여성의 지위를 하향 이동시

<표 3> 여성의 연령별 경제활동 참가율: 1980-2000

(단위: %)

	15-19	20-24	25-29	30-34	35-39	40-44	45-49	50-54	55-59	60+
1980	34.4	53.3	32.0	40.7	53.0	57.0	57.3	54.0	46.2	17.0
1985	21.1	55.0	35.8	43.6	52.8	58.3	59.3	52.4	47.2	19.2
1990	18.7	64.6	42.6	49.5	57.9	60.7	63.9	60.0	54.4	26.4
1995	14.5	66.1	47.8	47.5	59.2	66.0	61.1	58.3	54.3	28.9
2000	12.5	60.8	55.9	48.5	59.1	63.4	64.6	55.2	50.8	29.8

출처: 통계청, 『경제활동인구연보』, 각 연도.
주: 황수경(2003), 13쪽의 <표 2-3>에서 재구성.

키는 주요 원인이 된다.

한편 기혼여성의 노동참여가 크게 증대하면서 사회적으로 중요한 변화가 나타나게 되는데, 그 대표적인 현상은 극단적인 출산율의 저하이다. 1980년 이후 여성들의 출산율은 계속 하락하여 2002년에는 평균 1.17명으로 하락했다. 이는 기혼여성의 취업이 계속 증대하는데도 기혼여성이 부담해야 하는 임신과 출산에 관한 모성보호, 가사노동과 자녀양육에 관한 사회적 지원이 이루어지지 않은 데서 나타나는 결과라고 할 수 있다. 우리 사회의 취업여성에 대한 사회적 인식과 지원정책은 여전히 '남성부양자 모델'에 기초해 있고(신경아, 2001) 이에 따라 기혼여성들은 취업으로 인한 각종 애로사항을 아이를 낳지 않는 가구 내 전략으로 해결하고 있는 것이다.

3) 서비스 경제화와 여성 일의 성격 변화

1980년대 이후 우리 경제는 '서비스 경제화'라고 할 만큼 서비스 산업 부문이 크게 확대되고 있다. 즉, 제조업 기반 경제에서 서비스 부문과 정보부문을 기반으로 한 경제로의 이행이 진행되어왔고 이에 따라 여성의 취업구조도 크게 변화했다.

<표 4> 여성취업인구의 산업별 분포

(단위: %)

	1차산업	2차산업	3차산업
1960	69.6	6.4	22.7
1970	59.7	14.7	25.5
1980	46.5	21.9	31.6
1990	20.4	28.0	51.6
2002	10.7	16.5	72.8

출처: 통계청, 『경제활동인구연보』, 각 연도.

여성취업인구의 산업별 분포를 보면 농림어업부문인 1차 산업은 급격하게 감소하고, 이에 대비해 사회간접부문 및 서비스업 부문은 빠르게 팽창하고 있는 것을 볼 수 있다. 광업 및 제조업 부문인 2차 산업의 경우 1980년에서 1990년대에 이르기까지 완만하게 증가세를 보였으나 1990년 이후에는 감소 추세이고, 2002년이 되면 전체 여성취업인구 중 72.8%가 3차 서비스부문에 집중되어 가히 서비스 경제화라고 할 수 있는 특성을 보이게 된다.

그런데 여성들은 3차 산업 중에서도 다시 몇 개 업종에 집중되어 있는데, 우선 전통적 서비스업이라고 할 수 있는 개인 서비스업과 음식숙박업에 종사하는 비율이 높게 나타난다. 1980년대 개인서비스업과 음식숙박업의 확장은 제조업 부문의 쇠퇴로 일자리에서 밀려난 많은 여성노동자들이 당시 급격하게 확장된 소위 유흥향락산업으로 진입한 결과로서 여성취업의 기형적인 양상을 부분적으로 반영한다고 할 수 있다.

한편 1990년대 백화점, 대형유통업의 확대로 판매업종의 3차 산업 종사자가 크게 증가했으며, 정보·서비스경제화에서 이 같은 추세는 더욱 확대될 전망이다. 그러나 판매·서비스직에서 여성의 고용형태는 매우 불안정하여 공공부문 및 사회서비스업이나 금융업 등 상위 직종에서는 정규직 취업이 일정 비율 유지되고 있으나, 이 부문에서는 대부분 비정규직으로 취업하고 있는 상황이다. 1999년 판매·서비스직의 경우 81.9%가 임시직과 일용직에 분포되어 있으며, 임시직의 63.75%, 일용직의 약 70%는 9인 이하의 소규모 사업체에서 일하는 것으로 분석되었다(이주희·장지연, 1999). 즉, 서비스 부문에 집중되어 있는 여성취업자들은 대부분 비정규직으로 소규모 영세사업체에 분산 취업되어 있는 것이다.

4) 고학력 여성의 증가와 낮은 참여율

1980년대 이후 우리 사회의 전반적인 특성 중 중요한 것은 고학력화가 빠르게 진전되고 있다는 점이다. 남성은 물론 여성의 경우에도 고학력화가 진전되어 1980년에 21.6%이던 여성의 대학 진학률은 1990년에는 30.8%로 상승했고, 2000년에는 65.5%로 증가하여 가파른 증가세를 보이고 있다(황수경, 2003; 110). 이에 따라 대학입학자 수 중 여성의 비율은 1980년의 26.9%에서 2000년에는 46.6%에 이르고 있다.

그러나 여성의 고학력화에도 불구하고 고학력 여성의 취업은 아직 매우 저조한 상태이다. 성별로 보면 남성은 학력이 높아질수록 경제활동 참가율도 높아져 대졸 이상 89.5% 고졸 78.2%, 중졸 54.3%인 데비해, 여성의 경우에는 대졸 이상 고학력 여성의 경제활동 참가율이 62.0%에 불과하다. 일반적으로 다른 국가들의 경우에는 교육수준이 높은 여성들이 경제활동에 더 많이 참여하고 있으며, 여성의 지위향상은 교육수준이 높은 여성들이 적극적으로 노동시장에 참여하는 것이라고도 볼 수 있다.

2002년 OECD국가의 여성들의 경제활동 참여율을 보면 각국의 25세 이상 대졸 여성들의 경제활동 참여율은 스웨덴 90%, 포르투갈 95%,

<표 5> 교육정도별, 성별 경제활동참가율(2002년)

(단위: %)

교육 정도별	여자	남자
초졸 이하	42.9	61.2
중졸	43.3	54.3
고졸	51.4	78.2
대졸 이상	62.0	89.5

출처: 통계청, 『경제활동인구연보』, 2002.

호주 83%, 영국 87%, 미국 81% 등으로 OECD 평균이 83%인 데 비
해 우리나라는 56%에 불과해 매우 낮은 것을 볼 수 있다(대한상공회의
소, 2004). 즉, 우리나라의 경우 높은 교육 수준을 통한 지식과 능력의
확보가 취업으로 이어지지 않고 있는 것이다. 이 같은 현상의 원인으로
는 첫째, 우리 사회의 여성취업에 대한 부정적 분위기를 들 수 있다. 여
성의 일차적인 책임은 가정이라는 전통적 이데올로기는 물론 기혼여성
의 경우 부인이 취업하는 것은 남성의 무능력을 나타낸다고 보는 사회
적 관행도 지속되고 있다. 남편의 지위가 여성의 지위를 대신하는 것으
로 보는 사회에서 고학력 여성의 취업은 결혼을 전후로 오히려 축소되
는 경향도 있는 것이다. 둘째, 고학력 여성의 주된 일자리인 전문직·행
정직 분야에서 여성참여를 제한하고 배제하는 분위기도 여성취업에 영
향을 미친다고 할 수 있다. 마지막으로는 여성의 취업을 지원하기 위한
사회·제도적 장치들이 미흡하기 때문이다.

이상으로 1980년대 이후 여성노동력구조의 변화를 개략적으로 살펴
보았다. 여성들의 취업의식은 점점 높아지고 있으며 이를 반영하듯 여
성들의 경제활동 참여율도 증가 추세에 있다. 여성노동력의 구조에서도
기혼여성노동의 참여가 크게 증대했으며 산업별로는 3차 산업, 특히 서
비스 경제화에 따른 판매·서비스업으로의 여성 진출이 늘고 있다. 여성
취업자의 학력도 전반적으로 상승하고 있으나, 4년제 대학 졸업자가 크
게 늘고 있는 것에 비해 이들의 취업률은 아직까지 제한적인 상황이다.
그러나 최근 대학 재학 여학생의 취업의식이 크게 높아지고 있고, '결
혼은 선택, 취업은 필수'라는 말이 유행할 만큼 취업 의지가 높아지고
있어 사회적 여건이 개선된다면 고학력 여성의 취업도 더욱 늘어날 전
망이다. 이렇게 1980년대 이후 여성취업구조의 전반적인 양상은 여성
참여의 양적인 확대, 그리고 취업의식의 상승으로 특징지을 수 있다.

그러나 1990년대 이후, 노동시장 유연화라는 전략에 의해 급격하게
확대된 비정규직은 노동시장 전반의 고용안정성을 크게 해치고 있으며,
특히 여성취업자의 취업지위를 크게 위협하는 요인이 되고 있다.

3. 여성노동력의 비정규직화와 고용불안정

1) 비정규직 노동력의 확대와 고용불안의 심화

1980년대 이후 서서히 시작되다가 1990년대 들어 급격하게 사회문제로 등장하고 있는 현상 중의 하나가 여성노동력의 비정규직화라고 할 수 있다. 전체 여성취업자의 지위별 변화를 보면, 1980년만 해도 여성 중 임금근로자의 비중은 39.4%로, 많은 여성들이 자영업주이거나 무급가족 종사자로서 비임금근로의 비중이 더 높았다. 그러나 1980년대 중반이 되면 여성취업자 중 임금근로자의 비율이 1985년에 56.6%, 1990년에 59.1%, 2002년에 63.3%에 이르러 점점 더 많은 여성들이 임금고용관계에 포괄된다.

임금근로자로서 여성의 고용형태는 1980년대만 해도 상용근로자의 비율이 높았으나, 1990년대에 들어서면서 고용형태의 급격한 개편이 일어나고 1995년 이후에는 상용근로보다는 임시고나 일고와 같은 불안정하고 비정규적인 고용형태[2]의 비율이 매우 높아진다. 임금근로자의 고용형태별 분포를 통해, 비정규 노동력의 규모를 성별에 따라 비교해

<표 6> 임금근로자의 고용형태별 분포

(단위: 1,000명, %)

연도	여성				남성			
	계	상용고	임시고	일용고	계	상용고	임시고	일용고
1995	4,924 (100.0)	2,107 (42.8)	2,003 (40.7)	814 (16.5)	7,975 (100.0)	5,392 (67.6)	1,595 (20.0)	987 (12.4)
1998	4,745 (100.0)	1,650 (34.8)	2,257 (47.5)	839 (17.7)	7,551 (100.0)	4,885 (64.7)	1,785 (23.6)	881 (11.7)
2000	5,397 (100.0)	1,679 (31.1)	2,496 (46.3)	1,222 (22.6)	7,963 (100.0)	4,716 (59.2)	2,112 (26.5)	1,135 (14.3)
2002	5,857 (100.0)	1,968 (33.6)	2,682 (45.8)	1,207 (20.6)	8,325 (100.0)	4,894 (58.8)	2,205 (26.5)	1,226 (14.7)

출처: 통계청, 『경제활동인구조사』, 각 연도.

---

2) 비정규직의 개념과 형태에 대해서는 권혜자·박선영(1999) 참조.

보면 <표 6>과 같다.

<표 6>을 보면 여성 임금근로자의 경우 얼마나 빠른 속도로 비정규직화되고 있는가를 알 수 있다. 1995년에 여성 임금근로자의 고용형태가 상용고 42.8%, 비정규직으로 추정할 수 있는 임시고, 일고가 57.3%였던 데 비해, 경제위기가 진행되 1998년에는 상용고가 34.8%로 급격하게 감소하는 대신 비정규직 고용형태가 크게 늘어났으며 이는 2000년 이후까지 계속 진행되면서 2002년 현재 상용고가 33.6%, 임시고와 일고는 각각 45.8%, 20.6%로 비정규직의 규모가 거의 70%에 이르고 있다. 이 시기 남성 임금근로자의 고용형태 또한 상용고가 크게 감소하면서 임시고, 일고와 같은 비정규직이 늘어나고 있지만, 여성의 경우 비정규직화는 더욱 큰 폭과 빠른 속도로 진행되고 있는 것이다.[3]

물론 시간제 노동자를 포함한 임시직의 증가는 우리나라만의 현상은 아니며 서구에서도 여성들의 시간제 노동력화가 장기적으로 광범위하게 진행되어왔다(Hans-Peter Blossfeld & C. Hakim, 1997). 그런데 서구의 경우 기혼 여성들이 대부분 시간제 취업을 하고 있는 것에 비해, 우리나라는 미혼여성의 비율이 대단히 높게 나타난다는 것이 중요한 차이점이다. 일반적으로 시간제 노동은 일과 가정의 병존을 위한 유연적 노동형태로 이해되고 기혼여성이 이런 이유로 선호하는 노동형태라고 지적된다. 즉 서구의 경우, 노동시장의 유연화 전략에 따라 시간제 노동이 크게 확대되고는 있지만, 이것은 주로 기혼여성들이 새롭게 노동시장에 통합되어가는 방식이다. 또한 최근에는 노동조건을 개선하여 가정

---

3) 비정규직 노동력의 규모는 비정규직의 구분기준에 따라 다소 차이가 있는데 한국노동사회연구소의 김유선(2003)이 2002년 8월 경제활동인구조사 부가조사를 분석한 결과에 의하면 우리나라 비정규직은 전체 임금근로자 중 56.6%인 772만 명이고, 정규직은 43.4%인 591만 명으로 나타났다. 이를 성별로 보면 남성노동자 중 정규직은 53.2%인 427만 명, 비정규직은 46.8%인 376만 명인 데 비해, 여성노동자 중 정규직 비율은 29.3%로 164만 명이며, 비정규직은 70.7%인 396만 명에 이르는 것으로 나타났다. 즉 남녀 모두의 비정규직 비율이 높아지고 있으나, 여성의 경우에는 전체 여성노동력의 70% 이상이 비정규직으로 훨씬 심각한 양상을 보이고 있는 것이다.

과 직장의 양립이 가능한 취업형태로 자발적 선택의 범위가 넓어지고 있다.

그러나 우리의 경우에는 비정규직의 확대가 여성의 선택을 넓히는 고용형태의 다양화보다는 단순히 정규직을 강제적으로 비정규직으로 전환하는 측면에서 확대되고 있는 점이 문제라고 할 수 있다.[4] 특히 1997년 경제위기 때, 기업들은 구조조정의 일환으로 여성을 우선 해고하거나 여성집중직종을 비정규직화하는 방식으로 여성노동력을 비정규직화했으며, 해고 이후 동일한 일자리에 비정규직 여성노동력을 대체하고 있다. 특히 고졸 이하의 하위직종에서 진행되었으며 비정규직화되는 노동력도 기혼보다는 미혼 여성노동자를 강제적으로 비정규직으로 전환하는 방식으로 확대되고 있다. 이는 노동시장에 여성을 통합한다기보다는 여성을 '단기적인 저임금 노동력화'하는 또 하나의 차별적 기제로서 기업의 노동비용 절감 차원에서 추진되고 있다(조순경, 2000). 현재 유통업, 은행, 병원, 금융보험업을 포함한 모든 산업 영역과 과거 생산직, 판매·서비스직 등 주로 하위직에서 확대되다가 최근에는 사무직과 연구직 같은 전문직 내지 준전문직의 전 영역에서 크게 확대되고 있다.

2) 비정규직 여성노동력의 노동조건

비정규직 여성노동력의 노동조건은 고용형태상 매우 불안정하다는 측면 외에도 정규직에 비해 임금이 매우 낮고, 비정규직 노동자 대부분이 노동기본권의 보호를 받지 못하기 때문에 퇴직금, 상여금, 연월차 등 기본적인 기업복지대상에서 제외되어 있어 불이익을 경험하고 있다.

---

4) 장지연은 우리나라 여성비정규직 노동자는 구조적으로 결정된 비자발적 비정규직이라고 주장한다. 즉, 학력이나 자녀의 수, 가족 중에 돈벌이를 하는 사람이 몇 명인가 하는 등의 개인적·가족적 특성은 여성이 비정규직 노동을 하는 것과 별로 관계가 없으며 단지 산업, 직접, 사업체 규모등 구조적 요인이 정규/비정규 노동여부를 결정하는데 있어 뚜렷한 영향을 미친다는 것이다(장지연, 2001).

우선 비정규직의 임금은 2000년 8월 기준 지난 3개월의 월 평균 임금총액이 84만원으로 정규직 157만원의 절반(53.7%)이며, 가내근로자는 월평균 임금 총액이 30만원으로 정규직의 19.2%, 시간제 노동은 52만원으로 32.9%밖에 안 되는 것으로 조사되었다(김유선,2001). 그런데 여성 비정규직은 남성 정규직에 비해 현저히 적은 임금을 받는 것은 물론 비정규직 남성과 비교해도 훨씬 낮아 2003년 8월 「경제활동인구조사 부가조사」에 의하면 남성 비정규직의 65.6%밖에 받지 못하고 있다(이주희, 2004; 7).

그러나 주당 노동시간은 2000년 8월 기준으로 비정규직 47.5시간, 정규직 47.1시간으로 비정규직이 오히려 길다. 또한 사회보장 수혜에서도 격차가 매우 커 다음의 <표 7>과 같다. 즉 정규직의 경우 고용보험을 제외하고 90% 이상 보장되는 사회복지 수혜 혜택이 비정규직에게는 30% 이하이며, 비정규직 여성에게는 대부분의 수혜율이 20%를 밑돌고 있는 실정인 것이다.

즉 실제적으로 아무런 보호를 받지 못하고 있다고 해도 과언이 아닌데, 비정규직 여성들은 여성노동자에게 필요한 기본적인 모성보호 즉, 생리휴가나 월차휴가, 그리고 산전·산후휴가나 육아휴직 등의 수혜적용도 제대도 받지 못하는 것으로 파악되고 있다.

다음으로 비정규직 여성의 지위를 더욱 불안정하게 하는 요소는 전반적인 비정규직 노동력의 확대 속에서 비정규직 내부에서도 고용형태

<표 7> 성과 고용지위에 따른 사회보장 수혜 격차(비율)

	국민연금	의료보험	고용보험	퇴직수당
전체 남성	66.6	68.6	57.1	62.8
여성	45.1	46.2	39.6	38.9
정규직 남성	96.9	97.9	80.0	99.0
여성	95.6	96.9	78.0	98.0
비정규직 남성	30.0	33.3	29.4	18.5
여성	23.0	24.8	22.7	10.5

주: 이주희(2004) 자료집에서 <표 3> 재인용.
출처: 「경제활동인구조사 부가조사」(2003. 8) 원자료 분석.

별로 다시 격차가 생기고 있는 점이다. 비정규 근로형태는 일반적인 임시직, 시간제 근로형태 외에도 파견 및 용역근로, 일용노동 및 독립도급, 가내근로 등 다양한 형태가 있는데, 그 중에서도 가장 불안정하고 열악하다고 할 수 있는 파견근로 형태의 비정규직 여성노동자가 최근 크게 늘고 있다. 파견근로5)는 비정규 노동 중에서도 '현대판 노예노동'이라고 할 정도로 고용형태의 불안정성과 임금에서의 불이익이 크다(전국여성노동조합·한국여성노동자회협의회, 2003).

그런데 현재 허용되고 있는 파견근로 직종 중 상당 부분이 텔레마케터와 같은 전신전화 통신공, 컴퓨터 보조원, 비서, 여행 안내원, 조리사, 수금원, 사서, 번역가 등 여성집중직종으로 장기적으로 파견근로 자체가 여성 직종화될 가능성에 대한 우려가 높아지고 있다.6) 여성취업자 대부분이 비정규직화되고 있는 상황에서 비정규직 내부에서도 가장 열악한 파견근로의 확장은 여성취업자의 상황을 더욱 악화시키는 요인이 되고 있다.

4. 노동시장에서 여성의 지위와 불평등

그렇다면 1980년대 이후 노동시장에서 여성의 지위는 얼마나 개선되고 있으며 여성들이 경험하는 차별과 불평등의 현실적인 모습은 어떠한지 살펴보기로 하자.

---

5) 파견근로는 일반적으로 근로자와 고용주가 직접 근로계약을 맺고 근로자가 그 기업에서 일하는 전통적 고용형태와 달리, 채용은 파견업체에서 하고 일은 사용업체에서 하며 임금은 파견업체를 통해 지불받는 고용형태이다. 이에 따라 고용의 불안정이 더욱 심하고 파견업체를 통해 받는 임금 또한 동종의 비정규직 여성노동자에 비해 20% 가량 낮은 것으로 조사되고 있다.
6) 조순경(2003), "파견근로 대폭 허용하겠다? 차별 조장하는 노동주의 파견근로 정책" ≪여성주의저널 일다≫, 2003년 9월 7일자 기사.

1) 성별임금격차의 추이

노동시장 여성의 지위 변화를 파악하기 위한 가장 중요한 지표는 성별임금격차와 직종분리 정도이며 특히, 남녀임금 격차는 모든 형태의 성차별을 종합적으로 반영하는 가장 대표적인 지표라고 할 수 있다.

우리나라는 세계적으로도 남녀의 임금격차가 큰 나라로 1980년대 후반까지 남성의 평균 임금을 100으로 했을 때 여성의 평균 임금은 절반도 안 되는 극심한 차별구조를 가지고 있었다.

노동부의 『임금구조기본통계조사 Tape』의 원자료를 분석한 위의 표에 따르면 1980년대 내내 여성임금은 남성임금의 절반에도 못 미쳐 1980년에 42.9%, 1985년에 44.9%의 수준이었으며 1989년에 처음으로 절반을 겨우 넘는 정도의 심각한 임금격차를 보였다. 그러나 1990년대 들어서면서 완만하게 개선되기 시작하여 1999년 63.1에 이르렀으며, 2002년에는 남성 평균 임금 211만 9천원 여성 평균 임금 133만 1,000원으로 임금격차는 62.8의 수준으로 외형지표상으로는 남녀임금 격차가 줄어들고 있다(노동부, 2003). 이와 같은 성별임금격차의 축소는 1990년대 이후 고용관계법 및 제도의 변화, 임금차별 근절 정책의 지속적인 시행, 의식변화 등과 같은 사회적 환경의 변화가 부분적으로 반영된 것으로 볼 수 있다.

남녀임금격차는 학력, 기술, 근속년수 등 합리적인 부분에 의한 차별

<표 8> 성별 임금격차 추이

(단위: 원, %)

	남자임금(A)	여자임금(B)	B/A
1975	65,908	27,167	41.2
1980	222,957	95,692	42.9
1985	386,346	173,319	44.9
1989	603,259	315,993	52.4
1999	1,681,216	1,060,098	63.1

주: 유경준, 「성별임금격차의 차이와 차별, KDI 정책연구」, 2001, 200쪽.
출처: 노동부, 『임금구조기본통계조사 Tape』에서 작성.

과, 성이나 기업 내 직무배치, 승진, 임금결정과정에서의 차별적 요소 등 비합리적인 격차의 부분으로 분해하여 살펴볼 수 있다. 1998년을 기준으로 남녀임금격차 요인을 추정한 결과에 의하면 합리적인 격차 부분은 52.5%이었고, 비합리적인 임금차별 부분이 47.5%인 것으로 분석되었다. 즉 아직도 가부장제적인 성차별에 의한 임금격차 부분이 상당히 크게 나타나고 있는 것이다. 그러나 남녀임금격차 중에서 합리적으로 설명되지 않는 부분, 즉 성차별로 인한 부분은 1990년 56.1%에서 1998년 47.5%로 점차 줄어들고 있다(김태홍, 2000).[7]

즉, 1990년대 들어서면서 상용직을 기준으로 한 남녀임금차별은 부분적이나마 개선이 이루어졌고, 비합리적인 성차별도 다소 완화되어 가는 것으로 보인다. 그러나 여성취업자가 빠르게 비정규직화되고 있는 상황에서 이 같은 임금차별 개선이 여성취업자 전체의 임금차별 개선으로 해석될 수 있는지에 대해서는 좀더 분석이 필요하다. 즉 비정규근로자를 포함하여 남녀임금격차를 요인을 분해한다면 임금차별이 오히려 악화되었을 가능성도 충분히 있는 것이다.

2) 성별직종분리의 심화

노동시장에서 여성의 지위를 분석할 때 중요한 또 하나의 측면은 성별직종분리 체계가 얼마나 견고한가의 문제이다.[8] 성별 직종분리가 여

---

7) 남녀임금격차의 요인 분해 결과는 계산 추정 방식에 따라 결과가 다소 상이한데, 유경준(2001)의 경우에는 임금격차 중 차별적 요소라고 할 수 있는 부분이 1994년의 49%에서 1999년에는 57%로 오히려 증가했다고 지적하기도 한다.

8) 일반적으로 성별직종분리는 수평적 분리와 수직적 분리의 차원으로 구분된다. 수평적 분리는 각각 다른 직무의 유형(types)에 노동력이 분포되어 있는 것이고, 수직적 분리는 각각 다른 등급(grades)의 직무에 분포되어 있는 것이다(C. Hakim, 1979). 물론 이 분리는 고정적인 것이 아니고 기술발전에 따른 직무의 세분화와 계속적인 등급 위계의 변화에 따라 변하는 매우 역동적인 과정에 놓여 있다(Cockburn, 1988).

성의 고용지위에 미치는 영향은 분리체계가 견고할수록 남녀임금격차
의 확대와 여성집중업종의 상대적인 지위하락 등 부정적인 결과를 낳
는다고 보는 것이 일반적인 견해이다. 물론 경제위기와 같은 특수한 상
황에서 분리체계의 존재가 여성의 자리를 보장해주는 측면이 존재한다
는 연구도 있지만, 대다수의 연구들은 견고한 분리체계가 여성에게 이
득이 되기보다는 불평등을 확대하고 차별의 구조를 심화시키는 요인이
되고 있다고 지적한다(H. Bradely, 1999).

그렇다면 우리나라 노동시장에서의 성별분리체계는 여성노동력의 전
반적인 구조 변화 속에서 어떻게 변화하고 있는가? 1992년 직종분류체
계의 변화로 성별직종분리의 시계열 변화를 살펴볼 수 있는 기간은
1993년에서 2000년 사이다. 우리사회의 경우 관행적으로 '여성의 일'
과 '남성의 일'이 구분되어 있고 1980년 이후에도 이 같은 관행은 계속
완고하게 유지되고 있는 것으로 분석된다. 2000년 9월 여성은 77.0%
가 12개의 여성 직종에 종사하는 반면 남성은 69.2%가 15개의 남성부
문에 고용되어 있는 것으로 분석되어 성별분리의 정도가 매우 심한 것
으로 분석되고 있다. 특히 1990년대 들어 남녀임금격차는 완만하게나
마 격차가 해소되고 있는 것에 비해, 성별분리는 오히려 심화되어 여성
직종 12개에 종사하는 여성의 비중은 1993년의 70.4%에서 2000년에
는 77.0%로 늘어나고 있는 것을 볼 수 있다(장지연·이주희, 2001: 65).

여성이 집중되는 여성지배직종(여성의 비율이 70%가 넘는 직종)의 추이
를 보면 보건 및 간호 관련직, 개인보호 및 특수교육 관련직, 초등 및
학령 전 교육 관련직 등의 (준)전문직과 기타 비서·회계 등 단순사무직,
섬유봉제 관련 기능직, 미화원, 청소원 등 가사 관련 단순직이 이에 속
하는 것으로 나타나고 있다. 1980년대 대표적인 여성지배직종이었던
수공예 근로자와 같은 생산직과 상점 및 시장판매원 등의 판매직에서
는 1990년대 들어 여성근로자의 감소 및 남성근로자의 진출로 성비가
다소 개선되었으나, 특수학교 교사 및 초등교육 준교사 등의 (준)전문직
은 1990년대 들어 새롭게 여성지배직종으로 편입되는 양상이다(황수경,

2003: 63). 한편 1990년대 들어 성별직종분리의 또 하나의 측면은 여성의 임시·일용직의 증가로 인한 분리구조인데 2000년 9월에는 남성 직종에 종사하는 임금근로자의 63.7%가 상용직인 데 비해 여성 직종은 23.9%에 불과하여 여성 직종의 임시·일용직 비중이 높은 것으로 나타난 것이다(장지연·이주희, 2001: 66).

그런데 이렇게 완고한 성별직종분리 양상이 여성취업자에게 미치는 영향은 이 같은 여성지배직종이 대부분 저임금 업종이기 때문이라고 할 수 있다. 이들 여성지배직종 가운데 1999년을 기준으로 직종의 평균 임금이 25% 내에 들어가는 직종은 단 하나도 없고 (준)전문직과 일부 사무직이 상위 25%와 하위 25% 사이의 중위권에 속하며, 대부분의 직종은 하위 25% 수준에 해당되는 저임금 직종으로, 성별직종분리는 노동시장에서의 여성의 상대적 저위성과 관련이 깊은 것으로 분석된다(황수경, 2003: 63-65).

3) 취업여성 내부의 양극화

이상으로 노동시장에서 여성의 질적 지위를 가늠해볼 수 있는 대표적인 두 가지 지표를 살펴보았다. 남녀임금격차는 상용직의 경우 격차가 완만하게 해소되고 있지만 전체적으로 임금격차가 줄어들고 있다고 보기는 힘들다. 성별직종분리에 있어서는 여성집중직종에서의 내부적 변화는 진행되지만 남녀간의 직종분리라는 틀은 여전히 견고하게 유지되고 있는 것을 볼 수 있다. 즉 고용에서 가부장적 성차별 제도와 관행은 별로 시정되지 않고 있다는 것이다. 그렇다면 이 같은 남녀임금격차의 지속과 성별 분리의 지속은 성별 동질화(gender homogenization) 즉, 여성경험의 공통성을 의미하는 것이라고 보아야 하는가? 아니면 서구 사회에서처럼 여성노동력 내부의 격차 심화와 분절화를 통한 양극화로 보아야 하는가?

앞에서 살펴보았듯이 노동시장에서 성차별과 남녀간의 격차는 여성

노동력의 전반적인 구조변화에도 불구하고 여전히 지속되고 있다. 그런
데 이와 함께 1990년대 들어와서 고용관계의 모든 측면에서 드러나는
또 하나의 현실은 여성노동력 내부의 격차 또한 지속적으로 확대되고
있다는 점이다. 우선 여성노동력 구조의 가장 중요한 변화 중 하나인 비
정규직 근로자의 비율을 학력별로 보면 다음과 같다.

　여성은 남성에 비해 전체적으로 고용이 불안정한 비정규직의 취업
형태가 높을 뿐만 아니라, 학력이 낮을수록 임시·일고와 같은 비정규직
의 비중이 훨씬 높게 나타나는 것이다.[9] 학력별 상용직 비율은 여성의
경우 대졸 이상에서는 61.9%인 데 비해, 고졸은 28.9%, 고졸 미만은
15.8%에 불과하다. 즉, 고학력 여성은 상용직의 비율이 높은 데 비해,
저학력 여성은 대부분 비정규직으로만 취업하고 있는 상황을 보여주는
것이다.

　다음으로 학력별, 성별 임금실태를 살펴보기로 하자.

　학력별 임금격차를 보면 중졸 이하를 100으로 했을 때 대졸 여성과
의 임금격차는 지속적으로 확대되고 있어, 1995년에는 중졸 대비 대졸
여성의 임금이 100 : 196.3이었으나 1998년에는 100 : 212.4로 학력

<표 9> 성별·학력별 고용형태

(단위: 1,000명, %)

	여성			남성		
	상용직	임시직	일용직	상용직	임시직	일용직
고졸미만	255(15.8)	817(45.9)	651(38.3)	485(32.1)	564(31.8)	5/0(36.1)
고졸	597(28.9)	1140(51.7)	447(19.4)	2009(58.2)	1084(27.8)	506(14.0)
전문대졸	304(54.8)	211(38.5)	47(6.8)	469(74.7)	147(22.1)	20(3.2)
대졸이상	450(61.9)	252(34.2)	30(3.9)	1660(86.5)	223(11.7)	35(1.8)
계	1606(30.9)	2420(46.5)	1175(22.5)	4623(59.5)	2018(25.9)	1131(14.6)

주: 통계청, 『경제활동인구조사 부가조사』 원자료, 2000. 8.
출처: 장지연, 「고학력 여성의 경제활동 국제비교」, 여성학회 발표논문 자료집, 2001.

9) 여성의 고용형태는 2년 전인 1997년에 비해서도 전체적으로 악화되고 있는
　것으로 볼 수 있다. 권혜자(1999)의 연구에 의하면 1997년 경제활동인구연보
　원자료를 분석한 결과 여성 대졸자의 31.1%, 고졸의 43.1%, 중졸의 58.9%,
　중졸 미만 학력의 81.2%가 비정규 노동자였다.

별 격차가 훨씬 커지고 있음을 볼 수 있다. 이는 남성 내부의 학력별 격차보다도 훨씬 크다.

이처럼 여성 내부 격차의 확대 방향은 학력별로 매우 뚜렷하게 나타나고 있는 것으로 보인다. 대졸 이상 여성과 고졸 이하 여성은 고용의 안정성에서 차이가 크며, 1990년대 이후 남녀임금격차가 상대적 축소되고 있는 것과는 달리 여성 내부의 학력별 임금격차는 계속 확대되고 있는 것이다. 사실 대졸 이상 고학력 여성의 취업률이 매우 저조한 상황에서 저학력 여성과의 격차가 확대되는 양상을 서구사회의 고학력 여성과 저학력 여성의 양극화 현상과 그대로 등치시키기는 어렵다고 본다. 그러나 이는 여성노동력 내부의 격차 확대라는 새로운 불평등 양상이 우리 노동시장에서도 진행되고 있음을 시사한다. 또한 이제 여성노동의 문제가 남성노동력과 대비한 성차별의 문제로만 이해될 수 없으며, 좀더 복합적인 여성의 이해와 다양성이라는 기반 위에서 접근해야 함을 보여주는 것이다.

<표 10> 학력별·성별 임금격차[1]

	여성			남성
	1995	1997	1998	1998
중졸 이하	100.0	100.0	100.0	100.0
고졸	121.7	125.9	129.0	111.2
초대졸	139.4	139.9	146.5	118.9
대졸	196.3	207.2	212.4	164.5

주: 김태홍(2000), 146쪽 <표 IV-9>를 재구성.
출처: 노동부, 『임금구조기본조사보고서』, 각 연도.

4) 여성가구주의 빈곤과 주변화

여성가구주의 증가는 이혼 및 동거의 증가, 혼외출산의 증가 등 현대사회의 다양한 가족구조의 변화에 따라 우리 사회뿐만 아니라 세계 모든 곳에서 발견되는 일반적인 현상으로 지적된다. 그런데 문제는 여성

가구주의 증가가 단순히 가족구성의 변화만이 아니라 여성가구주 가구
의 빈곤과 직결되고 있다는 점이다.

우리나라의 여성가구주는 1975년 전체 가구의 12.8%에서 1985년
15.7%, 1995년에는 16.8%로 점차 증가하고 있는 것으로 보고되며, 여
성가구주의 발생원인도 변화하여 배우자의 사망으로 인한 경우는 점차
로 줄어드는 반면, 이혼이나 미혼으로 인한 여성가구주의 비율은 늘어
나는 추세이다(정미숙, 2001: 47). 여성가구주 가구가 어느 정도 빈곤한
상황인지를 보여주는 일관된 자료는 없지만 한국노동연구원이 행한
1998년의 한국노동패널조사에 의하면, 여성가구주 가구는 41.5%가 빈
곤상태로 남성가구주 가구가 18.3%만이 빈곤선 이하인 것과 비교된다
(장지연·이주희, 2001: 74).[10]

그런데 여성가구주가 이렇게 빈곤한 것은 이들이 취업하지 않거나
일하지 않기 때문이 아니다. 대부분 경제적 자립을 위해 항상 일을 하
고 있는데도 빈곤한 것은 불안정하고 주변화된 직종에서 일하고 있기
때문이다. 즉 이들은 전형적으로 일하는 빈민의 상황에 놓여 있는 것이다.

특히 경제위기와 이에 따른 여성실업의 증가는 이들 여성가구주의
빈곤을 더욱 가속화시켰다. 신자유주의 경제질서 아래 국가가 공공부문
의 서비스나 지원을 삭감한 것은 가구의 생계를 책임지고 있는 여성들
에게 재생산 부담을 가중시키게 된다. 가구소득 축소에 대응하여 이들
여성들은 지출을 최소화하고, 자신의 노동시간을 과도하게 연장함으로
써 소득축소를 보전하려고 한다. 이 같은 여성들의 대응은 결과적으로
여성들의 건강악화, 질병, 영양결핍, 교육투자의 감소 등으로 이어지며,
특히 여성가구주의 빈곤문제는 더욱 심각한 현상으로 드러나게 된다.
따라서 여성노동력의 주변화와 빈곤에 대한 사회적인 대책을 강구해야
할 것이다.

---

10) 이 분석에서 빈곤의 개념은 OECD에서 규정하는 상대적 빈곤의 개념으로
   구체적으로 가구의 소득이 중간 소득(median income)의 50%에 못 미치는 가
   구를 빈곤가구로 규정하고 있다.

5. 고용평등을 위한 과제와 전망

이상으로 우리나라의 산업화에 따른 여성취업구조의 전반적인 변화를 살펴보았다. 여성들은 산업화 전 기간 동안 활발하게 사회활동에 참여했으며, 취업 영역도 점점 확대되고 있다. 그러나 아직도 여성들의 경제활동참여는 낮으며, 특히 고학력 여성들의 취업 열망에도 불구하고 이들의 취업기회는 제한적이다.

1980년대 이후, 여성운동의 활성화와 여성의식의 고양으로 사회 전반에서 양성평등을 위한 법적·제도적 기반이 확충되기 시작했으며, 노동시장에서의 성차별을 해소하기 위한 노력도 한층 진전되었다. 1987년의 「남녀고용평등법」의 제정을 필두로 1995년 「영유아보육법」을 통한 직장보육 시설설치 의무 규정, 1996년의 「여성발전기본법」, 그리고 1999년의 「남녀차별금지및구제에관한법률」에 이르기까지 우리 사회의 성차별을 축소하고 양성평등으로 나아가기 위한 법적 자원은 지속적으로 확대되고 있다. 그러나 이 같은 법적·제도적 진전에도 취업현장에서 여성들이 경험하는 성차별과 불평등은 크게 개선되고 있지 않으며, 고용평등을 위한 여성노동의 과제는 산적해 있다.

첫째, 우리의 경우 노동력의 여성화는 진행되고 있지만 여성의 노동시장 통합은 여전히 불안정하고 제한적이다. 즉, 여성은 전체 노동력의 주요 부분이면서도 여전히 일하는 존재로서의 정체성보다는 부수적인 이차적 노동자로 인식된다. 이는 다시 말하면 전통적인 성별분업, 즉 남성=일, 여성=가정이라는 성별분업이 깨지지 않는 현실의 반영이다. 이러한 상황에서는 여성의 취업이 '남성=일, 여성=일과 가정'이라는 새로운 성별분업으로 고정화될 가능성이 높다. 이것은 여성의 이중부담만을 강화하는 것이다. 따라서 일/가정이라는 성별분업의 경계를 약화시키고, 남녀 모두의 경우 일과 가족을 병존하는 체계를 마련하려는 노력이 좀더 적극적으로 이루어져야 하리라고 본다.

둘째, 기혼여성노동자와 가족지원정책에 대한 적극적인 인식이 필요하다. 기혼여성의 취업이 크게 늘고 있지만 이들을 위한 사회적 지원체계는 여전히 미흡하고 이에 여성들은 아이를 낳지 않는 저출산이라는 개인적 전략을 사용하는 형편이며, 급기야 2002년 우리나라의 출산율은 평균 1.17명으로 세계 최하위의 수준에 이르렀다. 일과 양육의 선택 속에서 고민하는 여성들의 이 같은 선택은 이제 사회적 재생산을 위협할 수준에 이르고 있다. 최근 출산율 제고를 위한 부분적 정책이 제시되고 있지만, 우리나라의 모성보호정책은 아직도 형식적일 뿐이다(장지연, 2004). 서구 복지 사회에서는 이미 남성노동자만을 중심으로 하는 '남성부양자(male breadwinner model)' 복지모델의 한계를 넘어서기 위해 여성이 직장과 가족을 양립할 수 있는 각종 지원정책을 통해 양성평등한 '이인가구주-양육자(dual breadwinner/dual carer model)'의 모델로 이행하고 있는 상황이다(Rosemary Crompton, 1999). 우리사회에서도 실질적인 모성보호 및 보육의 사회적 분담률을 높여 여성의 지속적인 취업과 가정 양립을 위한 적극적인 지원책의 마련이 필요하다.

셋째, 급격하게 악화되고 있는 여성노동력의 비정규직화에 대한 본격적인 대책이 필요하다. 여성취업자의 70%가 비정규직인 현재 상황에서 여성의 취업은 여성의 일 정체성을 확립하기 위한 자원이 아니라 차별과 고용불안정의 불행한 정체성을 만드는 원인이 된다. 비정규직에게 정규직과 같은 대우를 해주고 정규직으로 전환하는 것은 물론 비정규직 여성노동자의 조직화가 진전되어야 하며, 비정규직 차별에 대한 근로감독의 강화 등 나양한 노력이 필요하다. 특히 비정규직 내부에서도 파견근로의 형태는 금지되어야 하며, 이를 통해 비정규직 내부에서 여성이 또 다시 주변화되고 차별되는 상황을 방지해야 할 것이다. 서구사회에서 여성의 시간제 노동이 증대하고 여성노동력의 전반적인 재구조화가 진행되었는데도, 직장과 가정이 양립할 수 있도록 지원하는 정책을 통해 다양한 근로형태가 여성에게 또 다른 선택이 될 수 있도록 노력하는 것처럼 우리 사회에서도 비정규직 여성의 차별에 대한 적극적인 지원정책이 마련되어야 할 것이다.

　이외에도 고용평등을 위해 해결해야 할 과제는 많다. 여성에게 평등한 취업과 직업훈련의 기회를 제공하고 아직도 남아 있는 다양한 여성고용차별을 해소하기 위한 적극적 조치의 활용도 확대되어야 한다. 또한 임금차별의 극복을 위해서는 성별, 고용형태별 차이를 넘어선 동일가치노동 동일임금 원칙의 실질적인 적용과 모성보호의 정착을 위한 관리 감독, 그리고 직장여성의 근무상황에 위협이 되는 직장 내 성희롱에 대한 좀더 강력한 조치가 요청된다. 최근 사회 전 영역에서 여성 차별에 대한 인식이 크게 제고되고 있고, 법적·제도적 개선도 꾸준하게 이루어지고 있지만 취업 현장에서 여성이 경험하는 차별은 여전하다. 우리 사회의 주요한 노동력이며 일과 노동을 통해 자신의 정체성을 구축하려는 여성들의 취업의식이 더욱 더 높아지는 상황에서, 실질적인 고용평등의 기반을 마련하려는 노력은 미래의 양성평등 사회로 나아가기 위한 가장 중요한 과제라고 할 수 있다.

■ 생각할 거리

1. 여성의 경제활동이 꾸준하게 늘어나는 상황에서 최근 우리 사회의 출산율은 급격하게 하락하고 있다. 여성의 경제활동과 출산율 하락의 관계에 대해 논의해보고 여성의 입장에서 올바른 정책의 방향이 무엇인지 생각해보라.

2. 비정규직의 급격한 확대는 남녀 모두에게 가장 심각한 노동문제로 대두되고 있다. 특히 여성의 70%가 비정규직으로 취업하는 최근의 상황은 여성의 고용상의 지위는 물론 생존권을 위협하는 주요 원인으로 지적된다. 여성 비정규직 증대의 원인과 현실 및 특성, 그리고 대응책을 생각해보자.

3. 1980년대 이후 여성의 학력은 크게 상승되었으나, 고학력 여성의 취업률은 매우 저조한 상황이다. 우리 사회에서 특히 고학력 여성의 취업률이 낮은 이유를 살펴보고 이에 대한 해결책은 무엇인지 생각해보자.

■ 읽을거리

강이수·신경아. 2001, 『여성과 일: 한국여성노동의 이해』, 동녘.
조순경. 2000, 『노동과 페미니즘』, 이화여자대학교 출판부.
황수경. 2003, 『여성의 직업선택과 고용구조』, 한국노동연구원.
또 하나의 문화. 1999, 『여성의 일찾기 세상바꾸기』, 또 하나의 문화 제15호

제3장 여성농민의 현실

오미란

1. '농촌여성'에서 '여성농민'으로

오늘날 '평등'과 '분배'에 관한 정의의 실현은 인간의 삶의 질을 높이고 사회의 민주화를 실현하는 중요한 척도이다. 특히 평등의 문제 중에서도 '양성평등'의 실현은 현재 한국사회의 중요한 사회정책과제로 제기되고 있다. 이렇듯 '양성평등'정책의 실현을 위한 사회 환경은 여성운동의 발달과 더불어 지속적으로 확대되는 추세지만, 농촌인구의 절반을 차지하는 여성농민의 삶의 질 향상에 관한 사회적 관심은 줄어들고 있다. 이러한 현상은 전체 경제구조에서 농업·농민의 비중이 하락하는 것과, 그리고 농촌에 대한 사회적 관심의 감소와 궤를 같이 한다. 그러나 여성농민에 관한 사회적 관심이 감소하는 것과는 달리 농업·농촌에서 여성농민이 차지하는 역할은 오히려 점점 증대되고 있으며 여성농민 스스로의 주체성을 확립하기 위한 여성농민운동은 1980년대 후반 이후 지속적으로 확대되고 있다.

자신들이 당면한 사회적 현실을 개선하기 위한 여성농민들의 운동은 1980년대 중반부터 시작되었다. 1980년대 들어서면서 정부의 수입개방정책으로 농축산물 가격이 폭락하자 여성농민들은 '텃밭'을 박차고 '아스팔트농사(거리투쟁)'에 나서기 시작했다. 여성농민들의 이러한 변화

◀ 2004. 1. 8. '한·칠레 자
유무역협정'을 반대하는
농민집회(전국여성농민
회총연합 제공).

는 지속적으로 확대되어, 1991년에 전국 최초의 여성농민운동 조직인
'전국여성농민회총연합'이 조직되었으며, 1996년에는 '(사)한국여성농
업인중앙연합회'라는 전국 규모의 자발적인 여성농민조직이 탄생하게
되었다.

　이렇듯 여성농민들의 사회참여는 1980년 중반 이후 적극적으로 전개
되었지만 농업구조의 변화나 농촌사회의 해체과정이 여성농민의 삶을
어떻게 재편했고 여성농민들이 여기에 어떻게 대응해나갔는지에 대한
연구는 매우 드물다. 기존의 1970년대 연구들은 국가 주도의 근대화과
정에서 농촌여성의 역할에 주목하고 있고 1980년대 연구의 대부분은
농업의 변화에 따른 여성농민의 노동력 변화에 주목하고 있다. 1990년
대에는 전체 여성운동의 활성화에 영향을 받아 여성농민을 둘러싼 연
구는 여성농민의 정체성에 대한 철학적 물음과 여성농민의 삶을 억압
하는 제도적 개혁에 관한 연구가 진행되었으나 1990년대 후반부터는
여성농민에 관한 연구를 거의 찾아보기 어려워졌다. 이 장에서는 농촌
여성이라는 공간적 개념을 전복하고 농민이라는 계급적 정체성을 확연
히 드러내기 시작하면서 당당히 '여성농민'[1]이라는 새로운 개념을 만

_____

1) 기존 연구에서 여성농민은 농가주부, 농촌여성, 농촌부녀, 여성농업인 등 다
　양한 용어로 지칭되고 있다. 주부, 여성, 부녀 등의 개념에는 농촌에 살고 있
　는 결혼한 여성이라는 공간적 분화의 의미만 포함될 뿐, 농업생산의 주체라는
　계급적 의미를 포함하고 있지는 않다. 본 연구에서 여성농민이란 용어는 기존

들어낸 1980년대의 여성농민의 삶의 변화과정을 살펴보려고 한다. 특히 1980년대 농업의 변화, 농촌의 해체과정이 여성농민의 삶에 미치는 영향을 분석하고 여기에 여성농민들이 어떻게 대응해나갔지를 살펴볼 것이다.

2. 1980년대 농업·농촌구조의 변화와 여성농민

1) 농업생산구조의 변화

1970년대에 산업화가 급격하게 진행됨에 따라 산업노동력의 필요성이 증대되어 농촌의 젊은 인력이 도시로 '이농'하는 '이촌향도' 현상이 진행되었다. 이른바 '한강의 기적'이라 불렸던 산업화는 '수출'을 지상 최대의 목표로 했고 공산품의 수출 가격경쟁력을 확보하기 위해서는 노동자들의 저임금기조를 유지하는 것이 필수적이었다. 저임금기조는 농촌으로부터 지속적으로 값싼 노동력을 보충하고 저농산물 가격정책을 유지하여 도시근로자들의 생계비용을 최소화함으로써 가능했다. 저농산물 가격을 유지하기 위해 정부는 값싼 외국산 농축산물을 다량으로 수입했다. 결국 외국 농산물 수입은 농산물 가격 폭락으로 이어져 농가의 파탄을 가져왔고 농업은 급격하게 해체되기 시작했으며 농민들은 빚더미에 묻히든가 농촌을 떠나 도시의 저임금노동자로 전락하든가 둘 중 하나의 삶을 선택할 수밖에 없었다. 이러한 농업현실 때문에 농촌의 공동화 현상은 가속화되고 농업생산구조는 미곡 중심에서 상업적 농업의 증대와 영세소농의 급격한 몰락으로 이어졌다.

<표 1>을 보면 농업취업자 비중은 해마다 감소하고 있고 특히 1970년 이후 남성농업자 비율은 10%가 감소한 반면 여성은 오히려 10%

에 사용된 개념과는 다른 농업생산의 주체라는 계급적 의미에 한정하여 사용했다.

<표 1> 농림업취업자 현황

구분	농림업취업자	성별	
		남성	여성
1970	4,826	58.4	41.6
1975	5,123	58.5	41.5
1980	4,433	56.2	43.8
1985	3,554	55.7	44.3
1990	3,152	55.0	45.0
1995	2,424	51.4	48.6
2000	2,795	48.8	51.2

출처: 경제기획원, 『경제활동인구연보』, 각 연도

가 증가하여 2000년에는 51%로 절반 이상을 차지하고 있음을 알 수 있다. 이는 농업생산에서 여성의 역할이 남성보다 더 증대했음을 의미한다. 여성농민들의 농업참여 비율이 증대한 것은 한국의 농업구조가 가족농 중심의 소농생산양식인 것과 밀접하게 연관되어 있다. 특히 1980년대 농업생산구조의 변화과정에서 여성농민의 삶에 가장 크게 영향을 미친 요인은 '이농'과 '상업작물재배'이다.

첫번째 요인인 '이농' 현상이 미친 영향은 농업노동의 노령화·여성화로 나타났다. 1970년대부터 지속적으로 진행된 젊은 노동력의 도시유출은 농업노동력의 부족과 농업노동의 임금상승을 부추겼다. 이에 따라 소농 중심의 가족농구조로 유지되어온 한국농업의 생산구조는 필연적으로 가족성원 중 누군가의 노동으로 이를 충원했다. 가족농구조의 특징은 농업생산노동을 가족의 노동력에 의존하여 영위하는 것이기 때문에, 가족구성원의 변화가 농업노동에 미치는 영향은 절대적이다. 따라서 '이농'으로 인한 젊은 농업 후계 세대의 유출은 농가 노동력의 재생산을 불가능하게 만들었다. 이농으로 인한 노동력을 보충하는 수단은 부분적인 기계화와 여성농민 및 노인의 농업노동참여의 증대를 낳았다. 이로 인해 여성농민의 노동참여가 급격하게 진행된 것이었다.

두번째 요인인 상업 작물재배는 여성농민의 계절적 노동제한 현상을 극복하고 사시사철 노동으로 전환시켰다. 논농사 중심의 식량작물에 의

존했던 농업생산에서 1980년 이후 노동집약적인 상업 작물로 전환한 것은 여성농민의 노동형태를 급격하게 변화시켰다. 하우스나 상업적 밭 작물의 재배로 여성농민은 농번기, 농한기라는 계절적 노동참여의 한계를 벗어나 사시사철 농업노동에 종사하게 되었다. 특히 상업작물의 특성은 잔손이 필요한 단순노동이 대부분이어서 수도작 지역의 여성농민들보다 훨씬 더 많은 노동력을 투여하며 농부증, 하우스병, 농약중독 등 만성적인 농민직업병에 노출된다.

이렇듯 1980년대 농업구조의 변화는 농촌 노동력의 절대부족에 따른 노임 상승으로 여성농민의 농업노동참여를 증대시켰고, 고용노동을 기피하고 가족노동에 의존하는 한국의 농업생산구조는 여성농민의 노동력을 적극 활용하여 유지되었다.

2) 수입개방과 농업정책의 변화

1970년대 이래 세계보호무역주의의 등장과 1980년대 가속화된 미국의 농축산물 수입개방 압력 속에서 대미 종속적인 한국경제는 '공산품 수출을 위한 농산물시장 개방의 불가피론'을 주장하면서 국내 농산물시장을 완전히 개방하게 되었다. 수출 주도형 산업정책의 일환으로 전개된 농산물 수입개방정책은 미국이 한국공산품의 수입규제를 완화하는 대가로 쌀을 제외한 국내 농산물시장을 완전 개방한다는 조건이었다.

이러한 개방농업정책(이하 개방농정)의 기본내용은 외국농산물의 도입을 통해서 국내 곡가를 최대한 낮게 유지하고 이로 인한 농가소득의 악화를 복합영농2)과 농촌공업화로 보완한다는 정책이다. 즉 소규모 농가는 농촌공업화를 통해 소득문제를 해결해주면서 점차 재촌탈농(이농하지 않고 농촌에 살면서 농사 대신 공장 취업 등 다른 소득으로 살게 하는 것)시키고 농가경쟁력 강화를 위해 저농산물 가격하에서도 견뎌낼 수 있는

---

2) 복합영농이란 곡물생산 위주의 농업경영 대신 축산, 과수 등의 생산방식을 추가하여 농가의 소득원을 다변화하는 영농방식을 말한다.

대규모 전업농과 기업농을 육성한다는 것이다(한국농어촌사회연구소, 1999: 109). 이러한 정책기조는 2004년 현재까지도 지배적인 농업정책으로 지속되고 있다.

개방농정으로 외국농축산물 수입이 급증하자 식량자급율은 1970년대의 70%에서 1980년 후반에는 38%대로 하락했으며, 상업적 농업은 급격히 확산되기 시작했다. 그러나 개장농정의 실시로 농산물의 가격폭락이 연이어 일어나 농가경제는 파탄위기로 내몰리게 되었고, 농가부채는 1980년의 12.6%에서 1988년에는 38%로 급격히 증대되었다.

외국 농축산물 도입과 이에 따른 복합영농사업의 실패, 그리고 지속되는 저곡가로 농가경제가 극도로 악화되자 대안으로 제시된 것이 농촌공업화이다. 1983년의 「농어촌소득원개발법」과 1986년의 '농어촌종합대책'을 통해 적극화된 농촌공업화는 많은 특례를 통해 자본을 농촌에 적극 유치하고, 농가의 고용력을 높여 농외소득을 증대시키려는 정책이었으나, 실제로 농민들을 단순노동에 고용하는 효과만 얻었을 뿐, 인구의 도시유출과 농가파탄을 막아내지는 못했다. 농촌공업화 현상은 기술이 없는 농가의 노동력을 저임금 단순노동에 고용하여 농민들의 노동량에 절대적인 증대를 가져왔다. 특히 여성농민들은 단순노동의 주요 대상이었는데, 농번기에는 농업노동에 종사하고 농한기에는 미역공장, 김공장, 통조림공장 등에서 일했다. 또한 소농이나 빈농 여성들은 아예 농사일을 부업으로 하고 공장일을 주업으로 하는 반농반노(半農半勞) 형태로 사시사철 노동자로 전락하여 파탄에 이른 농가경제를 유지하는 역할을 했다.

3) 농가현금수요의 증대

농가현금 수요는 농업생산 및 생활조건의 개선을 위한 생산성자금과 교육이나 의료, 기타 가계성 자금인 생계형 자금으로 나눌 수 있다. 1980년대에 상업적 농업으로의 전환이 늘어난 것은 영농을 위한 시설투자

비용을 증대시켜 농가의 생산성 자금규모를 급격하게 증대시켰다. 또 젊은 노동력이 도시로 집중함에 따라 농업기피 현상이 극심해졌고 농민들은 자녀들을 도시로 유학 보냈기 때문에 교육비 지출이 비약적으로 늘어났다. 농림수산부의 통계를 보면 전체 가계비 중에서 농가의 음식물비나 피복비는 1980년부터 1989년까지 지속적으로 감소한 반면 교육비는 두 배 가량 증대했다. 이는 대다수의 농민들이 자녀 교육을 통해 상향이동의 기회를 가지려 했고, 따라서 농가경제가 악화되어도 교육비를 우선적으로 지출했기 때문이다. 농민들은 말 그대로 허리띠를 졸라 못 먹고 안 입으면서 자식들을 뒷바라지했던 것이다.

농업생산자금과 교육비 등 생계형 자금과 더불어 1980년대 농가의 현금수요를 급격히 증가시킨 또 다른 요인은 가전제품의 보급이다. 농촌에서 문화용품, 가전제품이 급격히 증대한 것은 1980년대 중반부터이다. 컬러 TV는 1980년 1.3%에서 1986년 38.9%로 증가했고 냉장고와 선풍기 전기밥솥 등 모든 가전제품이 같은 기간에 3배 이상 증가했다(농협중앙회조사년보 각 연도). 생활용품의 기계화는 현금수요의 증대를 부채질 했고 가사노동의 부분적 기계화는 여성농민의 가사노동시간을 단축시키는 효과를 가져왔으나 이로 인해 농가의 현금수요는 급격히 증대했다. 이로 인해 여성농민들은 현금창출을 위해 상업농과 농외소득원을 찾아 몸을 혹사하는 중노동을 하게 되었다.

3. 1980년대 여성농민의 사회적 지위와 역할

사회의 변동이나 발전은 사회구성원의 지위와 역할 중 어느 하나 또는 둘 모두의 변동을 통해 이루어지는 것이라 할 수 있다(이남구, 1984). 사회변동과정에서 역할의 증대는 일반적으로 지위를 향상시키지만, 여성농민의 경우에는 농업생산이나 농가경제의 소득 창출원으로서의 역할은 비약적으로 증대되었으나 여성농민의 지위는 그에 상응하지 못하고 있다. 여성농민의 삶의 현실과 역할의 변화에 가장 중요한 영향을 미치는 것은 '노동(일)'의 변화이다. 노동 중에서도 직접적인 소득과 관련된 농업노동은 결정적인 영향을 미친다. 여성농민에 관한 대부분의 연구들이 농업구조의 변동에 따른 노동력 구성의 변화에 주목하고 있는 것은 바로 이 때문이다. 따라서 농업생산과정에서 여성농민의 노동이 어떤 형태로 존재하고 있는가는 여성농민의 지위를 규정하는 핵심적 요인이다. 그러나 여성농민의 지위는 일터(노동의 장)와 살림터(생활의 장)가 제대로 구별되지 않는 농업생산 구조의 특성과, 폐쇄적이며 봉건적인 농촌문화구조 등 일면적 요인보다는 종합적 요인에 의해 규정받는다. 따라서 서선희, 이수애(1997)는 여성농민의 삶을 제대로 분석하기 위해서는 농촌지역문화, 농업구조, 가족구조의 특성이 총체적으로 반영되어야 한다고 지적한다. 또한 조옥라(1997)도 여성농민의 지위와 역할을 제대로 평가하기 위해서는 농업생산조건의 차이(경지규모, 작목, 연령층)와 농촌의 문화적 요인 등이 총체적으로 반영되어야 한다고 지적한다. 여기서는 농업생산, 사회제도, 농촌문화 등과 관련하여, 구체적인 분석보다는 간략한 현황을 통해서 여성농민의 사회적 지위와 역할을 살펴보겠다.

1) 농업생산에서 성차별의 지속

통계청의 조사결과에 의하면 전체 경제구조에서 농업이 차지하는 비중은 2001년에는 10% 내외로 낮아졌고, 농가인구 역시 전체 인구의 8.7%로 최근 20년간 매년 지속적인 감소세를 보이고 있다. 이 중 여성농민은 전체 농가인구의 51.77%를 차지하고 있으며 농업노동에 대한 참여율은 1970년의 32.4%에서 지속적으로 높아져 2001년 현재 전체 농업생산 노동의 51%를 담당하고 있다(통계청, 각 연도). 따라서 농업과 농촌의 유지에서 여성농민의 역할이 매우 중요해지고 있음을 알 수 있다. 특히 농업생산에서 여성농민의 역할은 농업생산 조건이 열악해질수록 지속적으로 증대되는 것으로 보아 한국농업의 희생양이 되고 있음을 알 수 있다.

농업생산과정에서 여성농민은 소유와 경영에 관해 주체적으로 참여한 것이 아니라 노동과정에 대해 노동력만 제공했을 뿐이다. 즉 여성농민은 농업노동에 대한 역할이 증대되면 될수록 생산과정에서는 점점 주변화되고, 보조자적 위치에 머물게 되었다.

(1) 생산수단의 소유·이용에 관하여

농업생산의 가장 중요한 수단은 농지와 농기계이다. 그 중에서도 농지소유의 경우, 단순히 생산수단으로서만이 아니라 정부정책자금 및 경영에 관한 지원정책에서 대상 판단에 중요한 근거를 제공하기 때문에 개인의 지위를 결정하는 데에 매우 중요한 역할을 한다. 그러나 여성농민의 농지소유는 특별한 경우가 아니면 불가능한 것이 현실이다. 여성농민들이 농업생산 이익금을 통해서 농지를 구입한다는 것은 턱없이 비싼 우리나라 농지가격의 현실에서 불가능한 일일 뿐만 아니라 농지구입의 필요성조차 갖고 있지 않다. 현재 농지를 소유하고 있는 여성농민들(농림부의 2003년 통계에 의하면 현재 자기 명의의 땅을 소유한 여성농민은 16.2%이다) 경우 대부분 남편의 사별로 토지를 상속했거나, 의도적으로 부부공동명의로 토지를 등기한 경우를 제외하고는 거의 없다. 특히 자식 위주의 유산분배 원칙을 가진 우리나라에서는 노령화된 여성농민이 토지상속을 하지 않고 아들 중심으로 농지를 상속시키는 경우가 많아 여성농민들의 농지소유는 특별한 경우를 제외하면 향후로도 불가능할 것으로 보인다.

농업생산에서 농지 못지않게 중요한 생산수단은 농기계인데, 농기계 역시 남성의 소유로 되어 있을 뿐만 아니라 남성들이 주로 이용한다. 여성이 주로 담당하는 밭농사의 경우 기계화가 부진하며 각종 농기계는 남성을 대상으로 여성에게 부적합한 구조로 개발되어 여성의 상용을 어렵게 하고 있다. 이러한 요인들은 여성의 노동생산 과정에 대한 결정권을 저해하고 여성노동을 부차적이며 주변적으로 만드는 요인이다. 즉 여성농민에게 주어진 농업생산자로서의 지위에는 일할 권리만 있을 뿐, 그 노동에 적합한 지위를 누릴 권리는 차단되어 있는 셈이다.

(2) 농업경영과정에서의 남성 중심적 의사결정

진정한 농업생산의 주체는 농작업의 시작에서 자신이 생산한 농산물의 관리, 수확, 판매에 대한 공동의 권리를 가져야 하지만, 여성농민의 경우는 농사일과 관련한 각종 사안에 결정권이 없으며, 주로 남편이 결정권을 가지고 있다. 이는 여성농민의 노동참여가 증대한 것과는 매우 대조적이다. 농사일정과 품종선택, 영농자재 구입, 노동력 조달, 농산물 판매, 농지구입 및 매각 등에 관한 의사결정은 전적으로 남성에 의해 이루어지고 있어 공동 경영권은 차치하고 완전히 배제되어 있는 경우가 대부분이다. 여기에 대해서는 많은 연구결과가 있는데, 대표적으로 농촌경제연구원(이하 농경련)의 1992년 자료를 보면 농업경영구조에서 여성농민의 지위를 한 눈에 알 수 있다.

<표 2>를 보면 여성농민이 자신의 영농에 대해서 혼자서 결정하는 비중은 10%를 넘지 못하고, 그나마 가장 높은 결정권은 노동력을 조달

<표 2> 여성농민의 농업관련 의사결정 참여 정도

(단위: %)

구분	농사일정	품종선택	영농자재구입	농업노동력조달	농산물판매	농지구입과매각
거의 여성농민 혼자 결정	5.6	4.8	6.5	9.4	6.7	4.0
여성농민이 주가 되어 남편과 상의해서 결정	11.2	11.4	10.3	12.3	12.4	7.9
남편이 주가 되어 여성농민과 상의해서 결정	47.7	45.7	43.0	42.5	46.7	46.5
거의 남편혼자 결정	29.0	31.4	32.7	29.3	27.6	32.7
기타	6.5	6.7	7.5	6.5	6.6	8.9
전체	100.0	100.0	100.0	100.0	100.0	100.0

출처: 농촌경제연구원, 1992년 조사자료.

하는 문제에 불과하다. 즉 품앗이나 고용노동이 필요할 때만 여성농민의 결정권이 높게 나타난다. 그러나 누가 주도하든 상의해서 결정하는 일의 비중이 절반 이상을 차지한다는 점은 가족농이 공동영농으로 전환할 수 있는 여지를 보여주고 있다. 경영과 관련되어 남편 혼자 결정하는 비중이 가장 높은 것은 농지구입과 매각, 영농자재 등이며, 일반적으로 경영의 핵심 부분은 60% 정도가 남성에 의해 결정되고 있다. 이는 농가경영이 여전히 남성 중심적인 지배구조를 가지고 있음을 알 수 있다. 즉 여성농민은 경영자로서의 주체성을 갖기보다는 경영의 보조자 또는 조력자로서의 지위를 가지고 있는 것이다.

(3) 각종 기술 및 정보에서의 소외

농업구조의 다양한 변화는 생산자인 농민에게 다양한 농업기술·기계 조작기술과 정보 수집 및 다양한 교육을 필요로 한다. 그러나 여성농민들은 이런 변화와 정보, 교육의 대상이 되지 못한다. 여성농민들은 영농정보를 남편의 어깨 너머로 듣는 경우가 많고 영농교육에 대한 적극적 의사가 있어도 남성과의 혼성 교육으로 인해 농사일정 차질에 대한 우려나 아이 양육 등의 어려움이 있고, 정보 경로에 대한 인지가 늦어 능력을 발휘하기 어렵다. 이와 같은 여건과 함께 "일이나 열심히 하면 되지 여자가 그런 것까지 해야 하냐"라는 소극적인 생각 때문에 농업생산과 관련된 여러 활동을 경험하지 못한 채 생산주체, 전문경영인으로 성장하는 데 결정적인 한계를 갖게 된다.

1980년대 여성농민 관련 교육은 농촌진흥청과 생활개선회, 농협 등을 통해 이루어졌는데, 농가부업, 레크리에이션, 꽃길 가꾸기, 부엌개량 등 일상생활과 관련된 것이 대부분이고, 새로운 영농기술이나 농기계 교육은 거의 없었다. 최근 농업후계세대의 단절로 여성농민의 전문농업인 육성화정책이 부분적으로 시행되고 있지만 여전히 미흡한 현실이다.

이렇듯 농업생산구조에서 여성농민의 역할증대와 지위의 불균형 때문에, 여성농민의 농작업 내용과 역할은 주변적이었다. 특히 여성농민

은 농업기술 수준이 낮기 때문에 여성농민의 농작업 내용은 단순노동
이 대부분이며 기계화 정도가 낮아 노동생산성이 낮게 평가되고 있다.
따라서 상업적 농업의 증대로 여성농민의 노동참여는 점점 늘어나지만
현재의 농업생산구조에서 여성의 노동생산성은 계속 낮아진다. 결국 농
업생산구조의 변화는 여성농민의 중노동을 감소시키기보다는 농민계급
내의 성적 차별을 강화시키는 결과를 초래했다. 그 결과 여성농민은 아
무리 열심히 일을 해도 농가경영자로서가 아닌 농업노동자의 지위에
머무를 수밖에 없었다.[3]

2) 사회제도적 소외의 심화

농업부문에서 농민의 지위는 경영주, 농업 주종사자, 무급 가족종사
자로 구분된다. 경영주란 농사에 대하여 의사결정권을 가진 사람으로
재배할 작물의 결정, 비료·농약 등 농자재의 구입, 인부의 고용, 수확물
의 처분 등 농사일에 대하여 책임을 가지고 총괄하는 사람이다. 농업
주종사자란 농가의 가구원 중 만 15세 이상으로 농사에만 종사했거나
농사 이외의 일에 종사했어도 농사종사기간(또는 농업수입)이 이외의 일
에 종사하는 기간(또는 농외 수입)보다 많은 농가인구이다. 무급 가족종
사자는 농업과 관련이 없는 가구원이다. 여성들의 법적 지위는 대부분
무급 가족종사자로 분류된다.
1980년대 여성농민의 법적 지위는 무직으로 분류되어 각종 피해보상
이나 연금 등 제도적인 면에서 철저히 소외되었을 뿐만 아니라 1가구

---

3) 농업농촌기본법 시행령에서 규정하고 있는 농민의 범주는 ① 연간 100만 원
   이상 농산물 거래 실적이 있거나 ② 100일 이상 농사일에 종사했거나 ③ 300
   평 이상의 농지소유자를 말한다. 여성농민의 경우 농협의 조합원이 아닌 경우
   가 대부분이고 농산물 판매의 형태가 무자료 시장 거래 형태가 대부분이라서
   연간 100만 원 이상의 농산물 거래 실적을 증빙하기가 어렵다. 또한 농지 소
   유는 대부분 남편 명의로 되어 있고, 100일 이상 농사일에 종사했다는 증빙
   을 발급해주는 주체기관이 불분명하여 농가경영자로서 지위를 인정받기 어려
   운 것이 현실이다.

1인 중심으로 규정된 각종 농업관련법(농협, 농업정책자금, 농지개량조합
등)에서 여성농민은 남편이 있는 한 조합원이 될 자격조차 가질 수 없
어 각종 행정과 사회조직에 참여하는 것이 원천적으로 봉쇄되어 있었
다. 1990년대 후반부터 여성농민정책 담당관실을 설치하고 농협법 등
농업 관련법들을 대폭 개정되어 여성농민의 참여폭이 제한적이나마 확
대되었으며, 농업후계자 선정에서 여성농민 할당제 등이 도입되어 부분
적인 개선이 이루어지고 있긴 하지만 현재까지도 여전히 여성농민에
대한 법적지위는 무급 가족종사자 이상의 지위를 부여하지 않고 있다.

3) 재생산노동과 농촌사회의 가부장제 문화

(1) 여성농민의 재생산노동

농업생산의 특성상 농사일과 가사일의 구분이 불명확하기 때문에(고
용노동을 사용할 경우에 인부들의 식사준비와 가사노동이 동시에 수행된다든
지 고추말리기, 야채말리기, 손질하기 등이 생활공간인 집에서 이루어진다든지
하는 것) 여성농민의 재생산노동은 제대로 평가되기 어려운 점이 있다.
여성농민의 재생산노동은 일반여성들과 마찬가지로 가사노동의 수행과
자녀의 출산·양육이다. 여성농민의 경우 생산노동에서의 역할 증대에도
불구하고 재생산노동은 전적으로 여성의 역할로 규정되어 있다. 김주숙
(1990)의 조사 결과를 보면, 가사 일에 대한 주부 담당 비율은 94%였고
부부 중심적 가족구조에서 가사보조자는 남편밖에 없지만, 남편은 거의
가사 일을 돕지 않는 것으로 나타났다. 또한 출산이나 양육에 대한 사
회보조시설인 탁아시설이나 아동교육시설이 없어서 젊은 여성농민들의
경우, 농사일에 참여하지 못하거나 아이들을 방치하고 농사일을 돕다가
아이들이 농기계사고를 당하는 등 아이들의 안전을 위협받는 일이 발
생하기도 한다. 즉 여성농민의 재생산 역할을 도와줄 시설과 자원이 거
의 없다. 최근에는 이에 대한 보완책으로 출산의 경우에 한정하여 농가
도우미제도가 시행되고 있고 탁아시설이나 아동교육시설이 설치되긴

했지만 여전히 부족한 실정이다. 특히 가사노동공간의 변화(입식 실내 부
엌 등)로 남성들의 가사노동참여가 부분적으로 이루어지고 있긴 하지만
농촌지역의 오랜 봉건적 관습으로 인해 재생산노동은 주로 여성농민의
몫으로 남겨져 있다.

  (2) 농촌사회의 가부장문화
  농업노동과 관련된 여성농민의 역할과는 달리, 농촌사회의 변화과정
에 따른 여성농민의 삶의 변화는 오랜 관습과 전통, 씨족구조, 마을 내
의 풍습 등 다양한 요인에 의해서 영향을 받기 때문에 외부로 잘 드러
나지 않는다. 이는 농촌지역이 가진 특징으로 첫째, 전통적 생활인습과
가족주의적 의식이 많이 남아 있는 소규모의 지역사회라는 점과 둘째,
외부환경에서의 정보의 유입이나 변화가 더디게 전달된다는 폐쇄적 특
징 때문이다. 농촌지역에서는 산업구조에 의해서 형성된 사회적 관계망
보다는 씨족, 혈연, 지연, 학연에 의한 연줄 망이 지배적인 영향을 미친
다. 특히 수십 년 동안 고정된 공간에서 귀속적 지위에 의해 관계가 형
성되고, 익명성이 보장되지 않는 특성 때문에 체면이나 주위의 시선에
서 개인들의 삶이 자유롭지 못하다. 여성들의 경우 대부분 타지에서 결
혼을 통해 지역사회로 편입해 들어오기 때문에 본래는 자유롭지만, 농
촌지역의 보수적 특성 때문에 본인의 의사와 무관하게 시댁의 관계망
에 의해 활동범위나 삶의 양식이 규제를 받는다.
  여성들과 지역사회 전체의 관계는 대부분 마을이나 면의 범주를 벗
어나지 않고 군 지역까지 확장될 경우 남편의 관계망에 의존하는 형태
를 띠고 있다. 따라서 여성농민의 삶에 영향을 미치는 농촌사회구조에
서 일차적이고 근본적인 것은 가족구조이다. 특히 시댁과의 관계(또는
남편의 사회적 지위)가 가장 밀접한 연관을 지니고 있다. 두번째로 여성
농민들의 삶에 영향을 주는 요인은 마을이다. 농촌지역의 특성상 마을
은 외부에 패쇄적인 동시에 내부에 지나치게 억압적이다. 도시와는 달
리 생활의 익명성이 보장되지 않기 때문에 마을 내의 관습이나 생활형

태의 차이는 개인 삶의 사사로운 부분까지 노출되기 때문에 여성농민의 삶은 마을 내의 규범에 많은 영향을 받는다. 그러나 농촌지역의 이러한 특성이 개인의 삶을 규정할 때는 억압적 요인으로 작용하기도 하지만 집합적 정체성을 드러낼 때는 유용한 측면을 제공하기도 한다. 특히 농민들의 이해나 마을의 이익을 둘러싼 투쟁, 전체 마을 주민들의 행사, 마을 애경사가 치러질 때 이런 특징은 훨씬 두드러진다. 이 과정에서 여성농민들은 주도적으로 행사를 기획하고 참여하기보다는 부분적인 프로그램에 참여하거나 식사를 해결하는 담당자로서 활동한다.

최근에는 여성농민들이 담당했던 마을공동문화의 유지 및 마을의 유대감을 강화하는 마을일은 농촌공동화 현상이 가속화되면서 젊은 여성노동 일손의 부족으로 지역의 고유한 행사를 치르거나 마을의 전통을 보존하는 역할을 불가능하게 만들고 있다. 이로 인해 마을 주민들이 함께 모여 슬픔이나 축하를 나누는 의례들은 점점 사라지게 되었다. 특히 마을 공동으로 액맥이 굿이나 성황당, 저수지 용신제 등 마을 고유의 행사를 치렀던 곳들도 이제는 음식이나 행사의 뒷바라지를 담당해왔던 여성농민들이 없어서 치르지 못하고 유야무야되는 경우가 늘어나고 있다. 최근에는 매스컴 등 정보매체의 영향과 더불어 생활공간이 아파트처럼 실내 중심으로 변경됨에 따라 개인의 사생활 보호가 우선적인 형태로 되고 생산노동과 가사노동의 공간적 분화를 가능하게 만드는 요인이 되어, 여성농민의 사적 생활에 대한 마을 내의 규제는 서서히 완화되고 있다.

4. 1980년대 여성농민운동의 전개과정

여성농민조직은 1950년대에는 농촌진흥청에서 만든 '생활개선-구락부'(1990년대 생활개선연합회로 전환), 1960년대에는 보사부에서 피임 등 가정생활 관련 조직활동을 전개했던 '부녀교실'과 '가족계획어머니회'

(현재는 농촌의 가임여성 숫자의 절대적인 감소로 유명무실화 됨), 1970년대는 농협이나 관과의 관계에서 공식적 대표성을 지닌 '새마을-부녀회'가 전부였다. 이들 조직의 특성은 국가 중심의 동원조직이라는 점이었다. 관 중심 동원조직에서 여성농민의 자주적인 대중조직이 태동하기 시작한 것은 1980년대 중반부터였다. 1980년대에 전개된 전 국민적인 민주화투쟁인 1987년 6월 항쟁으로 시민사회의 성숙이 있었다면, 여성농민운동에서는 농축산물 수입개방을 둘러싼 각종 대중투쟁을 통해 여성농민대중의 투쟁성과 농업 속에서의 역할, 여성으로서의 자각이 동시에 나타난 중요한 시기였다. 여기서는 여성농민에 대한 이해를 돕는 데 필요한 1980년대 여성농민운동의 전개과정에서 제기된 특징을 두 가지만 살펴보기로 한다.

1) '자주적 여성농민 조직'의 건설

여성농민운동은 1977년에 가톨릭농촌여성회와 가톨릭농민회부녀부가 조직되고, 1984년에 기독교농민회 여성위원회가 만들어지면서부터 시작되었다. 당시 농민조직에 속한 여성농민들은 대부분 남편이 농민운동을 하는 부인들이었다. 또한 전국단위 조직의 실무자들이 농민회원 부인들을 모아서 농민문제에 대한 교육을 통해 농촌현실을 인식시키고 남편의 활동을 이해하게 하는 것이 주요한 활동이었다.

당시 조직형태는 대부분 남자들로 구성된 조직의 일부 부서나 위원회로 여성농민 회원들이 조직되는 것이었다. 이것은 농업의 특성상 가족단위로 노동이 이루어지며, 남편과 아내가 동시에 조직활동을 하기는 어렵고, 남성들의 활동반경과 여성들의 활동반경이 다르기 때문인데, 대부분 남자들의 경우는 군 단위나 도 단위로, 여성들의 경우는 마을 단위로 활동범주가 한정됐다.

그러나 1983-1985년 전국 각지에서 소값 폭락, 고추값 폭락, 마늘값 폭락 등 농산물 가격폭락에 항의하는 대규모 집회가 열리면서 여성농

민들은 과거처럼 행사의 식사준비, 설거지를 하는 것이 아니라 투쟁의
선봉에 서서 경찰저지선을 뚫고 조직적 투쟁을 전개했다. 이에 따라 여
성농민운동 활동가들은 조직되지 않는 대중들의 폭발적인 진출 앞에서
조직된 분회나 회원 중심의 활동이 아니라 대중적인 여성조직의 필요
성을 공감하게 되었다. 여성농민의 폭발적인 투쟁력을 경험한 후, 1985
년에 가톨릭농민회여성부, 기독교농민회여성위원회, 가톨릭농촌여성회
등 전국의 여성농민활동가들은 독자적인 여성조직을 건설할 것에 합의
했다. 농민일반조직 속에서 여성농민들은 남편의 활동을 이해시키기 위
한 교육대상으로 대상화되었으나 독자적인 조직 활동은 여성농민 스스
로의 투쟁과 지도역량을 강화시키는 중요한 전환점이 되었다. 이 과정
에서 여성들의 조직적 투쟁의 가능성을 열어준 역할을 한 것은 전남 무
안의 '의료보험현물납부투쟁'과 '고추값제값받기투쟁', 충남 부여의 '농
협출자금반환투쟁' 등을 비롯하여 크고 작은 마을단위 '분회'활동의 경
험이었다. 특히 1987년 동학 이래 최대의 농민투쟁이었던 '수세투쟁'에
서 여성농민들의 폭발적인 투쟁 참여는 여성농민의 독자적인 조직건설
의 필요성을 한층 부채질했다. 이로 인해 농민일반조직의 성원으로서
개별적으로 존재했던 여성농민은 1989년 '전국여성농민회준비위원회'
라는 전국 최초의 여성농민운동 대중조직을 조직하여 1990년에는 마침
내 해방 이후 최대의 여성농민운동 조직인 '전국여성농민회총연합'을
건설하게 되었다.

2) '여성농민'의 정체성 확립

'여성농민'이란 용어가 처음으로 사용된 것은 1984년 10월에 전국
농민조직의 여성농민회원과 실무자 30여 명이 참석하여 열린 '농촌여
성운동 지도력개발협의회'라는 프로그램에서였다. "농촌여성을 단순히
농촌에 거주하는 보조자로서가 아니라 생산노동의 주인이며 농민문제
해결의 주체로서 인식해야 한다"라는 결정 아래, 이후 모든 여성농민조

직은 농촌부녀, 농촌여성의 개념이 아니라 '여성농민'으로 공식화했다.

'여성농민' 개념의 도출은 여성농민 스스로의 정체성을 확립하고 여성농민을 억압하고 있는 전체 사회구조를 분석하는 노력으로 이어졌다. 이는 한국사회에서 여성농민이 어떤 방식으로 통제되고 착취되는가, 여성농민문제의 해결을 위해 사회구조는 어떻게 개혁되어야 하는가, 농민문제와 여성농민문제는 무엇이 같고 무엇이 다른가 등의 논의로 이어졌다. 이른바 '자주적 여성농민운동론'이 제기된 것이다. 이에 관한 논의는 현재까지 지속적으로 되고 있는데, 이를 계기로 여성농민조직은 비약적으로 발전하게 되었고, 조직 활동도 농업일반의 문제에서 여성농민의 당면 문제를 포함한 대중투쟁으로 변화되어가고 있다. 여성농민운동은 농가도우미제도, 학교급식실현, 농협복수조합원제, 각종 농업 관련 위원회나 농민운동을 비롯한 민중운동과의 횡적인 연대활동을 포함하여, 농업문제 일반, 농업정책 일반에 관한 사안 중심의 투쟁에서 여성농민들의 계급적 이해와 요구를 실현하고 여성농민운동의 정체성을 확인하기 위한 투쟁으로 전환되었다.

이러한 성과를 바탕으로 1992년 「여성농민개혁안」을 수립하여 그 동안의 농업농민 일반에서 제기된 문제 중심의 활동에서 여성농민스스로의 문제를 해결해나가는 실천으로 전환하기 위한 내용적 단초를 마련했다. 여성농민개혁안에는 크게 첫째, 여성농민의 생산주체로서의 지위와 권한의 확보, 둘째, 여성농민의 복지향상과 농어촌의 환경개선, 셋째, 여성농민의 사회참여 증대를 위한 요구 등이 포함되어 있다.

5. '여성농민'에 대한 인식의 전환을 위하여

일반적으로 계급이나 계층구분에서 정체성은 언표로 드러난다. 여성농민에 대한 개념은 여성농민의 역할에 대한 규정에 따라 크게 세 가지로 변화해왔다. 여성농민에 대한 개념은 1950년대 이후부터 1970년대까지 농촌부녀, 농가주부라는 개념에서 출발했다. 농촌부녀라는 개념에는 농촌에 살고 있는 결혼한 여성이라는 의미가 내포되어 있을 뿐 농업생산에서 차지하는 역할에 관한 의미는 포함되어 있지 않다. 따라서 이러한 범주 설정은 계층의 구분이나 노동형태에 따른 농업생산 담당자로서의 여성의 역할이 배제된 것이다. 이 시기 여성농민의 삶에서는 생활과 노동이 분리되지 않았고 농촌사회 내부에 상품경제의 미발달로 인한 자급자족이 일정 정도 존재했기 때문에, 여성농민의 일은 주로 가사와 임신·육아·출산 주기로 규정되는 측면이 강했다. 그러나 1970년대부터 산업화로 인한 농촌노동력의 탈농으로 가족농에 의존하는 농업구조의 노동력 부족이 심각해지면서, 여성농민들의 농업노동 참여가 두드러졌다. 이에 따라 농업노동에서 여성농민의 역할이 점점 증대되기 시작하고 새마을운동과 같은 근대화운동이 활성화되면서 여성농민들은 중요한 동원대상이 된다. 절미운동, 지붕개량, 마을길 넓히기, 가족계획 피임 등 국가정책의 동원대상으로서 여성농민의 역할이 매우 중요하게 작용한 것이다. 따라서 농가부녀나 농가주부라는 개념보다 농촌여성이란 개념이 새롭게 등장하게 되었고, 1970년대 중반에 등장한 이 개념은 현재까지도 사용되고 있다.

여성농민이라는 개념은 1990년대 들어서 공식화되기 시작했다. 여성농민은 여성이면서 농업에 종사하는 계급적 분류기준이고 여기에는 농업생산 담당자로서의 생산주체라는 실천적 의미가 내포되어 있다. 여성농민은 농업을 생계수단으로 농업을 통해 국가와 사회의 발전에 기여하고 자기를 실현하는 존재임과 동시에 국민의 먹을거리를 생산하고 소비자의 건강을 지키며 국토와 환경을 지키는 공익적 가치를 실현한다. 최근 정부는 공식적으로 이에 대해서 '여성농업인'이라는 개념으로 범주화하고 있다. 농촌여성이란 단어는 농촌에 살고 있는 모든 여성을 포괄하고 있기 때문에 경제활동을 하지 않는 농가여성, 비농가여성들까지도 포괄할 수 있다. 따라서 농업생산에 참여하지만, 전체 사회구조에서 경제적·사회적 기회가 제한된 농업생산자라는 의미에서 여성 농업인 또는 여성농민이라고 명명해야 하는 것이다.

무엇이라고 명명하든 여성농민의 역할의 중요성은 누구나 인식하고 있다. 그러나 이들 여성농민들이 그들의 역할에 상응하는 지위를 가졌는지에 대한 관심은 아직 미약하다. 이는 사회 전체의 구조적 불평등에 대한 인식이 농촌지역에 대해서는 미약하고, 여성농민 단체들 스스로도 당면한 농업시장 개방으로 인한 생존위기 때문에 여성으로서의 불평등 문제보다는 농업 전체의 문제해결에 집중함으로써 여성농민의 정체성을 확립해가는 활동을 소홀히 하고 있기 때문이다. 여성농민단체들의 이러한 활동은 결과적으로 농업생산과정에서 여성농민의 지위향상을 위한 정책을 부분적으로 변화시켰으나 여성일반이나 여성농민의 삶의 질을 근본적으로 변화시킬 수 있는 정책은 여전히 미흡하다. 따라서 향후 여성농민에 대한 연구나 실천활동은 다음과 같은 점에서 중대한 전환이 필요하다.

첫째, 농업의 재생산과 농촌지역의 유지, 전통의 보존이라는 다원적인 측면에서의 여성농민의 역할의 중요성이 점점 증대되어가고 있는데 농업정책이나 여성정책 측면에서 이에 대한 새로운 관점이 필요하다.

둘째, 여성농민의 삶의 형태는 과거의 수도작 중심과는 달리 연령, 지역, 소득, 재배작목 등에 따라 다양하고 중층적으로 분화되어가고 있다. 따라서 여성농민 일반의 요구와 계층별, 세대별, 작목별로 분화되는 특수성을 어떻게 세분화하여 종합할 것인가에 관심을 가져야 한다.

셋째, 농업위기의 극복만이 아니라 국가 전체의 민주화와 지역의 균형발전, 문화의 재생산이라는 측면에서 여성농민의 지위향상을 위한 정책이 중요한 과제가 되고 있다. 이를 위해서는 개별 여성농민의 삶에 대한 인식의 확장이 필요하다. 농사나 살림만이 아니라 현대사회의 다양한 정보에 접해 있고 다양한 욕구를 지닌 객체로서 여성농민 스스로가 자기 정체성을 어떻게 규정짓고, 각 영역에서의 참여를 결정하고 있는가를 분석해내고 이를 통해서 여성농민 자신의 '여성성'과 '정체성'의 문제를 실현하기 위한 통일적 실천방안을 모색해야 한다.

■ 생각할 거리
 1. 농업위기, 농가경제파탄, 농촌공동화 현상 속에서 여성농민의 역할에 대해 토론해보자.
 2. 농촌총각과 결혼하겠다는 여성이 없어서 국제결혼이 대대적으로 행해지고 있는데 이것이 향후 우리 농촌과 지역사회에 미칠 영향에 대해 토론해보자.

■ 읽을거리
전국여성농민회총연합. 1990, 『위대한 어머니』, 형성사.
김주숙. 1994, 「여성농민문제」, 『여성학강의』, 동녘.

제4장 1980년대 한국영화와 여성
섹스산업과 역사적 외상

김소영

1. 1980년대 한국영화의 변화

1980년은 <바람 불어 좋은 날>(이장호, 1980)로 시작된다. 물론 이 제목은 영화적·시대적인 역설이다. '서울의 봄'과 광주민주항쟁 이후의 5, 6공화국 시대, 1980년대 초반의 한국영화는 1970년대의 어려운 상황을 계승하고 있었기 때문이다. 즉, 영화 생산량으로나 영화 인구면에서나 전성기를 이루었던 1960년대를 지나 1970년대 영화산업과 정책은 철저하게 통제·관리되었다. 1970년대 계몽 영화, 반공 영화, 새마을 영화들의 제작이 외화수입 쿼터를 빌미로 정부에 의해 장려되면서, 1960년대 주류 관객이었던 30, 40대 여성들이 TV 시청을 선택하고, 지식인들이나 남성 관객들은 외국영화로 몰렸다. 1978-1979년 무렵에는 호스티스 영화들이 쏟아져나왔다. <O양의 아파트>(변장호), <나는 77번 아가씨>(박호태), <꽃순이를 아시나요>(정인엽), <아침에 퇴근하는 여자>(박용준), <가시를 삼킨 장미>(정진우) 등이 그것이다. 또한 호스티스가 아닌 도시 여성들을 대상으로 하는 <거울 속의 여자>, <살인 나비를 쫓는 여자>, <우산 속의 세 여자>, <학을 그리는 여자> 등 여자를 제목에 내세우는 영화들이 제작되었다. 1979년에 전국적으로 집계된 영화인구는 6,551만 8,581명이었으나 1980년도에는 5,377만

415명으로 감소했다. 1980년 12월에는 컬러 TV 방송이 시작되었다(호현찬, 2000: 216-217). 1982년 영화법이 개정되면서 영화제작 등록제와 외화수입 자유화가 실시되고 검열이 어느 정도 완화되었다. 이것은 1983년부터 외양적으로 실시된 '유화정책'과도 일치하는 것으로, 이러한 상황에서 폭발적인 흥행을 거둔 것이 <애마부인>이었다. 개봉관인 서울극장은 개봉 첫날인 1982년 3월 27일, 한국 극장 사상 처음으로 심야 상영을 시도해 젊은 관객들로 만원을 이루었다(김화, 2003: 309). 1982년 초 통행금지가 해제되면서 시작된 심야상영 극장은 노점상 등장으로 이어져 밤거리 문화를 바꾸게 된다.

이렇게 호스티스나 여자를 제목으로 한 멜로드라마, <애마부인>과 같은 성애물과 함께 1980년대 초에는 무협 영화가 남성 관객들을 불러 모았다. <사망탑>(오사원, 1980), <소림사 주방장>(김정용, 1981) 등이 그것이다(김종원, 2001: 389). 이러한 무협물은 청소년 관객을 대상으로 한 1985년 액션영화 <돌아이>로 이어진다. 이것이 충무로로 지칭되는 주류 영화계의 특징이었다. 한편, 1980년대 민중운동의 성장, 여성운동의 전개, 그리고 <파업전야>를 만든 독립영화집단 장산곶매 등의 독립영화운동의 맥락 속에서 1988년 여성영상집단 '바리터'가 만들어졌다.

'바리터'는 여성민우회와 공동 작업으로 사무직 여성노조문제를 다룬 <작은 풀에도 이름 있으니>(김소영, 1989)를 만들어 소극장 및 대학, 노조 등에서 상영회를 가졌다. 그리고 지역탁아소 연합회와 함께 <우리네 아이들>(도성희, 1990)을 제작했고, 이후 다른 독립 영화 집단들과 결합해 노동 문제를 다룬 <전열>과 같은 작품을 만들었다.

바리터는 이후 역사적인 여성주의 다큐멘터리인 종군 위안부 삼부작을 만든 변영주 감독과 시네마 서비스의 배급 담당인 문혜주 이사, 현재 여성영화제 프로그래머 및 평론가로 활동하고 있는 권은선, 프로듀서로 활동하고 있는 김영과 김혜원, 부산영화제의 프로그래머인 홍효숙, 그리고 본고의 필자 김소영 등의 여성 영화인들을 배출하게 된다.

1980년대 후반 민주화운동의 결과로 영화법 개정, 제작 자유화, 외국영화 수입개방 등이 이루어졌고, UIP 영화사 직배를 둘러싼 투쟁이 일어나 스크린쿼터 사수에 대한 관심이 높아졌다. 또한 88올림픽을 계기로 <전쟁과 평화>, <모스크바는 눈물을 믿지 않는다>, <아빠는 출장 중> 등 소련과 동구권 영화들이 소개되었다. 또한 민족영화연구소를 중심으로 이효인이 민족 영화에 대한 활발한 비평 작업을 시도했다. 한편 1990년 들어 UIP의 직배가 확대되었고, 외국영화 점유율은 81.2%였다. 1990년대의 두드러진 변화는 기획영화의 등장인데 1992년 새로운 전문직 여성들의 결혼 생활을 다룬 <결혼이야기>(김의석), 신씨네의 <미스터 맘마> 등이 그 예다. 이러한 기획영화의 등장과 함께 주 관객층도 1960년대의 중년 여성, 1970년대의 중년 남성에서 젊은 세대로 옮겨졌다. 기획영화의 등장과 함께 <꽃잎>(1996)의 장선우, <그 섬에 가고 싶다>의 박광수 감독이 국제 영화제 등에서 뉴 코리안 시네마로 알려지는 사회비판적 영화들을 만들었다. 1993년 만들어진 <서편제>는 국민영화라고 불리며, 올림픽 이후 가속화된 세계화에 대한 지역적 문화 현상으로 자리 잡게 된다.

이 글은 중년 남성들이 주 관객층으로 등장한 1970년대와 뉴코리안 시네마가 부상하는 1990년대 사이에 놓인 1980년대의 영화들을 전반적으로 분석하지는 않는다. 여기에서는 1980년대의 영화적·사회적 경향들과 대화하면 구체적으로 섹스 산업에 대한 비판적 논평을 가하는 임권택 감독의 <티켓>과 분단의 외상을 다루고 있는 이장호 감독의 <나그네는 길에서도 쉬지 않는다>를 중심으로 여성과 역사적 외상(트라우마), 그리고 사회적 증후의 접합을 다루려고 한다.

2. 섹스 산업과 멜로드라마의 여성들

<만다라>와 <서편제>가 예술 영화로서 가지는 특별한 위치는 긴급한 정치적 요구에 부응하여 전통을 재창조했기 때문에 가능했던 측

면이 있다. <티켓>은 사회적 멜로드라마로 인식되었는데, 이것은 <티켓>이라는 텍스트가 사회적 비판을 포함함으로써 멜로드라마 장르의 관습을 뛰어넘으려 했으나, 결국은 그 관습에 묶여 끝난다는 의미를 포함하고 있다. 그러나 '타락한' 여성이나 매매춘 여성들의 삶에 집착해온 한국 멜로드라마의 맥락에서 <티켓>은 가부장제 이데올로기와 이에 대한 여성의 저항이 지니는 복합성을 드러내고 있다. 이 글은 1980년대 중반의 사회적 위기 상황에서 만들어진 <티켓>과 같은 멜로드라마 영화를 문화적·역사적으로 이해하려는 시도이다.

멜로드라마에 대한 도전은 페미니스트들이 영화이론에 개입하여 멜로드라마의 형식을 비판적으로 다시 전유하고 성차에 대한 질문을 제기함으로써 시작되었다. 롭 윌슨은 『아시아 영화에서의 식민주의와 민족주의』라는 책에서 한국 멜로드라마에서 민족 정체성의 문제가 중요한 위치를 차지한다는 견해를 제시한다. "민족의 정체성과 민족 공동체가 입은 외상을 멜로드라마로 표현하려는 의지는 토착주의(nativist) 감각이나 '멜로드라마'와 같은 국제적 영화 장르의 형식을 쫓아 생겨났을 뿐 아니라, 한국역사 내의 갈등으로부터 자라난 것이다"라는 그의 논의는 비록 함께 제기되어야 할 성차의 문제를 전적으로 간과하고 있긴 하지만 한국에서 멜로드라마의 역할이 어떤 것인지를 잘 요약하고 있다.

멜로드라마라는 장르가 너무 포괄적으로 사용되긴 하지만 『한국영화연감』에 따르면 1980년 이후 멜로드라마는 매년 전체 제작의 40%에서 최고 60%를 차지하고 있다. 일제시대의 신파를 계승하고 할리우드 멜로드라마를 수용하면서, 식민지 이후의 한국 멜로드라마는 특히 여성관객들에게 말을 거는 방식으로 근대성, 성차의 갈등, 그리고 국민성의 형성에 관련된 문제들을 제기해왔다. 그렇지만 장르로서의 멜로드라마는 항상 폄하되어 왔다. 여성관객들에게 절대적으로 의존하면서도 한국의 영화산업은 이 여성들에게 경멸적인 태도를 취해왔다. 고무신 관객, 치마 부대, 아줌마 부대, 손수건 부대 등은 중년의 여성관객들을 지칭하는 전형적인 용어들이다.

멜로드라마 영화는 강제되고 응축된 근대화, 산업화의 시기, 잔존한 유교적 가부장 문화와 근대 문화가 서로 경쟁하며 협상하는 공간을 제공했다. 근대화 또는 서구화가 진행되는 과정에서 전통적인 가부장의 권위와 특권이 사라질지 모른다는 두려움에서 모종의 남성적 불안이 생겨났다. 이는 <삼등과장>(이봉래, 1961), <마부>(강대진, 1961), <로맨스그레이>(신상옥, 1963), <육체의 고백>(조긍하, 1964)과 같은 1960년대 초반의 가족 멜로드라마에서 널리 나타났다.

나이 든 아버지, 가장은 새로운 생산양식에 적응하지 못해 사회에서 권력을 잃고, 그의 아들이 근대사회에 성공적으로 진입함으로써 그 권력상실은 대체되고 보상되며 향상된다. 이러한 새로운 가부장제가 장남의 새 질서를 보여주는 반면, 이러한 신(新) 가부장제를 가능하게 만들기 위해 여성들은 처벌의 서사에 종속된다. 마부에게 시집갔던 장애자(벙어리) 큰 딸(조미령)은 시집에서 쫓겨나고, 공장에서 일하는 작은 딸(엄앵란)과 같이 근대적 노동에 편입된 여성은 성적 방종과 동일시된다. 전후 한국영화의 새로운 시작을 알린 <자유부인>(한형모, 1955) 역시 이 같은 동학을 가리키는 좋은 예다. 여주인공인 자유부인은 양품점 매니저로 일하게 되면서 불륜에 빠지게 된다. 멜로드라마가 전후 급변하는 사회 속에서 새로운 가부장제 질서를 쓰는 데 일조한 것이다.

젠더 갈등을 재현하는 것과 더불어 멜로드라마 영화는 소위 국가적 위기라는 것을 퍼뜨리고 통제하며 안정시키기 위해 가동되었다. 이 국가적 위기는 군사정부가 독재 정권의 정당성을 획득하기 위해 끊임없이 구성한 비상체제라는 도착적 담론이었다. 여주인공들은 종종 전후 불안, 분단에 따른 포스트 외상 증후군, 냉전 이데올로기의 긴장, 개발과 발전에 대한 중압, 빈곤 등의 국가적 위기를 가리키는 기표로 사용되었다. 위기 담론은 일련의 경제개발계획과 더불어 정부가 주도한 새마을 운동 및 근대화의 필요성을 입증하기 위해 가동되었다. 유신하에 개정된 1973년 영화법에서 검열을 통해 영화에서 사회문제를 현실적으로 재현하는 것을 금지함에 따라 멜로드라마는 큰 변화를 맞는다. 현실

적일 수밖에 없는 사적 공간과 공적 공간의 재현을 피하기 위해 영화들
은 그 당시 출현하던 섹스 산업, 특히 룸살롱에 과도하게 초점을 맞춘
다. 악명 높은 '호스티스 멜로드라마'가 등장하여 영화 문화를 지배하
게 된 것이다.

앞서 지적했듯이 당시는 또한 TV가 대중적으로 보급된 시대였다. 가
족 멜로드라마 장르는 TV 산업에 서서히 자리를 내주었다. 호스티스
멜로드라마는 당대 여성들의 문제를 치환하기 위해 사용되었다. 특히
섬유·방직산업에서의 여성노동자 착취가 당시 가장 긴급한 사회 문제
였지만, 검열 등의 이유로 영화 속에서는 다루어질 수 없었기 때문이다.

여성노동자들이 경제적 이유로 섹스 산업에 포섭되었음에도 멜로드
라마는 그녀가 전락한 동기를 부주의하게 처녀성을 상실했기 때문이라
든가, 성적 욕망이 과도했기 때문이라는 식으로 왜곡했다. 그러나 당시
의 몇몇 멜로드라마 영화들은 여성들을 매매춘에 종속되지 않을 수 없
게 만드는 사회적 힘을 드러내 보이기도 했다. 예를 들어, <영자의 전
성시대>(김호선, 1975)의 여주인공 영자는 시골에서 상경한 전형적 여
성인물로 그려지며, 노동력과 처녀성을 잃은 뒤 매매춘에 포섭된다.

1980년대 초반 <어둠의 자식들>(이장호, 1981)과 <꼬방 동네 사람
들>(배창호, 1981)과 같은 영화들은 공적·사적 영역 양자에서 일어나는
여성에 대한 착취와 억압을 잘 보여준다. 1960년대 멜로드라마가 가족
과 국가의 복원을 위해 그것들의 가치를 끊임없이 상기시켰다면 1970
년대 중반과 1980년대 초반의 멜로드라마들은 가족과 국가의 적절한
틀, 다시 말해 시민권으로부터 누락된 것이 누구인지에 대한 진실을 무
의식 중에 드러낸다. 노동계급 여성의 타락을 다룬 멜로드라마가 보여
주는 것은, 가족과 국가에 이상적이며 적합한 주체와 부적합하며 실패
한 주체간의 분리선이다. 마지막 결론을 향해 정신없이 치닫는 멜로드
라마 형식의 끊임없는 소용돌이 속에서 계급과 젠더의 문제가 그 모습
을 드러내는 것이다. 즉, 계급과 젠더가 서로 다른 사회적 그룹들의 화
해불가능을 멜로드라마가 표식하고 드러내는 지점인 것이다.

멜로드라마의 이와 같은 관행은 <티켓>이라는 영화에서 그 정점에 오른다. <티켓>은 1950년대부터 한국 멜로드라마가 강박적으로 재현해왔던 성 거래에 관계하는 여성들을 다루고 있으며, 이 영화의 여성 스타들은 한국영화사와 영화산업의 유사한 예들을 부지불식간에 인용하고 있다. 우선 김지미(민 마담)는 1960년대의 전설적 스타이자 이 영화의 제작자이다. 안소영(미스 양)은 <애마부인>(1982) 시리즈의 스타이며, 이혜영(미스 홍)은 소위 모던 멜로드라마라고 불린 <겨울 나그네>(곽지균, 1986)의 매매춘 여성 역으로 새롭게 부상된 '섹스 심벌'이었다. 역시 신인 TV 스타였던 전세영(막내)은 대학생 애인과 시골의 가족까지 부양하는 순진한 처녀로 나오는데, 1970년대와 1980년대 초반 호스티스 멜로드라마의 전형적 인물형이다.

그러나 동시에 <티켓>은 이전의 멜로드라마 영화들과 가시적 차이를 만들어내려는 시도를 하고 있다. 첫째로 영화는 공간적 배경으로 속초—대부분의 호스티스 영화의 배경은 서울이거나 대도시—를 선택한다. 그 결과, 군사 지역과 관광지, 그리고 어항이면서 영화적 재현의 빈도도 낮은 강원도 지역을 지정학적으로 그려낸다. 둘째로 <티켓>은 영화 텍스트라는 몸 안에 이질적인 표현 소재들, 예를 들어 스틸 사진, 영화 내부의 로케이션 장면, 매매춘의 역사를 기록하려는 작가 등을 넣음으로써 어느 정도 현실효과를 획득하려 애쓴다. 셋째로 민 마담의 전 남편을 정치적 비판 때문에 투옥된 경험이 있는 저항시인으로 설정함으로써 1970년대의 정치적 문제를 영화 안으로 통합시킨다. 마지막으로 <티켓>은 한 명의 여성 인물들이 타락하는 과정으로 서사를 진행시키는 대부분의 멜로드라마와는 달리, 일군의 여성 인물들에 초점을 맞춘다.

이렇게 고양된 현실 효과와 더불어 <티켓>은 1980년대에 성행했던 다방에서의 매매춘이라는 특정한 양식을 다룬다. 1985년의 보건사회연감에 따르면 전국적으로 3만 822개의 다방이 있었고, 그 중에 약 1만 개의 다방이 소위 '아가씨'들을 불러낼 수 있는 티켓을 팔고 있었다. 예컨대 소위 티켓을 구입한 손님은 커피 두 잔을 주문하고 근처 여관에서 기다리면, 커피 배달이 성 거래로 이어지는 것이다. 그래서 당시 여성 교양 잡지인 ≪샘이 깊은 물≫엔 이런 양식의 매매춘을 다룬 기사가 "시골의 다방: 그들은 커피를 파는가, 여성을 파는가?"(1986년 8월호)라 는 제목으로 실렸다. 이러한 종류의 매매춘은 특히 변두리 지역에서 성 행했는데, 티켓 방식의 매매춘은 1980년대 도시지역 섹스 산업의 성장 으로 야기된 현상이다. 요정, 룸살롱, 카바레, 홍등가와 같은 성매매 장소와 함께 이발소, 디스코 클럽, 다방과 같은 새로운 성 매매 장소에서 짧은 성 거래가 이뤄졌다.

또 <티켓>에서의 티켓은 88서울올림픽을 맞아 발행되었던 복권을 의미하기도 하는데, 이것은 영화의 시작 부분에 미스 조(명희)가 당첨 번호를 맞춰보다가 민 마담에게 들키는 장면에서 드러난다. <티켓>이 개봉된 1986년은 아시안 게임이 열렸으며, 이 행사는 어느 정도 88 올림픽의 리허설로 간주되었다. 그러나 군사 독재하에서 고통 받던 사회 는 올림픽을 경축하며 고대할 만하지 못했다. 헌법 개정을 요구하며 인천에서 5,000명의 학생들이 모인 그해 최대의 시위가 있었고, 이를 저지하기 위해 1만여 명의 경찰 병력이 출동했다. 경제성장의 불평등한 분배는 지속적으로 시위를 도발했다. 1987년의 6. 29선언과 88올림픽으로 인한 경제적 부흥은 1986년엔 아직 미래의 일일 뿐이었다. 국가 전체가 위태롭고 아슬아슬하며 히스테리컬한 상황에 빠져 있었다. "미치겠어!" <티켓>에서 미스 홍과 미스 양은 이렇게 외친다. 두 여자의 이런 비명과 영화의 종결부에서 민 마담이 보여주는 광기는 매매춘 여성의 노예적 상황을 암시할 뿐만 아니라, 당대의 특정한 역사적 감수성을 건드린다. '불감증'이라는 미스 홍의 표현은 이런 시대적 분위기를 잘 포착해내고 있다.

<티켓>은 개봉하기 전, 특히 여성 잡지를 중심으로 많은 홍보 기사가 실렸다. ≪여성중앙≫(1986년 6월호), ≪여성동아≫(1986년 8월호), ≪레이디 경향≫(1986년 8월호)에는 김지미의 배우로서의 궤적만이 아니라 그녀의

결혼과 이혼도 관심사로 다뤄졌다. 특히 이 중 ≪레이디 경향≫은 총 147쪽을 김지미에 대한 기사에 할애하고 있다. 제작 겸 주연을 맡은 김지미는, 예술영화 감독으로 명성을 얻은 임권택과 다른 여배우들에 비해 훨씬 더 집중적으로 언론의 관심을 받았다. 스타와 스타 시스템에 의존하는 영화의 속성 때문에, 영화 수용적 측면에서 한국영화의 전설적 스타인 김지미의 사생활은 영화 속의 역할만큼이나 중요한 비중을 차지했다. ≪한국일보≫(11648호)와의 인터뷰에서 김지미는 여배우로서 28년간 거둔 성공과 함께, 아내와 어머니로서의 고통스러운 실패를 겪은 자신의 삶에 대해 털어놓았다. 그녀는 영화인으로서의 자신의 삶이 종교이자 운명이 되었기 때문에 재혼의 가능성은 고려하지 않는다고 덧붙였다.

'불명예스러운' 사생활에도 불구하고, 김지미는 강력한 여성 이미지를 구현하는 스타의 위치를 분명하게 성취했다. 그녀는 관대하고 동정적이지만 또 공격적이고 냉혹하기도 한 독립적 여성의 이중적 이미지를 보여주고 확인시켰다. 이런 스타 페르소나는 특히 <길소뜸>과 <티켓>에서 그 반향을 얻게 된다. 오랜 공백 끝에 출연한 <길소뜸>에서 그녀는 분단증후군으로 고통 받고 있지만 자신에게 부과된 생물학적 모성의 역할을 거부하는 어머니 역할을 맡는다. <티켓>은 이런 그녀의 스타 페르소나를 최대한으로 강력하게 밀어붙인다.

여자 포주인 그녀는 마지막 장면을 제외하고는 영화 내내 착취적이고 계산적인 인물로 재현된다. 이런 종류의 멜로드라마에서 매매춘은 남성 포주들에 의해 통제되고 여성들은 그들과 감정적으로 연루된 것으로 그려지곤 한다. 남성 포주와 매매춘 여성과의 이러한 관계는 <티켓>에서도 일정 정도 반복되지만 민 마담과 같은 여성 포주의 등장은 이런 관습을 뒤집는다.

영화는 민 마담이 직업소개소에 들어서는 것으로 시작되는데, 이 직업소개소란 노동부의 인가를 받고 다방에 매매춘 여성들을 공급해주는 전국적 네트워크와 다름 없었다(≪한국일보≫, 1986. 8. 9.). 민 마담은 다방에서 나오는 수익과 포주 행위로 버는 돈으로 살아가는데 영화가 진행되면서 이상한 종류의 여성연대가 형성되기 시작한다. 남성 포주와 매매춘 여성의 관계가 재현되는 방식과는 달리, '여성 대 여성' 관계에 의해 촉발된 특별한 복합성이 영화 속에서 제시된다. 민 마담은 큰 언니인 동시에 착취적인 포주인 것이다.

이야기가 계속됨에 따라, 민 마담의 착취적인 태도는 막내에게 특히 동정적으로 변한다. 착종된 상태에서나마 여성들끼리의 연대감이 만들어지고 있다는 느낌은 가부장제하에서의 여성들의 공통된 경험을 암시하면서 가속화된다. 영화는 민 마담이 헌신적인 애인을 버려서는 안 된다고 막내의 남자 친구를 설득하는 장면에서 절정에 이르는데, 이 시퀀스는 그 앞의 장면들과 큰 차이를 보인다. 그때까지 일정한 거리를 두고 또는 관찰하는 듯한 자세로 사건을 보여주는 것처럼 재현의 전략을 구사하던 영화가 이 시퀀스에 이르러 변하는 것이다. 민 마담이 막내의 남자 친구에게서 배신의 말을 듣고 그를 바닷물 속으로 처넣은 후 그녀의 시점 숏으로 보이는 신경질적 순간이 장면화된다.

시점 숏의 사용은 민 마담이 겪었던 것과 유사한 경험을 하고 있는 막내와 민 마담의 동일시를 강력하게 보여준다. 가부장제가 여성의 희생을 기반으로 재생산되는 방식을 인식하면서, 민 마담의 시선은 일시적인 시각적 권력을 획득하고, 그 인식은 민 마담의 행동으로 이어진다. 막내의 남자 친구를 물에 빠트린 후, 민 마담의 시점 숏은 말 그대로 그녀에게 위협적인 시선을 던지는 수많은 남성들이 설치해놓은 흐릿하고 불그레한 낚시 그물을 보여준다. 이 장면은 <티켓>의 다른 부분에서 사용된 사실주의적 양식과는 반대로 거의 초현실적으로까지 보인다.

이러한 시점 숏으로 매개된 전환과 더불어 마치 플래시 불빛처럼 드러난 짧은 전복의 순간은 다시 가부장제에 대한 순종적 순간으로 이어진다. 시점 숏이 흔히 서사와 시각적 부분을 짜맞추기 위해 사용되는데 비해, <티켓>에서의 시점 숏은 균열을 드러내 보이기 위해 전유된

◀ <티켓> 포스터
(영상자료원 제공).

것이다. 일단 민 마담의 시선이 남성들의 시선에 의해 유린당하고 난후, 그녀는 정신병원에 갇혀 과거의 이미지만을 회상하게 된다. 그녀는 상상 속의 남편에게 달걀(사실은 탁구공) 두 개를 바치는 희생 제의를 반복한다. 그렇다면 영화의 독해는 여성의 육체에 가부장제 질서가 다시 새겨지는 것으로 끝내야 할 것인가? 그러나 민 마담의 시점 숏으로 시작된 신경증적 장면들이 이미 영화의 현실원칙에 의해 진행되던 양식을 균열시킴으로써 텍스트 안에 작동하던 성과 계급의 적대감이 이미 드러났기 때문에, 이러한 과정에 초점을 맞추면 영화의 마지막 부분에 해석적 특권을 줄 필요는 없다.

다시 문제의 장면들로 돌아가면, 민 마담이 막내의 남자 친구에게 한 복수는 그녀 자신의 과거를 다른 여성에게 투사한 데서 비롯된 것이다. 또 민 마담의 고통스러운 과거는 그 복수와 함께 귀환한다. 민 마담의 희생을 이용한 후 가부장제는 어느 순간 그 가부장제에서 요구하는 역할에 익숙해진 그녀를 배신하고 저버린다. 민 마담의 이에 대한 저항은, 미친다는 대가를 지불함으로써만 가능하다. 이런 악순환이 막내의 삶에서 반복되려는 순간 민 마담의 감정은 폭발하고만다.

여성들의 경험에서 파생한 민 마담의 이러한 감정적 반응은 당시 여성관객들과도 공감대를 이루었을 것이다. <티켓>을 다룬 한 기사는 민 마담이 막내의 남자 친구를 바다로 차버릴 때 여성관객들이 박수를 쳤다고 쓰고 있다(≪한국일보≫, "여성문제를 다룬 영화 증가", 1986. 8. 31.). 이 장면은 여성들의 집단적 환상의 시나리오의 재현으로도 읽힐 수 있었을 것이다. 영화양식으로 보면 멜로드라마로서의 <티켓>은 과잉 히스테리의 순간에 가장 전복적인 독해의 계기를 제공한다. 그러나 이러한 순간은 주인공 민 마담이 정신병원에 수용되면서 단호하게 통제되고, 집단적 환상은 징계, 처벌된다. 정신병동으로 민 마담을 찾아온 미스 조는 민 마담의 물질에 대한 탐욕을 꾸짖으면서, 도덕적 규범을 다시 강요한다. 가부장제와 자본주의의 이음새에서 파생되는 모순적 이데올로기 때문이 아니라 보편적 탐욕 때문에 민 마담이 미친 것이라고 말함으로써, 영화는 이미 헤쳐놓은 복구 불가능한 상처들을 덮는 데 급급하다. 그러나 질서의 성공적인 복귀는 어려워보이는데, 이것은 민 마담이 이미 정신병원에 있기 때문이다. 아니면 이것을 이미 미쳐버린 여성의 제의화된 몸과 행동에까지 자신의 질서를 되새겨놓으려는 가부장제의 광기로 보아야 할 것인가? 이 질문에 대한 대답은 아직 열려 있다. 그리고 이것이 멜로드라마의 불안정한 힘이다. 로라 멀비는 이렇게 말한다.

"멜로 드라마적 형식의 힘은 이야기가 길 위에서 만들어내는 먼지의 양에 달려 있다. 즉 5분 동안에 단정하게 끝내기에 저항하는 중층결정된 화해불가능한 구름의 양에 달린 것이다"(Laura Mulvey, 1989: 76).

영화평론가 정영일은 한 신문 칼럼을 통해 이 영화가 지니는 전복적 특성을 지적한 바 있다. 즉 <티켓>은 정형적 멜로드라마처럼 보이지만, 감독은 여성에 대한 사회적 착취를 고발하고 있고, 여성에 대한 착취를 사회의 가장 중요한 문제 중 하나로 제시하며, 여성관객들은 영화를 보고 슬프고 비통한 느낌을 갖는다는 것이다(≪일간 스포츠≫, 1986. 8. 23.).

검열 문제와 <티켓>에 대한 다방업자들의 집단적 소송 역시 이 영화를 다른 관습적 멜로드라마와 다르게 읽도록 만든다. 112분에 달하는 원판은 검열 때문에 100분으로 줄었다. 심의위원들은 티켓이라는 단어가 포함된 대사를 삭제하고 영화의 마지막을 바꾸라는 요구를 했다. 검열 전의 판본에서는 미스 양과 막내가 가정에 정착하는 것으로 나온다. 여기에 대해 한국일보는 검열 위원들이 이 영화의 '정통 리얼리즘'을 망쳐버렸다고 비난했다(≪한국일보≫, 1986. 8. 9.). 한편 한국다방연합회는 영화에서의 재현을 문제 삼아 영화를 고소했다. 연합회는 <티켓>이 다방 주인들을 포주로, 피고용인들을 창녀로 잘못 묘사하고 있다고 고발했다(≪한국일보≫, 1986. 8. 9.).

영화에 대한 이런 양가적인 반응은 홍보용 스틸사진들과 포스터로부터 나온 서사 이미지에서도 비롯되었다. 영화는 사실주의 영화이면서 동시에 에로 영화로 선전되었다. 선전문구들은 다음과 같았다. "여자들의 섬으로부터의 사실적 보고서 — 순수하고 에로틱하다", "한 장의 티켓으로 당신은 모든 여자의 비밀을 살 수 있습니다 — 바닷가 마을의 다섯 여성: 냉담한 사랑과 존재의 기록."

<티켓>을 둘러싼 이러한 담론들이 예증하는 것은 1980년대의 핵심적 문제로서 3S, 도피적 엔터테인먼트로서의 스포츠와 스크린(영화), 그리고 섹스 산업에 대한 대중적 공모와 동시적인 비판적 자의식이다.

3. 분단의 외상과 여성의 몸: <나그네는 길에서도 쉬지 않는다>

<티켓>이 성 산업과 관련된 문제제기라고 본다면 영화 <나그네는 길에서도 쉬지 않는다>(이장호 감독, 1987)는 분단의 문제를 다룬다. 이 영화에서 관객들의 독해를 가장 혼란에 빠트리는 장면은 마지막 장면인데, 그 장면은 '운명의 손'으로 끝난다. 영화의 여주인공인 미시즈 최

(이보희 분)는 지난 3년간 자신이 돌보아온 재벌 회장이 들고 다니던, 북한에 두고온 가족이 담긴 사진을 찢어 "이제 필요 없는 사진이 되었군요"라고 말하면서 눈밭에 버린다. 눈밭 위에 사진이 흩날리는 숏은 짙은 안개가 피어오르는 바다를 왼쪽에서 오른쪽으로 빠르게 지나는 배의 전경으로 이어진다. 그리고 이제껏 이야기를 나누며 걷던 미시즈 최(이하 최)와 주인공 남자(영화에서 그의 이름이 밝혀지지 않으므로 이하 남자로 호칭, 김명곤 분)의 뒤를 따르며 장난치던 아이들의 얼굴에 탈이 씌워진다.

이제까지 비현실적인 장면들이 플래시 불빛처럼 삽입되던 영화의 특성상 갑작스런 일은 아니지만, 이러한 가면 쓴 아이들의 등장은 영화의 지배적 톤을 주술적인 방향으로 조정한다. 영화의 마지막 시퀀스, 무당이 최에게 시선을 보내자 그녀는 접신한 듯 몸을 떨고 무당의 무구를 넘겨받아 춤을 춘다. 배를 타고 떠나던 남자는 신 내린 양 춤추는 그녀를 쳐다본다. 그리고 돌연히 하늘에 손이 환영처럼 나타난다. 손목 부분이 너덜거리고 손금이 선명한 손을 쳐다보다가, 그는 비명을 지르며 물고 있던 담배를 떨어뜨린다. 이처럼 영화의 마지막 두 컷은 재현의 '파열'이다. <나그네는 길에서도 쉬지 않는다>에서 손의 클로즈업은 모호하고 다층적이다. 절단된 손은 도무지 불가능한 재현으로, 즉 재현의 이음새가 끊어지는 부분이다. 영화에서 손이 처음으로 언급

◀ <나그네……> 포스터
(영상자료원 제공).

되는 부분은 최가 주인공을 만나 "서른에 물가에서 관 셋을 짊어진 사람을 반드시 만난다"라는 무당·점쟁이의 말을 상기시킬 때이다. 그러면서 그녀는 이런 손금을 본 적이 있느냐며 자신의 손을 보여주는데, 거기에 대해 남자는 그럼 내가 관 셋을 짊어진 사람이냐고 반문한다. 이때 관객이 보게 되는 최의 손금과 마지막 하늘에 저주받은 무지개처럼 나타나는 손금은 외관상 사실 별 관계가 없다. 남자 주인공이 경악하여 물고 있던 담배를 떨어뜨리듯, 관객에게도 이 장면은 불가해하다. 이에 대한 판독은 영화 후반부에 함축적으로 시사되는 주술적·샤머니즘적 분위기 속에서 겨우 가능하지만, 영화 텍스트에서는 이것을 해석할 수 있는 명시적 참조 물은 최의 언급 외에 존재하지 않는다. 하지만 이 영화에서 두 서사 축의 한 부분을 차지하는 것이 북한에 두고온 가족의 사진을 들고 월산까지라도 가려고 하는 전신이 마비된 노인이라는 점, 그리고 이 영화의 주 공간이 휴전선에 가까운 속초, 강릉, 양양, 원통 부근이라는 점을 생각하면 이러한 재현의 연속성에 돌연히 구멍을 내는 이 절단된 손을 분단과 이산, 그리고 환상사지라는 몸 이미지와 연결시켜볼 수 있다. 예컨대 이렇게 신체에서 절단되어 하늘에 떠 있는 손, 분리된 손은 한편으로는 미시즈 최가 앞서 보여준 손과 연결되고 또 다른 한편으로는 미시즈 최가 지난 3년간 '특별' 간호원(자신의 몸을 핫팩으로 사용하는) 노릇을 하며 똥, 오줌을 갈아주던 재벌 회장의 비체와 같은 범주에 속한다. 다시 엘리자베스 그로츠의 논의로 돌아가면 그녀는 라깡의 오브제 아와 크리스테바의 비체를 비유기적인 대상과 유기적인 몸 사이를 '매개하는' 중간 범주로 보면서 이런 것들을 '분리될 수 있는' 몸의 일부라고 지적한다. 바로 배설물, 폐기물, 육체적 부산물들이 그것이다. 그런데 문제는 이런 대상들이 한때 주체의 몸과 몸 이미지의 일부이며 주체의 몸에서 그렇게 분명히 분리된 적이 없다는 것이다(엘리자베스 그로츠, 2003: 82). 말하자면 영화 전반부에 최에 의해 처리되었던 재벌 회장의 비체가 손이라는 몸의 일부로 치환, 과장되어 돌아오는 것으로 읽는 것이다. 이 때 최의 손이나 점술과 연결된 부분

은 지시적이며, 그녀가 돌보던 재벌 회장과 잘라진 손과의 관계는 환유
적이다.

우선 전자의 지시적인 관계에서 추론할 수 있는 것은 다음과 같다.
최가 자신의 손금을 보여주며, "서른에 물가에서 관 셋을 짊어진 사람
을 반드시 만나며" 또 바로 그 남자가 전생의 남편이었다는 무당의 말
을 전하는 시퀀스에서, 그 말에 대한 남자 주인공의 반응은 유보적이다.
하지만 남자는 3년 전 죽은 아내의 화장한 유골, 재를 바다에 뿌리러
강원도를 배회하면서 자신과 잠깐 관계한 여자들이 각각 심장 마비와
교통사고로 죽는 것을 목격한 바 있다. 그냥 관이 아니라 여자 시신이
든 관 셋을 짊어진 셈인데, 실제로 그가 들고 다니는 것은 아내의 뼛가
루다. 아내에 대한 애도가 완전히 끝나지 않은 상태에서 그가 만나는
여자 두 명(주막에서 어설프게 매매춘하는 여자와 최)은 모두 이보희가 연
기함으로써 유사한 모습을 띤다. 아내의 역할을 할 때의 이보희는 두껍
고 어색해 보이는 안경을 끼고 있으며, 그녀가 연기하는 세 명의 여자
중 가장 부자연스럽다. 매매춘 여성을 연기하는 이보희는 가정주부가
입을 법한 평범한 니트를 입고 있다. 또 미시즈 최를 연기할 때의 이보
희의 얼굴 왼쪽엔 푸르스름한 얼룩이 있다. 한 남자가 다른 두 명의 여
자에게 아내 이미지를 투사하고 그들의 차이를 무화시켜 아내와 유사
하게 보는 것인데, 매매춘 여성은 오히려 아내보다 더 가정적으로 그려
지고(이 둘의 성관계는 그와 아내와의 관계와 동일한 방식으로 재연된다) 최에
게는 오점(얼룩)이 있다. 하지만 둘 다 직·간접적으로 '갈보'라고 불린
다. 그의 죽은 아내가 시장에서 물건을 파는 모습의 플래시백은 마치
무당이 굿을 하는 듯 재현된다. 아내가 아파서 기침을 할 때 그는 '나가
서 죽으라는' 식의 냉담한 반응을 보인다. 그래서 그의 애도는 상실한
대상에 대한 그리움과, 자신이 경멸하여 죽인 것에 대한 죄의식이 뒤섞
여 있다. 남자는 이 양가적 정서로 아내와 유사한 이미지의 여자를 거
듭 만들어내 죽인다. 그녀들은 유사하지만 동일하지는 않다. 동시에 그
가 들고 다니는 아내의 뼛가루는 예의 환상 사지처럼 아내가 죽기 이전

삶의 통합성에 대한 향수를 표현한다. 남자 주인공의 이러한 분열적 상
태가 발생시키는 환상과 최가 환기시켰던 손금이 융합되어 만들어낸
것이 마지막 하늘에 걸린 초현실적인 기괴한 손이다. 미시즈 최와의 정
사를 미완의 상태로 남겨둠으로써, 자기 충족적 예언을 벗어나려던 남
자 주인공은 마침내 아내의 또 다른 측면(무당처럼 표현된)을 실현하는
최의 모습을 보게 되고 '운명의 손'을 보게 되는 것이다.

남자 주인공의 애도에서 출발한 개별화된 차원의 이러한 환상은, 또
다른 역사적이며 개별화된 사건과 맞물려 있다. 몸을 쓰지 못하는 노인
은 북한에 남은 가족의 사진(이 사진에는 적어도 2명 이상의 여자가 있다)
을 손에 쥔 채 간호원 최의 도움을 받아 월산이라는 곳으로 가려고 한
다. 영화에는 미시즈 최가 그의 대소변을 가리고 몸을 닦아주는 장면이
나오는데 노인의 이러한 비체는 한쪽이 푸르스름하게 물든 얼굴의 최
와 함께 월산으로 가지 못하고 강원도의 여관에 묶여 있다. 남자 주인
공은 노인을 업고 가달라는 청을 거절하고 결국 노인은 아들이 보낸 사
람들에게 붙잡혀 다시 서울로 돌아간다. 비무장지대는 물론이고, 최대
한 고향 가까이라도 가보려는 그의 시도가 실패하면서, 그는 내내 손에
쥐고 있던 사진을 놓아버린다. 그 후 이 사진은 최의 손에 쥐어진다. 그
사진의 여자가 주는 환상적인 위안과 간호원의 역할이 겹쳐지면서 최
는 노인에게 그야말로 특별한 간호원(고용주 측은 300만원의 수고비를 치
르고 그녀를 갈보라고 부른다)으로 고용되어 있었던 것이다.

다시, '운명의 손' 장면으로 돌아가면, 이 운명의 손이 하늘에 뜨는
순간은 미시즈 최가 접신이 되었을 때다. 전신마비의 노인 이후에 진혼
제를 지내는 무당이 최의 몸을 사로잡은 것이다. 또 남자 주인공 '그'는
최의 몸에 아내의 이미지와 아내의 이중 이미지(매매춘 여성)를 투사했
고, 노인은 300만원을 주고 3년간 최를 소유했다. 이제 그녀의 몸은 무
당이 진혼하고 있는 죽은 자에게 사로잡힌다. '운명의 손'이라는 이해·
판독 불가능한 재현의 파국이 오는 것은 그녀의 몸이 분단이라는 국가
적 알레고리, 환상 사자(아내를 잃은 남자가 애도를 그치고 재활성화할 수

있도록)라는 몸 이미지, 그리고 그 모두를 해원해야 하는 영매, 그 모두로 기능해야 하기 때문이다. 그녀에게 부가된 이 불가능한 짐이 재현의 불가능성 또는 파국 또는 신비주의(샤머니즘)로 해석될 수 있는 그로테스크한 이미지로 하늘에 영사되는 것이다. '수상학'의 도움을 받아 읽어낼 수 있는 손금 모양이 그 손에 분명히 나타난다 해도 누가 그것으로 분단 상황과 그에 맞물린 개인의 운명을 읽을 수 있겠는가? 또 그러한 판독가능성에 대한 믿음은 신비주의나 운명결정주의와 다름 없다. 그런 의미에서 이 영화는 역사적 트라우마의 인식과 재현의 불가능성을 역설적으로 드러낸다. 또한 그 불가능성의 구성은 남성 주인공이 자신의 상실감, 환상화된 절단(역사적, 정신적 거세에 다름 아닌)을 여성의 몸에 투사함으로써 그 결핍을 보상받으려 하는 데 있다. 즉 남성적 환상 사지가 "몸의 통합성, 총체성, 완전성에 대한 향수를 표현하는 것"이라면, 그 환상 사지를 여성화함으로써[즉 여성의 몸 어딘가에 그가 잃어버린 남근이 있으리라는 전도된 물신(fetish)] 복구를 시도하지만, 성적 차이를 봉합하여 전유하려는 이러한 도착적 기획은 실패할 수밖에 없다. 도착성을 통해 유토피아의 (불)가능성을 알리기 위해서는 거세 시나리오 자체를 전복시킬 수 있는 픽션을 다시 쓰는 것이 필요하다. 김기영 감독의 <이어도>(1978)는 바로 그 도착과 유토피아의 이야기다(김소영, 2001: 363-386).

<나그네는 길에서도 쉬지 않는다>는 1985년 이상 문학상을 받은 동명의 소설을 1987년에 영화로 만든 것이다. 1980년대 민중운동의 희망과 절망이 급격하게 교차되는 시기, "세 개의 관을 짊어진 남자"(영문판 제목)와 북에 두고 온 가족들 사진을 움켜 쥔 노인이 한 여자에게 모든 짐을 부가하고 또 그 무게에 의해 재현의 파국을 맞는 영화는 그 당시 시대정신과 어긋나 보이기도 한다. 이 영화 전반을 지배하고 있는 매우 결정론적이고 주술적인 샤머니즘과 그에 감염된 불교적 세계관 역시 그러한 정조를 더한다. 좀더 영화사를 거슬러 올라가자면, 1954년 <운명의 손>(한형모 감독)이라는 영화적 재현 속에서 발아된 역사적 트

라우마에 포획된 남성성과 그것이 여성의 몸 이미지에 투사되고 치환
되는 깊은 불안을 다룬다는 의미에서, <나그네는 길에서도 쉬지 않는
다>는 한국전쟁 이후라는 상대적으로 긴 시간 속에서 파악되어야 할
텍스트이기도 하다.

<쉬리> 역시 <운명의 손>과 <나그네는 길에서도 쉬지 않는다>
의 계보 속에서 보면 분단 상황 속 남한 남성들의 불안이 북에서 온 여
공작원에게 투사된 영화다. 한국형 블록버스터라는 전면적 글로벌한 문
화 생산양식 속에서 1954년의 <운명의 손>보다 그 과정이 치밀해지
고 그럴 듯해졌지만 남북 분단의 모순을 온몸으로 감싸 안고 몸에 수십
발의 총을 맞고 죽어가는 것은 이방희·이명현(김윤진)이다. 영화의 종반
부엔 히드라라는 괴물로 불리지만 동시에 아름답고 사랑스러운 여자로
등장하는 이방희·이명현은 <운명의 손>의 마가레타나 <나그네는 길
에서도 쉬지 않는다>의 미시즈 최처럼 텍스트 안에서 그녀에게 지워진
무게를 견디지 못하고 추락한다(김소영, 2001: 17-40). 이방희·이명현은
'쉬리'와 같은 관상용 물고기를 팔며, 트렌디 드라마의 주인공처럼 보
이지만 사실 북한 최고의 사격 요원이다. 그녀는 남한의 OP 요원 유중
원(한석규)의 아이를 가진 채 총탄을 맞는다. 그녀가 죽은 후 음성 사서
함에 남겨진 그녀의 목소리를 통해 전해지는 그녀의 임신 사실은 이방
희·이명현의 몸이 재현하고 있는 남과 북의 '불가능한 결합, 잉태'이다.
이 다음 장면에 등장하는 것이 제주도에서 요양하고 있는 이명현을 방
문 중인 유중원인데, 북한 여성 이방희는 바로 남한 여성 이명현의 신
원과 얼굴을 빌어 활동했었다. 동일한 얼굴을 한 이명현이 제주도 바다
를 배경으로 이방희를 회상할 때 우리는 이 이중 이미지가 이명현의 것
도 또 이방희의 것도 아니라는 것을 안다. "환상사지가 잃어버린 사지
에 대한 애도이며 제자리에 서 있으려는 정신적 사절단"이고 그래서
"사지의 상실이나 육체적 통일성의 상실에 대한 성가신 나르시시즘적
보상"(엘리자베츠 그로츠, 2003: 169)이라고 한다면 미군 지배, 분단이라
는 냉전의 지속, IMF 위기로 촉발된 세계화의 '투명한' 과정 속에서 비

체화되었다고 느끼는 남성은 자기애를 기반으로 여성을 남성의 환상사지, 비체로 구성하고 투사해냄으로써 당면한 현실을 대신해줄 수 있는 과거의 몸 이미지를 복원하려고 한다. 그러나 정치적·정신분석학적으로 불가능한 이러한 프로젝트는 실패할 수밖에 없다.

4. 영화 속의 젠더 정치학

이러한 일련의 시도와 실패의 강박적 반복을 가능케 하는 영화라는 재현 장치 자체가, 전체적으로 보자면 일종의 환상 사지라는 이데올로기적 장치다. 남한 전체의 관객 수에 비해 한국영화는 1980년대 후반을 제외하곤 대부분의 시기에 과다공급 상태인데, 이렇게 영화적 사회, 또 사회적 영화를 이루는 국가 단위의 영화 산업 단위는 사실 세계적으로 보아도 많지 않다. 예컨대 영화라는 특정한 매체가 남한 사회에 제공할 수 있는 것이 있다는 것이다. 정비석 원작, 한형모 감독의 <자유부인>(1956)의 자유부인, 1960년대 김기영의 <하녀>의 하녀, 1970년대 <별들의 고향>의 경아와 <겨울 여자>의 겨울 여자 1980년대 <애마 부인>시리즈의 많은 애마들, 또한 예의 <티켓>과 1990년대 <서편제>의 송화. 남자 작가들이 창조한 이 여자들로 한국의 현대사와 근대성, 섹슈얼리티가 서로 얽혀 만들어내는 궤적을 상상하는 일은 그리 어렵지 않다. 그리고 다른 한편에 <운명의 손>이나 <나그네는 길에서도 쉬지 않는다>, <쉬리>처럼 분단과 남성의 환상이 투사된 여성 비체(환상 사지)의 틀로 볼 수 있는 영화들이 있다. 글의 앞에서 논의했던 식민지 시대의 문학은 남성 섹슈얼리티를 거세하거나 승화시키지만, 이러한 거세와 승화를 가능하게 했던 여성 섹슈얼리티를 악마화하거나 심미화함으로써, 상실된 남성 주체성을 '허구적인' 방식으로나마 재확립할 수 있게(심진경, 2003: 102) 했다. 앞에서 거론했던 한국전쟁 이후의 영화들에서 여성은 남성의 환상이 투사된 이중, 삼중의 이미지로 나타나지만 그 과정을 통해 남성 주체성을 재확립할 수는 없다. 세 편의 영화가 드러내듯 영화의 마지막 프레임은 재현의 파열(<나그네 는 길에서도 쉬지 않는다>)이거나 다시 자연화된 기표(전통적으로 여성성과 맞닿아 있는)로 돌아간다. <운명의 손>의 동굴이 그렇고 <쉬리>의 푸 른 바다가 그렇다. 남성적 재활성화가 일어나는 것이 아니라, 시원적이 거나 고대의 어머니 이미지로 되돌아가는 것이다. 이데올로기나 성차적 측면에서 불온한 여성과 시원적 어머니라는 두 개의 이미지 사이를 진 동하는 셈이다. 한국전쟁 이후 한국영화는 한편으로는 인식적으로나 정 치적으로 해결 불가능해보이고 다른 한편으로는 여성화되는 '운명의 손'이 거세한 환상 사지의 환영에 시달리는 남성성을 강박적으로 반복 재현해왔다. 어떻게 이 강박에서 벗어날 것인가. 결핍이나 거세의 모델 에 정초해 있는 환상 사지에 보내는 절단환자의 애도를 멈춤으로써? 물 론 그렇다. 그리고 정치적으로는 미국에 대한 반식민 상태를 벗어나 상 대적 자율권과 협상력을 갖추는 것이 필요할 것이다. 그러한 인식론적 이고 정치적인 이중의 과정을 통해 근대성의 도래(일제 식민화와 미국 지 배와 중첩되는) 이후 남성성의 여성화를 가정한 후 상실을 애도하고, 동 시에 그 상실의 체화인 환상 사지로서의 여성을 처벌한 후, 시원·신화 적 어머니로 되돌아가는 젠더 재현, 그 정치학의 폐쇄회로를 끊을 수 있을 것이다.

■ 생각할 거리

1. 한국영화사는 일제 강점기의 조선 영화사, 분단기의 남한 영화사 그리고 해방 직후와 한국전쟁 동안의 영화사로 분류할 수 있다. 일제 강점기부터 영화는 식민지의 대중들이 젠더 체계를 인지하고 상상할 수 있는 강력한 재현 장치로 기능했다. 1990년대 후반부터 만들어진 한국형 블록버스터는 한편으로는 탈산업화된 생산 양식을 보여주는 스펙터클한 예로 또 다른 한편으로는 문화적 민족주의의 유지와 재생산에 기여하고 있다. 이 글에서는 1980년대를 언급했지만, 식민지 시기와 1960년대 이후 국가 주도의 근대화 시기 그리고 IMF 이후의 세계화시대, 영화가 어떻게 젠더 체계를 각 시기의 쟁점들과 맞물려 생산해내고 있는지를 더 생각해보자.

2. 위의 글에서 <티켓>의 홍보 과정을 통해 이 영화가 어떻게 여성 관객에게 말 걸고 싶어했는가를 짧게 다루었지만, 더 나아가서 여성관객론은 기존 영화비평의 작가 중심의 작가론(Auteur theory), 장르론, 그리고 산업론과는 달리 영화와 여성관객의 인지적, 감성적 접촉 지점을 보여주는 흥미로운 연구 분야다. 일제 강점기 극장에 여성 전용으로 따로 마련된 부인석에서 앉아 영화를 보던 여염집 부녀, 기생, 여학생들로 이루어졌던 여성관객들은 1950-1960년대의 고무신 관객으로 이어진다. 그러나 1970년대 TV가 보급되면서 여성관객의 수는 감소한다. 영화를 보는 행위만이 아니라 세대와 계층이 이질적인 여성들이 한 공간에 모여 영화를 보고 공감, 공명할 수 있다는 것, 그리고 바로 극장이라는 공적 공간으로 외출한다는 것 자체가 근대 여성의 경험의 중요한 측면을 차지한다는 측면에서 여성관객론은 신여성 연구 분야와 함께 근대 여성주체 형성에 대한 중요한 시사를 던져줄 수 있다.

■ 읽을거리

변재란. 2002, 「한국영화사에서 여성관객의 영화 관람 경험 연구」, 중

양대 영화과 박사학위 논문.

영상자료원. 2004, 『한국영화의 풍경(1945-1950)』, 문학사상사.

이영일. 2004, 『개정 한국영화사』, 소도.

김경욱. 2002, 『블록버스터의 환상, 한국영화의 나르시시즘』, 책세상.

김소영 편. 2001, 『한국형 블록버스터: 아메리카 혹은 아틀란티스』, 씨앗을 뿌리는 사람들.

제4부
여성운동의 성장과 여성운동의 제도화(1990년대)

1990년대는 비로소 제도적인 민주주의가 시작되고 상대적으로 자율적인 시민사회 공간이 움트기 시작한 시기였다. 1993년 군사독재가 막을 내리고 문민정부가 수립되었고, 국외에서는 1991년 소련의 붕괴로 냉전체제가 변화를 맞게 되었다. 여성운동도 기층 중심성에서 벗어나 대상을 다양화하고 방식을 전문화하기 위한 시도를 시작하게 되었다. 성폭력·가정폭력, 일본군위안부문제와 같은 여성특수과제를 본격적으로 공론화하기 시작했고, 다양한 계층의 여성들이 혜택을 입을 수 있는 법·제도 개혁운동을 활발히 전개하기에 이른다. 그 결과 「영유아보육법」, 「성폭력특별법」, 「가정폭력방지법」 제정, 「남녀고용평등법」 개정 등이 이루어졌다. 이 법·제도 개선운동은 단지 제도만이 아니라 기존의 남녀차별적인 의식을 바꾸어가는 과정을 포함했다. "아동보육은 엄마가 책임져야 한다", "성폭력은 정조를 지키지 못한 여자의 책임이다", "가정싸움은 부부간의 문제이다"와 같은 사회적 통념을 바꾸는 효과를 만들어냈던 것이다. 그러나 단기간의 법·제도 개혁의 속도에 비해 양성평등의식의 발전은 매우 더디어서, 개혁된 법·제도들이 현실에서 제대로 지켜지지 않아 실효성이 떨어지는 문제가 발생했고, 보수적 남성들의 반발이 더욱 조직화되면서 16대 국회에서도 호주제폐지에 실패하는 등 이데올로기적 지형은 난관에 봉착해 있다. 결국 제도개혁도 일상에 대한 접근을 통해 생활세계를 개혁하고, 가부장적인 일상 문화를 바꾸어야 가능하다는 문제의식이 공감대를 형성하면서 여성적 대안문화를 찾고자 하는 소모임, 인터넷 및 출판매체를 통한 문화적 방식의 운동을 추구하는 페미니즘이 등장하게 된다. 또한 여성의 독자적인 이해관계와 실천을 강조하며 그 실천으로 성정치학을 강조하는 영 페미니스트들의 활동이 여성운동의 한 축으로 자리 잡으면서 여성운동 내부의 차이도 점차 발생하기 시작한다. 이와 같이 1990년대 들어 좀더 자율화된 정치공간 속에서 다양한 이슈를 발전시켜온 여성운동은 남성의 조직화된 반발과 여성 내부의 차이라는 변화된 환경 속에서 사회적 설득 수준을 높이고 차이 속에서 연대를 이룰 수 있는 전략을 고민해야 하는 과제를 안게 되었다.

또한 상대적으로 형식적 민주주의를 갖춘 정권이 탄생하고, 여성부가 설립됨에 따라 여성운동 세력의 제도권으로의 진출이 시작되면서 여성운동의 현실참여 수위와 운동적 독립성을 지키기 위한 방안에 대한 논의도 본격화된다.

이와 함께 1990년대 중·후반부터 신자유주의 세계화의 급물살 속에서 진행된 여성노동자의 비정규직화, 이로 인한 빈곤의 여성화는 우리나라 여성의 삶의 질을 크게 악화시키고 있어, 1970-1980년대와 같이 여성노동자의 생존권 확보의 문제가 다시 중요한 사회문제로 제기되었다. 21세기 우리나라 여성들은 여성부 설치와 17대 총선을 통해 늘어난 여성 국회의원, 그동안 빠르게 이루어낸 제도개혁의 성과 등 이전과는 비교할 수 없을 정도로 발전된 토대 위에서 신자유주의적 세계화가 던져놓은 화두들을 풀어야 하는 새로운 과제를 안고 있다.

제1장 1990년대의 반성폭력운동과 성폭력의 법제화

신상숙

1. '성폭력'의 문제 설정과 반성폭력운동

여성 자신의 의지나 선택과 무관하게 또는 그 뜻을 거스르며 자행되는 폭력은 인류의 역사만큼이나 뿌리가 깊으며 강간, 아내구타, 지참금 살해에서 전족, 음핵 제거, 순사와 같은 문화적 관행에 이르기까지 폭력의 종류도 헤아릴 수 없이 많다. 하지만 여성들 스스로 보이지 않는 폭력의 피해를 드러내고, 그 의미를 여성의 관점에서 재해석할 수 있게 된 것은 비교적 최근의 일이다. 서구의 여성해방운동과 함께 시작된 제2기 페미니즘의 중요한 공헌 가운데 하나는 19세기 여권운동에서 쟁점이 되지 못한 '여성에 대한 폭력(violence against women)'을 가시화한 것에 있다. 1970년대에 들어와 미국과 영국에서는 '반강간 운동'과 '매맞는 여성을 위한 운동'이 활발하게 일어났으며, 여기에서 시작된 여성들의 항변은 오늘날 세계 곳곳에서 여성 폭력의 유구한 역사에 종지부를 찍기 위한 구체적인 노력과 활동으로 이어져왔다. 1993년에 유엔이 '여성에 대한 폭력 철폐 선언(Declaration on the Elimination of Violence against Women)'을 채택한 것 역시 같은 맥락에서 이해할 수 있을 것이다. 이 선언의 제1조는 "사적, 공적 영역에서 일어나는 여성에 대한 신체적, 성적, 심리적 해악을 비롯하여 여성에게 고통을 주거나 위협하는 강제와 자유의 일반적 박탈 등 성별에 기반을 둔 모든 폭력 행위"를 '여성에 대한 폭력'으로 정의한다.

여성폭력문제에 관한 한, 1990년대는 우리에게 하나의 분수령으로 기억될 만한 시기이다. 이 무렵 한국사회에서는 성폭력, 성희롱, 가정폭력 등 여성폭력의 여러 주제들이 사회적인 쟁점으로 논의되기 시작했으며, 정신대란 이름의 일본군위안부문제가 역사의 그늘에서 벗어나 국제무대의 외교적 현안으로 떠올랐다. 여성단체들은 활발한 실천과 국내외적인 연대활동으로 사건을 공론화하고 피해 여성들을 지원했으며, 다른 한편으로 법의 제·개정을 통해 제도적 개혁을 추진하는 등 다각적인 활동을 펼쳐나갔다. 그 결과 성폭력과 가정폭력에 관한 특별법이 제정되고 성희롱을 규제하는 법적 근거가 마련된 것은 1990년대 여성운동이 획득한 의미 있는 성과라고 할 수 있다. 물론 이런 법적 제도화가 여성폭력에 대한 저항과 반대를 표방하는 사회운동의 포괄적인 문제의식을 담아내기에 충분한 것은 아니다. 오히려 우리 사회에서는 법제화 이후에도 반(反)성폭력운동이 그 역동성을 잃지 않고 급진적인 성정치의 양상으로 발현되고 있다. 이는 1990년대 여성운동이 화두로 삼은 '성폭력'의 개념이 여전히 성에 대한 근본적인 사유를 일깨우며 법제화를 통해, 실현되지 못한 의미들을 끝없이 발산하는 해석의 지평을 열어가고 있기 때문이다.

'성폭력'이라고 하면 우리는 흔히 섹슈얼리티와 연관된 성적인 폭력을 떠올리기 쉬우며, 경우에 따라서는 그 범위를 더욱 좁게 해석하여 이미 형법상 '범죄'로 규정되어 있는 강간이나 강제추행 같은 신체적인 폭력에 한정시켜 보기도 한다. 하지만 '성폭력(sexual violence)'은 본래 "여성이 남성으로부터 경험하는 모든 형태의 학대, 강제 그리고 위협을 망라하는 일반적인 용어"(Kelly, 1987: 59)로 사용되기 시작했으며,1) 여

---

1) 'sex'가 '성차'와 '성애'를 동시에 의미할 수 있는 것과 마찬가지로, 영어의 'sexual violence'는 중의적으로 해석될 수 있는 개념이다. 본래 sexual violence 는 리즈 켈리(Liz Kelly)와 같은 영국의 페미니스트들이 성별의 차이와 연관된 여성 폭력 일반을 포괄하는 넓은 의미로 사용해왔다. 그러나 남녀의 성별 또

성이 피해자가 되는 여성폭력 전반을 포괄할 정도로 범위가 넓은 것이었다. 즉, 성폭력은 여성들이 겪는 다양한 폭력의 경험을 명명하고 여성주의적인 관점에서 그것을 재해석하는 과정에서 도출된 용어로서, 남녀 양성의 성별 권력관계에 주목하는 급진적 페미니즘의 이론적 사유와 실천에서 발전한 개념이라고 할 수 있다. 특히 켈리와 같은 영국의 페미니스트 연구자와 활동가들은 성폭력을 '연속선(continuum)'의 개념으로 이해할 것을 제안했는데, 이는 피해 여성들의 경험이 어느 하나의 분절적인 범주로 포착되기 어려운 복합적인 성격을 띠는 경우가 많고, 겉으로 드러나는 폭력의 양상이나 수단이 다양할지라도 모든 성폭력은 근본적으로 여성에 대한 남성의 통제라는 하나의 요인에서 비롯된다고 보았기 때문이다.

이처럼 여성주의의 이론과 실천 속에서 형성된 '성폭력'의 개념은 '강간'이나 '추행'처럼 개별 사건의 구체적인 행위 양태를 지칭하는 용어가 아니다. 그것은 오히려 억압적인 경험들을 다른 방식으로 지각하고 구별하며 이름 붙이는 것을 가능하게 만드는 새로운 의미해석의 틀이라고 할 수 있다(신상숙, 2001). 어떤 사건을 '정조의 죄'로 간주하는 것과 이를 성폭력으로 규정하는 것이 전혀 다른 함의를 갖게 되는 까닭이 여기에 있다. 과거의 전통적인 가부장제 사회에서 여성에게만 배타적으로 강요되는 순결과 정조의 규범은, 정숙한 여성과 그렇지 않은 여성의 이분법을 작동시킴으로써 여성의 재생산 능력과 섹슈얼리티를 통제했다. 자의건 타의건 정조의 상실이 여성에게 사회적인 죽음을 의미하는 상황에서, '강간'과 '화간'의 차이는 중요하지 않았고 정조가 의심스러운 여성에게 강간은 애당초 있을 수조차 없는 일이었다. 이른바 '정조의 죄'가 가계혈통의 순수성을 지키기 위해 여성을 통제할 수밖에 없었던 가부장적 사회질서의 역사적 유제라면, '성폭력'은 여성의 인격

는 양성관계를 뜻하는 말로 젠더(gender)가 널리 사용되면서 넓은 의미의 성폭력을 'gender-based violence' 또는 'gender violence'로 표기하는 경향이 늘어나고 있다.

과 신체의 자율성을 출발점으로 한다는 점에서 뚜렷한 차이가 있다.

또한 성폭력이라고 문제를 설정하는 것은 성범죄를 둘러싼 기존의 법적 해석에 대한 도전과 남성 중심의 성문화에 대한 근본적인 비판을 함축한다. 예를 들어 "피해자의 저항을 현저하게 곤란하게 하는 정도"의 '폭행 또는 협박'이 수반되어야 강간의 구성 요건이 충족된다고 보는 한, 죽음을 불사하고 저항하여 온몸에 흔적을 남기지 않은 피해자는 의심의 눈총을 피할 수 없다. 더구나 남성의 성충동이 억제할 수 없는 자연적 본능이라는 잘못된 통념이나 여성의 처신과 행실에 책임을 전가하는 '피해자 유발론'은 성폭력을 정당화할 뿐 아니라 여성의 섹슈얼리티를 검열·통제하는 문화적 맥락을 제공한다. 성폭력 실태에 관한 경험적인 조사연구들이 보여주듯이, 성폭력 피해의 약 80% 정도가 '아는 사람'에 의한 것이며, 폭행이나 협박 외에도 피해자에게 작용하는 강제의 수준과 양상은 다양하다. 부부관계, 데이트, 직장생활의 관행 속에서 친밀함의 표현으로 묵인되어왔던 각종 성적 언행의 보이지 않는 폭력성과 이로 인한 피해가 오늘날 '성폭력'이란 이름으로 가시화될 수 있는 것은 이 개념이 '합의'냐 '강제'냐의 단순한 이분법을 넘어서는 구조적인 문제의식에 바탕을 두고 있기 때문이다.

성폭력이 개별 사건이기에 앞서 성차별적인 사회에서 구성되는 사회문제라는 인식은 모든 반성폭력운동의 출발점이다. 그러나 성폭력의 문제틀로 조명되는 여성폭력의 주제들이 사회운동의 현실적인 의제로 전환되는 계기와 방식은 각 사회의 역사적인 조건과 여성운동사의 경험에 따라 다를 수밖에 없다. 미국과 영국을 비롯한 서구사회의 반성폭력운동은 이른바 '성혁명'을 경유하는 성적 자유의 공간에서 발생했으며, 여성으로서의 자기 경험을 소통하고 의식적으로 실천하는 여성해방운동과 급진적 페미니즘의 성정치학이 이것의 모태가 되었다. 하지만 1980년대까지만 하더라도 한국사회는 성에 대하여 보수적인 태도가 전반적인 사회 분위기를 지배하고 있었으며, 진보적 여성운동 역시 '성'을 둘러싼 남녀의 갈등과 대립을 '계급'에 우선한다는 이유로 서구의 급진적 페미니즘과 이들의 관심사에 대해 다소 비판적인 입장을 취하고 있었다. 이런 조건을 감안하면, 1990년대 초에 우리 사회에서 성폭력이 사회적인 쟁점으로 급부상하고, 이후 십여 년에 걸쳐 '제도화'와 '급진화'의 양상이 엇갈리면서 반성폭력운동의 잠재력이 지속되고 있는 것은 상당히 이례적인 현상이라 할 수 있다. 그러므로 이 글에서는 1990년대를 전후로 한국사회에서 일기 시작한 반성폭력운동과 성폭력 관련 법제화의 과정을 되돌아보면서 한국사회에서 성폭력의 문제 제기가 갖는 역사적 의의와 쟁점을 짚어보자.

2. 1980년대, 여성이 폭력을 말하기 시작하다

적나라한 폭력이 용인되는 전시 국면이나 군사주의가 만연하는 권위주의 사회에서 여성에 대한 성적 공격이 늘어나는 것은 새삼스런 일이 아니다. 전쟁의 승패가 엇갈리는 지점에서 으레 많은 여성들이 '전리품'으로 희생되는 운명을 맞아야 했고, 여성의 섹슈얼리티는 제국의 통치가 관철되는 최후의 식민지였다. 일제 강점기와 미군정기에 일본 경찰이나 미군에 의한 강간 사건들이 끊이지 않았듯이, 장기간에 걸친 독재 정권의 비호 아래 숱하게 자행된 철거, 구사대의 투입, 시위 진압의 현장들 역시 성폭력에 무방비한 인권의 사각지대였다. 군사 독재의 폭압적인 지배와 이에 맞서는 민주화 세력의 투쟁이 점철된 1980년대에 성폭력에 대한 여론을 환기시킨 사건들은 주로 경찰 등 공권력이 연루된 몇몇 성폭력 사건들이었다. 1984년에 청량리 경찰서에서 전경이 시위 여대생을 성추행한 사건에 이어, 1986년에는 부천 경찰서의 문귀동 경장이 노동자로 위장취업한 여대생 권 씨를 수사하는 과정에서 성추행하는 사건이 발생했다. 수감 중인 피해자의 결단과 폭로로 세상에 알려진 이 '부천서 성고문' 사건은 가해자를 기소 유예한 조치에 반발하여 사법사상 최대 규모인 166명의 변호인단이 재정신청에 가세할 만큼 사회적으로 큰 파장을 불러일으켰다.

그런데 이 부천서 사건의 공론화 과정에서 전면에 부각된 것은 정당성 없는 국가의 공권력이 노동운동을 탄압하기 위해 성을 잔학한 고문도구로 이용했다는 사실이었으며, 이것이 젠더의 권력관계로 인해 발생하는 수많은 성폭력 사례들 가운데 하나라는 점은 진지하게 고려되지 않았다. 또한 공권력이 연루된 성폭력 사건을 규탄하면서 표출하는 거센 분노와 항변은 진보적인 운동사회 안에서 일어나는 성폭력에 대한 철저한 침묵 또는 무관심과 공존할 수 있었다(김혜숙·조순경, 1995). 1980년대는 이처럼 여성이 당하는 폭력을 '여성문제'로 자리매김하는 것이 쉽지 않은 엄혹한 상황이었으며, 성과 연관된 문제가 그 자체만으로 사회운동의 주제가 될 수 있다는 것은 여전히 상상하기 어려운 일이었다.

하지만 이런 상황에서 일찍이 '매 맞는 여성'의 삶에 주목한 이들이 있었다. 1983년에 만들어진 '한국여성의전화'는 우리나라에서 처음으로 아내구타를 비롯한 여성폭력의 문제를 제기한 여성단체로서, 창립 후 줄곧 매 맞는 여성들에 대한 상담과 지원활동을 계속해왔다. 당시 여성의전화를 창설한 주역은 '여성의 인간화'를 지향하는 크리스찬아카데미의 교육을 통해 여성문제에 대한 인식을 공유하게 된 중산층 여성들이다. 이들은 여성들의 일상생활과 연관된 운동의 방향을 모색하던 중 기독교계가 일반인을 위한 상담기구로 만든 '생명의전화'에서 착안하여 여성의전화를 만들었고, '아내구타' 문제를 그 출발점으로 삼았다(이김정희, 2002: 358). 아내구타에 대한 상담활동을 시작한 여성의전화는 1984년부터 여성평우회나 교회여성연합회 등과 함께 '여대생추행대책위원회'의 연대에 참여하면서 공권력에 대한 정치투쟁에 관여하기 시작했다. 이로 인해 여성의전화 내부에서는 단체의 정체성에 관한 논란이 일게 되었는데, 오랜 논의 끝에 여성의전화는 1987년 9월의 총회를 통해 회원 중심의 운동체로서 조직 개편을 단행하고, "가정폭력, 성폭력, 성차별적 이데올로기 등 당면한 여성억압 현실의 극복, 여성노동권의 확보, 민중생존권의 획득, 자주적인 통일민주사회의 실현"을 운동의 과제로 설정했다(이현숙·정춘숙, 1999: 112).

1985년에 개최된 제1회 3.8 여성대회가 '민족·민주·민중과 함께 하는 여성운동 선언'을 채택한 것에서도 알 수 있듯이, 1980년대의 진보적 여성운동은 전체 사회변혁운동에 복무하는 하위 운동으로서의 정체성을 견지하는 가운데 민중여성의 조직화에 주력했다. 따라서 공권력이나 구사대 등이 개입된 강간 및 추행 사건들이 여론화되었다고 할지라도, 이 사건들이 우리의 일상생활에 뒤섞여 있는 성폭력 문제를 환기시키거나 성폭력이 젠더의 권력관계에서 비롯되는 여성에 대한 폭력이라는 인식을 자리 잡게 하지는 못했다. 그러나 적어도 공권력에 의한 성폭력 사건들은 1980년대의 진보적 여성운동을 추동하는 여성단체들의 연대를 공고히 하는 계기를 만들었다. 청량리 경찰서 여대생 추행 사건(1984)과 부천서 성고문 사건(1986)이 발생했을 때, 여성단체들은 대책위원회를 구성하여 연대활동을 펼쳤으며, 이 과정에서 상설적인 공동투쟁 조직을 만들 필요성이 제기되었다. 이 취지에 공감하는 21개 여성단체들은 1987년 2월에 '한국여성단체연합(여연)'을 창립했다. 여성단체연합은 진보적 여성운동의 맥을 잇는 전국적인 연대체로서 1990년대에 성폭력 법제화를 위한 입법운동에서 구심점이 된다.

한편, 1988년에 대구에서는 다방에서 일하는 여성이 귀가길에 파출소에 끌려가 모욕과 협박을 당한 후 경찰들에게 윤간을 당한 사건이 발생했다. 그러나 두 경찰관은 무혐의로 처리되어 수사가 종결된 반면 피해자는 역으로 무고죄와 간통죄로 고소당하여 수감되는 처지에 놓이게 되었다. 또 그 이듬해에 전남 고흥에서는 임신한 몸으로 경찰에 의해 강간을 당하고 자살한 아내의 명예회복과 가해자 처벌을 호소하는 남편의 절규가 울려퍼졌다. 이처럼 공권력이 관련되었지만 당시의 정치상황과 연관된 의미를 부여하기 어려운 민간 여성의 성폭력 사건들을 접하면서 성폭력을 공권력의 부도덕성 문제로만 바라보던 시각에도 차츰 변화가 일어나기 시작했다(민경자, 1999). 성폭력에 대한 분노와 침묵이 교차했던 1980년대에 여성들은 폭력에 대하여 말문을 열고 분노했다.

그러나 당시의 정치상황을 지배하는 언어만으로는 그 분노를 피해자 여성의 관점에서 사태를 이해하고 쟁점화하는 '성폭력'의 문제제기로 발전시키는 데 어려움이 있었다.

3. 1990년대 반성폭력운동의 배경

1988년 9월, 한밤중에 집으로 돌아가던 한 주부가 두 명의 남자에게 공격을 받고 저항하는 과정에서 가해자의 혀를 깨물어 폭력과 상해 혐의로 기소되었다. 정당방위냐 과잉방어냐의 뜨거운 논란을 불러일으킨 이 사건에 대하여, 법원은 주부 변월수 씨에게 1심에서 징역 6개월에 집행유예 1년을 선고했다. 이 사건 이후 언론은 성폭력 사건의 보도에 비중을 두기 시작했으며, 그 당시 강도행위를 은폐하기 위해 강간을 저지르는 신종 범죄(이른바 '가정파괴범')가 급격히 늘어난 것도 보도 증가에 한몫을 했다.

변월수 씨 사건 이후 여성학계에서는 성폭력에 관한 연구가 활성화되어 1989년에는 강간에 관한 3편의 여성학 석사논문(김선영, 1989; 박선미, 1989; 이명선, 1989)과 함께 성폭력의 연속선 개념에 입각한 연구논문(심영희, 1989)이 발표되는 등, 여성주의적 관점에서 성폭력을 조명하는 학술적인 논의의 장이 열리기 시작했다. 또한 이 무렵에 우리나라에서는 처음으로 대규모의 성폭력 실태 조사가 이루어졌는데, 형사정책연구원이 1989년에 실시한 이 조사의 결과는 상당히 충격적인 것이었다. 1988년 한 해 동안 기존의 공식적인 통계로 집계된 강간 건수는 인구 10만 명당 10.9명에 불과하지만, 이 조사에 따르면 강간의 발생 건수는 인구 10만 명당 485.9건으로 무려 44.6배에 달하여 강간 신고율이 2.2%에 머무는 것으로 나타났기 때문이다. 또한 강간을 한 가해자 중 피해자가 모르는 사람이 19.7%에 그친 반면 친구, 애인, 직장관계인, 가족, 친척 등 '아는 사람'인 경우가 대다수(80.1%)를 차지하여 강간에 관한 통념이 잘못된 것임을 보여주었다(한국형사정책연구원, 1990).

'가정파괴범'을 비롯한 강력범죄들이 늘어나고 '범죄와의 전쟁'이란 사회방위의 수사가 언론을 장식하는 사회적 분위기 속에서 1990년대 초에 발생한 두 개의 충격적인 사건은 성폭력 문제의 심각성을 사회에 환기시키고 여성단체들의 조직적인 대응을 이끌어내는 데 결정적인 역할을 했다. 9살의 어린 나이에 자신을 강간한 이웃집 남자를 21년이 지난 후에 찾아가 살해하고, "사람을 죽인 것이 아니라 짐승을 죽였다"라고 법정에서 진술한 김부남 사건(1991)과 무려 12년 동안이나 자신을 성폭행한 의부를 친구와 공모하여 살해한 김보은·김진관 사건(1992)이 바로 그것이다.

하지만 이런 사건적 요소들이 촉발 요인으로 작용할지라도, 만약 다른 조건들이 갖추어지지 않았다면 반성폭력운동의 동학은 개시되지 않았을 것이다. 반성폭력운동 역시 하나의 사회운동인 만큼, 그것의 발생과 동학에는 어떤 현상에 상징적인 의미를 부여하고 사회문제로 의제화하는 과정과 아울러 운동 주체의 형성, 자원 동원, 정치적 기회구조 등의 복합적 요인이 작용한다고 볼 수 있다. 이 모든 점에서 1990년대는 그 이전의 시기에 비하여 반성폭력운동이 출현하기에 상대적으로 유리한 조건을 형성하고 있었다(신상숙, 2003).

첫째, 1980년대 말부터 가시화된 사회주의권 국가들의 몰락으로 사

◀ 왼쪽: 변월수 씨 사건을 다룬 영화 <단지 그대가 여자라는 이유만으로>의 한 장면.
▲ 가운데: 김부남 씨의 비극적인 삶과 분노는 성폭력특별법제정운동의 공감대를 형성했다 (《여성신문》 1991. 12. 27.).
▶ 오른쪽: 김보은·김진관 사건 공동대책위원회의 기자회견(한국성폭력상담소 제공).

회변혁의 이념과 전망이 불투명해지면서, 사회운동의 전반적인 '탈중심화' 및 '다원화' 현상이 진행되기 시작했다. 사회운동의 지형에 야기된 지각변동과 이념적 혼란 속에서 여성단체연합으로 대표되는 진보적 여성운동 역시 운동의 정체성과 방향을 고민하지 않을 수 없었다. 이런 전환기적 상황은 시급하고 중요한 목표에서 밀려났던 일상적인 여성문제들을 '여성'의 문제로서 제기하고 이를 통해 여성단체들의 독자적인 실천이 활성화될 수 있는 공간을 열어놓았다.

둘째, 민주주의 이행기의 한국정치 상황에서 1990년대 초부터 여성운동의 정치적 기회구조가 지속적으로 확장되었다는 점 역시 중요한 변수라고 할 수 있다. 1992년의 총선과 대선을 앞두고 각 정당들은 여성 유권자들을 의식하여 정책의 입안이나 채택의 단계에서 여성단체의 목소리를 수용하려고 했다. 특히 1993년의 문민정부 출범 이후 여성운동단체들은 국가를 적대시하기보다 합법적인 절차와 정치구조를 적극적으로 활용하여 여성문제를 주류화하는 방향으로 나아가는데, 결국 정치적 기회구조의 확장은 여성운동과 국가의 관계에 변화를 가져오고 진보적 여성운동의 제도화 경향을 촉진하게 된다.

셋째, 국제관계와 세계여성운동의 동향 역시 반성폭력운동에 유리한 배경으로 작용했다. 1979년에 UN이 채택한 「여성차별철폐협약」은 성에 근거한 모든 구별, 배제, 제한을 망라하여 여성차별의 폐지를 골자로 하는 여성인권에 관한 종합 협약이다. 하지만 이 협약은 '여성에 대한 폭력' 문제를 포괄하지 못하는 단점을 가지고 있었기 때문에 협약의 이행 여부를 심의하는 '여성차별철폐위원회'는 이와 별도로 1992년에 「여성폭력에관한일반권고안19호」를 채택했다. 여성폭력에 관한 최초의 국제적 문서라고 할 수 있는 이 권고안으로 말미암아 여성차별철폐협약 가입국은 협약 이행보고서를 제출할 때 폭력에 관한 조치를 같이 보고해야 했으며, 이미 1984년에 「여성차별철폐협약」에 가입한 한국 정부 역시 그 의무를 이행해야 하는 상황이 되었다(신혜수, 1999).

마지막으로, 성폭력 피해자에 대한 상담과 운동을 동시에 지향하는 여성단체들의 존재와 활동을 지적할 수 있다. 물론 '여성의 인간화'(1970년대)와 '민주변혁을 통한 여성문제의 해결'(1980년대)을 추구해온 한국의 여성운동에서 급진적 페미니즘의 정치적 문제의식이 수용될 가능성은 대단히 희박했다. 그러나 적어도 여성학적 지식의 전달체계를 통해 소개되는 성폭력의 개념이라든가 위기센터, 핫라인, 피난처, 자조모임 등의 구체적인 활동 모델은 여성들의 인권과 직결되는 절박한 필요를 충족시키고 여성운동의 영역을 확장하는 데 현실적으로 활용될 수 있는 자원이었다.2) 한국여성의전화와 한국성폭력상담소가 그 대표적인 적용사례라고 할 수 있다. 1980년대 초반에 세워진 여성의전화는 내부적으로 '여성상담'의 가능성을 탐색하는 활동을 계속하면서 성폭력에 대한 나름대로의 관점을 정립하려고 노력해왔다. 또한 1991년 4월에 새롭게 개소한 한국성폭력상담소는 외국의 '강간위기센터'를 준거로 삼아 만든 여성단체로서, 여성학 연구의 배경과 현실참여의 문제의식을 공유하는 여성들이 발기인으로 참여했다(이김정희, 2002: 53-54). 상담을 통한 피해자 지원과 여성운동을 함께 지향하는 이런 여성단체들은 반성폭력운동의 실질적인 주역으로 활동하면서 성폭력 관련 법제화를 이끌어내는 데 크게 기여했다.

4. 여성단체의 입법운동과 성폭력의 법제화

1) 성폭력특별법 제정을 위한 여성계의 움직임

성폭력 피해자가 울분과 고통 속에 그대로 방치되거나, 자구적인 폭

---

2) 전형적인 페미니스트 모델에 입각한 성폭력위기센터는 ① 페미니스트의 의식화과정에서 출발했고, ② 풀뿌리 행동주의의 특성을 가지고 경찰 등 제도권에 도전했을 뿐 아니라, ③ 피해여성의 능력강화(empowerment)에 초점을 둔 상담과 지원서비스를 시도했으며, ④ 가해자에 대한 직접적인 행동 방법을 모색하는 것이 특징이다(이원숙, 1997: 32).

력 수단에 의존하여 직접 문제를 해결하려고 하다가 피고의 자리에 서서 형벌을 기다리는 악순환보다 부조리한 상황은 없을 것이다. 1990년대 초반에 활성화된 반성폭력운동은, 성폭력 피해자를 보호할 수 있는 적절한 법·제도적 장치가 마련되지 않은 상태에서 누적된 현실의 부조리에 대한 집합적 반응이라고 할 수 있다. 1991년 1월 말에 전북 남원에서 김부남 씨 사건이 발생한 이후 수개월 동안 각 단체들의 움직임이 활발하게 나타났다. 1991년 4월에는 전북 지역의 인권선교협의회, 여성의전화, YWCA, 전북대 총여학생회를 비롯한 십여 개의 단체들이 '성폭력피해자 김부남사건 대책위원회'를 결성하여 김씨의 석방을 위한 구명활동을 조직해나갔다(4. 10.). 이 무렵, 한국성폭력 상담소가 개소식을 갖고 활동을 시작했으며(4. 13.), 여성의전화는 '성폭력 관련법 입법을 위한 공청회'를 개최하여 여성폭력 문제를 포괄하는 별도의 법이 필요함을 역설했다(4. 18.).

김부남 씨에 대한 지역 차원의 구명운동과 재판 과정이 중앙 언론을 통해 널리 보도되면서, 성폭력 문제에 좀더 효과적으로 대처할 수 있는 법 제정의 필요성에 대한 공감대 역시 확장되었고, 성폭력특별법의 제정은 여성단체들의 광범한 지지와 연대 속에서 여성운동의 주요 목표로 설정되기에 이른다. 이 과정을 좀 더 구체적으로 살펴보면, 성폭력 관련 입법의 문제를 공청회를 통해 처음으로 제기한 여성의전화는 한국성폭력상담소, 대구여성회, 김부남사건대책위원회와 함께 1991년 8월에 '성폭력특별법제정추진위원회'(이하 성폭력추진위)를 구성했다. 성폭력추진위는 그 이듬해에 여성단체연합 산하의 특별위원회로 결합했는데, 이 위원회는 여러 차례의 모임을 거쳐 1992년 3월에 '성폭력특별법제정추진특별위원회'(이하 성폭력특위)로 이름을 바꾸고 총 12개 단체가 연대하여 성폭력특별법 제정을 위한 본격적인 작업에 착수했다. 이 때부터 여성단체연합의 성폭력특위는 특별법 시안 마련 및 입법청원, 공청회, 가두시위, 서명운동, 성명과 기자회견, 문화제, 대정부활동 등 다양한 운동방식으로 비제도적 공론장에서의 여론 형성을 주도해나간다. 이 '성폭력특별법 제정운동'은 상당 정도의 보편적인 합의와 연대를 이끌어낼 수 있었는데, 1993년 5월 21일에 가진 공동기자회견에는 여성단체연합 외에도 74개 단체들이 참여했으며, 여기에는 평소 정치적인 입장이 다른 한국여성단체협의회와 같은 여성단체들뿐만 아니라 노동운동, 시민운동 단체들이 참여했다(윤정향, 1997: 54).

성폭력특별법의 윤곽을 잡아나가는 과정에서 여성단체들이 부딪친 첫번째 애로 사항은 '성폭력'이란 개념을 무엇으로 정의하고 범위를 어떻게 설정하느냐의 문제였다. 여성단체들은 초기부터 여성의 관점과 경험을 반영한 '성폭력'의 개념을 염두에 두고 이 새로운 기획을 법제도에 실현하려고 했다. 그러나 여성주의적인 성폭력 개념에 깃든 문제의식과 의미는 성범죄에 대한 기존의 인식에 비추어 무척 생소한 것이었으며, 여성단체들 사이에서도 개념의 범위를 둘러싼 견해의 차이가 존재했다. 가령 여성의전화는 '성의 폭력' 또는 '성폭력'이란 용어를 매우 넓은 의미로 사용해왔으며 성을 경시하는 말, 여성에 대한 희롱, 강제적 성관계, 물리적 구타 등을 포함하여 "여성에 대한 차별이 폭력적으로 나타난 것"을 모두 성폭력으로 보는 경향이 있었다(민경자, 1999: 22-23). 따라서 여성의전화는 성폭력의 범위를 대단히 넓게 설정하여 아내구타를 비롯한 여성폭력 일반, 즉 젠더폭력의 개념으로 접근하려고 했다. 이와 달리 한국성폭력상담소는 직접적으로 성적인 함의를 갖는 성폭력의 개념으로 범위를 한정하는 것이 필요하다고 보았다. 성폭력특위의 전신인 성폭력추진위가 1991년 10월 30일자로 국회에 제출한 「성폭력특별법 제정을 위한 청원서」에서 성폭력을 '광의'와 '협의'로 나누어 이중적으로 정의한 것은 개념을 둘러싼 고민의 흔적을 엿볼 수 있게 한다.

성폭력이라 함은 성을 매개로 이루어지는 무형, 유형의 강제력 행사를 말한다. 광의의 성폭력에는 협의의 성폭력과 가정폭력이 포함된다. 협의의 성폭력에는 인간의 성적 자기결정권을 침해하는 모든 행위가 포함된다.[3]

---

3) 국회사무처, 『제156회 국회 법제사법위원회 회의록』 제15호.

성폭력의 개념을 둘러싼 내부의 논쟁은 성폭력특위의 법률 시안 작업단계까지도 이어졌다. 1992년 2월에 내부 워크숍 형식의 정책토론회에서 이 문제를 논의한 여성단체들은 가정폭력을 포괄하는 넓은 의미의 성폭력의 개념으로부터 일단 후퇴하여 직접적으로 섹슈얼리티의 함의를 갖는 좁은 범위의 성폭력 개념을 채택하는 것으로 입장을 정리하고, 성폭력의 정의를 '성적 자기결정권 침해의 죄'로 단일화했다.[4] 성폭력을 정의함에 있어서 이처럼 성적 자기결정권을 강조하는 것은 나름대로 중요성을 가질 수 있었다. 우선 성적 자기결정권은 형법 제32장의 제목인 '정조에 관한 죄'를 대체할 만한 보호법익으로서 이를 성폭력특별법에 명시하는 것은 정조의 여부로 성폭력을 판단하는 전통적인 문제틀과 단절하는 선언적인 의미를 지닌다. 또한, 성폭력을 성적 자기결정권의 문제로 보는 것은 강간이나 추행 같은 신체적인 폭력을 넘어서 언어적 폭력이나 정신적 학대를 포괄하고, '폭행 또는 협박'에 의한 강간 외에도 모종의 강제성을 띠는 다양한 수준의 비동의적 성관계를 문제 삼을 수 있게 한다.

성폭력특별법을 추진하는 과정에서 여성단체들은 '여성폭력통합법안'의 구상에서 일보 후퇴했으나, 대신에 '연속선'으로서의 성폭력이란 문제의식을 최대한 견지함으로써 '강간법 개혁'의 실질적 효과를 극대화하려고 노력했다. 가령 여연 성폭력특위가 준비한 법안은 '폭행 또는 협박'에 의한 강간뿐 아니라 어느 정도 강제성을 띠는 '비동의 간음'과 '부부강간'의 처벌 등, 기존의 법 체계와 당시의 사회문화적인 조건에서 수용되기 어려운 파격적인 내용을 담고 있었던 것이다. 1992년 7월에 여연 산하의 성폭력특위는 「성폭력대책에관한특별법(안)」을 확정하

---

4) '성적 자기결정권' 또는 '성적 자율권'은 한 개인이 자기 자신의 섹슈얼리티와 연관된 문제들에 관하여 자유롭게 선택하고 결정하는 자율적 주체라는 것을 인정하는 법-권리적인 표현이다. '자기결정권'은 자신의 문제를 자신의 자유의지에 따라서 결정할 수 있는 권리로서, 법학에서는 헌법에 별도로 예거되지 않더라도 개인의 인격권이나 행복추구권이 이미 포함하는 개인의 자율성과 결정의 자유로 여겨지고 있다.

여 국회에 제출했다. 여성계의 성폭력특별법안은 민자당을 비롯한 3개 정당의 다른 법안들과 경합 관계에 놓여 있었고 성적 자기결정권에 입각한 성폭력의 정의뿐 아니라 '친고죄'의 폐지, 비동의 간음죄의 신설 등, 내용상 민감한 쟁점들을 포함하고 있었기 때문에 국회에서의 논의 과정 역시 순탄하지는 않았다.[5]

그런데 우여곡절 끝에 1993년 12월 말이 되어서야 국회를 통과한 「성폭력범죄의처벌및피해자보호등에관한법률」(이하 성폭력특별법)은 제정되자마자 개정 운동의 이야기가 나올 만큼 여성단체들의 기대에 크게 못 미치는 것이었다. 성폭력특별법은 무엇보다 '성적 자기결정의 침해'란 정의를 채택하지 않은 채, 기존의 형법에 규정된 성범죄 행위들을 나열함으로써 '성폭력범죄'의 정의를 대신했다. 또한 성폭력피해의 고소기간이 6개월에서 1년으로 연장되기는 했으나 여성계가 폐지를 주장한 친고죄는 존치되고, 아내강간, 동의 없는 성관계, 성희롱 등을 규제할 수 있는 조문이 들어가야 한다는 여성계의 주장은 전혀 반영되지 않았다.[6]

성에 관한 이야기를 금기시하고 강간이나 성폭행 같은 단어조차 입에 올리기를 꺼려하는 사회 분위기 속에서 성폭력에 관한 법 제정의 요구를 관철시킨다는 것은 쉬운 일이 아니다. 성폭력이 일상생활의 성문화와 분리될 수 없는 문제인데도 그것이 '성'의 문제가 아니라 매우 심각한 '폭력'의 문제라는 점을 강조할 수밖에 없었던 것은 이 때문이다.

---

5) '친고죄'란 당사자가 직접 고소하지 않으면 공소를 제기할 수 없도록 예외 규정을 두는 것으로 성폭력을 비롯한 몇몇 범죄들에만 적용되는 사항이다. 여성계는 수치심이나 보복이 두려워 신고를 하지 못하는 피해자로 말미암아 성폭력이 양산되고 있다고 보기 때문에 친고죄를 폐지하는 대신, 피해자가 원하지 않을 경우에 처벌하지 않는 '반의사불벌죄'를 부분적으로 적용할 것을 주장하고 있다.

6) 여성계가 제출한 특별법안에서 '성적 자기결정의 침해'로 규정된 성폭력에는 '직장 내의 성폭력'이나 '상시 성적 관계에 있는 자에 대한 강간'이 포함되어 있었으나 1993년에 제정된 성폭력특별법에는 반영되지 않았다. 한국여성단체연합 성폭력특위, 「보도자료: 성폭력 대책에 관한 특별법(안)」, 1992. 7.

그러나 법이 보호해야 할 피해자 여성의 성적 자유와 자율성의 적극적인 의미들이 여성주의의 대항 담론을 통해 충분히 뒷받침되지 못하는 상황에서 여성계가 주장하는 '성적 자기결정권'은 공허한 메아리로 남았고, 이를 무시한 채 제정된 성폭력특별법은 여성주의의 문제제기를 성범죄의 억제와 성풍속의 위기관리라는 보수적인 담론의 헤게모니 틀 안에 가두어버렸다. 더구나 '성폭력범죄'란 표현이 기형적인 방식으로 법문에 명시되었기 때문에, 생활세계에서 이뤄지는 '성폭력 개념의 사회적 의미구성과정이 법체계에 의하여 식민화되고 여성주의 성문화 비판의 함의가 제약될 소지를 남기게 되었다.

이 같은 여러 가지 한계가 있었지만, 피해자에 대한 보호 장치가 전무하다시피 한 상황에서 제정된 성폭력특별법은 마치 오랜 가뭄 끝에 내린 단비와 같았다. 성폭력특별법이 발효됨으로써 친족관계에 의한 강간(제7조), 장애인에 대한 준강간(제8조), 공중 밀집 장소에서의 추행(제13조), 통신매체 이용 음란죄(제14조) 등, 그 동안 법적 제재나 처벌이 어려웠던 범죄 유형에 적절히 대처할 수 있게 되었다. 또한 상담소의 설치(제23조), 보호시설의 설치(제25조), 경비의 보조(제30조) 등에 관한 법적 근거가 마련되어 성폭력 문제를 상담하고 피해자를 보호하는 시설에 대한 국가 및 지방자치 단체의 지원이 가능하게 된 것은 피해자 보호의 측면에서 이 법이 거둔 중요한 성과라고 할 수 있다.

2) '성희롱'의 문제 제기와 법적 투쟁

상대방에게 모욕감을 느끼게 만드는 온갖 종류의 성적 접근과 언설들이 직장이나 학교의 일상생활과 뒤얽혀 많은 여성들에게 좌절을 안겨주어도, 과거에는 이 불편하고 혼란스러운 경험을 표현할 수 있는 적절한 말이나 행동을 문제 삼을 기준이 없었다. 1974년에 미국 코넬대학의 린 파얼리는 일하는 여성들이 전형적으로 겪는 이 이름 없는 고충을 'sexual harassment'라고 명명했고(Farley, 1978),[7] 여성주의 법학자

캐서린 맥키넌은 성희롱이 "성에 기반한 차별의 한 형태"라는 영향력 있는 주장을 입론했다. 성희롱이란 현실은 늘 있었지만 '법적 주장으로서의 성희롱'이라는 개념은 '페미니즘의 창안'이며, 성희롱은 역사상 처음으로 여성들이 자신의 경험을 문제로 드러내고 개념화하여 그 침해의 내용을 법에 새겨놓은 사례다(MacKinnon, 1987: 5). 성희롱은 개인의 성적 자율성을 침해할 뿐만 아니라 근로와 학습의 권리를 제약함으로써 시민생활의 불평등을 야기하는 이중의 측면을 지니고 있다. 말하자면 성희롱은 단체생활에서 발생하는 성폭력인 동시에 노동 및 교육상의 성차별 행위인 것이다.[8]

우리 사회에서 성희롱에 대한 최초의 문제제기는 1993년의 서울대 신 교수의 우 조교 성희롱 사건으로 거슬러 올라간다. 1993년 8월에 교수에 의한 성희롱과 자신에 대한 해임의 부당성을 호소하는 우 조교의 대자보가 게시됨으로써 알려지기 시작한 이 사건은 일상생활에 만연해 있는데도 무시되거나 은폐되었던 문제에 대한 관심을 환기시켰다. 성희롱 피해자 우 조교는 가해자가 먼저 명예훼손과 협박죄로 피해자를 고소함에 따라 민사상 손해배상 소송으로 이에 대응할 수밖에 없었다. 그 결과 이 사건은 우리나라 최초의 성희롱 소송으로 비화되었는데, 1심에서 승소한(1994. 4.) 피해자가 2심에서 패소하고(1995. 7.), 마침내

---

7) 'harassment'는 불어의 'harer'에서 유래하며, 그 사전적인 의미가 '지긋지긋하게 하다', '피곤하게 만들다', '귀찮게 굴다'에 가까운 말이다. 우리나라에서 '성희롱'은 그 어감 때문에 가벼운 언동에 한정되는 것으로 여겨지는 반면 '성폭력'은 특별법상의 '성폭력범죄'와 지나치게 동일시되어 마치 성희롱과 전혀 무관한 것으로 간주되는 경향이 있어 두 개념의 관계에 대한 오해를 낳고 있다.

8) 성희롱은 경미한 성적 언동에 국한되는 것이 아니라 형법상의 범죄 여부를 떠나서 판단해야 하는 새로운 법·규범적 기준이라고 할 수 있다. 성폭력을 판단하는 것은 개인의 '성적 자기결정권'(성적 자율권)의 침해 여부이며 이에 상응하는 책임과 처벌을 개인에게 부과하는 것이다. 또한 성희롱의 예방과 처리의 책임을 단체에도 부과하는 까닭은 이러한 성적 자율권의 침해가 노동, 교육 등의 차별, 즉 '평등권 침해'를 유발하기 때문이다. 즉 성희롱은 어떤 성적 언동의 경중뿐만 아니라 이로 인해 피해자가 단체생활에서 겪는 불편과 불이익을 함께 판단할 것을 요구하는 기준이다.

대법원에서 다시 승소하는(1998. 2.) 반전을 거듭하면서 적지 않은 사회
적 파장을 불러일으켰다.

성희롱의 문제제기는 섹슈얼리티와 폭력의 경계가 결코 자명한 것이
아니며 성폭력에 대한 남성과 여성의 인식의 차이가 대단히 클 수 있음
을 확인하게 함으로써, 합의의 가상 아래 놓인 균열의 실체가 드러나게
만들었다. "과연 어디까지가 성희롱이냐", "이런 것도 성희롱이냐"라는
식의 다양한 반응들이 쏟아져 나왔고, 직장의 술자리와 회식 문화는 물
론 남녀 관계에서의 친밀성과 폭력의 경계에 관한 의문이 일상적인 대
화의 주제로 떠올랐다. 사실상 1990년대 초반에 등장한 성폭력이란 문
제틀이 우리 사회 남성들의 '정상적인' 섹슈얼리티에 대한 믿음과 충돌
하기 시작한 것은 이 때부터라고 할 수 있다.

또한, 고등법원의 항소심이 우 조교 측에 패소판결을 내리자 이에 충
격을 받은 여성계는 항소심 판결을 규탄하는 시민적 연대를 결성하고
성희롱 규제 조항을 신설하기 위한 입법투쟁을 개시했으며, 대학가에서
도 이에 항의하는 움직임이 일기 시작했다. 그러나 여성단체들의 입법
청원에도 불구하고 1995년의 남녀고용평등법 개정에서 목표로 삼은 성
희롱 규제 조항의 신설은 기각되었고, 1996년에 개정되는 성폭력특별
법에 성희롱 조항을 포함시키려는 노력은 국회 여성특별위원회의 지지
를 얻었으나 법사위에서 기각됨으로써 무산되었다. 결국 성희롱 관련입

◀ 왼쪽: '서울대 조교 성희롱 사건 공동대책위원회'가 개최한 공청회(한국성폭력상담소 제공).
▲ 가운데: 성희롱 추방을 위한 거리시위.
▶ 오른쪽: 성희롱 추방을 위한 시민 문화제 및 걷기 대회.

법은 6년에 걸쳐 진행된 최초의 성희롱 소송이 끝난 후에야 비로소 실현되는데, 1999년에 「남녀고용평등법」의 개정으로 「직장내성희롱」 조항이 추가되고, 같은 해에 「남녀차별금지및구제에관한법률」(이하 남녀차별금지법)이 새로 제정되어 일반 사업장과 공공기관에서 성희롱을 규제할 수 있는 근거가 마련되었다.

3) 가정폭력방지법의 분리 제정

한편, 성폭력특별법을 추진할 때 '여성폭력통합법의 구상'에서 한걸음 물러나 성적 함의를 갖는 폭력에 초점을 맞추어 법을 만들었기 때문에, 가정폭력에 관한 법률을 별도로 제정해야 하는 과제가 남아 있었다. 1994년에 사단법인으로 전환하여 조직을 정비한 한국여성의전화연합은 1995년부터 가정폭력방지법의 제정을 위한 준비작업에 착수하여 대중적인 홍보와 거리서명운동을 독자적으로 펼쳐나갔다. 여성의전화를 중심으로 전개되던 가정폭력방지법 제정운동은 여성단체연합이 이를 1996년 중점사업으로 채택함으로써 범위가 확대되었고, 여연 소속 7개 여성단체(경남여성회, 대구여성회, 서울여성노동자회, 제주여민회, 충북여성민우회, 한국여성의전화, 한국여성민우회 부설 가족과 성 상담소)와 한국성폭력상담소를 비롯한 12개 단체가 참여하는 '가정폭력방지법 제정추진 특별위원회'(이하 가정폭력특위)가 만들어져 법안 준비와 법 제정을 촉구하는 공론화 작업에 들어갔다. 여연은 또한 법 제정에 대한 광범한 지지를 이끌어내기 위해 22개 시민단체가 참여하는 '가정폭력방지법 제정추진 범국민운동본부'를 출범시켰고, 범국민운동본부는 가두 서명, 홍보물 배포, 설명회 및 시민대회 행사 개최 등의 활동을 통해 가정폭력방지법 제정의 사회적 공감대를 넓혀나갔다.

1996년 10월에 범국민운동본부는 약 8만 5,000명의 서명을 첨부하여 「가정폭력방지법(안)」을 국회에 청원했는데, "성폭력특별법 제정 때와는 달리, 이번에는 각 당에서 여연이 마련한 초안을 참고하여 법안을 만들었으

므로" 법안의 기본적인 내용은 여성운동이 제안한 내용과 크게 다르지
않았다(이현숙·정춘숙, 1999: 155). 법안 심의 과정에서 「처벌법」과 「피해
자보호법」을 분리하여 제정하는 방향으로 가닥이 잡힌 가정폭력방지법
은 1997년 11월에 각각 「가정폭력범죄의처벌등에관한특례법」과 「가정
폭력방지및피해자보호등에관한법률」로 국회를 통과하여 1998년 7월 1
일부터 시행에 들어갔다. 가정폭력방지법이 제정됨으로써, 가정폭력 사
건이 발생했을 때 경찰의 신속한 출동이 의무화되고, 가정폭력 가해자
에 대해서는 격리 및 접근 금지 명령과 보호처분을 내릴 수 있게 되었
다. 또한 가정폭력 피해자를 위한 상담소 및 보호시설의 설치와 가정폭
력 예방을 위한 정부 및 지방자치단체의 예산 지원도 가능해졌다.

5. 1990년대 후반의 반성폭력운동

1) 대학가의 반성폭력 학칙제정운동

1993년에 발생한 서울대 신 교수의 성희롱 사건은 대학사회에도 성
폭력이 존재하고 있다는 점을 명확히 인식하게 만드는 계기가 되었으
며, 대학 내의 성폭력 문제가 공론화될 수 있는 장을 열었다. 성희롱의
문제제기 이후 우리 사회에서는 성폭력을 둘러싼 담론 지형에 변화가
일어나고, 입법운동의 성과에 따른 반성폭력운동의 제도화 경향뿐만 아
니라 운동의 급진화 양상이 드러나는 것을 볼 수 있다. 후자의 특징은
주로 대학가의 반성폭력운동에서 나타난다.

1996년 8월에 연세대에서는 한총련이 주관하는 통일축전 행사가 열
렸는데, 여기에 참여한 학생들을 진압하는 과정에서 전경에 의한 성폭
력 사건이 발생했다. 물론 이 사건 역시 1980년대의 여러 사건들과 마
찬가지로 '공권력에 의한 성폭력'이라고 볼 수 있었으나, 학생들이 이
사건을 의미화하는 방식이나 대응의 양상은 과거와 사뭇 달랐다. 당시

의 대자보나 선전물 등에는, 공권력에 의한 성폭력을 '성폭력'의 문제
로 인식하기보다 '학생운동 탄압'으로 쟁점화하는 기존의 학생사회를
비판하는 주장이 개진되었다(서울대관악여성모임, 2001). 특히 학내에서
어느 정도 기반을 마련한 여성운동 단위들은 여성주의적인 입장에서
이를 성폭력의 문제로 자리매김하려고 했다. 성폭력에 대한 이런 입장
은 1996, 1997년의 공권력에 의한 성폭력을 규탄하는 '문화제'나 '대
토론회' 과정에서도 분명하게 표명된다. 한총련 여대생 성폭력 사건을
계기로 18개 대학의 여성단위들은 '학내 성폭력 근절과 여성권 확보를
위한 여성연대회의'를 구성하여 대학 내 성폭력 근절을 위한 학칙제정
운동을 각 대학으로 확산시키는 데 기여했다.

　이른바 '영 페미니스트'의 자의식을 가진 주체들의 출현은 1990년대
학생운동의 다원화 경향과 맞물리면서 대학가에 반성폭력운동의 열풍
을 몰고 왔으며, 특히 1997년 이후 이들의 목표는 '반성폭력 학칙 및
자치규약의 제정'이란 과제로 집중되었다. 학생회와 연대하여 대학 내
에서 반성폭력운동을 전개하기 시작한 여성운동 단위들은 우선 현행
법제나 일반인들의 사고에 자리 잡은 '기존의 성폭력 개념'의 비판과
재구성을 출발점으로 삼았다. 즉, 이들은 법률상의 성폭력에 관해 여러
가지 문제를 제기하면서 "새로운 성폭력 개념의 정립을 통해 성정치를
실현하려고" 했는데, 이는 "철저하게 권력관계에 기반을 두고 있으며,
피해자의 주관을 강조하고, 성폭력 행위의 구분에서 연속선의 개념을
도입하는 등 급진적인 것"으로 평가된다(달과 입술, 2000: 247).

　1997년에서 2000년까지의 반성폭력운동에서 '학칙 제정'이란 목표
는 대중적인 호응을 얻었으며, 이를 토대로 학생들은 대학 내 성폭력
관련 규정의 시안을 직접 작성하여 학교 측과 협상하고 적극적인 활동
을 펼쳐나갔다. 이런 대학가의 반성폭력 학칙제정 운동과 1999년의 「남녀
차별금지법」의 제정에 자극을 받아 각 대학들은 성폭력 관련 조항을 학
칙에 명시하거나 별도의 규정으로 제정했다. 교육인적자원부의 집계에
따르면 2002년 6월 당시 우리나라 대학의 94.7%가 이미 관련 학칙 또

는 규정 제정을 완료한 것으로 나타났다. 대학 내 정책을 수립한 거의 모든 나라에서 '성희롱'의 개념이 규정의 근간을 이루는 것과 달리, 오늘날 우리나라 대학의 규정들은 '성폭력'의 확장된 개념을 채택하여 성희롱의 문제를 포괄하고, 성폭력을 성적 자기결정권(성적 자율권) 침해의 문제로 이해하는 경우가 상당수에 이르고 있다. 이것은 1997년 이후의 반성폭력 학칙 제정운동과 1990년대 반성폭력운동의 효과가 사회 규범으로 일정하게 제도화되어가는 추세임을 보여주는 징후라고 할 수 있다.

하지만 반성폭력학칙의 내용에 관한 학내 여론 수렴과 구체적인 사건들의 해결과정에서는 이질성과 갈등의 지점들이 하나 둘 드러나면서 '자보전'을 방불하는 담론의 홍수가 이루어졌다. 특히 폭력의 피해를 직접 경험한 피해자의 관점에서 성폭력을 이해하고 판단해야 한다고 보는 '피해자중심주의' 원칙이라든가, 학생 자치의 공동체적인 문제 해결 방법으로 시도된 '공개 실명 사과' 방식 등에 대해서는 학생들 사이에서도 적지 않은 반발이 있었다. 이렇듯 대학이 성폭력에 관한 의사소통의 장으로 열릴 수 있었던 것은 여성주의를 전면에 내건 자치 모임들과 이른바 '영 페미니스트'들의 급진적이고 실험적인 활동이 있었기 때문이다. 그러나 대학 내 반성폭력운동 과정에서 확인된 성폭력의 개념에 대한 견해 차이와 정치적인 문제 해결을 둘러싸고 누적된 젠더 갈등은 시민사회의 한복판으로 확장되어 100인위 성폭력 논쟁에서 한층 더 심각한 양상으로 드러난다.

▲ 대학가 반성폭력운동의 다양한 문화 행사(연세대학교총여학생회 제공).

2) 운동사회와 성폭력: 100인위 논쟁의 파장

2000년 12월에 진보네트워크 참세상 공동체의 온라인 게시판에는 진보진영 또는 운동권과 직·간접적으로 관련되는 성폭력 사례들과 16명의 가해자 명단이 공개되었다. 이를 공개한 주체는 노동, 시민, 학생운동의 현장에서 일하는 젊은 여성활동가들로 구성된 '운동사회성폭력뿌리뽑기100인위원회'(이하 100인위)였다. 이 때부터 참세상 게시판에서는 성폭력과 관련된 격렬한 논쟁의 열기가 해를 넘어 이어졌는데, 100인위활동을 둘러싼 논쟁의 파장은 그간 우리 사회의 반성폭력운동을 통하여 사회적으로 저변이 확대된 성폭력 담론 지형의 현주소를 징후적으로 보여주는 사건이라고 할 수 있다. 그 과정이 순탄치 못할 것을 예상하면서도, 100인위는 '실명 공개'를 결행했으며, '피해자 중심주의'를 자신들의 결연한 의지로서 표명하면서 '피해자의 경험에 입각한 성폭력 개념의 확장'이 필요하다는 점을 역설했다. 그 결과 사이버공간에 자리 잡은 100인위 게시판에서는 가해자의 인권 문제를 비롯하여 성폭력의 개념 규정이 무엇인가를 둘러싸고 난상토론이 벌어졌다(운동사회성폭력뿌리뽑기위원회, 2003).

이제까지 반성폭력운동은 시민사회 안에서 여성운동의 하위 범주로만 생각돼왔다. 그러므로 성폭력은 시민사회의 다른 공론장에서 진지하게 토론되어야 할 의제로 간주되지 않았고, 이를 둘러싼 시민사회의 갈등 역시 충분히 드러날 여지가 없었다. 그런 점에서 100인위의 문제제기는 운동사회의 자성을 촉구하고 이른바 '더 중요하고 핵심적인' 사안들의 뒷전으로 밀려났던 성폭력 문제 해결의 물꼬를 트기 위한 소수자들의 정치적 결단이라고 볼 수 있다. 피해자중심주의를 전면에 내건 100인위의 비타협적인 투쟁과 '100인위 효과'로 드러난 시민사회의 복합적인 반응들은 성폭력이 여전히 '정치적인 문제'이며 젠더의 권력관계를 함축하는 갈등의 현장이라는 점을 다시 한번 일깨워주었다.

젠더 갈등이 성폭력 담론의 헤게모니 지형에서 어떤 양상으로 발현되느냐 하는 것은 역사적인 국면에 따라 다를 수 있다. 100인위 게시판의 성폭력 논쟁에서 젠더 갈등의 주요 축은 보수주의와 여성주의의 대립이 아니라 성해방의 이름으로 프리섹스를 옹호하는 성적 자유주의와 성폭력 피해자 여성의 입장을 강조하는 여성주의의 마찰이었다. 실제로 100인위가 공개한 사례들 가운데 상당수는, 성적 자유주의를 표방하는 남성들이 동지적 관계와 일상적인 친밀성을 매개로 여러 명의 피해자를 만든 사건들이었으며, 가장 논란이 많았던 것도 바로 이런 경우들이다(신상숙, 2001).

성폭력 담론의 헤게모니 지형과 관련하여, 성적 보수주의는 점차 퇴조하지만 자유주의 패러다임이 성담론이나 법담론에 미치는 영향력은 늘어나고 있다. 성에 관한 보수주의 담론은 여성의 성적 욕망과 쾌락을 부정한 채 순결과 모성을 강조함으로써 재생산의 기능을 전유하려고 한다. 반면에 성적 자유주의자(sexual liberal)들의 담론은 성해방을 여성해방과 동일시하고 프리섹스에 동의하지 않는 여성을 미성숙한 개인으로 치부함으로써 쾌락의 기능을 전유하려고 한다. 1990년대는 성개방의 분위기가 사회적으로 확산되고 대학가와 지식인사회에 여러 가지 성해방 담론들이 풍미한 시기이며, 일부 남성들은 성적 자유주의와 프리섹스를 앞세우며 성의 해방공간을 성폭력의 현장으로 만드는 데 일조했다. 대체로 이 성적 자유주의자들의 성폭력에 대한 태도는 이중적이다. 이들은 강요된 성관계는 성폭력이며 그렇지 않은 것은 자발적이고 합의적인 성관계라고 보지만, 여성의 '거부' 표시가 없으면 성폭력은 성립하지 않는다고 여긴다. 그 바탕에는 여성의 거부만 없다면 성폭력은 사라지고 오히려 자유롭고 해방된 성이 자리 잡게 될 것이라는 기형적인 성해방 인식이 깔려 있다.

성적 보수주의와 자유주의가 할거하는 담론 지형에서 '성적 자기결정권'에 입각하여 성폭력을 규제해야 한다는 여성주의의 문제의식의 입지점은 대단히 좁다. 이 비좁은 담론의 틈새에서 여성의 섹슈얼리티와 성적 자율성을 자리매김하고 여성 자신의 몸과 성적인 삶의 방향을 스스로 결정할 수 있는 자율적인 주체성의 공간을 확보해나가는 것은 결코 쉬운 일이 아니다. 성폭력의 사회적인 의미는 성정치적 담론 지형에서 벌어지는 의사소통과 투쟁을 거쳐 생성되고 공유되며 또한 변화되는 것이다. 그러므로 바로 이 자리에서 담론적 실천을 통해 여성 자신의 성적 자율성을 입지시켜나가는 것은 법에 규정된 권리 조항이나 제도화가 대신해줄 수 없는 반성폭력운동의 고유한 과제라고 할 수 있다.

6. 반성폭력운동의 성정치학

1990년대 초반, 진보적 여성운동의 방향 전환기에 '성폭력'을 화두로 시작된 여성단체들의 반성폭력운동은 여성들의 보이지 않는 고통과 모멸의 경험에 이름을 부여하고 말할 수 있는 것으로 만들었으며, 여성운동의 주체가 확장되는 계기를 제공했다. 여성 상담의 모색, 성폭력에 관한 여성학 연구, 국제적 교류의 네트워크 등을 통해 수용된 성폭력에 관한 의미의 자원들은 사건을 통해 촉발된 입법운동의 방향을 설정하는 데 기여했으며, 법제화를 추진하는 과정에서 여성운동의 외연적 확장이 이루어질 수 있었다. 성폭력특별법 제정을 추진하는 과정에서 여성단체들은 성적 보수주의 담론에 맞서 성폭력이 정조나 순결의 문제가 아니라 여성 자신의 성적 자기결정권을 침해하는 폭력이란 점을 분명히 했다. 그러나 죽음, 폭행, 강제 등의 전형적인 폭력의 기호와 맞물린 '성범죄와의 전쟁' 논리가 승인한 피해자 여성은, 자신의 성적인 삶을 스스로 결정함으로써 자율적으로 영위해 나가는 주체가 아니라 순진무구하고 몰성적(asexual)인 여성이었다.

성희롱이 사회적 쟁점으로 부각되면서 성폭력은 이제 사회구성원들의 상호 관계의 문제로 전환되었고 성개방의 추세 속에서 섹슈얼리티에 대한 남성과 여성의 시각차는 더욱 벌어지기 시작했다. '섹슈얼리티'와 '폭력'의 경계가 자명하다는 통념과 다르게, 이 성적인 욕망의 해방구에는 자발성과 강제, 동의와 거부, 정상과 비정상, 일상과 비일상 등 기존의 잣대로는 구별되지 않는 혼돈스런 경험들이 쌓여갔다. '영 페미니스트'들이 자생적으로 출현하고 반성폭력운동이 급진화의 양상을 띠고 나타난 곳은 바로 이런 현장들이다. 그리고 성적 자율성의 침해를 판단하는 기준과 관점의 주체가 피해자 여성이 되어야 한다는 주장 때문에, 성폭력 문제는 이제 '젠더 갈등'의 한복판에 놓이게 되었다. 이것은 1960년대의 급진적 페미니스트들이 성해방에서 억압을 발견하고 여성해방의 깃발을 들었던 상황과 대단히 유사하다.

대학가와 시민사회에서 부분적으로 드러나는 반성폭력운동의 '급진화' 양상은 여성단체 중심의 반성폭력운동이 '제도화'되고 있는 모습과 대조를 이루는 것이다. 여성에 대한 유·무형의 폭력을 망라하는 포괄적인 성폭력특별법의 구상은 실현되지 않았지만 성폭력범죄, 가정폭력범죄, 성희롱을 다루는 법률들이 각각 분리·제정됨으로써, 성폭력 피해자 보호를 위한 최소한의 기본적인 조치들이 마련되었다. 또 일정한 요건을 갖추어 피해자 상담 및 보호 시설을 운영하는 단체들이 국가와 지방 자치 단체의 재정 지원을 받을 수 있게 되었다.[9] 여러 논자들이 지적하는 바와 같이 '제도화'는 1990년대 한국의 여성운동과 국가의 관계를 특징짓는 하나의 경향이라고 할 수 있다(김현정, 1999; 서미라, 2002). 여성운동의 제도화는 여성의 정치적 영향력을 확대하고 정책적 개입을 통해 변화와 개혁을 신속하게 이룰 수 있게 하지만, 동시에 국가의 재정 지원을 받게 됨에 따라 여성운동의 고유한 자율성이 위축되고 단체들간의 경쟁이 유발되며 여성주의의 저항적 담론이 약화된다는 위기의식과 우려를 낳기도 한다.

급진화란 따지고 보면 문제에 대한 근본적 인식, 선명한 입장, 그리

---

9) 「성폭력특별법」 제3장 23조 2항에 의해 상담소에 대한 정부의 재정 지원이 가능해짐에 따라 1990년대 중·후반부터 성폭력상담소들이 단기간에 급증했는데, 1999년 4월에는 44개소에 달했으며, 이 중 몇몇 상담소들은 성폭력 피해자를 전문적으로 보호하는 시설과 24시간 위기상담센터를 가지고 있다(민경자, 1999: 76-77).

고 행동주의적인 실천을 수반하는 정치적 동원의 양상이다. 여성주의 소모임들이 펼치는 게릴라식의 반성폭력운동은 여성단체들의 입법 운동과 그 일정한 성과 위에서 출발한 것이지만, 이들을 추동한 것은 법 제도가 담을 수 없었던 피해자 여성의 경험 맥락과 그들의 언어에 대한 관심이다. 여성의 경험에서 구성되는 성폭력은 분절된 개별 사건이라기보다 수많은 성적 억압과 모멸의 체험들이 점점이 찍힌 하나의 연속선이며, 다른 모든 다양성에도 불구하고 '여성'이란 범주를 말할 수 있게 해주는 공통의 체험이다. 이 연속적이고 공통적인 체험 속에서 남성 중심의 성문화, 섹슈얼리티, 폭력은 연관성을 지니는 복합체로 인식된다. 하지만 현실의 개별 사건과 문제들의 해법에 강력한 규정력을 갖는 법 담론의 분절적인 표상들과 그 중의 하나인 '성폭력범죄'는 이 '폭력적인 성'의 연속적인 체험을 제대로 담아내기 어렵다. 이 둘 사이의 긴장과 간극이야말로 여성주의 성문화 비판이 자리 잡을 수 있는 반성폭력운동의 정치적 차원이라고 할 수 있다.

인간으로서의 존엄과 가치가 확보되지 않는 곳에서 시민 생활의 평등한 참여를 논하는 것은 무의미할 것이다. 그런 점에서 성에 관한 권리들은 현대사회에서 이야기할 수 있는 인권과 시민권의 문제라고 할 수 있다. 일찍이 영국의 사회학자 마샬(T. H. Marshall)은 시민권 논의의 고전으로 여겨지는 한 논문에서 18세기에는 민권이, 19세기에는 정치권이, 나아가 20세기에는 사회권이 확립되는 방향으로 시민권이 차례로 진화해왔다고 주장했다(Marshall, 1963). 그러나 여성의 경험과 역사를 감안하지 않은 이 시민권의 연대기는 어째서 섹슈얼리티나 몸에 관련된 민권의 가장 기본적인 요소들이, 20세기 말에 이르러 뒤늦게 시민권 논쟁의 뜨거운 쟁점으로 부상하게 되는가를 설명할 수 없다. 여성들에게 공적인 삶의 문은 열렸지만, 이 현장에 들어오는 여성들은 성적으로 자율적인 존재이기를 포기하고 집단에서 무난히 생존하는 방향을 택할 것인가, 아니면 성적인 자율성을 주장하기 위해 집단에서 살아가기를 포기할 것인가를 '선택'하도록 강요당했다. 남성에 의해서 여성의 섹슈얼리티가 일방적으로 규정되고 차이의 목소리가 인정되지 않는 곳에서, 진정한 시민적 삶의 평등이란 있을 수 없다. 성별에 차등을 두지 않고 개인의 성적 자율성을 평등하게 보장하는 문제는 이제 한 사회 또는 한 집단의 민주주의와 평등의 수준을 가늠하는 시민권의 척도로 부상하고 있다. 1990년대에 우리 사회에서 전개된 반성폭력운동은 아마도 먼 훗날 시민권의 역사를 새롭게 써나간 의미 있는 첫걸음으로 기억될 것이다.

- 생각할 거리
  1. 반성폭력운동이 일어나기 전과 후, 성폭력에 대한 우리 사회의 인식이 어떻게 달라졌는가에 대해 토론해보자.
  2. 친구가 성폭력 피해를 당했을 때, 아니면 반대로 성폭력 가해자가 되었을 때, 자신이 할 수 있는 일이 무엇인지를 떠올려보자.
  3. 성폭력에 대한 잘못된 통념과 성폭력을 조장하는 성문화의 요소들을 알아보자.
  4. 성폭력 문제를 바라보는 남녀의 시각이 어떻게 다른가에 대하여 주변 사람들과 이야기해보자.

- 읽을거리

심영희. 1998,『위험사회와 성폭력』, 나남출판.
정희진 편. 2003,『성폭력을 다시 쓴다: 객관성, 여성운동, 인권』, 한울아카데미.
한국성폭력상담소 편. 1999,『섹슈얼리티 강의』, 동녘.
한국여성의전화 편. 1999,『한국여성인권운동사』, 한울아카데미.
엘렌 베스·로라 데이비스. 2000,『아주 특별한 용기』, 이원숙·이경미 옮김, 동녘.

제2장 일본군위안부문제 해결을 위한 운동

정진성

1. 일본군위안부문제의 성격

군위안부문제는 50여 년이 지난 1980년대 말에야 비로소 사회의 관심을 받으며, 국내외에서 사회운동의 중요한 이슈로 부각됐다. 극비정책으로 이루어진 군위안부문제는 전후 관련 문서가 정부 명령에 의해 파괴되어, 문서자료 자체가 극히 드물었다. 그뿐만 아니라 미국의 전후 아시아정책 때문에 일본에 대한 전쟁 책임 추궁은 최소한으로 이루어졌고 동경재판에서 군위안부문제는 거론되지도 않았다. 이후 가부장제 사회에서 경험자와 피해자들은 굳게 입을 다물었던 것이다.

그러나 수많은 사람들의 인권을 유린한 이 문제가 그동안 완전한 공백 상태로 덮여 있었던 것은 아니었다. 전후부터 1980년대에 이르기까지 군위안부문제는 한국과 일본에서 신문기사, 소설, 영화 및 연구서 등의 형태로 산발적으로 문제제기가 되어왔다. 그러나 이 연구 및 문화활동은 경제복구에 사회적 관심이 집중되었던 한국과 일본에서 모두 사회적 관심을 받지 못한 채, 압도적인 가부장제 사회의 분위기 속에 묻혀버렸던 것이다. 1980년대 말에 이 문제가 비상한 사회적 관심을 받으면서 한국과 일본뿐만 아니라 아시아 전체에서 중요한 사회적 이슈로 드러나게 된 것은, 무엇보다 한국 여성운동의 성장 때문이라고 할 수 있다. 이후 피해자의 증언과 관련된 군문서의 발굴이 운동의 기폭제가 되었다. 한국의 여성운동은 곧바로 일본의 여성운동과 연대하게 되었으며 국내의 여러 시민 및 단체들의 협력을 확보하게 되었다. 이어서 일본의 시민단체 및 아시아 피해국의 여성단체와 시민단체들이 운동에 가담했으며, 곧 세계의 여러 NGO들이 지원하면서 운동이 확대되었다.

이렇게 운동의 참가자들이 늘어나는 동안, 이 운동은 피해자 지원에 중심을 두면서 군위안부문제의 법적 해결을 위해 국내와 일본, 미국 및 UN, ILO 등 국제사회에서 다각적인활동을 벌였다. 대체로 이 운동은 은폐되고 왜곡되었던 군위안부 문제의 진상을 구명하는 것, 피해자를 지원하는 것, 일본정부의 법적 책임을 추궁하여, 법적 절차를 거친 정부의 사죄와 피해자에 대한 배상 및 책임자의 처벌을 시행하도록 하는 것, 추모비 건립 및 역사교육 등을 통해 다시는 이러한 일이 일어나지 않도록 하는 것 등을 목표로 하고 있다. 일본정부에 대한 항의와 요구의 표현으로 매주 수요일 일본대사관 앞에서 시위를 벌이고 있으며, 특히 삼일절 등의 기념일이나, 교과서 왜곡문제 등의 특정 사건마다 성명서 발표와 시위 등으로 좀더 강한 의사표현을 해왔다. 또한 일본과 미국에서 법적 소송과 특별법 제정 운동 등을 벌이고 있으며, 아시아 피해국들 및 일본과 함께 아시아연대회의를 만들고 UN, ILO 등에 이 문제를 제기하고 있다.

이러한 운동과정에서 한국의 여성단체는 국내의 다양한 시민단체와 일본, 아시아, 세계의 여성단체 및 인권단체들과 광범위하게 연대해왔다. 이렇게 군위안부문제를 해결하기 위한 운동이 여러 나라의 여러 단체들을 포함하면서 다각적으로 전개되었다는 사실은 이 운동이 매우 다양한 성격을 갖고 있음을 반영하는 것이기도 하다. 군위안부문제는 여성/민족의 이중적 착취에 기인한 문제이면서, 국가가 시민에게 가한 폭력이고, 보편적인 인권침해의 하나로도 파악된다. 따라서 하나의 단체 안에서도 다양한 가치지향과 목표가 나타나고, 또한 다른 지향을 가진 단체들이 서로 연대·갈등하면서 운동이 전개되었던 것이다. 처음 여

성운동에서 제기된 운동이 일본의 여성운동과 제휴한 것은 이 운동이
무엇보다도 피해자 여성의 상처를 치유하려는 노력이었음을 반영하며,
또한 곧바로 국내 시민단체의 광범위한 지지를 얻은 것은 이 문제가 매
우 심각한 민족 문제라는 것을 보여준다. 아시아의 여성단체와 시민단
체들이 곧바로 이 운동의 중심에 들어온 것도 바로 이러한 페미니즘과
민족주의의 가치지향에 기반을 두고 있다고 볼 수 있다. 그뿐만 아니라
세계의 NGO들이 이 문제에 보이는 공감은 이것이 전시하에 일어난
심각한 인권침해라는 데서 기인하는 것이다.

이 글은 지난 10여 년간 전개되어온 운동의 대략적인 과정을 각 단
체들에서 발행한 팜플렛과 국제기구의 문서 등 일차자료를 참고하여
정리했다. 또한 여러 운동단체 성원과의 심층 면담과 필자 자신이 운동
에 참여하고 관찰한 기록을 폭넓게 이용했다.

2. 한국여성운동의 문제제기와 시민사회로의 확산

1) 출발점으로서의 여성운동

반세기 이상 침묵 속에 묻혀 있던 군위안부문제를 사회적 이슈로 끌
어낸 것은 1980년대 후반에 크게 성장한 한국의 여성운동이었다. 일제
강점기에 시작된 한국의 여성운동은 처음부터 민족 해방이라는 짐을
함께 지면서 나아가야 했고, 해방 후에도 상당 기간 지속된 독재체제하
에서 민주화와 경제발전이라는 문제의식이 여성운동에서 분리되기는
쉽지 않았다. 이렇게 전체 사회운동의 흐름 속에서 한 부분을 담당하면
서 성장한 여성운동은, 1980년대 후반 우리 사회 전반에 민주화가 진
전되면서 차츰 여성의 독자적인 문제에 눈을 돌리는 여유를 갖기 시작
했고, 1990년대에 들어오면서부터 독자적 여성운동은 자신의 중심을
가지고 문제를 풀어갈 수 있게 되었다. 군위안부문제는 이러한 과정에

서 한국여성운동의 중요한 과제로 부각되었던 것이다.

좀더 구체적으로, 군위안부문제를 위한 운동은 세 개의 다소 다른 갈래의 접점에서 탄생했다. 1980년대 말에 자신이 '정신대'[1]로 끌려갈 위기를 넘긴 후, 지속적으로 이 문제를 위해 자료를 모으고 있던 한 여성 연구자와, 1970년대 이후 지속적으로 매춘관광문제를 위해 활동하던 교회여성연합회, 그리고 1980년대 후반 전국 연합체를 만든 여성운동의 만남으로 이 운동이 시작된 것이다. 군위안부문제는 현재 진행되고 있는 매춘관광의 역사적 뿌리이며, 따라서 단지 과거의 문제가 아니라 우리가 해결을 서둘러야 할 현재의 문제라는 것을 한국의 여성운동이 발견하고 사회운동화한 것이다. 1990년 7월에 윤정옥 교수가 이화여대 여성학과 학생을 중심으로 만든 정신대연구회를 자매 연구단체로 남겨두면서, 1990년 여성단체연합(이하 여연)을 비롯한 22개 여성단체가 참가하여 한국정신대문제대책협의회(이하 정대협)를 결성했으며 이후 이 운동은 정대협을 중심으로 이루어졌다. 여연이 28개의 단체를 회원으로 가진 가장 중요한 연합체이므로, 정대협은 사실상 한국의 주요 여성단체를 대부분 망라하고 있다고 볼 수 있다. 1991년 일본과 미국에서 관련 군문서가 발굴되고, 피해자 김학순 할머니가 세상에 자신을 공개함으로서 이 운동은 비약적으로 활성화되었다. 불교인권위원회가 피해자 할머니들이 함께 거주하는 나눔의 집을 건립했으며, 군위안부 문제에 관한 여러 자료를 보관하는 기념관도 건축했다. 이 밖에도 한국의 여러 시민단체와 개인들이 연구와 피해자 지원에 힘쓰고 있으며 여러 병원들도 이를 돕고 있다. 정부는 1993년에 「일제하일본군위안부에대한생활안정지원법」을 제정하여 피해자를 돕고 있다.

일본정부에 사죄와 배상, 책임자 처벌과 올바른 역사교육을 요구하며, 한국의 시민단체들은 매주 수요일마다 일본대사관 앞에서 정기적인

---

1) 이 문제를 '군위안부'로 지칭하기로 합의하기까지는 다소 복잡한 과정을 거쳤다. 식민지 시기 당시의 사람들은 이러한 여성에 대한 강제동원을 '정신대'로 기억하고 있었던 것이다. 이 개념의 문제에 대해서는 정진성, 2004 참조.

◀ 수요시위(한국정신대문
제대책협의회 제공).

시위를 하고 있다. 이 '수요시위'는 1991년 1월 16일 수요일 정오에 미야자와 일본수상의 방한을 계기로 시작되었으며, 1995년 1월 고베대지진이 발생했을 때의 단 한 번을 제외하고 빠짐없이 지속되어, 2004년 3월 17일로 600회를 넘어섰다.

정대협이 중심이 되어 시작된 군 위안부 문제 해결 운동은 1990년대의 한국 여성운동이 명확하게 표방하기 시작한 페미니즘의 의식과 함께, 구한말과 일제강점기의 여성문제를 이해하는 대부분의 방식에서 볼 수 있듯이 제국주의와 식민주의에 대해 강한 문제의식을 가지고 출발했다. 정대협이 1992년에 처음으로 유엔 인권소위원회에 제기한 문건은 다음과 같이 시작되고 있다. 이것은 군위안부문제를 여성 인권 침해의 문제로 이해하면서 전쟁과 식민주의라는 사회적 맥락을 강조하고 있는 것을 명확히 보여준다.

"1910년 일본에 합병된 한국은 제2차세계대전이 끝나는 1945년까지 혹독하고 억압적인 일본의 지배 아래 고통을 받았다. 이 기간 동안 한국 민족에게 갖은 수탈과 억압이 가해졌지만 한국의 여성들이 아시아 태평양 지역에 걸쳐 있던 일본 군대의 성노예로서 강제동원된 일이야말로 그중에서도 가장 중대하고 잔혹한 것이었다"(정대협, 1992: 16).

한국의 여성운동이 페미니즘과 함께 식민주의에 대한 비판의식을 지닐 수 있던 것은, 한말과 식민지 시기 이래 1980년대 중반까지 한국의 여성운동이 다른 어깨에 사회변혁의 짐을 짊어지고 왔다는 점과 무관하지 않다. 그리고 바로 그 점에서 군위안부문제를 바깥으로는 국제여성운동으로, 안으로는 범시민운동으로 확산시킬 수 있었던 것이다. 이두 지향이 무리 없이 결합되어 문제를 좀더 종합적으로 이해한 점이 초기 일본군위안부문제 운동의 강점이었다고 볼 수 있다.

2) 한국 시민사회의 폭넓은 참가

정대협은 여성 중심의 조직 운영방식을 고수하면서, 남성 국제법학자, 역사학자를 법률전문위원회, 진상조사연구위원회 등의 외곽 조직을 만들어 포함시켰고, 모금과 같은 범국민적인 호소가 필요할 때는 남성을 포함한 명망가들로 문제해결 조직을 만들었다. 요시미 요시아키 등의 일본 역사학자들과 교류한 진상조사연구위원회에는 국내 유수의 남성 역사학자들이 포함되었으며, 유엔활동에 도움을 준 법률전문위원회에는 국내의 국제법학자 및 변호사가 대거 동원되었다. 진상조사연구위원회는 1993년 8월과 12월 두 차례에 걸쳐 일본 학자들과 합동 심포지엄을 가지고 1997년에 『일본군위안부문제의 진상』이라는 책을 묶어낸 후에 실질적으로 해체되었으며, 법률전문위원회도 부정기적으로 자문을 위해 모이다가 이 책의 법률 부분을 집필하고 자연적으로 소멸되었다. 모금을 위해 1992년에 정대협과 별도로 '정신대 할머니 생활기금 모금 국민운동본부'를 설립했고 국내의 주요 인사들을 공동의장, 운영위원장을 비롯한 위원으로 포함시켰다(이효재, 1997: 342-343). 이렇게 남성 전문가들의 협력을 얻어낸 방식은 이후에도 계속되어, 1996년 10월에 국민기금에 대항하여 모금활동을 벌인 '일본국민기금을 반대하는 강제연행당한 일본군위안부문제 해결을 위한 시민연대'와 '일본군 성노예전범 여성국제법정'(2000년 법정)을 위한활동에 남성들이 한시적으로 참가했다.

한편, 한국 내에서는 여성단체 이외의 여러 시민단체들로 이 문제가 파급되었다. 1970년대에 설립되어 징용, 징병 문제에 전념해온 태평양전쟁희생자유족회가 군위안부문제를 다루기 시작했으며, 민주화를 위한 변호사회가 UN활동과 청문회 등을 정대협과 함께 했다. 불교인권위원회는 희생자를 위한 공동주택인 '나눔의 집'을 설립했고, 여기에 국내외의 많은 시민 봉사자들이 활동에 참가했다. 그 중 한 예로 희생자들에게 그림을 가르친 자원봉사활동이 수년간 이루어졌는데, 그것은 희생자들의 정신적 치유에 엄청난 효과를 발휘했다. 불교지식인과 역사학자가 만든 '과거청산국민운동본부'에서도 이 문제를 다루었다. 중앙병원에서는 희생자에 대한 무료진료를 행하고, 곧이어 대구의 곽병원, 그 밖의 여러 한방 병원, 치과 등에서 크고 작은 도움이 이어졌다.

국내에서의 이러한 운동의 확산은, 이 문제를 보는 시야가 페미니즘에서 좀더 일반적인 인권의 관점으로 넓어졌고, 민족주의 정서가 이를 묶어준 데서 가능했다. 1980년대 말부터 확산되기 시작한 민족수난의 희생자에 대한 관심과 왜곡된 역사를 바로잡는 운동이 자연스럽게 이 운동과 합류된 것도 그러한 기반 위에서이다. 간혹 반페미니즘의 민족주의 단체와 갈등을 겪는 경우도 있었으나,2) 대체로 무리 없이 연대를 이루었으며, 최근 일본의 교과서 왜곡문제를 위해 만들어진 공동대책위원회에서는 정대협이 다른 시민단체들과 협력하여 활동을 전개하고 있기도 하다.

---

2) 예컨대 일제강점기에 민족주의 운동을 했던 사람들의 단체 중 하나에서는, 자신들과 성적 피해자들을 하나의 범주로 묶는 것에 불만을 표했다. 독립기념관에 군위안부 문제를 위한 공간을 마련하려고 했던 정대협의 시도가 좌절된 것도 그러한 맥락에서 이해할 수 있다.

3. 일본, 아시아 피해국 및 북한과의 연대

1) 일본 및 재일한국인과의 연대

한국에서 문제가 제기되자 곧바로 일본의 여성단체들이 빠르게 반응하기 시작했다. 교회여성연합회와 매춘관광문제를 위해 일했던 '매매춘문제에도전하는회'가 정대협 출범 전부터 협력하기 시작했으며, 1990년에는 몇 개의 여성단체가 연합하여 '행동 네트워크'를 만들었고, 이후 많은 여성단체가 정대협과 구체적인 협력을 이루었다(정진성, 2004: 제10장). 그러나 우리 단체의 민족주의적 경향 때문에 미묘한 갈등이 있기도 했으며, 일본 여성단체의 민족주의 경향이 연대의 파국을 초래하기도 했다.[3] 1993년경부터는 배상문제에서 책임자 처벌문제로 눈을 돌리기 시작한 정대협의 운동에 적지 않은 일본의 여성단체들이 불편한 마음을 드러냈다. 이미 죽거나 대단히 연로한 사람들을 어떻게 처벌할 것이며, 더욱이 최고 책임자인 천황은 어떻게 될 것인가를 염려하는 것이었다. 이때 나타난 균열은 후에 '국민기금'[4]에 이르러 완전히 파국을 이루었다. 많은 단체들이 국민기금에 동참하고 정대협에 등을 돌리게 된 것이었다.

'우리여성네트워크'나 '재일한국민주여성회' 등의 재일한국인 여성단체 및 일본 단체에서 개별적으로 활동하는 재일한국인들이 적극적으로

---

3) 예를 들어, 1992년 제1차 아시아연대회의에서 한 일본여성운동가는 한국에서 민족문제를 강하게 제기할 경우 함께 연대하기 힘들 것이라고 말한 바 있으며, 1993년 8월 일본정부의 2차 조사 발표에 대한 논평에서 한국의 정대협이 식민지 및 점령지 여성에 대한 차별적 강제동원과 착취를 무시한 일본정부의 의도를 다그친 데 대해 일본여성단체의 반응이 좋지 않았다.

4) 1995년 7월에 일본정부가 발족한 '여성을 위한 아시아 평화 국민기금(女性のためのアジア平和國民基金)'으로서, 정부가 모든 절차에 필요한 비용을 제공하고, 민간모금으로 보충하여 군위안부문제를 해결하려는 기금이다. 이것은 국가의 범죄성과 법적 책임을 인정하지 않은 채, 국가차원이 아닌 민간에 의해, 배상이 아닌 위로금으로, 혼란을 수습하려는 것이다.

운동에 참가하면서, 한국과 북한 단체의 연결에 중요한 역할을 하기도 했다. 재일한국인 여성들은 여성단체뿐 아니라 다양한 시민단체들에 분산되어 활동하고 있다.

한국에서와 마찬가지로, 일본에서도 여성단체에서 시작된 운동이 다른 시민단체로 확산되었다. 평화헌법개정운동 등을 전개하고 있는 변호사집단, 다양한 지역운동을 하고 있는 지역시민단체(예컨대, 후쿠야마종 군위안부를 생각하는 모임), 평화운동을 위한 전국단체(예컨대, Asia Afirca Latin America)및 이 문제를 위해 새로 결성된 '전쟁책임 자료센터' 등이 이 문제에 뛰어들고 있다. 한편 '도라지회', '송신도 씨의 재판을 지원하는 회' 등의 피해자를 돕는 단체들은 여성뿐 아니라 광범위한 남성을 포괄하고 있다. 이들 중 많은 단체가 군위안부문제에 국한하지 않고 더 광범위한 일본의 전쟁 책임문제를 위해 정대협과 관련 없이 독자적으로 운동을 벌이고 있다.

일본 내에서 이와 같이 다각적으로 운동이 확산되어 가는 한편, 이러한 운동에 대한 강력한 반대운동도 형성되어, 사회 전반에 무서운 속도로 확산되었다. 자유주의 사관운동 또는 '새로운 역사교과서를 만드는 모임'으로 대표되는 이 반대운동은 기존의 우익운동을 포괄하면서 일본사회 전체의 보수화를 주도해갔다. 전쟁 책임을 축으로 한 이 일본의 비판운동과 신민족주의의 대립구도는 현대 일본사회운동의 새로운 양상이다(정진성, 2001: 제1장, 제5장).

2) 아시아 타 피해국 단체들의 참가

일본단체들에 이어 아시아의 다른 피해국들에서도 곧 지원단체가 결성되고 피해자 신고를 받기 시작했다. 제일 먼저 참가하여 지금까지 가장 적극적으로 참가하고 있는 것이 필리핀 단체이며 그 다음은 대만 단체이다. 그보다 늦게 중국이 합류하여 연구와 활동을 활발하게 하고 있으며, 그 밖에 인도네시아가 간헐적으로 참가하고 있다. 곧바로 참가한

필리핀의 경우, Asian Center for Women's Human Rights 등 매우 활
발하게 국제적 네트워크를 축적해온 기존의 여성단체가 이 문제를 흡
수했다. 한국과 마찬가지로 필리핀에서도 여성이 중심이 되어 운동을
하고 있으며, 2000년 법정 등 특별한 경우 남성 전문가를 참가시키는
방식을 취했다.

　대만은 한국과 같이 일본의 식민지였으나[5] 징용이 대부분 조선에 집
중하여 일어났던 것과 마찬가지로 군위안부 강제동원도 주로 조선에서
이루어졌다. 따라서 대만의 피해 성격은 한국과 비슷하나 강도 면에서
는 큰 차이가 있다. 대만에서는 여성 변호사가 중심이 되어 새로운 피해자
원조단체를 만들어 주로 피해자를 돕는 활동을 해왔으며(Taipei Women's
Rescue Foundation), 남성변호사도 적극 참가하고 있다. 정부와도 지속적
으로 관계를 맺어, 국민기금을 반대하여 정부가 같은 액수의 지원금을
피해자에게 지원한 것도 한국보다 앞선 1997년에 이루어졌다. 중국은
참가시기는 다소 늦었지만 일단 합류한 후에는 매우 적극적이었다. 이
것은 중국정부의 태도와 밀접히 연관된 것으로, 초기에 전쟁 책임을 묻
지 않는다는 방침을 세웠던 중국정부는 이 문제에 대해 연구하는 것조
차도 억압했다. 그러나 개방정책이 경제발전에 성과를 올리면서 자신을
회복한 중국정부의 대일본 태도가 변화되면서 연구가 활발해졌다. 흥미
롭게도 중국의 운동은 남성연구자를 중심으로 연구의 한 과정으로 이
루어지고 있다(Shanghai Research Center on Comfort Women 등). 따라서
기본적으로 중국의 운동은 피해자와 위안소를 발굴하고 그것을 알리는
작업에 집중하며, 그 밖의 활동은 주로 일본, 한국 등과의 연대에 의존

---

5) 대만과 한국에서 일본 식민지배의 성격이 다르고 대만인들의 일본에 대한 의
　식도 한국인들과 다르다. 일본은 한국에 대하여 더욱 철저한 통합(integration)
　정책을 실시했으며, 따라서 문화적 통제뿐만 아니라 경제적 압박도 한국에서
　더욱 심했다. 또 다른 나라에 의해 오랫동안 지배되었던 대만의 역사도 한국
　과 다르다. 이러한 여러 차이로 인해 한국인과 대만인들의 반일의식도 큰 차
　이를 나타냈다. 일제강점기 민족주의운동은 대만보다 한국에서 훨씬 강했으
　며, 해방 후 일본에 대한 인식도 대만인의 경우 그다지 부정적이지 않다(Gold,
　1981; Chung, 1984).

하고 있다. 군위안부문제를 단독으로 다루기보다 남경대학살과 같은 다른 문제도 포함하여 전쟁 책임문제 전반의 맥락에서 접근하는 것도 특징이다. 아시아뿐 아니라 미국에서 이 문제를 위해 활동하는 사람들까지 포함하여 수백 명의 학자, 활동가를 초청하여 2000년 3월 상해에서 개최한 심포지엄은 이러한 중국 운동의 면모를 단적으로 보여주며, 일본의 전쟁 책임 전체의 맥락에 군위안부문제를 위치 지웠다. 중국 단체들은 2000년 법정에도 적극적으로 참가했으며, 이후에도 지속적으로 활동하고 있다. 이외에도 인도네시아의 남성변호사가 아시아연대회의에 한두 차례 참가한 적이 있다.

3) 북한과의 연대

북한의 참가는 한국 운동의 국제화로 인한 충격에서, 한국의 연구성과와 관점을 그대로 받아들이며 시작되었다. 남북의 직접 연결이 불가능한 상황에서 남북한 운동단체의 교류는 대체로 일본단체 및 재일교포의 중개를 통해 이루어졌다. 북한이 이 운동과정에서 처음 한국 운동단체와 대면한 것은 1992년 동경의 국제공청회에서였는데, 이때 북한의 군위안부문제에 대한 인식이 우리와 동일하다는 점이 확인되었다. 이후 UN 등 세계의 여러 곳에서 열리는 군위안부 관련 회의에 북한 대표들이 참가했으며, 남북이 함께 NGO 포럼을 조직하기도 했다. 2000년 법정에서는 남북이 North and South of Korea라는 이름으로 하나의 Korea라는 의지를 나타내며 하나의 기소팀으로 법정에 섰다. 북한에서는 군위안부문제를 위해 형식적으로는 정부조직이 아니지만, 사실상 정부의 한 부분으로 볼 수 있는 '종군위안부 및 태평양전쟁 피해자 보상대책위원회(종태위)'가 설립되어 피해자 신고를 받고 활동하고 있다. 북한의 종태위는 남성과 여성이 비슷한 숫자로 참여하고 있으며, 정부의 영향을 직접적으로 받고 있다. 아시아연대회의 등에 종태위 대표가 갑작스럽게 불참을 통보하거나 평양 모임에 한국 측 대표의 참가를 거부하는 경우가 있었는데, 그것은 남북 관계의 변화에 따라 북한 정부가 내린 결정이었던 것이다. 1993년 5월 현대형 노예제 실무회의에서 북한정부는 UN에서는 처음으로 이 문제에 대해 발언했으며, 이후 인권위원회, 인권소위원회 및 실무회의에서 강경한 발언을 하고 있다.

▲ 2000년 법정에서의 남북한의 협력(한국정신대문제대책협의회 제공).

4. 국제사회에의 호소

군위안부문제를 위한 국제운동이 대면한 세계사회는, 패권주의가 여전히 기본 흐름인 가운데, UN의 역할이 증대하고, 국제법이 발전되며, NGO활동이 강화되는 상황이었다. 군위안부문제에서 일본정부를 압박한 중요한 요소 중 하나는 국제 여론이었다. 일본의 우익들은 UN, ILO 등 국제기구를 비롯한 세계사회가 일본의 윤리성에 의혹을 제기하는 것에 긴장하고 있다.[6] 한국의 여성단체들은 UN과 ILO에 이 문제를 제기하여, 중요한 법적 판단과 조사, 효과적 권고 등을 끌어냈으며, 세계의 NGO들과 만나고 연대를 만들어나갔다.

---

6) 예를 들어, 최근 문제시되고 있는 '새로운 교과서를 만드는 모임'의 한 인사는 군위안부문제로 일본이 세계로부터 비판받는 것을 '복수(複數)의 국가가 연합하여 한 나라를 공격하는 새로운 전쟁'이라고 묘사하며 울화를 터뜨렸다(江藤, 1998: 102).

1) UN에서의 활동

한국과 일본의 단체들이 1992년 처음으로 이 문제를 UN에 가져갔을 때, 이에 협력한 단체는 2차대전 당시 일본으로부터 피해를 받은 캐나다 전쟁포로 단체들이었다. 그러나 점차 여성의 인권, 특히 전시하 여성침해의 문제로서 군위안부문제의 성격이 규정되면서, 그 단체들보다는 세계의 여성단체들과 연대를 강화하게 되었다. 때마침 세계의 곳곳에서 일어나고 있던 전쟁과 내란에서 여성 침해가 심각하게 이루어지면서, 군위안부문제는 최근 문제들의 역사적 뿌리로 주목을 받게 되었고, 정대협은 그러한 문제들을 위해 일하는 단체들과 자연스럽게 연대하게 된 것이다. 이러한 연대에 기초하여 인권위원회와 인권소위원회에서 중대한 보고서를 이끌어냈으며, 그 보고서를 중심으로 연대를 더욱 강화했다. 1996년에 인권위원회의 여성폭력 특별보고관인 라디카 쿠마라스와미(Rahdika Coomaraswamy)가 군위안부문제에 대한 자세한 보고가 포함된 보고서를 제출했을 때, UN을 기반으로 활동하는 58개의 여성단체가 국제연대(International Alliance)를 형성했던 것은 이 문제가 페미니즘에 기초한 국제 NGO와 얼마나 광범위하게 연대하고 있는가를 단적으로 보여주는 것이다. 국제변호사협회(ICJ)가 1994년에 강력한 보고서를 냈으며, 세계교회협의회(WCC)도 우리의 UN 활동을 도왔다.

1998년에는 인권소위원회에서 '전시하 체계적 강간, 성노예제 및 유사성노예제'의 특별보고관인 게이 맥두갈(Gay McDougall)이 일본군위안부문제에 관하여 매우 강력한 보고서를 제출했다. 2000년부터는 인권고등판무관실이 같은 제목으로 인권소위원회에 매년 보고서를 제출하여, 군위안부문제가 계속 논의될 수 있는 장을 유지하고 있다.

2) ILO에서의 활동

1995년 한국노총이 군위안부문제를 ILO 29호 조약인 강제노동조약

위반문제로 ILO에 제소하면서, 연대의 새로운 차원이 이루어졌다. 먼저 국내에서 남성들이 주도하는 노동조합이 이 문제에 관심을 가지게 된 점이며, 다음으로 세계의 노동조합들과 연대하게 된 것이다. 한국노총과 민주노총은 열성적으로 이 문제를 위해 보고서를 만들고 여러 노조 대표들을 설득하는 작업에 힘을 기울이고 있다(정진성, 2004: 제7장).

ILO에의 문제제기는 1995년에 한국노총과 일본의 大阪府 特殊英語 敎師勞組(Osaka Fu Special English Teachers' Union, OFSET)가 시도하기 시작했으며, 이에 대해 1996년 ILO전문가위원회는 일본군위안부문제가 강제노동조약을 위반한 범죄라는 판단을 내렸다. 강제노동조약은 ILO의 여러 조약 중에서도 가장 중요하게 여겨지는 기본적인 인권에 관한 몇 개의 조약 중 하나이다. 이후 수차례에 걸쳐 동일한 판단과 시급한 배상 및 관련자 처벌에 관한 권고가 이루어지고 있다.

군위안부 피해자가 있는 네덜란드 노조는 처음부터 강력하게 한국 노조를 도왔으며, 유럽의 여러 노조들도 이를 지지하고 있다.

5. 국민기금과의 전쟁

군위안부문제를 해결하기 위한 운동이 한국과 일본뿐 아니라 세계사회의 지원을 받고 있던 1994년 8월, 무라야마 총리는(1994.8.31) "우리 나라의 침략행위나 식민지 지배 등이 많은 사람들에게 견딜 수 없는 고통과 슬픔을 주게 된 것에 대해 깊이 반성하고……", "종군위안부문제는 여성의 명예와 존엄을 깊이 상처 입힌 문제이며, 나는 이 기회에 다시 한번 진심으로 깊은 반성과 사과의 뜻을 표한다"라고 말하면서, 소위 '평화우호교류계획'을 발족한다고 발표했다. 이 계획의 요지는 정부의 피해자에 대한 직접 배상을 거부하고, 대신 아시아 피해국을 대상으로 10년간 1,000억 엔 상당의 사업으로 조사·연구·교류를 하는 것으로 이 문제를 종결한다는 것이다. 여기서 일본정부는 "폭넓은 국민 참가의 길을 함께 탐구해 나가고 싶다"는 말로, 민간모금 조성에 대한 여운을 남겼다. 이러한 정부의 방침은 12월 자민당(自民黨)에서 재차 확인되었다(1994. 12. 7.). 일본여당 내 종군위안부문제소위원회는 "종군위안부문제를 포함해서 지난 대전에 일어난 배상, 재산청구권의 문제에 대해서는 일본정부로서는 샌프란시스코조약, 양국간의 평화조약 및 기타 관련된 조약 등에 따라서 국제법상, 외교상 성실히 대응해왔다. 그러나 도의적 입장에서 …… 폭넓은 국민참가로서" 기금을 모아 전(前) 위안부에게 위로금을 지급하기로 하고 정부는 이에 협력한다는 내용을 이 문제의 최종해결안으로 발표했다. 1995년 7월, 마침내 '여성을 위한 아시아 평화 국민기금(국민기금)'이 발족되었다.

이후 군위안부문제 운동은 한동안 국민기금과의 싸움으로 기형화되는 듯했다. 법적 책임을 부인하며, 민간모금과 정부의 보조금을 국민기금이라는 민간기구의 틀을 빌어 지급하려는 이 시도를 둘러싸고 일본의 시민단체들은 사분오열했다. 총체적으로 국민기금안에 반대하는 단체, 국민기금에 대항하여 순수하게 시민기금을 만들려고 하는 단체, 정부의 출자금 부분을 입법화하려는 단체가 지리한 공방을 벌였다. 한국의 정대협은 시종 국민기금 반대의 입장을 확고히 했으며 피해자들도 법적 배상이 아닌 '위로금'으로 또 한번 인권유린을 당할 수 없다는 확고한 입장을 견지했다. 그러나 막강한 자금력을 가지고 접근하는 국민기금의 공격적 행동 때문에 피해자들이 심각하게 분열하는 상황이 되고 있었다. 그에 대항하는 방법은 국민기금이 제안하는 액수의 보조금을 피해자들에게 지급하는 것이라고 판단한 정대협은 1996년 10월에 '일본국민기금을 반대하는 강제연행 당한 일본군위안부문제 해결을 위한 시민연대'를 발족하고 시민모금을 시도했으나, 큰 성과를 거두지 못했다. 그러나 다른 한편으로 진행했던 한국정부에 대한 호소가 결실을 맺어, 1998년 한국정부가 국민기금을 반대하면서 전격적으로 보조금을 지급하기에 이르렀다. 이때 외교부는 피해자들에게 '일본의 국민기금을 받지 않을 것이며, 국민기금을 받을 시에는 이 보조금의 전액을 정부에

반환한다'는 각서를 받았다. 이후 한국정부는 일본과 군위안부문제에
관한 발언을 자제하기로 약속한 1997년 이후에도 국민기금에 관한 한,
이 입장을 바꾸지 않았다.

국제활동도 국민기금이 옳지 않다는 호소로 내용이 기울어질 수밖에
없게 되었다. 일본의 정부와 국민기금, 그리고 노동조합은 UN과 ILO
에서 1952년 샌프란시스코 조약과 1965년 한일협약으로 법적 책임이
완료되었다는 종전의 입장에 더하여, 국민기금으로 도의적 책임까지 성
의껏 수행했다고 주장했으며, 국제사회는 여기에 설득되고 있었기 때문
이다. 무엇보다도 피해자들 사이에 일어나고 있는 균열을 보살피고, 국
민기금을 수령한 사람들에게 어떠한 입장을 표할 것인가에 대해 한국
의 시민단체들은 아직도 번민하고 있다. 국민기금을 받는 것은 피해자
의 권리라는 일부 시민들의 주장에 대해, 정대협 전(前) 대표인 윤정옥
교수의 대답은 그 번민을 축약하여 보여준다.

"나의 사랑하는 아이가 독을 먹겠다고 한다면, 그것을 그냥 두겠는
가, 말리겠는가."

6. 2000년 법정

1) 2000년 법정의 준비과정

국민기금이 국제사회에서 점차 설득력을 잃어가면서, 국민기금과의
싸움은 다소 진정되었는데, 그것은 한국 피해자의 대부분이 국민기금을
거부했기 때문이기도 했다. 그러나 일본정부의 배상과 사죄, 책임자 처
벌 등이 이루어지지 않은 상황에서 운동이 출구를 찾기는 힘들어 보였
다. 이러한 때에 1998년 4월에 서울에서 열린 제5차 아시아연대회의에
서 일본운동단체가, 베트남전쟁에서 미국의 범죄를 고발하여 1967년에
유럽에서 열린 러셀 등의 지식인들이 제창한 베트남 전범법정(International
War Crimes Tribunal on Vietnam)과 같은 민간법정을 열자고 제안했고, 이에

참가단체들이 전폭적으로 동의했다. 이후 운동은 '2000년 일본군성노예
전범 국제법정'(Women's International War Crimes Tribunal for the Trial of Japan's
Military Sexual Slavery in 2000)에 집중되었다.

일본은 1998년 6월 VAWW-NET Japan을 창립하고 본격적인 준비
활동에 들어갔으며, 한국의 정대협도 준비위원회를 구성했다. 이후 양
국의 활동은 법정을 위한 움직임으로 이루어졌다고 해도 과언이 아니
다. 그리고 실제로 법정의 준비과정에서 새로운 사람들이 많이 충원되
고 활동영역이 확대되었다. 정대협은 3차의 준비위원회(1998. 5. 20., 11.
6, 11. 20.)와 동경의 바우넷 재팬 방문(1998. 6. 6-7., 7. 30-31.)을 발판으
로, 1998년 12월 7일에 2000년 법정 한국위원회를 발족했다. 한국위원
회에는 정대협 회원 뿐 아니라 법학자, 변호사, 연구자, 국회의원, 작가,
기자, 무용가 및 인권운동사랑방, 한국성폭력상담소 등의 운동단체들이
대거 참가하게 되었다. 여성뿐만 아니라 남성들의 적극적 참여가 이루
어진 점도 주목할 만하다. 주로 법학자와 변호사가 중심이 된 법률위원
회, 연구자가 중심이 된 진상규명위원회 및 정대협 실행위원이 중심이
된 기획·홍보위원회, 대외협력위원회, 재정위원회, 그리고 정대협이 사

▲ 2000년 법정(한국정신대문제대책협의회 제공).

무국을 담당하는 구조를 가지고 출발한 한국위원회는 이후 수차례의 회의를 가지면서 준비활동을 점검했다.

2000년 법정을 준비하면서 얻은 중요한 결실 중의 하나는 대학생들의 참가 확산이었다. 1999년 초에 준비하기 시작하여 2000년 4월 28-29일에 이화여대에서 개최한 '2000년 일본군 성노예전범 학생법정'은 또다른 2000년 법정이 되었다. 이 과정에서 일본 대학생들과 교류하는 기회를 수차례 가졌으며, 법정이 임박한 9월 이후에는 경희대 등 서울의 다른 대학 및 대구, 부산 등지에서도 학생법정이 열렸다. 법정 외에도 해양대, 원광대 등 여러 대학에서 군위안부 관련 문화제가 이루어졌으며 제주, 마산, 대구 등지의 대학에서 릴레이 수요시위와 2000년 법정 지지서명운동 등이 확산되었다.

2000년 법정을 위해 더 심도 있는 조사와 연구가 이루어졌다. 진상규명위원회는 '증언팀'을 새롭게 구성했으며, 사회학자, 심리학자들이 피해자의 사회적·심리적 후유증을 집중적으로 연구했고, 육체적 후유증에 대해서는 기존의 피해자 진료를 담당했던 병원의 기록에 더해 젊은 의사들이 체계적인 조사를 수행했다. 또한 역사학자팀이 치밀한 증거조사를 실시했고 법학자·변호사팀은 법적용문제에 대해 논의를 수행했다. 이러한 연구성과는 법정이 끝난 다음 해인 2001년에 몇 권의 책으로 출판됐다.

법정 준비를 시작하면서 한국위원회에서는 이것이 동경에서 열리는 일회성 행사로 그쳐서는 안 된다는 데 의견을 모으고 한국에서 준비결과를 발표하는 심포지엄을 법정에 앞서 가지자는 제안이 있었다. 1999년 6월 4-5일 게이 맥두갈 변호사 초청 심포지엄과 10월 13일 NGO 세계대회에서 '일본군위안부문제 해결운동과 2000년 일본군 성노예 전범 국제법정'이라는 제목의 포럼을 개최한 것, 그리고 2000년 11월 16일에 열린 정대협 창립 10주년 심포지엄에서 '2000년 법정을 위한 연구성과들'이 발표된 것은 법정 준비활동의 중요한 성과라고 할 수 있다. 그 밖에 국내에서는 여러 문화행사가 이루어졌다. 전국 여러 지역에서 지역문화제와 강연회가 열렸으며 사이버 캠페인도 이루어졌다. 2000년 법정을 위한 모금 행사도 국내와 해외에서 이루어졌다.

기본적으로 2000년 법정은 여러 나라의 단체들과 개인이 협력하여 이룬 국제활동이다. 1998년 4월 아시아연대회의에서 법정 개최를 합의한 후 한국과 일본은 상호 방문하며 의견을 교환했으며, 1999년 2월 17일에 일본, 필리핀, 대만의 NGO가 서울을 방문하여 처음으로 국제 준비모임의 틀을 잡게 되었다. 법정을 위한 조직은 크게 피해국 조직, 가해국, 국제자문위원회의 세 조직으로 구성되었다. 피해국 그룹을 대표한 한국의 윤정옥 교수, 가해국 대표, 국제자문위원회를 이끌 필리핀 대표가 국제실행위원회의 공동대표를 맡았다. 국제실행위원회는 서울, 동경, 상해, 마닐라, 대만 등지에서 수차례의 회의를 갖고 각국 검사단을 조직하고 국제검사단회의를 열었다. 한편 국제자문위원회는 남북미, 유럽, 아프리카 등 세계 각 지역의 전문가들로 구성되었는데, 이 위원회는 뉴욕, 헤이그, 워싱턴 등지에서 유엔 등의 국제회의를 이용하여 그 전후에 회의를 개최하면서 법정의 여러 문제들을 논의해갔다.

2) 2000년 법정의 개최

2000년 법정은 2000년 12월 7일 저녁의 개막식을 시작으로 8-10일 사흘간의 본 법정 및 11일 국제공청회, 12일의 판결로 폐막되었으며, 법정 기간 중 내린 예비 판결 이후, 면밀한 검토에 근거하여 2001년 12월 헤이그에서 발표된 최종판결로 완성되었다. 이 법정은 UN과 같은 국가간기구와 상관없이 민간단체들로 구성된 민간법정(people's tribunal)으로서, 일본정부의 배상 책임을 묻는 민사재판과 함께 군위안부 범죄에 책임이 있는 개인들의 처벌을 요구하는 형사재판의 두 부분으로 구성되어 진행되었다. 재판이 끝난 후 구유고 지역을 포함한 현재 분쟁지역에서 이루어지고 있는 여러 형태의 여성인권의 유린문제를 주제로 '최근 전쟁과 갈등하의 여성에 대한 범죄에 관한 공청회'를 열어 일본군위안부문제를 현재 문제화시켰다. 특히 이 법정에서는 개인기소에 히로히토 천황을 포함시킨 점을 주목할 만하다. 법정에서는 한국과 일본을 포함한 10개국(남한과 북한, 중국, 일본, 필리핀, 인도네시아, 대만, 말레이시아, 동티모르, 네덜란드)의 검사단이 각기 기소했으며, 공청회는 코소보, 콜롬비아 등 현재 무력갈등이 일어나고 있는 지역의 NGO들이 참가하여 여성침해문제를 고발했다.

3) 남북한의 협력

2000년 법정의 준비과정에서 얻은 가장 중요한 결실의 하나가 남과 북, 그리고 재일교포의 협력이었다. 1998년 10월, 베이징에서 남북일 3자 회합을 가지면서 법정에 함께 참가할 것을 결의했는데, 그해 말 동경에서 열린 국제조사회의에는 북한이 참가하지 않았고, 1970년대부터 강제연행문제에 대한 연구와 운동을 해온 조총련계의 강제연행진상조사단을 통해 북한과 연락을 취할 것을 결정했다. 그러나 남북한의 만남이 이루어진 것은 2000년 3월(3. 30.-4. 1.) 상해 국제실행위원회 및 검사단회의에서였으며, 남북은 2000년 법정에서 남북을 하나의 나라로서 부각시키자고 의기투합했다. 남북을 'North and South of Korea'라고 표기하자는 제의가 북한에 의해 이루어졌고 한국이 이를 흔쾌히 받아들였던 것이다. 이번에는 한국 측이 남북이 공동으로 기소장을 작성할 것을 제안했고 7월 말 마닐라에서 열린 국제실행위원회와 검사단회의에서 실현되었다. 남북이 공동기소장, 공동검사단을 만들기로 합의한 것이다. 그 후 남북간의 의견 교환은 일본을 통해 이루어질 수밖에 없었으므로 효과적으로 진행되지 못했으나, 9월 대만회의에서 본격적인 공동기소장 준비모임이 이루어졌다. 먼저 남북은 식민지 지배를 강조하고, 이 시기를 강점기로 명명하자는 논의를 했으며, 기소장은 상호 연락하며 공동으로 작성하되, 법정에서 발표는 남한 측이 개인책임을, 북한 측이 국가책임을 맡는 데 합의했다. 기소장뿐 아니라 법정 시나리오

작성에 대해서도 논의했다. 한편 1998년 말부터 일본에서 한국의 피해
자를 연구하는 재일교포팀과 협력할 것을 결정하고 이후 서로 연구성
과를 교류해왔다.

상호 연락의 어려움 때문에 기소장도 마무리되지 못한 상태에서 법
정이 열리기 이틀 전인 2000년 12월 6일 동경의 한 교회에서 남북 검
사단과 실행위원이 만나게 되었다. 만 이틀 후 우여곡절 끝에 공동기소
의 구성이 완료되었다. 전체 사회는 남한 측, 머리말은 북한 측, 연행부
분은 남한 측 중심, 위안소 범죄는 북한 측 중심, 후유증은 남북이 번갈
아서, 국가책임은 북한 측에서 정리하고 남한 측이 개인 기소로서 법정
을 마무리하는 방식으로 결정하고 리허설을 한 후, 법정에서 세 시간의
공동기소를 성공적으로 치뤘다.

7. 이후의 운동

법정이 끝난 후, 일본과 한국에서 지금까지 활발히 움직이던 단체들
은 운동을 정리해가는 듯한 느낌을 주고 있다. 일본에서는 여전히 입법
운동이 이어지고 있지만 별다른 성과를 올리지 못하고 있으며, 한국에
서도 피해자 지원활동만이 주요 흐름인 듯하다. 이러한 가운데에서 한
일 양국 여성학자들이 여성사 공동교재활동을 펼치고 있는 것은 신선
하다. 이 활동은 2005년 출판을 목적으로 일본군위안부문제를 포함한
여성의 억압문제에 주목하고 있다. 한국과 미국에서 학자 및 활동가가
새롭게 충원되어 미국에서의 소송을 위해 연구와 활동을 벌이고 있는
것도 주목할 만하다. 무엇보다 피해자들이 지속적으로 의식을 발전시켜
가면서 수요시위와 그 밖의 이벤트에 성의 있게 참가하고 있는 것은 이
운동의 꽃과 같다.

■ 생각할 거리

1. 한국사회에서 일본군'위안부'문제가 중심적인 이슈로 등장할 수 있었던 배경은 무엇이었을까? 중국이나 대만 등 일본의 식민지배를 받았던 다른 국가들의 경우와 비교하여 생각해보자.

2. 일본군 위안부 생존자들의 증언이 일본군 위안부 문제 해결을 위한 운동에서 어떤 위치에 있는지를 생각해보자.

3. 최근 '위안부' 소재 누드집 파문 사건에서 볼 수 있듯이, '위안부' 사건은 드라마나 소설, 영화 등에서 심심찮게 나타난다. 이러한 문화적 재현에서 '위안부'를 바라보는 한국사회의 담론을 분석해보자.

■ 읽을거리

한국정신대연구소. 2000, 『할머니 군위안부가 뭐예요?』, 한겨레신문사.
변영주 감독, 1999. <숨결>, 기록영화제작소 보임.
1999년부터 간행된 일본군 군위안부 증언집(2004년 현재 총 6권이 나와 있음).
정진성. 2004, 『일본군성노예제』, 서울대학교출판부.
한국정신대문제대책협의회. 1997, 『일본군위안부문제의 진상』, 역사비평사.

제3장 한국 여성정책의 역사적 전개과정

황정미

1. 여성정책의 '역사'에 대한 접근

여성정책의 도입과 확대는 여성의 취업과 사회진출이 늘어나고 가족구조가 바뀌는 것과 같은 사회 변동과 긴밀히 연관돼 있다. 어떤 면에서는 오랫동안 사적 가부장의 그늘 아래에서 독립된 개인으로 인정받지 못했던 여성들이 공공정책의 대상으로 고려된다는 사실 자체가 크나큰 역사적 변화이다. 서구의 페미니스트들은 산업화·근대화와 더불어 여성에 관한 국가의 개입이 전개된 과정을 다각도로 분석해왔다. 특히 복지국가(welfare state)를 연구하는 여성학자들은 현재의 정책을 미시적으로 분석·평가하는 데 머물지 않고 20세기 중반, 나아가 19세기까지 소급하여 복지국가 형성과정에서 젠더(gender)문제가 어떻게 포섭 또는 배제되고 있는가를 주목하고 있다(Gordon, 1990; Fraser & Gordon, 1994; Skocpol, 1992).

한 예로 17세기부터 20세기까지 미국의 여성복지정책을 통사적으로 고찰한 아브라모비츠는 젠더에 따라 정책의 규범적 의미가 분리되어 있었음을 지적한다. 미국 복지정책의 윤리적 기초는 일할 능력을 가진 남성들의 노동윤리였다. 그러나 여성들을 대상으로 하는 복지정책은 사생활에 대한 감시과 규제를 수반했고, 궁극적으로 가족윤리의 강화를 목적으로 하는 별개의 성격을 가지고 있었다(Abramovitz, 1996). 또한 넬

슨은 미국의 복지국가가 그 기원에서부터 두 갈래로 나뉘어 있었다고 지적했다. 19세기 말과 20세기 초부터 이미 남성 산업노동자를 위한 복지제도와 자녀가 있는 홀어머니들을 지원하는 제도가 분리되어 있었으며, 여성을 지원하는 제도는 대상자에 대한 감시와 규제, 그리고 도덕적 낙인을 수반했다고 한다(Nelson, 1990).

물론 한국은 서구사회에 비해 여성을 대상으로 하는 근대적 정책이 도입된 역사가 그리 길지 않다. 양성평등을 목적으로 하는 여성정책의 출발점은 1987년으로 볼 수 있는데, 이것은 사회 전반의 민주화와 더불어 활성화된 여성운동이 정책 입법을 추진하기 시작한 시기이며, 무엇보다도 「남녀고용평등법」이 제정되었다는 상징적 의미가 크다. 그렇다면 1987년 이전의 여성정책은 존재하지 않았거나 연구할 가치도 없는 것일까? 물론 1960년대와 1970년대에 남녀평등을 실천하는 적극적 정책을 찾아보기는 어렵지만, 위로부터 국민을 강력하게 장악했던 권위주의 국가가 그 나름의 방식으로 여성들을 통제 및 동원의 대상으로 삼았을 것이다. 이처럼 여성과 관련된 정책을 역사적으로 조망하려고 한다면 양성평등을 목적으로 하는 여성지원정책에 국한되지 않는 더 넓은 의미의 '여성에 대한 국가 개입'을 살펴볼 필요가 있다.

우리 헌법에는 이미 오래전부터 남녀평등권이 명시되어 있었지만 이것은 상징적인 것에 그쳤으며, 실제로는 전통적인 미풍양속을 보호한다는 미명하에 불평등한 법들이 존속되어왔다(김선욱, 1998: 41). 따라서 여성정책 연구는 미래지향적이고 당위적인 목표 제시에 만족할 것이 아니라 과거의 역사와 그 유제에 대한 성찰을 함께 병행해야 한다. 또한 사회변동의 어떤 요소들이 여성정책의 변화를 유발시켰는지 역사적인 시각에서 살펴볼 필요가 있다. 그런 의미에서 우리는 해방 이후 현재까지 여성정책의 전개과정을 고찰하려고 한다.

체계적인 고찰을 위해서는 시기 구분이 필요한데, 여기에서는 해방 이후 현재까지 여성정책의 전개과정을 크게 4단계로 구분했다. 제1기(1946-1960)는 미군정에 의해 '부녀국'이 설치되고 이른바 '부녀행정'이

도입된 시기, 제2기(1961-1979)는 개발국가가 위로부터 여성을 동원하고 통제한 시기, 제3기(1980년대)는 민주화 과정에서 여성정책의 지형이 근본적으로 바뀌는 시기, 그리고 제4기(1990년대)는 여성정책이 본격적으로 법제화되고 확대되는 시기이다. 이러한 시기 구분은 특별한 이론적 분석틀에 기초한 것이 아니라 일단 외형적인 정책의 변화를 편의에 따라 나누어본 것이다. 본격적인 시기 구분은 더 많은 연구가 축적되어야 가능할 것으로 생각되며 이 글에서는 여성 관련 입법과 그 배경, 여성정책 담당기구의 설치와 확대, 그리고 한국사회의 변동과 맞물려 있는 여성정책의 전반적인 전개과정을 고찰하는 데 초점을 맞추었다.

2. 부녀국의 설치와 '부녀'행정 도입기(1946-1960)

한국사회에서 여성문제가 '공적' 관심사가 된 것은 최근의 일이다. 물론 전통 사회에서도 여성의 혼인이나 행실에 대한 집단적 수준의 통제가 있었지만 그것은 주로 신분제도나 관습에 의한 것이었다. 근대적인 국가행정의 차원에서 여성 문제를 다루게 된 것은 1946년 미군정이 부녀국을 설립한 이후로 볼 수 있다.

1946년 9월 14일 미군정법령 제107호 「부녀국설치령」에 의해 보건후생부 내에 부녀국이 설치되었다(보사부, 1987: 50). 이후 보건후생부의 명칭은 사회부나 보건사회부, 또 부녀국은 부녀아동국 등으로 그 명칭이 바뀌긴 했으나 직제상의 연속성은 유지되었다. 중앙의 부녀국과 지방의 부녀과로 연결되는 '부녀행정'의 줄기는 1980년대 말까지 지속되었다.

「부녀국설치령」에는 부녀국의 직능과 임무가 다음의 세 가지로 규정되어 있다.

첫째, 조선부인의 사회, 경제, 정치 및 문화적 개선에 관하여 군정 장관에게 진언함.

둘째, 조선부인의 지위 및 복지에 관한 자료를 수집하여 그 조사연구의 결과
를 발표함.
셋째, 조선부인의 복리증진을 위하여 아래 사항에 관한 의견을 정부기관에 구
신(具申)하여 그 표준과 방책을 제정함(보사부 1987: 51).

위의 세번째에서 언급된 '아래' 사항에는 부녀의 노동조건 개선, 직
장확대, 복지, 보건과 분만, 참정권, 매소부(賣笑婦)의 폐지, 불량부녀 교
정 등이 포함되어 있다. 이러한 부녀국 설치령에 여성노동과 복지, 여
성건강 등이 폭넓게 포함된 것은 매우 선진적인 내용으로 평가할 만하
다. 그러나 당시의 열악한 현실에서 시행령에 포함된 내용들이 그대로
실행되었다고 보기는 어렵다. 실제 관련 기록들을 종합해보면 부녀국의
실제 활동에서 가장 큰 업무는 각종 계몽강습회 개최와 교육사업이었
다. 어머니학교 설치, 선거교육 계몽, 어린이 위생과 가정관리에 대한
교육이 주로 실시됐다.

1948년 정부 수립에 따른 행정개편에서 부녀국은 사회부 산하에 소
속되었다. 부녀국에는 여성의 지도와 교양에 관한 사항을 담당하는 '지
도과', 그리고 부녀아동의 보육과 보호시설을 담당하는 '보호과'가 설
치되었다(보사부, 1987: 677). 그런데 당시의 부녀행정 담당자에 대한 기
록에 따르면 부녀국의 정부 내 조직적 위상은 매우 불안정했던 것으로
보인다. 예산의 열악함은 말할 것도 없고 조직의 통폐합이 자주 거론되
었던 것이다(한국부인회, 1985: 173).

1950년에 발발한 한국전쟁은 사회적 혼란 속에서 이제 막 걸음마를
시작한 부녀행정의 성격과 방향에 큰 영향을 미쳤다(황정미, 2001a: 48).
전쟁의 와중에서 '요보호자'들에 대한 응급구호는 주로 외국원조에 의
존했으며, 부녀국은 외원물자를 보호시설에 배분하는 등 시설관리를 담
당했다. 다른 한편 전쟁 기간에 여성들은 후방지원사업이나 봉사활동에
동원되었으며, 국민의 일상생활과 의식주에 대한 국가의 통제가 강화되
었다.

1946년부터 1950년대에 이르는 부녀행정 도입기의 특징은 다음 몇

가지로 요약할 수 있다. 첫째, 미군정이 설치한 부녀국은 미국적 민주
주의 가치를 도입하여 여성의 지위개선을 천명하는 계기가 되었으나,
부녀국은 외세에 의해 이식된 기구로서 실제적인 여성들의 복리증진에
기여할 만한 기반을 갖추지 못했다. 둘째, 한국전쟁은 국가나 사회의
보호를 필요로 하는 여성들을 지원하는 출발점이 되었으나, 주로 외원
에 기초하는 일시적인 응급구호 사업에 머물렀으며 좀더 체계적인 정
책으로 제도화되지는 못했다.

3. 개발국가: 여성에 대한 통제와 동원

1961년 등장한 박정희 정권은 오늘날과 같은 의미의 여성정책을 도
입하지는 않았지만, 경제발전을 목표로 국가가 위로부터 국민을 동원하
는 프로그램 안에 여성과 관련된 다양한 사업들이 포함되어 있었다. 행
정 직제의 측면에서 본다면 앞서 정부 수립기에 만들어진 부녀국과 본
질적인 차이는 없었으나, 각종 법률의 제정과 국가사업의 양적 확장으
로 부녀국의 업무는 좀더 체계화되었다고 볼 수 있다. 다시 말해 박정
희 정권기에는 한편으로 이전의 부녀국 조직틀이 그대로 이어지면서도,
다른 한편 이를 '개발국가'[1] 체제에 맞추어 다소 정비하는 변화가 있었
던 것이다. 이처럼 개발국가에 복무하는 부녀행정은 여성에 대한 국가

---

1) 개발국가(developmental state)는 제2차세계대전 이후 동아시아 국가들의 급
   속한 경제성장을 설명하기 위해 일본, 대만, 한국 등의 발전을 연구하는 과정
   에서 제시된 개념이다. 개발국가론은 신고전주의 경제학의 시장 중심적 설명
   을 비판하면서, 국가의 개입이 시장의 형성을 특정한 방향으로 주도했고 이와
   더불어 국가가 주도하는 전략적 경제성장이 가능했다고 강조한다. 또한 개발
   전략을 기획하고 주도하는 국가의 자율성을 강조하는 동시에, 국가가 사회에
   서 고립되어 있는 것이 아니라 시장 내 행위자와 국가가 일정한 관계망 위에
   서 연결되어 있다는 점, 이른바 국가의 '배태된 자율성(embedded autonomy)'
   을 강조한다. 그런데 기존의 개발국가 논의는 국가-시장 또는 기업의 관계를
   주로 다루며, 급속한 경제성장을 가능하게 했던 국가-가족-시장의 연결망은
   깊이 분석하지 않았고 그런 의미에서 몰젠더적인 한계를 지니고 있다.

개입의 기본모델로서 1980년대 초까지 지속되었으며, 지역수준에서는 오늘날까지도 그 영향이 남아 있다고 하겠다.

이 시기의 부녀행정은 두 갈래로 나누어볼 수 있다. 첫번째는 가출여성, '윤락여성', 모자가정 등 취약 여성을 한시적으로 보호하거나 통제하는 부녀보호사업이다. 두번째는 가정주부들에게 근대적 가정관리기술을 계몽하고 또 각종 국가사업에 여성대중 및 자원조직들을 동원하는 부녀지도사업이다. 이런 내용은 양성평등을 목적으로 하는 여성정책과는 분명 거리가 있다. 그러나 한국 여성정책의 전개과정을 역사적으로 조망해볼 때, 이 시기의 부녀행정에서 몇 가지 특징을 발견할 수 있으며, 이것은 1980년대 이후 여성정책이 본격적으로 확대되는 과정에도 어느 정도 영향을 미쳤다고 볼 수 있다.

첫째, 사회복지 관련법들이 제정됨으로써 보건복지부 산하 부녀국의 행정업무는 과거에 비해 좀더 체계화되었지만, 이러한 법과 정책 안에 여성의 권리에 대한 인식은 거의 없었기 때문에, 따라서 여성을 대상으로 하지만 여성의 권리는 인정하지 않는 왜곡된 형태의 정책이 되풀이될 수밖에 없었다.

좀더 상세히 살펴보자면, 5.16 직후 사회복지와 관련된 법들이 대량으로 만들어졌는데 특히 「윤락행위등방지법」(1961. 11. 9.), 「아동복리법」(1961. 12. 30.), 「생활보호법」(1961. 12. 31.) 등은 부녀국의 업무가 근거하는 법률들이었다. 이 밖에도 1963년에 「사회보장에관한법률」이, 1973년에 「모자보건법」이 제정되었으며 박정희 집권하에서 만들어진 법률들은 1970년대 말까지 거의 개정되지 않고 존속됐다. 이 법들은 일부 조항에서 여성 또는 모성에 대한 보호를 언급하긴 했지만 그 범위는 극히 제한적이었다. 당시에 국가와 민족을 위해 훌륭한 자녀를 낳아 인재로 키우는 어머니의 역할이 사회적으로 매우 강조된 것과는 대조적으로 관련 법률상의 모성 개념은 매우 파편적이고 한정적이었다. 한 예로 아동복리법에는 아동보호를 위해 필요한 경우 그 어머니도 함께 보호한다는 매우 간접적이고 일시적인 보호 규정이 있었을 뿐이다. 또한 부녀보호사업 전반의 근거 법률은 놀랍게도 「윤락행위등방지법」뿐이었으며, 따라서 이른바 요보호 여성, 즉 가출여성이나 윤락여성 등은 피보호자이기 이전에 잠재적 범법자이자 일차적으로 단속 및 교정의 대상이었다.

둘째, 여성을 계몽과 지도의 대상으로 삼는 '부녀지도사업'은 박정희 정권이 추구한 국가적 기획과 깊은 연관이 있었다. 이 시기 국가는 단기간에 급속한 경제 성장을 달성하기 위해 전략적으로 특정 분야에 자원을 집중했으며, 경제개발 이외의 다른 영역, 가령 사회개발 및 사회복지 등은 성장을 저해하는 '낭비적'인 영역으로 간주되었다. 국가의 물적 지원에서 도외시된 정책 분야에서는 위로부터 국민을 동원하여 해결하려 했다. 각종 생활개선, 허례허식 타파, 반공이념 고취, 소비절약 등의 계몽사업뿐만 아니라, 가족계획, 농어촌 소득 증대, 지역개발, 환경개선 등의 다양한 사업에 여성들이 대규모로 동원되었다. 5.16 군사쿠데타 직후 재건부녀회가 조직된 것에서 시작하여 가족계획어머니회, 새마을부녀회 등 '위로부터' 조직되고 운영되는 여성조직이 상당한 규모로 확대되었으며, 이러한 부녀조직들은 부녀국뿐 아니라 총리실, 내무부, 농촌진흥청, 가족계획관련기관, 지방행정기관 등이 협의하여 관리했다(보건사회부, 1981). 고도성장 전략과 결합된 권위주의적 국가체제하에서 '부녀지도사업'은 지역사회의 문제를 해결하는 여성들의 자원활동을 국가 목적을 위해 동원하는 방식으로 정착됐다. 부녀지도사업의 연장선상에서 여성회관, 부녀복지회관 등의 시설을 건립하고 운영했으며, 이 시기에 만들어진 시설과 프로그램들은 이후 직업훈련이나 교양교육 시설로 계속 활용돼왔다. 이러한 부녀지도사업의 제도적 유제들은 여성정책이 여성들의 아래로부터의 수요에 부응하는 내용으로 전환되어야 할 과제를 안겨주었다.

셋째, 개발국가가 시민사회 내의 여성 민간조직들과 어떤 관계를 맺었는지 주목할 필요가 있다. 1960년대와 1970년대를 통해 여성정책이 법적·제도적으로 확장되었다고 보기는 어려우며, 국가가 추진하는 사업 중 여성과 관련된 내용들은 각종 민간자원단체를 반관반민(半官半民)의 성격으로 육성하는 데 집중했다. 새마을 부녀회나 각종 어머니회도 이런 맥락에서 성장했다. 그런데 1970년대에 접어들면서 대도시 중산층 여성을 중심으로 하는 여성 민간단체가 점차 늘어났으며 특히 'UN 세계여성의 해'(1975년)가 계기가 되어 여성단체의 활동이 사회적 주목을 받게 되었다. 1970년대 여성단체의 활동은 양면적인 의미를 갖는다. 한편으로 대다수의 여성단체들이 고통 받는 여성들(여성노동자, 여성 한부모 가장 등)의 문제는 간과한 채 국가사업 수행과 온건한 사회봉사활동에 치중했다는 점에서 양성평등에 그다지 기여하지 못한 것으로 평가할 수 있다(서명선, 1989). 다른 한편 일부 여성단체들은 가족법 개정운동, 기생관광 반대운동을 전개했으며(이효재, 1996) 이 시기 여성단체의 활동은 1980년대 이후 여성운동이 급성장하는 데 밑거름이 되었다.

4. 민주화와 여성정책의 지형 변화: 1980년대

1980년대는 한국사회에서 '탈권위주의 민주화(post-authoritarian democratization)'가 진행되는 새로운 전환기였다. 특히 1987년 범국민운동의 확산은 정치 변동을 이끌어냈을 뿐만 아니라 국가와 시민사회의 관계를 변화시켰으며, 나아가 사회정책이나 여성정책의 지평 자체를 바꾸는 계기가 되었다. 1980년대를 통해 여성운동은 크게 성장했으며, 여타 진보적 민주화운동과 사안에 따라 연대·협력하거나 때로는 여성의 독자적 요구를 강하게 표출했다.

거시적으로 본다면 1980년대는 이미 1970년대 후반부터 나타난 기독교 여성운동이나 여성노동운동의 흐름을 흡수한 여성운동이 민주화운동의 물결 속에서 그 사회적 영향력을 확대한 시기였고, 이러한 역량은 1990년대 법 개정 및 제정운동으로 이어져 여성정책의 현실적 변화를 가능케 하는 원동력이 되었다. 1980년대의 가장 큰 특징은 이전과 달리 여성운동이 주도적으로 여성정책 의제들을 제기하고 요구하기 시작한 것이다. 이러한 국가와 여성운동 간의 관계 변화는 여성정책의 결정과정 전반에 큰 변화를 가져오는 것이며 여성정책의 패러다임 전환(paradigm shift)을 내포하는 것이기도 하다.

1) 여성운동의 성장

앞에서 지적했듯이 1970년대 후반에는 이미 여성단체들이 활동을 확대하고 있었으며, 여성노동자들도 노조를 결성하여 생존권투쟁을 전개했다. 인권회복, 유신반대, 민주화 쟁취라는 1970년대 운동의 정서와 이론의 연장선상에서 1980년대 초반에는 지식인 중심의 여성단체들이 잇달아 창립되는데 여신학자협의회(1980), 여성평우회(1983), 또 하나의 문화(1984) 등이 그것이다(이미경, 1998: 19). 또 하나의 문화(1984)는 여성지식인들이 새로운 대안문화를 표방하는 모임으로서 만들어졌다. 또한 여성의전화(1983)는 아내구타 및 성폭력 피해자들에 대한 상담사업 등을 전개했으며, 1987년에는 독자적인 여성노동운동 단체로서 여성노동자회가 결성됐다. 이러한 각 부문 여성운동들의 결집체로서 1987년 한국여성단체연합(이하 여연)이 창립되었고 여연은 오늘날까지도 여성정책의 중요 의제들을 제기하고 입법운동을 벌이는 등 활발한 활동을 전개하고 있다.

1980년대에 성장한 여성운동단체들은 정권에 순응적이고 보수적이었던 과거의 여성단체와는 성격을 달리하는, 민족민주운동에 동참하는 여성운동으로 자신의 정체성을 규정했다. 따라서 이들 단체들이 처음부터 여성정책에 관심을 가진 것은 아니었으며, 시기에 따라서는 다른 민주화운동과 연대하여 시위와 집회, 직접적인 정치투쟁에 역량을 집중하기도 했다. 그러나 여성운동 내부에서는 합법적인 법 개정이나 정책을 요구하는 운동에 대한 관심이 점차 높아졌으며, 1990년대에 이르면 압력단체, 시민단체로서의 운동방식에 치중하게 된다. 1990년대 여성정책의 변화는 여성운동단체의 활동을 빼고는 이야기할 수 없는 것이며,

이러한 단초는 1980년대 말부터 나타나기 시작한다. 대표적인 것이 「남녀고용평등법」(이하 고평법) 제정이다.

고평법 제정(1987)은 「근로기준법」(1953년 제정)상의 여성보호조항이 사문화되어 있던 상황에서 여성의 평등한 노동권과 모성보호를 법률에 명시하는 중요한 사건이었다. 그러나 이러한 의의에도 고평법은 대통령 선거를 앞두고 졸속으로 도입되어 일본의 「남녀고용기회균등법」을 그대로 모방하는 등 문제가 많았다. 고평법의 제정과정에서 여성계나 여성운동의 목소리는 전혀 반영되지 않았다. 제정 당시의 고평법에는 성차별에 대한 명확한 정의가 없고 동일노동 동일임금 규정 또한 애매했으며 법 실행을 강제할 만한 처벌규정이 갖추어지지 않았다. 여연은 이런 문제점을 지적하고 1988년 7월 고평법 개정안을 제출했으며 법 개정 촉구대회, 서명운동, 교육활동, 선전활동 등 여론형성에 주력했고 또한 '남녀고용평등법 개정을 위한 특별위원회'를 구성했다. 이러한 운동을 바탕으로 1989년 3월 임시국회에서 고평법의 1차 개정이 이루어졌다 (정강자, 1998: 51). 고평법은 이후에도 모두 4차에 걸쳐 대대적으로 개정되어 직접차별뿐 아니라 간접차별도 차별로 규정하고 차별행위의 입증책임을 고용주에게 부과하는 등 그 내용이 다듬어졌다.

2) 여성정책 담당기구의 확대 및 그 한계

1980년대에는 여성정책을 담당하는 정부 기구에도 상당한 변화가 일어났다. 1970년대까지 여성 관련 정부 부서는 보건사회부 산하의 부녀국(가정복지국)이 유일했으며, 앞에서 지적했듯이 부녀국 사업은 권위주의 국가의 하향식 여성통제와 동원에 초점을 맞춘 것이었다. 1980년대 중반부터 여성정책에 남녀평등이나 차별철폐와 같은 새로운 정책의제가 도입된 데에는 국내 여성운동의 활성화와 더불어 국제적으로 여성 인권운동의 성장이 큰 계기가 되었다. 1975년에는 세계 여성의 해를 기점으로 여성의 지위향상과 인권에 대한 국제적 관심이 고조되었고,

이러한 추세에 발맞추어 1984년에는 UN여성차별협약이 한국 국회에
서 비준되었다. 협약 가입에 즈음하여 1983년 한국여성개발원이 설치
되었다. 또한 여성정책심의위원회(1983), 정무장관(제2)실(1988) 등이 설
립되어 여성정책을 담당하는 정부기구의 위상이 이전보다 높아졌다.

그러나 이러한 정부기구들은 구체적인 실무를 담당할 조직과 예산을
제대로 확보할 수 없었다. 따라서 새로운 정책의 실행을 기대하기는 어
려웠고 다만 여성정책 전담기구의 위상 승격이라는 상징적 차원에서
그 의미를 찾을 수밖에 없었다. 이러한 한계 때문에 이후에 여성계는
여성정책을 구체적으로 실행할 수 있는 전담기구의 설치를 지속적으로
요구하게 되었다.

5. 여성정책의 확대: 1990년대

여성정책 관련 입법과 행정기구의 정비는 1990년대에 들어 본격적으
로 진행되었다. 1990년대에는 무엇보다도 여성과 관련된 각종 법률이
대량으로 개정·제정되었고 또 문민 출신의 대통령들은 여성정책에 많
은 관심을 보였다. 김영삼 정부에서는 세계화추진위원회에서 여성정책
을 적극적으로 논의하여 '여성 사회참여 확대 10대 과제'를 발표했으
며, 김대중 정부는 대통령 직속 여성특별위원회를 신설하고 6개 정부
부처에 여성정책 담당관을 설치했다. 그러나 남녀평등을 실현할 수 있
는 정책적인 체계와 수단이 확립된 것은 아니었으며, 여성정책을 뒷받
침할 만한 법적·행정적 체계들도 미비한 상황이었다. 이 절에서는 법과
국가기구가 변화되는 과정을 고찰하고 이러한 변화의 의미, 그리고 새
롭게 제기되는 쟁점들을 살펴보려고 한다.

1) 여성정책의 법제화

1990년대를 통해 여성과 관련된 많은 법들이 정비되었으며, 그 중 굵직한 법의 제정 및 개정을 요약한 것이 <표 1>이다. 이러한 여성 관련법들의 제정은 그 자체로 한국의 여성정책에 획기적인 변화를 가져왔다고 평가할 만하다. 여성정책이 제대로 된 법적 근거에 입각해 집행되기 시작한 것이야말로 1990년대 여성정책의 가장 큰 의의인 것이다.

그러나 법 개정과정을 좀더 세부적으로 분석하고 학문적으로 평가하는 작업은 그리 단순하지 않다. 그 이유는 첫째, 우선 법 개정 및 제정과정이 일관된 원칙이나 정책방향에 따라 진행된 것이 아니며, 국회 통과나 압력단체간의 의견조절 과정에서 상황에 따라 조정되거나 변질된 부분도 많았기 때문이다. 둘째, 법 개정 투쟁은 가족법 개정운동의 예에서 볼 수 있듯이 오랜 역사적 배경을 지니고 있으며, 법의 표면적 의미뿐 아니라 한국사회 내부의 논의과정을 고려하여 그 실질적 의미를 이해해야 하기 때문이다.

1990년대 법 개정과정의 성격은 세 가지 흐름으로 정리해볼 수 있다 (김선욱, 1998). 첫번째는 급속한 근대화와 사회변동에도 여전히 남녀차별을 존속시키는 법들을 개정하는 것이다. 대표적인 것이 가족법이며, 여성의 생존권과 시민권의 바탕이 되는 일터에서의 차별을 없애기 위한 고평법도 여기에 해당한다.

두번째는 더욱 전향적으로 남녀평등을 지원하기 위해 과거에 없었던 법 규정과 정책적 수단을 마련하는 것이다. 남녀평등을 실현할 국가의 의무를 규정한 「여성발전기본법」, 여성이 사회활동을 할 수 있도록 보육에 대한 사회적 책임과 보육의 양적·질적 확충을 규정한 「영유아보육법」 등이 여기에 해당한다.

세번째는 개인적이고 사적인 영역, 특히 여성의 신체와 성에 대한 침해와 학대 등을 근절하기 위해 법을 제정한 것이다. 특히 성폭력특별법, 가정폭력방지법 등이 여성단체들의 적극적인 이슈 제기와 압력단체 활

<표 1> 1990년대 여성 관련법의 제정 및 개정

연도	명칭	이후 개정	주요 내용
1990	「민법 가족편」 (개정)	· 호주제 폐지를 위한 민법 개정 논의 중	호주의 권리·의무 대폭 삭제, 호주상속을 호주 승계로 바꿈, 부계와 모계 모두 8촌으로 친족 범위 조정, 이혼 시 재산분할청구권 신설 등.
1991	「영유아보육법」 (제정)	· 1997년 개정	영유아보육사업의 체계화, 보육시설의 확충 촉진, 국가 및 지자체의 탁아책임 강조.
1994	「성폭력범죄의 처벌및피해자보호등에관한법률」 (제정)	· 1997년 개정 · 1998년 개정	성폭력범죄 예방 및 피해자 보호, 13세 미만 미성년자에 대한 성폭력은 비친고죄(1997), 몰래카메라 처벌조항 신설(1998).
1995	「여성발전기본법」(제정)		헌법상의 평등권 명령 실현을 위한 국가의 의무를 구체화한 행정법, 잠정적 우대조치 규정, 여성정책기본계획 수립, 여성발전기금설치 등.
1995	「윤락행위등방지법」(개정)	· 「성매매방지법」으로 대체	윤락행위자와 그 상대자에 대한 처벌 강화, 윤락행위 업주 등 착취·방조자에 대한 처벌 강화.
1995	「남녀고용평등법」(2차개정)	· 1999년 3차 개정 · 2001년 전문개정	모집·채용 시 불평등한 조건요구 금지, 육아휴직 대상자를 근로여성의 배우자인 남성근로자로 확대(2차개정), 간접차별 금지, 직장 내 성희롱 예방 및 피해구제(3차개정).
1998	「가정폭력범죄의처벌등에관한특례법」(제정)	· 1999년 개정	가정폭력 예방과 피해자 보호에 대한 국가와 지자체의 책무규정, 가정폭력상담소와 피해자 보호시설 설치, 피해아동에 대한 기관종사자의 비밀엄수 의무(1999).
1998	「국적법」(개정)		자녀국적은 부모양계주의, 부부국적은 선택주의를 채택.
1999	「남녀차별금지 및구제에관한법률」(제정)		남녀차별의 범위를 고용차별에서 확대(교육, 용역의 제공 및 이용, 법과 정책의 집행에서의 남녀차별), 공공기관에서의 성희롱 금지, 여성특위(여성부)에 직권조사권 부여.
1999	「여성기업지원에관한법률」 (제정)		국가 및 지자체의 여성기업활동 촉진을 위한 종합적 지원대책, 중소기업청에 '여성기업활동촉진위원회' 설치.
1999	「국가공무원법 및지방공무원법」 (개정)		육아휴직 신청 시 휴직허가 유무가 임의규정에서 강제규정으로 바뀜, 휴직을 이유로 한 불리한 처우 금지.

동을 통해 법제화에 성공한 점을 주목해야 한다. 한국여성단체연합 산하에는 '성폭력특별법제정추진특별위원회'가 1992년 3월 결성되어 같

은 해 7월에는 「성폭력대책에관한특별법(안)」을 국회에 제출하고 1993
년에도 여러 차례 시위, 공청회, 문화제 등을 개최하는 활발한 활동을
벌였으며, 1994년에 「성폭력특별법」이 시행되는 데 큰 역할을 했다(민
경자, 1999: 55-60).

2) 여성정책 전담기구의 체계화

여성 관련법의 개정 및 제정과 더불어 1990년대에는 여성정책을 담
당하는 국가기구가 대폭적으로 개편되었다(<표 2> 참조). 기존의 여성
정책 담당 행정기구는 주로 보좌적·참모적 기능을 해왔으며, 정책영역
에서도 경제·노동·산업 등 자원 분배와 직접 관련된 분야에는 발언권
을 갖지 못하고 사회·문화 영역으로 활동 범위의 제약을 받고 있었다
(김선욱, 1993). 1988년 설치된 정무장관(제2)실 역시 집행력을 갖추지
못한 소규모 조직이었다.

여성정책 전담기구에 대해서는 여성계에서도 지속적인 요구가 있었
는데, 결정적인 계기는 대통령의 선거공약 실천이나 실현 의지였다.
1995년 대통령 정책자문기구인 세계화추진위원회(이하 세추위) 안에 여
성정책 소위원회가 구성되어 여성정책 전반에 대한 전문가들의 자문과
검토가 이루어졌고, 1998년 대통령 직속의 여성특별위원회가 설치되었
으며, 2001년에는 여성부가 중앙부처로서 신설되었다.

그와 더불어 양성평등에서도 국제적 기준, 이른바 글로벌 스탠다드
(global standard)를 도입해야 한다는 주장이 설득력을 갖게 되었다. 가
령 여성차별철폐협약과 같은 국제협약에 가입하면 정부는 협약사항을
준수하고 그 활동을 검증받아야 하기 때문에 여성정책을 확대하게 된
다. 특히 1995년 북경세계여성대회는 한국 여성정책을 확대하는 중요
한 계기가 되었다. 세추위의 여성10대과제나 「여성발전기본법」의 입법
이 모두 1995년에 이루어진 것은 세계여성대회의 직접적인 영향이라고
볼 수 있으며, '성주류화(gender-mainstreaming)'를 핵심으로 하는 세계여

<표 2> 1990년대 여성정책담당기구 변화의 주요 연혁

시기	명칭	주요 내용 및 활동	비 고
1995년 5-8월	세계화추진위원회 여성정책소위원회활동	여성의 사회참여 확대 10대과제 마련	대통령 정책자문기구
1998	대통령직속여성특별위원 회 설치	6개 부처에 여성정책 담당관실 설치	정무제2장관실 폐지
2001	여성부 설치	정부 내 여성정책의 기획, 종합	여성특위 폐지

성대회의 주요 의제들은 한국을 비롯한 각국의 여성정책에 수용되고 있다.

(1) 대통령직속 여성특별위원회의 설치

여성특별위원회는 이전의 정무(제2)장관실을 대체하는 여성정책 담당 기구로 김대중 대통령의 취임 직후인 1998년 2월 설치되었다. 여성정 책을 효율적으로 집행하기 위한 행정기구의 형태에 대해서는 많은 논 란이 있었는데, 대통령 직속의 특별위원회 형태는 나름의 장단점을 지 니고 있었다. 장점은, 여성정책에 대한 관료제 전반의 이해가 낮고 부 처간의 정책 조정이 어려운 현실적 조건하에서 대통령의 집행의지와 밀착되어 정책을 추진할 수 있다는 것이었다. 그러나 다른 한편 정책의 기획과 입안은 가능하지만 실질적인 집행은 여타 행정 부처에 의존할 수밖에 없다는 한계도 있었다. 즉, 여성특위 위원장은 장관이 아니라 '장관급'이며, 법안을 만들거나 법안의 시행여부를 감독할 수 있는 권한 (준입법권, 준사법권)이 없었다는 점, 그리고 관련 부서를 총괄 조정할 수 있는 권한이 없고 여성정책 전담 부서이면서도 실권이 없다는 점에서 이 전의 정무(제2)장관실의 문제점에서 크게 벗어나지 못했다(정현백, 2001).

여성특위는 무엇보다도 여성발전기본법에 명시된 정책들을 집행하는 기구였으며, 그 주요 기능은 첫째, 여성정책에 대한 종합적인 기획·조 정, 둘째, 남녀차별 사례에 대한 조사 및 시정, 셋째, 여성발전기본법상 의 기본시책 시행을 위한 제반조치, 넷째, 남녀평등 촉진 및 여성발전 을 위한 정책 개발, 다섯째, 여성의 지위향상과 관련한 대통령 자문 등

<표 3> 여성특별위원회의 중점 사업

1998년	1999년
· 여성정책 추진체계 강화, 제1차 여성 정책 기본계획(1998-2002) 시행. · 여성지위향상을 위한 법과 제도 개선: 남녀차별금지법 제정, 군가산점제 개선 · 취약분야에 대한 여성의 대표성 제고: 정부위원회의 여성참여 확대 및 여성 채용목표제 목표율 상향조정 · 경제난 심화에 따른 여성문제에 적극 대처: 실업대책에 대한 여성부문 보완, 가정폭력 방지를 위한 종합대책 수립 · 국제협력 강화를 위한 여성역할 증대	· 여성정책 기본계획의 지속추진 · 남녀차별 사례에 대한 시정 강화 · 정치, 행정부문에서의 여성 대표성 제고 · '제2건국운동'을 통한 생활 의식 개혁의 범국민적 확산 · 여성실업종합대책의 수립과 시행 · 지식기반사회 여성인력 육성대책 추진 · 가정폭력방지 종합대책의 지속추진 · 여성에 대한 성폭력발생 유해환경 개선 · 여성의 국제협력 및 통일대비활동 강화

출처: 장성자, 『정부 여성정책의 현황』, 1999.

이었다(장성자, 1999: 5).

　이러한 한계에도 가장 주목할 만한 변화는 노동부, 법무부, 농림부, 교육부, 행정자치부, 보건복지부 등 6개 부처에 '여성정책 담당관실'을 설치·지정하여 여성 관련 정책의 부처간 상호 협력과 조정의 통로를 마련한 것이다. 더불어서 각 지방자치단체에도 여성정책을 전담하는 새로운 기구가 여성정책 담당관과 유사한 형태로 확산되었다. 담당관 제도로 즉각적인 정책변화를 기대하기는 어렵다고 하더라도, 여성정책의 질적 변화를 추진하기 위한 출발점으로서 큰 의미를 갖는다. 첫째, 남녀차별을 개선하고 적극적으로 여성의 사회참여를 모색하는 이른바 '젠더주류화'의 정책 패러다임이 도입되는 계기가 되었다. 둘째, 새로운 여성인력들이 여성정책 담당관으로서 관료제에 진입하게 되었고 이들 중 다수는 여성단체나 여성학계에서의 경력을 가진 새로운 세대이다. 이들은 한국의 제1세대 '페모크라트(femocrat)'2)라고 할 수 있으며, 페모크라

---

2) 페모크라트란 관료(bureaucrat)와 페미니스트(feminist)의 합성어로 호주에서 처음 사용된 용어이다. 호주에서는 페미니즘적인 목적을 추구하는 여성들이 페미니스트로서 관료계에 진입했고, 이것이 노동당 정부의 적극적인 공공정

트의 등장은 남성 중심적 조직이었던 관료제 내에 여성 진출을 늘리는
세력화(empowerment)의 과정이자, 국가 행정에 여성 중심적 관점을 도
입할 수 있는 잠재력을 가지고 있다.

   (2) 여성부의 설치
   김대중 정부는 대선 공약에서 약속한 대로 2001년 1월에 여성부를
신설했다. 여성부 조직은 1실(여성정책실) 3국(차별개선국, 권익증진국, 대
외협력국)으로 출발했고, 여성특위에 비해 직원 규모가 늘어나긴 했지만
중앙 정부부처로는 여전히 규모가 작았다. 여성부 설치는 여성운동에서
끊임없이 제기해온 요구가 관철된 결과이며 여성운동의 큰 성과로 볼
수 있다(정현백, 2001).
   여성부 설치는 1990년대를 통해 계속 진행되었던 여성정책의 양적·
질적 확대가 정착되고 새로운 성주류화 패러다임에 입각한 정책의 제
도화라는 점에서 큰 의미가 있다. 주지하다시피 여성의 삶에 영향을 미
치는 정책은 경제, 고용, 교육, 복지, 가족, 인권 등 여러 분야에 걸쳐
있기 때문에 전체적인 여성정책의 청사진을 제시하고 관련 기관이 협
력하여 여성정책을 개발·조정하는 노력이 매우 중요하다. 「여성발전기
본법」에는 정부가 5개년 단위로 '여성정책 기본계획'을 수립하도록 의
무화하고 있으며, 1998년 1차 계획이 발표되었다. 이처럼 양성평등을
촉진하기 위한 포괄적인 정책방향을 제시하고 그 추진상황을 점검하는
역할은 여성부가 담당해야할 중요한 기능이다.
   그러나 아직 출범 초기의 부서로서 여성부가 여러 가지 과제를 안고
있는 것도 사실이다.

   책 확대와 결합되어 여성을 지원하는 다양한 공적 프로그램의 설치와 예산
   확보 등 주목할 만한 성과를 낳았던 것이다. 최근 들어 여성운동과 여성정책
   이 밀접하게 연관되고 또 여성단체의 활동에 대한 정부지원이 늘어나고 있어,
   페모크라트의 존재는 여성정책 및 여성운동을 분석할 때 빼놓을 수 없는 요
   인이 되었다.

<표 4> 여성정책 기본계획의 주요 내용

제1차 여성정책 기본계획(1998-2002) 6대 기본 전략	제2차 여성정책 기본계획(2003-2007) 10대 기본 전략
1. 법 제도 및 관행의 개혁과 여성의 대표성 제고 2. 여성고용의 촉진 및 안정을 위한 지원의 강화 3. 여성의 경쟁력 제고를 위한 교육체제 확립 4. 다양한 여성·가정 복지서비스의 확충 5. 여성의 문화·사회 활동 활성화를 위한 기반구축 6. 국제협력과 통일에의 여성역할의 증대	1. 정책에 양성평등관점 통합 2. 정책결정과정에 여성의 대표성 제고 3. 여성 인적자원의 개발과 활용 4. 남녀고용평등과 여성의 경제활동참여 제고 5. 사회·문화 분야 여성참여 확대 6. 평화·통일·국제협력에서의 여성의 기여 확대 7. 여성의 건강과 복지의 향상 8. 여성에 대한 폭력예방 및 인권보호 강화 9. 양성평등한 가족정책기반 조성 10. 평등문화 및 의식의 확산

　먼저 여성부의 업무영역을 보면, 정부조직법상 여성부의 역할은 '정부 내 여성정책의 기획·종합'으로 규정되어 있다. 그와 더불어 여성부는 여성인력양성 프로그램, 남녀차별 구제, 가정폭력 및 성폭력 피해예방 및 보호업무, 일본군위안부 피해자 지원업무 등 구체적 집행업무를 맡고 있다. 2004년에는 복지부로부터 보육업무를 이관 받았으며, 앞으로 가족정책 관련 업무가 더욱 확대될 것으로 예상된다. 여기에서 여성부가 다른 부처의 여성 관련 정책을 '총괄 조정'하는 역할을 강조할 것인지, 아니면 자체 업무의 '집행'에 초점을 맞출 것인지 하는 논란이 발생할 수 있다.

　둘째, 여성부의 집행능력이 법적·제도적으로 얼마나 보장되는가는 여성정책의 효과를 가늠하는 중요한 문제이다. 여성부 산하에 설치된 남녀차별개선위원회는 성차별 사건에 대한 신고를 접수하여 조사하고, 차별행위를 한 조직이나 개인에게 '시정권고권'을 행사할 수 있다. 남녀차별개선위원회의 활동은 특히 사회전반에 만연해 있던 여성비하적 태도와 성희롱을 사회적 쟁점으로 제기하는 데 상당한 성과를 거두었다. 그러나 가해자가 시정권고에 따르지 않을 경우에 더 이상의 실질적 제재수단이 없다. 또한 실제 위원회의 활동 내용을 보면 성희롱 사건은

비교적 효과적으로 개선했지만 여성의 생존권을 위협하는 고용차별 해
소에는 큰 도움이 되지 못하고 있다.

6. 여성정책 확대의 의미와 쟁점

1946년 부녀국이 설치된 이래 '부녀행정' 수준에 머물러 있던 국가
정책은 앞에서 살펴보았듯이 1990년대에 들어선 이후 관련법의 제정
및 개정, 여성특위와 여성부의 설치 등 법적·제도적인 발전을 거듭해
왔다. 이전의 여성정책이 한시적이고 주변적인 사업에 머물러 있었던
것에 비하면 이러한 변화는 긍정적으로 평가할 수 있다. 첫째, 무엇보
다도 여성정책의 지속적인 법제화가 이루어졌다. 여성정책의 근거 법률
들이 제정되고 남녀평등과 모순되는 과거의 법들이 부분적으로 개정되
며, 여성정책을 전담하는 행정기구가 확장되는 등 여성정책의 제도적
근거들이 갖추어진 것이다.

둘째, 젠더주류화의 관점이 여성정책에 도입되어 정책의 목표와 지향
성에도 변화가 일어났다. 여성을 가정에 국한된 부녀자로 인식하던 과
거의 행정과는 달리, 적어도 선언적인 차원에서는 여성의 인권보호와
고용평등을 지향하는 정책, 더 나아가 과거 여성을 배제해온 분야에도
진출할 수 있도록 지원하는 새로운 정책이 도입된 것이다.

셋째, 시민사회 내 여성운동과 국가관료제 내의 여성정책은 1990년
대에 들어 긍정적으로 상호작용을 해왔으며 여성정책을 유례없이 확장
시키는 시너지 효과를 일으켰다고 평가할 수 있다. 여성운동단체의 요
구가 법의 제정 및 기구의 설치로 결실을 맺고 여성운동 출신의 인사들
이 관료제에 등용되었으며, 역으로 여성운동단체들은 상담사업이나 교
육사업 등을 국가의 예산지원으로 활발하게 실행하는 협조관계가 구축
된 것이다. 여성운동 및 NGO와 국가정책이 어떤 방식으로 관계를 맺
는지는 여성정책의 성패를 좌우하는 중요한 요인이다.

그러나 이러한 긍정적인 평가와 더불어 지금까지의 여성정책 전개과 정에서 제기된 문제점을 비판하고 앞으로의 과제를 지적하는 의견들도 활발하게 제기되었다.

가장 큰 문제는, 단기간에 많은 법이 만들어지다보니 남녀평등과 여성의 권리에 대한 일관된 원칙이 관철되기보다는 상황에 따라 임기응 변식으로 여성문제에 대응하는 경우가 많았다는 것이었다. 이런 식으로 법률과 정책이 모자이크 식으로 누적되어 체계적 원칙이 결여되어 있으며(조형, 1999), 대부분의 법률이 선거 국면이나 정당간 경쟁관계를 통해 정치적으로 타결된 것이 많다(조형 1996). 외형적으로는 여성정책에 큰 변화가 생겼음에 틀림이 없으나, 실제로 여성의 평등권이나 복지권이 일관된 원칙으로 확립된 것은 아니다. 한국의 여성정책이 한층 도약하기 위해서는 여성의 시민권에 대한 일관된 원칙을 법리적 측면과 제도적 측면에서 확립하는 것이 필요하다.

두번째로 앞서 지적했듯이 한국 여성정책의 확장은 여성운동의 노력과 요구가 없이는 이루어질 수 없었으며, 그 결과 여성단체의 활동은 국가사업으로 인정되어 지원을 받게 되었고 단체활동이 안정적으로 재생산되는 기반을 갖추게 되었다. 그러나 최근에는 여성운동 내부에서 이에 대한 비판의 목소리가 제기되고 있다. "국가의 재정지원에 대한 여성단체의 높은 의존도가 현실적으로 여성단체의 활동을 제약할 가능성"이 있으며(김현정, 2000: 101-102) 민간단체가 정책에 지나치게 의존한다면 아래로부터 여성대중의 요구를 수렴하는 데 소홀해질 수 있다는 것이다. 여성들이 장관, 국회의원을 비롯한 공직에 진출하여 정책결정과정에 활발하게 참여할 필요는 있지만, 여성운동의 활동이 정부 정책의 테두리 안으로 상당 부분 흡수되는 것은 결코 바람직하지 못하다.

셋째, 여성정책의 적극적인 도입은 필연적으로 국가 정책 전반에 대한 재검토를 요구하게 된다. 가령 모성보호제도는 단지 취업한 어머니에게만 해당되는 정책이 아니라 더 폭넓은 복지정책과 가족정책, 고용정책과 필연적으로 연결되기 때문이다. 또한 조세, 주택, 환경 등 다양한 분야의 정책들이 성별에 따라 차별적 효과를 낳을 수 있으며, 동일한 정책이 여성 내부에서도 소득이나 학력, 거주지역에 따라 다른 결과를 가져올 수 있다. 앞으로는 폭넓은 사회정책이 여성에게 미치는 차별적 효과를 좀더 드러내고 또 그러한 차별을 개선하는 데에 관심을 기울여야 한다. 이제 여성정책은 여성들만의 문제에 국한되지 않으며, 생산과 재생산을 연결하고 시민사회와 국가, 가족을 연계하는 사회정책 전체의 전망과 맞물려 있다.

■ 생각할 거리

1. 여성들이 공직에 지금보다 더 많이 진출한다면 여성과 관련된 정
   책에 어떤 변화가 일어날 것인지 함께 토론해보자.
2. 권위주의 정부가 여성을 대상으로 실시했던 사업과, 민주화 이후
   문민정부가 실시한 여성정책을 비교해본다면 가장 큰 차이는 무
   엇이라고 생각하는가?
3. 여성정책이 확대되는 데에 가장 큰 역할을 한 주체는 누구일까?
   정부, 국회, 여성운동과 NGO 등의 역할은 어떠했으며, 또 앞으로
   어떤 역할을 지향해야 할지에 대해 토론해보자.

■ 읽을거리

한국여성정책연구회. 2002, 『한국의 여성정책』, 미래인력연구원.
캐롤린 모저. 장미경 외 옮김, 2000, 『여성정책의 이론과 실천』, 문원출
    판사.
테레사 쿨라빅 외. 한국여성정책연구회 옮김, 2000, 『복지국가와 여성
    정책』, 새물결출판사.

제4장 '진보적 여성운동'의 전망

김기선미

1. 들어가며

해방 후 지난 60여 년 동안 한국의 여성운동은 다른 그 어느 나라보다 빠르게 성장해왔다. 특히 1990년대 들어 본격적으로 시작된 법·제도 개혁 운동에서는 미·유럽 등의 여성운동이 수십 년 이상 걸려 성취한 것을 단 몇 년 만에 성공하는 성과를 거두기도 했다. 그러나 이러한 성과에도 한국의 여성운동은 여전히 가장 중요한 딜레마에 봉착해 있다. 그것은 여성운동의 발전과 법·제도 개혁의 성과에도 불구하고 실제 여성들의 삶의 질은 그만큼 향상되지 못하고 있다는 것이다. 이는 한국 사회의 가부장성이 그만큼 견고하며, 여성운동이 생활세계를 개혁하는 수준까지는 미처 나아가지 못했음을 보여주는 것이다.

여성운동이 어떻게 하면 여성들의 삶의 질을 실질적으로 높일 수 있을까? 여성운동이 이를 위해 핵심적으로 공략해야 하는 것은 무엇인가? 이는 각국의 여성운동이 모두 치열하게 제기했던 질문일 것이다. 이러한 질문에 해답을 찾는 과정은 각국의 여성운동이 처해 있는 사회 환경의 특수성에 따라 서로 상이했다. 서구의 여성운동이 점차 여성의 독자적인 이해관계와 정치적 전략을 강조하는 경향으로 나아갔다면, 한국의 여성운동은 전체 사회의 변혁과 여성해방의 전략을 결합시키는 성격이 강했다. 이는 한국사회가 외세와 분단, 군부독재에 의한 민주주의 억압, 후발 자본주의 국가가 갖는 착취성 때문에 여성의 삶이 단지 성(姓)차에 의한 차별만이 아니라, 사회 전체의 모순구조와 중첩적으로 연결되었기 때문이다. 본 글에서는 이러한 성향의 여성운동을 '진보적 여성운동'으로 개념화하고 이를 한국여성운동의 특수성으로 설명하려고 한다.

해방 후 진보적 여성운동의 전개과정은 바로 한국사회의 특수성 속에서 여성의 삶의 질을 높이기 위한 방법이 무엇인가라는 질문에 대해 해답을 모색해온 과정이었다. 이 글의 목적 또한 이러한 질문에 답하기 위한 것이며, 현실의 변화에 적합한 진보적 여성운동의 방향을 모색하기 위한 시도라고 할 수 있다. 이를 위해 먼저, 한국의 여성운동이 한국사회의 특수성 속에서 위의 질문들에 답하기 위해 어떠한 논의와 운동을 전개해왔는지를 탐색하려고 한다. 시기는 한국사회의 변동에 따른 진보적 여성운동의 대응방식의 변화에 따라 구분했고, 쟁점을 중심으로 논의를 전개하기 위해 구체적인 운동내용과 경과는 다소 생략하려고 한다.

2. '진보적 여성운동'의 시기별 쟁점

1) 진보적 여성운동의 토대 형성: 1970년대

해방 후 사회주의 계열의 여성운동가들이 월북하거나 남한 단독정부를 수립하는 과정에서 사회주의 여성운동단체가 불법화된 후, 한국의 여성운동은 대한부인회, 독립촉성애국부인회 등 우익 성격의 여성단체들이 주류를 이루었다. 비록 가정법률상담소나 여성유권자연맹, 한국여성단체협의회 등 일부 단체들이 여성의 권리를 위해 일하고 있었지만 1970년대 이전까지 한국의 여성운동은 큰 사회의식을 키우지 못한 채 전통적인 여성상에서 벗어나지 않는 활동만을 전개했다. 사회의식이 사회의 상황 속에서 형성된다고 할 때, 해방 후 1970년대 이전의 여성운동이 별다른 변화를 보이지 않은 것은 여성의 사회의식이 성장할 만한 사회적 상황의 변화가 아직 일어나지 않았기 때문이다.

1970년대에 박정희 정권이 경제개발계획을 강력하게 추진하면서 한국에도 '산업화'라는 사회 변화가 형성되기 시작했다. 이 시기 한국경제는 막대한 외국자본과 저렴한 노동력을 기반으로 수출 중심의 노동집약 산업을 일으키게 되는데, 여성들은 저렴한 노동력의 공급처로 인식되었다. 이에 농촌을 떠나 대도시의 공장에 취직하는 여성들이 줄을 이었다. 당시 어린 여성노동자들은 가족의 생계를 위해 장시간의 노동과 저임금, 환풍조차 제대로 되지 않는 작업환경을 감내해야 했다. 결국 어린 여성노동자들의 실망과 분노는 서서히 뜨거워져 그 누구도 상상할 수 없었던 저항으로 터져나오기 시작했다.

이 시기 여성노동자운동은 주로 생존권 요구투쟁과 어용노조 민주화운동으로 요약할 수 있다. 동일방직·남영나이론·방림방적의 어용노조 민주화투쟁, 해태제과의 8시간 노동 쟁취투쟁 등은 이 시기 여성노동자들의 적극적인 투쟁을 보여주는 사례들이다. 특히 1970년대 들어 낮은 임금을 찾아 국내에 들어온 다국적 기업의 본질을 최초로 폭로하며 끈질기게 투쟁했던 콘트롤데이타 여성노동자 투쟁, 박정희 정권을 붕괴시키는 도화선이 되었던 YH무역 여성노동자들의 투쟁[1], 군사독재정권의 폭압적인 탄압에 굴하지 않고 끈질기게 저항한 청계피복, 반도상사, 서통, 원풍모방노조의 투쟁 역시 여성노동자들의 저력을 보여주었다(한국여성노동자협의회, 서울여성노동자회, 1997: 24-25).

그러나 산업화라는 새로운 사회 상황으로 인해 터져나온 여성노동자

---

[1] YH 여성노동자들은 저임금, 장시간 노동은 말할 것도 없고 불법해고, 부당전직·전출, 감봉 등에 견디다 못해 1975년 노조를 결성했으며, 1979년 회사의 일방적 폐업에 맞서 신민당사에서 농성 시위를 했다. 이 시위에 대한 살인적 진압으로 노조 상임집행위원으로 주도적 역할을 하던 김경숙 씨가 사망하면서 YH사건은 정치적 이슈가 되었고 유신체제의 종말을 가져온 주요 계기가 되었다.

들의 자발적 투쟁은 '여성'노동자들의 문제를 해결하는 운동으로까지 발전하진 못했다.[2] 이는 당시 주류를 이루었던 어용적 여성운동의 이념적 입장이 여성노동자들의 투쟁과 상충될 뿐만 아니라, 여성해방적 관점이 미약한 상태에서 여성운동이 여성노동자들의 생존권 투쟁을 흡수하기에는 역부족이었기 때문이다. 비록 대한YWCA, 한국교회여성연합회 등 기독여성운동단체를 중심으로 여성노동자들의 투쟁에 대한 지지활동이 있었지만, 대체적으로 여성단체의 활동은 여성노동자 문제에 대해 일시적이고 지엽적인 활동에 머물렀다(이효재, 1989: 271).

따라서 당시 여성노동자들은 상상할 수 없는 저임금과 타의 추종을 불허하는 긴 노동시간에 시달리고 있었음에도 남녀차별임금의 문제, 모성보호의 문제, 성폭행과 성적 유린이라는 여성문제를 노동운동의 해결 과제로서 크게 부각시키지는 못했다. 단지 1976년에 크리스찬아카데미에서 여성문제교육을 받은 민주적인 노동조합 여성간부들이 여성간부연대, 여성문제교육을 지향하면서 '여성해방노동자기수회'를 조직했으나 곧 크리스찬아카데미 사건과 민주노조 탄압으로 본격적인 활동을 하지 못하게 된다.

이러한 한계에도 1970년대의 광범위한 여성노동자층 형성과 여성노동자운동을 통한 여성노동자들의 사회의식 성장은 해방 후 비로소 사회변혁과 여성해방을 결합하려는 진보적 여성운동이 출현할 수 있는 토대를 마련해주었다. 1970년대에 성장한 여성노동운동가들은 이후 여성노동자의 이중의 억압문제를 인식하고 여성노동자 조직을 건설하면서 진보적 여성운동의 주요 동력으로 자리 잡게 된다. 이와 함께 1970년대 독재정권에 항거하는 민주화운동에 참여한 지식인 여성들이 1975년 'UN 세계 여성의 해'를 계기로 서구 여성운동과 이론을 접하게 되고, 1977년부터 이화여대에서 이루어진 여성학 강좌와 크리스찬아카데

---

2) 콘트롤데이타 노조운동의 경우, 결혼퇴직제를 철폐하고 출산휴가 60일을 쟁취하고 탁아시설 설치를 모색하는 등 여성특수과제를 모색하는활동을 벌였으나, 전반적으로 당시의 노조운동은 남녀차별 임금이나 성차별, 성폭력 등의 문제를 '여성' 이슈로 발전시키지는 못했다.

미의 '젊은 여성교육'(1974)과 '젊은 주부교육'(1975) 등을 통해 여성운
동의 인력이 양산되면서 진보적 여성운동의 또 하나의 인적 축이 형성
된다.

그 결과 1970년대 말부터 좀더 구체적으로 우리의 여성운동이 민주
화운동 및 분단시대라는 맥락 속에서 설정되어야만 한다는 주장이 제
기되기 시작했다(이승희, 1990: 62). 이러한 1970년대 말의 문제의식은
1980년 광주민주화운동을 거치면서 심화되어, 여성문제를 전체 사회구
조의 모순과 함께 총체적으로 해결하려는 여성운동으로 발전했다. 이와
같이 한국의 진보적 여성운동이 노동운동과 독재타도 등의 사회변혁운
동 속에서 등장, 발전해왔다는 점은 자유주의나 급진주의를 이념적 기
반으로 하여 여성의 독자적 이해를 추구하는 서구 여성운동과 태생적
차이가 있음을 보여주고 있다.

2) 사회변혁 세력으로서의 진보적 여성운동의 재등장 및 조직 확대: 1980년대

1970년대 노동운동과 민주화운동을 통해 마련된 여성운동의 동력을
기반으로 1980년대에는 본격적으로 진보적 여성운동조직이 만들어지
고 대중적, 조직적 기반을 확대해가기 시작한다. 1980년 초부터 새로운
진보적 여성단체들이 결성되기 시작했는데, 1980년 여신학자협의회,
1983년 여성평우회, 여성의전화, 1984년 또 하나의 문화, 1986년 기독
여민회 등이 창립되었다. 이들 단체들의 창립 선언문은 여성해방에 대
한 강조를 기본으로 하면서 민주화, 통일, 노동자, 농민 여성의 생존권
확보와 인권존중 등을 담고 있었다. 이들 대부분의 진보적 여성조직들
은 인권회복, 민주화 쟁취 차원의 1970년대 운동의 정서와 이론의 연
장선상에 있었다(이미경, 1998: 19). 또한 민주화운동청년연합, 민중불교
운동연합 등 기존의 민주화운동단체 내에서도 여성부를 설치해 독자적
여성운동단체와 연대해나가기 시작했다.

이와 같이 1980년대 초반에 기존의 보수 여성단체와 대별되는 진보적 여성단체들이 생겨나면서 한국의 진보적 여성운동의 목표와 성격이 무엇인가에 대한 논쟁이 본격화된다. 그 당시 제기된 주요 문제는 '여성억압의 물적 토대', '여성운동과 전체운동과의 관계', '성과 계급의 연관성' 등이었다. 당시 진보적 여성운동 내에서 거칠게나마 정리된 내용은 "여성해방을 위해서는 가부장제 그 자체에 대한 공격이 필수적이며 이것은 여성문제의 특수성이자 여성운동의 존립근거가 되나 또 다른 한편, 여성은 단순히 여성으로서 존재하는 것이 아니라 노동자, 농민으로 존재하기 때문에 여성운동은 궁극적으로 사회의 구조적 모순을 해결해나감과 동시에 여성을 억압하는 가부장적 구조를 타파해나가야 한다"라는 것이었다. 이는 향후 자주, 민주, 통일 실현이라는 일반과제와 성차별 철폐라는 특수과제로 위치지워진다(남인순, 1998: 1).

1980년대 중반, 이러한 인식을 전제로 진보적 여성단체들의 연대활동이 활발히 전개되기 시작했다. 1984년 여대생추행사건 대책활동, 1985년 톰보이 불매운동, 25세 조기정년 철폐운동, 여성노동자생존권 대책위원회활동 등은 여성운동의 지평을 확대하고 여성운동단체간의 연대를 강화하는 주요계기가 되었다. 이러한 연대활동의 결과 11개 진보적 여성단체들이 '민족·민주·민중과 함께 하는 여성운동'의 기치 아래 1985년 제1회 여성대회를 열게 되는데, '민족·민주·민중과 함께 하는 여성운동'이란 주제는 여성운동이 변혁운동의 일환으로서 자리 잡기 시작했음을 보여주는 것이었다.

진보적 여성단체들의 이러한 연대활동이 상설적인 공동투쟁조직으로 발전하게 된 계기는 1986년 발생한 부천경찰서 성 고문 사건이었다.[3]

---

3) 1986년 6월 권인숙은 노동현장에 위장 취업하여 노동운동을 하던 중 부천 경찰서에 체포되었다. 담당 형사 문귀동은 '5.3 인천사태' 관련 수배자 소재지를 파악하기 위해 권인숙에게 성고문을 가했다. 이에 감옥에 있던 권인숙은 변호사를 통해서 자신이 당한 성고문 사건을 언론과 여성단체에 알렸으며 문귀동을 강제추행혐의로 인천지검에 고소하고, 권인숙의 변호인단은 사건 관련 경찰 6명을 독직, 폭행 및 가혹행위로 고발했다. 성고문에 대한 분노는 전

진보적 여성단체들은 성을 고문의 수단으로 삼는 군사독재정권의 반인류적 폭압에 분노하면서 즉시 '부천서성고문대책위원회'를 종교·민주단체들과 함께 구성했다. 이 과정을 통해서 여성단체들은 강하게 단결했고 정치적 입장을 통일시켜나갔다. 같은 해, KBS 시청료 거부운동이 범국민적으로 전개되는 과정에서 여성들도 'KBS시청료거부여성연합'을 구성하여 주부들을 대상으로 국민운동을 펼쳐나갔다. 성 고문 규탄투쟁이 좀더 직접적으로 여성의 정치의식과 투쟁력 고양에 기여했다면 KBS 시청료 거부운동은 다수의 시민이 참여할 수 있는 운동공간을 넓힘으로써 여성운동의 대중운동 영역을 개척해나간 주요 운동이었다(남인순, 1998: 2). 이러한 연대운동의 과정에서 좀더 체계적인 진보적 여성운동의 구심체가 필요하다는 논의 끝에, 그동안 전개해오던 '성고문대책위원회', '생존권대책위원회', 'KBS시청료거부여성연합'의 운동단위를 통합하여 1987년 2월 18일, 21개의 진보적 여성단체가 모여 '한국여성단체연합'을 발족하게 된다. 한국여성단체연합의 발족은 해방 후 단절되었던 진보적 여성운동의 역사를 이어가고, 어용적 여성운동의 대안세력으로서 여성해방 이념을 갖춘 여성운동이 사회변혁세력으로 등장한다는 역사적 의미를 갖는다.

한국여성단체연합의 출범 이후, 진보적 여성운동단체들이 속속 결성되기 시작했다. 1987년에 1970년대의 여성노동운동 출신들이 중심이 된 한국여성노동자회협의회가 결성된 것을 시작으로, KBS시청료거부운동에 참여했던 주부들과 사무직 여성노동자들이 중심이 된 한국여성민우회, 제주여민회, 경남여성회, 대구여성회, 광주전남여성회, 전북민주여성회, 충남여민회, 부산여성노동자의집, 인천일하는여성의나눔의집, 충북여성민우회, 함께하는주부모임 등 다양한 부문과 지역을 포괄하는 진보적 여성단체들이 전국적으로 속속 결성되기 시작했다. 해방 후 40

국민에게 퍼져나갔고, 거의 매일 성고문, 용공조작, 폭력 정권 규탄대회가 열렸다. 변호사 166명이 변호인단으로 참석하여 공개재판을 요구했고, 이로 인해 군사독재정권의 반인륜성과 야만성이 전 국민에게 폭로되었으며 87민주화투쟁의 기폭제가 되었다.

여 년 만에 각 계층별, 지역별로 진보적 여성운동이 확산되기 시작한 것이다.

이와 같이 1980년대 후반에 진보적 여성운동단체들의 결성이 급속도로 확산된 이유는 1987년 6월 항쟁 이후, 비록 군부정권의 성격이 강했지만 선거에 의한 정권이 수립되고 1988년 총선을 통해 여소야대 정국이 만들어지면서 상대적으로 자율적인 시민사회 영역이 구축되었기 때문이다. 단체의 결성과 활동이 상대적으로 자유로워진 상황에서 진보적 여성들은 소수 전위적 여성운동가만이 아닌 여성대중과 함께 하는 합법적 운동공간을 마련해야 한다는 문제의식을 갖게 된다. 1980년대 후반에 만들어진 진보적 여성단체들은, 1980년대 초반 여성문제와 사회문제를 통일적으로 인식한 여성운동의 방향은 옳았지만, 여성대중의 광범위한 기반 위에서 이루어지지 않았기 때문에 관념적 과격성으로 인해 다수의 대중과 유리되고 말았다고 비판했다(한국여성민우회 창립선언문, 1987). 그 결과 진보적 여성운동은 주부, 청년여성 등 좀더 광범위한 계층의 여성들을 포괄하기 위한 운동방법을 모색하기 시작했다. 그 일환으로 한국여성민우회는 1989년 생활과제를 포괄하는 지역 주부운동의 조직을 위해 '생활협동조합' 운동을 시작하게 된다.

이러한 문제의식이 있었지만, 1987년 박종철 고문 치사사건과 6월 항쟁, 노동자 대투쟁, 1989년 문익환 목사, 임수경 씨의 방북으로 고양된 통일운동 등 주요 정치적 상황 속에서 진보적 여성운동의 실천내용은 민주화와 통일운동, 기층여성의 생존권 확보운동에 집중될 수밖에 없었다. 진보적 여성단체들은 박종철 고문 치사사건 직후 남영동 치안본부로 몰려가 '민주주의가 죽었다'는 표시로 베수건을 쓰고 항의시위를 전개했고, 4·13 호헌조치 반대 및 민주헌법 쟁취활동, 최루탄 추방운동, 군부종식을 위한 여성유권자 대회, 범민족대회 준비회담 참여활동을 전개한다. 이와 함께 당시 고양된 노동운동의 영향으로 여성사업장에서도 노조운동이 활발히 전개되었는데, 한국여성단체연합은 1987년 제일피복, 무극사, 후레아훼손, 한국화장품, 1988년 멕스테크, 논노

상사, 동국무역, 대한광학, 한국야쿠르트, 피코 등 여성사업장에서 전개
되었던 민주노조 쟁취투쟁, 위장폐업 철회투쟁, 해고노동자 복직투쟁을
지원하기 위한 활동을 전개했다. 또한 사무전문기술직과 유통판매·서비
스직의 급속한 증가로 사무직 여성노동자들이 증가하면서 진보적 여성
운동은 사무직 여성노동자들의 조직화에 주목하게 된다.

이와 같이 1980년대는 진보적 여성운동이 새롭게 부활하여 사회변혁
에 대한 독자적인 목소리를 내기 시작한 시기라고 할 수 있다. 진보적
여성운동은 이러한 1980년대의 성과를 기반으로 1990년대의 변화된
사회흐름을 흡수하여 다양화·전문화된 운동세력으로 급성장하게 된다.

3) 진보적 여성운동의 주체 확대와 운동과제의 다양화·전문화: 1990년대

1980년대 후반에 진보적 여성운동은 기층 중심성에 대한 비판 속에
서 다양한 계층의 여성들을 포괄하려고 했으나, 사업의 방향과 방식은
여전히 생산직 여성노동자에 편중되었다. 그러나 1990년대부터는 실천
방식에서도 여성운동의 대상과 방식을 다양화하려는 시도가 나타나기
시작한다. 한국여성민우회는 여성노동자계급의 구성 변화(고졸 단순 사
무직 여성노동자의 급증, 기혼 여성노동자의 증가)를 반영하여 사무직 여성
노동운동 분과와 생활협동조합 활동을 통해 사무직 여성노동자들과 전
업주부들의 조직화를 주요 방향으로 설정한다. 또한 한국여성노동자회
협의회도 미조직 영세사업장에 취업하는 기혼 여성노동자들에 주의를
기울이면서 탁아소 운영, 직업훈련, 취업알선, 상담 등을 통해 지역과제
를 함께 아우르는 여성노동자 외곽지원단체의 성격으로 전환한다. 또한
여성대중이 겪고 있는 성폭력, 가정폭력문제 등이 여성운동의 주요 이
슈로 부각되면서 한국성폭력상담소가 결성되고 한국여성의전화연합도
지역 지부를 크게 확대한다. 이와 함께 여성교육, 평화, 성매매문제, 종
교 내 여성인권문제 등 다양한 부문의 이슈가 운동과제로 등장함에 따

라 여성사회교육원, 평화를만드는여성회, 새움터, 새세상을여는천주교여성공동체 등과 같이 전문 과제를 다루는 여성단체들도 생겨나고, 여성운동이 지역의 교육, 환경, 탁아 등의 생활과제에 주목하게 되면서 지역 여성운동단체들도 새롭게 결성되기 시작한다(포항여성회, 전북여성운동연합, 한국여성민우회 지역 조직 확대, 한국여성노동자회협의회 지역조직 확대).

한편으로 가부장적인 문화에 반기를 들고 좀더 일상적인 수준에서 페미니즘에 기반을 둔 대안문화를 만들려는 운동이 본격화되기 시작한다. 1984년 동인들의 모임으로 시작된 또 하나의 문화는 일상적이고 개인적인 수준에서 가부장적인 문화에 저항하고 대안문화를 형성하려는 실천적 노력을 사회 변화의 근본적 동인으로 보고, 출판 및 교육운동을 통해 성과 결혼, 사랑에서부터 여성의 일, 통일, 교육 등의 이슈에 대한 대안적 공론화를 발전시키고 있다. 또한 1990년대 들어 시작된 여성문화예술기획(1992), 페미니스트 저널 ≪이프≫(1997)의 운동에서 볼 수 있듯이 여성의 시각에 기반한 문화, 대중여성과 함께 호흡하는 페미니즘을 표방하는 운동이 본격화되었는데, 이는 그동안 제도 개혁에 편중되어 있었던 협소한 진보의 틀을 생활 문화의 변화를 아우르는 통합적인 진보로 확대하려는 시도로 볼 수 있다.

1990년대의 이러한 변화는 1993년 문민정부의 수립과 의회민주주의의 상대적 확산, 노동운동의 성장, 냉전적 질서의 변화, 지방자치제의 실시와 같은 사회적 변화를 구체적으로 수렴한 결과였다. 여전히 민주화와 통일, 노동문제 해결 등과 같은 일반과제가 중요한 위치를 차지하긴 했지만, 상대적으로 여성특수과제에 좀더 집중할 수 있는 여건이 조성되면서 진보적 여성운동은 다양한 여성계층의 요구를 포괄하는 운동으로 변화되어갔다.

이제 진보적 여성운동은 제도 밖에서의 역동적 운동을 근간으로 제도권 내의 비판적 참여를 통해 제도 내에서의 여성 세력화를 전략적으로 고민하기 시작한다. 이러한 맥락에서 1990년대 여성운동이 집중한 것은 법·제도 개선운동과 여성의 정치세력화 운동이었다.

법·제도 개선운동은 여성대중의 삶 속에서 가장 절실히 요구되는 과
제를 중심으로 전개되었는데, 1991년에 「영유아보육법」 제정운동,
1993년에 「성폭력특별법」 제정운동, 1994년에 「남녀고용평등법」 개정
운동, 1996년 「가정폭력방지법 제정운동」을 전개했고 전 세계에서 가
장 빠른 기간 내에 여성 관련법을 제·개정하는 성과를 거두었다. 이와
같이 여성 관련 법·제도 개선운동이 성공할 수 있었던 요인은 진보적
여성운동이 다양한 부문과 지역을 포괄할 정도의 조직력을 갖추고 있
어 현장 상담활동을 통해 법·제도화 과제를 발굴했고, 정치적 입장이
상이했던 여성단체들간의 연대를 통해 여성운동의 요구를 단일화시켰
기 때문이다. 성폭력특별법 제정 당시 한국여성단체연합, 한국여성단체
협의회 등 보수와 진보를 아울러 74개의 범여성·사회단체가 성폭력특
별법 제정을 촉구하는 기자회견을 개최했고, 가정폭력방지법 제정운동
시 22개의 여성·시민단체가 '가정폭력방지법 제정 추진 범국민운동본부'
를 결성하여 운동을 전개하는 등 여성연대활동이 활발히 진행되었다.
  1990년대에 시작된 여성의 정치세력화운동은 주로 지방의회 여성참
여 확대와 여성 공천·비례 할당과 같은 정치제도 개혁운동을 중심으로
전개되었다. 1991년, 30년 만에 부활한 지방자치제도는 진보적 여성단
체가 지역 생활정치의 중요성에 주목하고 여성운동의 대중화와 지역화
운동을 본격화하게 된 계기가 되었다.[4] 특히, 주부들이 담당하고 있는
쓰레기, 수돗물, 탁아, 환자 돌보기, 노인부양, 자녀교육 등의 문제가 지

---

4) '한국여성단체연합', '한국여성민우회', '여성유권자연맹', 지역 단위의 여성
   단체 등은 1995년 2기 지방의회 선거부터 여성후보 발굴 및 교육 훈련, 여성
   후보 지원을 위한 후원회 구성, 여성의 지방의회 참여의 필요성에 대한 홍보·
   선전활동 등 구체적인 선거운동을 진행했다. 지방의회 여성비율은 1995년 광
   역의회 5.8%, 기초의회 1.6%, 1998년 광역의회 5.9%, 기초의회 1.6%였으
   며, 2002년에는 최초로 여성 기초단체장 2명이 탄생했고, 광역의회 9.2%(비
   례대표 포함), 기초의원 2.2%를 차지했다. 전반적으로 지방의회의 여성의원
   비율은 증가추세이긴 하지만 아직 여성 정치의 후진국이라는 불명예를 벗지
   못하고 있다.

방자치의 주요 과제이므로 주부운동이 지방자치에 참여해야 한다는 논의가 일어나면서, 진보적 여성운동은 자연스럽게 환경운동, 생협운동, 교육운동 등의 신사회운동을 흡수하는 형태로 발전한다. 이는 한말 이후 지속된 진보적 여성운동의 사회변혁 의식의 흐름을 나타내는 것으로 볼 수 있다(정진성, 2000: 193). 이와 함께 여성의 정치참여를 높이기 위해 여성할당제 도입을 제도화해야 한다는 방향하에 1995년 한국여성단체협의회, 한국여성단체연합, 한국여성유권자연맹 등 34개 단체가 '할당제 도입을 위한 여성연대'를 구성했고 그 결과, 1995년 지방의회 선거부터 광역의회 비례대표제의 도입을 이끌어냈다.

이와 같이 1990년대 들어 시작된 진보적 여성운동의 법·제도 개선운동과 정치세력화 전략은 1990년대 후반 접어들면서 '정치세력화의 방향' '여성운동의 제도화'에 대한 논쟁을 불러일으키게 된다. 비록 진보적 여성운동이 1990년대에도 여전히 여성노동자·농민운동과 통일·평화, 민주화운동에 상당 역량을 투여하기는 했지만, 과거에 비해 기층여성을 위한 운동이 축소되어 사회의 소외 계층을 대변하는 기능이 약화되었으며, 과도한 제도화로 비판기능을 상실해가고 있다는 비판이 제기됐다.

먼저, '정치세력화의 방향'에 대해서는 '끼어들기'와 '새판짜기'의 관계에 대한 논의가 전개되었다. 여성의 '끼어들기'가 기존의 남성 정치구조 속으로 여성의 진출을 확대시켜 여성의 정치적 대표성을 높이는 것이라면, '새판짜기'는 여성의 정치참여를 통해 기존의 정치구조와 정치문화를 바꾸는 대안적 정치력을 제공하는 것이다. 여성할당제가 양적 확대에만 몰입한 채 '새판짜기'를 위한 적극적인 시도를 전제하지 않는다면, 기존의 정치체제에 타협하거나 이를 유지시키는 정당성을 제공하는 결과를 초래할 것이라는 지적 속에서, '여성의 힘 갖추기(empowerment)'가 '새판짜기'를 지향해야 한다는 논의가 진행되었다(한국여성단체연합 정책수련회, 1999년). 이러한 논의 속에서 한국여성단체연합은 2000년 총회를 통해 대표와 산하 단체 대표들의 임기 내 정치 진출을 막는 내규를 의결하여 '끼어들기'와 '새판짜기' 중 새판짜기에 더 비중을 둔다는 입장을 분명히 했다. 그러나 이러한 결론이 모호하고, 현실 정치에 대한 '끼어들기' 없는 '새판짜기'가 불가능하다는 점에서 '끼어들기' 전략에 대한 좀더 적극적인 논의가 필요하다는 점 또한 지속적으로 제기됐다. 이에 대해서 진보적 여성운동권은 그 내부에 상이한 입장들을 가진 채, 2004년 총선을 맞게 된다.

김대중 정부 출범 이후, 진보적 여성단체들이 정부의 각 위원회 등 정부정책 결정과정에 참여하는 비중이 높아지고, 단체 출신들이 국회의원이나 관료로 진출하는 사례가 늘면서 '여성운동의 제도화'에 대한 논의가 시작되었다. 제도권에 대한 의존이 높아지면서 진보적 여성단체가 정부에 독립적으로 비판적인 목소리를 낼 수 있는 기능이 약해지는 것이 아니냐는 우려의 목소리가 일기 시작했다. 이는 단체들이 정부나 지방자치단체에서 프로젝트 사업비를 지원 받기 시작하고, 성폭력특별법 제정 결과, 성폭력상담소의 운영과 인건비 일부를 정부에서 지원 받는 상황에서 불거진 것이었다. 1990년대의 여성운동은 법·제도 개선운동으로 빠른 제도화를 달성하고, 다수 여성들에게 큰 혜택을 제공했지만, 이제 역으로 제도화가 진보적 여성운동의 투쟁성을 약화시킬 수 있다는 문제에 봉착하게 된 것이다. 이러한 문제의식은 진보적 여성운동이 대안사회의 상을 정립하고 현재의 법·제도의 개혁을 뛰어넘는 운동과제와 방식을 제시해야 한다는 고민으로 이어졌다.

이러한 논의는 1990년대 후반에 제기되어(한국여성단체연합 정책수련회, 1999; 한국여성단체연합 정책수련회 '진보적 여성운동의 좌표찾기', 2002), 현재까지 계속되고 있는데, 당시에는 대략 다음과 같은 동의가 형성되었다. 진보적 여성운동은, 여성정책을 발전시키기 위해 정부의 각종 위원회 등 제도권에 참여하여 활동하는 것을 부분적인 전술로 채택하되, 운동세력으로서 자기 위상을 분명히 하여 국가활동에 대한 감시와 대안 제시, 여성권익 옹호를 위한 대변, 정부활동의 대상을 벗어난 대안사회 실험을 위한 운동 등을 전개해야 한다는 것이다. 또한 여성정책의 발전이 곧 여성의 삶의 질 향상을 의미하는 것은 아니므로, 여성정책이 여성의 삶에 실제로 적용되고 있는지를 지속적으로 감시하는 활동과 여성의 일상생활 속으로 파고들어 대중과 함께 하는 운동방법과 과제를 발굴하는 것이 중요하다는 점이 논의되었다(1999년 한국여성단체연합 정책수련회). 그러나 1990년대 이후 다원화된 대안사회에 대한 전망을 어떻게 서로 침해하지 않고 상생의 방법으로 모아갈 것인가라는 점은 여전히 논의 중일 수밖에 없는 큰 과제이다.

이와 같이 진보적 여성운동은 1990년대 들어 새롭게 시작된 '여성운동의 제도화', '여성정치세력화'에 대한 자기 검열을 통해 변화된 상황 속에서도 여성운동의 진보성을 담지하기 위해 노력했는데, 이런 고민은 2000년대까지 이어진다.

한편, 1990년대 진보적 여성운동은 기존에 전개해오던 여성노동운동, 통일·평화운동의 수위를 한층 높이면서 민족민중운동과의 연대활동 또한 활발히 전개했다. 1997년 말 IMF 경제위기가 발생하면서 성차별적 정리해고가 잇달았고 여성은 남성에게 일자리를 내주고 가정으로 돌아가야 한다는 성차별적 이데올로기가 팽배했다. 이러한 상황에서 진보적 여성운동은 실직여성지원 및 성차별적 해고에 대한 법률구조, 노조지원활동 등을 진행했지만, 신자유주의적 세계화라는 큰 물살에서 여성을 보호하기에는 역부족이었다. 이러한 상황에서 여성운동은 다시 여성노동자의 조직화사업을 감행한다. 한국여성노동자회협의회는 1999년에 여성노조인 '전국여성노동조합'을 결성했고, 같은 해 '서울여성노동조합'과 '전국여성노조연맹'도 독자 여성노조로서 출범하게 된다. 1990년대 초반의 진보적 여성운동이 여성노동자 외곽지원단체로 방향을 전환했던 점을 상기하면, 1990년대 후반의 여성노조 건설운동은 여성운동의 전략변화를 보여준다. 즉, 권리 대변적인 운동의 한계를 인식하고 여성노동자 자신들이 직접 운동주체로 나서도록 지원해주는 개방적 참여형 운동으로 전환하기 시작한 것이다. 특히 한국의 정규직 남성 중심 노조의 한계로 비정규직 여성노동자만의 독자 노조의 건설은 더욱 활

발해졌다. 비정규직 여성노동자의 노조 건설이라는 당시의 판단은 현실
변화에 대한 빠른 대처였고, 비정규직 여성노동자의 조직화 이후 학습
지 교사, 방문 판매원, 골프장 경기보조원 등과 같은 특수고용형태(노동
법상 노동자로 인정받지 못하는 비정규 노동형태)의 문제가 사회적으로 공
론화되기 시작했다.

진보적 여성운동의 통일·평화운동은 1990년의 임수경 석방운동,
1991년의 '걸프전쟁과 한국군 파병을 반대하는 어머니 모임' 결성,
1992년의 '여성복지 확대와 방위비 삭감을 위한 결의대회', 1993년의
'여성통일마라톤대회', 1994년의 '패트리어트미사일 배치를 반대하는
여성결의대회', 1995년의 8·15 50주년을 기념한 '민족공동행사' 공동
주최와 '일본군 사죄 배상 촉구를 위한 여성 한마당' 개최 등 여성의
독자적인 운동을 전개하는 방식으로 진행됐다. 그 성과로 1997년에 평
화·통일운동 전문단체인 '평화를 만드는 여성회'가 창립되었고 이를 통
해 좀더 전문적인 여성 평화·통일 운동의 기반을 마련했다.

지금까지 살펴본 바와 같이, 1990년대 진보적 여성운동은 여성특수
과제에 대한 전문적 운동 전개, 운동대상 및 과제의 다양화를 통한 대
중성 강화, 법·제도 개선운동의 성공을 통한 제도적 기반 마련 등을 통
해 그 어느 시기보다 질적으로나 양적으로 크게 성장했다. 그러나 신자
유주의 세계화로 인한 여성노동자의 해고 및 비정규직화, 여성의 삶의
질 악화라는 난제를 풀지 못한 채 2000년대를 맞게 된다.

4) 남성들의 세력화된 반발, 여성 내부의 차이 등 다원화된 환경 에 대한 진보적 여성운동의 대응: 2000년-현재

2000년대의 진보적 여성운동은 그 어느 시기보다도 짧은 기간에 많
은 운동을 전개했으나 동시에 보수적 남성들의 반발이 조직화되고 여
성 내부 차이가 가시화되는 등 새로운 환경에 직면하여 어려움을 겪고
변화를 모색해야 하는 시기였다.

여성운동에 대한 보수적 남성들의 공격은 1999년에 헌법재판소가 군
가산점제에 헌법 불합치 결정을 내리면서 노골화되기 시작했다. 당시
IMF로 인한 경제침체 때문에 일자리에 대한 경쟁과 갈등이 첨예화된
상황에서, 여성운동 때문에 군복무에 대한 보상 시스템이 무너졌다는
사실은 가부장적인 남성들에게 적지 않은 피해의식을 심어주었다. 기회
의 평등에 대한 논쟁이 생겨날 겨를도 없이 남성 네티즌들을 중심으로
"여성도 군대가라" 식의 공격이 시작됐다. 또한 5급 공무원 여성채용목
표제 도입을 시작으로 여성할당제가 각 분야에 도입되기 시작하자, 능
력도 없이 자리를 차지한다는 식으로 여성을 매도하는 흐름이 노골적
으로 생겨났다. 이러한 일련의 여성 이슈 및 정책에 대한 남성의 불만
과 반대에 여성운동은 적극적으로 대처하지 못했다. 군복무가산점 위헌
판결을 이끌어내는 데 성공했지만, 여성운동이 이기주의 집단이라는 이
미지가 퍼져 손실을 입었고, 할당제 도입도 역차별이라는 공세를 제대
로 막아내지 못하고 있다. 2000년대에 들어 진행한 「모성보호관련법」
개정운동과 호주제폐지운동, 「성매매방지법」 제정운동도 더욱 노골화
된 보수 남성들의 반대에 직면했다. 「모성보호관련법」 개정과 「성매매
방지법」 제정운동은 논쟁과정에서 원래 제출안이 수정되어 어렵게 통
과되었지만, 가장 큰 역량을 투자했던 호주제폐지는 결국 보수 남성들
의 반발에 부딪혀 16대 국회에서 통과되지 못했다. 이러한 과정을 경험
하면서 진보적 여성운동은 여성운동을 둘러싼 정책 환경이 변화하고
있음을 실감했다. 즉, 여성운동이 1990년대에 여성정책의 제도화에 상
당 부분 성공하면서 여성이 평등한 위치에 섰다는 허상이 커졌고, 이에
보수적 남성들은 더 이상 여성에게 잃어서는 안 된다는 위기감을 느끼
며 세력화하기 시작한 것이다. 이는 여성정책의 제도화과정이 너무 다
급히 추진된 나머지, 제도의 변화를 사회의식이 따라오지 못하여 발생
한 문제였다(한국여성단체연합 정책수련회, 2002). 이러한 문제의식 속에서
2000년대 진보적 여성운동은, 그동안의 여성운동이 소통이 부재한 채
속도전으로 밀고나가기와 소극적 방어에 머물렀음을 성찰하고 더디 가

더라도 사회공론화를 통해 의식변화를 꾀해야 한다는 점을 인식하게 되었다.

이와 함께 여성 내부의 차이가 2000년대에 들어 더욱 가시화되기 시작했는데, 이는 2001년의 「모성보호관련법」 개정과정에서 첨예하게 드러나게 된다. 2001년에 여성단체와 노동조합은 '여성노동법개정연대회의'를 구성하고, 공동으로 출산휴가 확대와 유급육아휴직제 신설, 간접차별 처벌 강화 등을 골자로 한 「모성보호관련법」 개정운동을 전개했지만, 마지막 국회 입법과정에서 제안된 수정안에 서로 다른 입장을 취하게 된다. 당시 수정안은 출산휴가를 기존 60일에서 90일로 확대하고 유급육아휴직을 신설하며, 간접차별 규정 강화 및 처벌 강화를 통해 평등권을 강화하는 대신, 임신부를 제외한 일반 여성의 야업 및 휴일근로와 시간외 근로, 갱내근로 제한을 완화하자는 것이었다. 물론 '보호'와 '평등'이 양자택일적인 것은 아니었지만, 수정안에 대한 입장차이 때문에 '수정안 통과 저지'와 '통과 찬성'으로 입장이 양분됐다. 이러한 여성 내부의 차이는 동의 수준이 높은 기본적인 정책이 입안될 때는 별로 드러나지 않았지만, 여성정책이 한 단계 세밀해지는 과정에서는 여성들이 처해 있는 상황의 다양성에 따라 표면화될 수밖에 없는 것이었다. 특히 여성의 독자적인 이해관계와 실천을 강조하는 급진적 페미니즘과 그 실천으로 섹슈얼리티와 성정치학을 강조하는 영 페미니스트들의 활동이 여성운동의 중요 축으로 자리 잡으면서 여성운동 내부의 차이는 더욱 커지게 된다. 이제 진보적 여성운동은 보수 남성들의 조직화되고 노골화된 공격과 여성 내부의 차이라는 변화된 흐름 속에서, 여성운동 이슈에 대한 반발을 설득하며 사회적 동의를 높이고 내부의 차이에 입각한 연대를 구성해야 한다는 어려운 과제를 안게 되었다.

2000년대에 들어 진보적 여성운동의 가장 큰 변화는 정치 개혁부문에서 발견된다. 이전의 정치참여 논의가 추상적인 수준에서 이루어졌다면, 2004년에는 총선을 앞두고 여성의 정치참여를 확대하기 위한 구체적인 전술이 논의되기 시작한다. 여성운동이 구체적인 후보전술운동을

채택하게 된 배경에는 호주제폐지와 같은 여성 운동계의 오랜 숙원이
16대 국회에서도 가부장적인 정치권의 벽에 막혀 실패하는 등 정치권
의 '새판짜기' 없이 여성운동 과제를 실현시킬 수 없다는 공감대가 형
성되었기 때문이다. 정치의 '새판짜기'는 새판을 짤 수 있는 의식과 실
력을 갖춘 여성이 국회에 진출해야 가능한 일이었다. 과연 누가 그 역
할을 수행할 것인가 하는 문제 앞에서 진보적 여성운동에서는 '새판짜
기'를 위한 '끼어들기' 전략을 감행해야 한다는 목소리가 생겨나기 시
작했다. 한국여성단체연합은 2003년 동안 각종 내부 수련회와 이사회
등의 회의를 통해 '끼어들기' 전략의 수위를 논의했고 그 결과 그동안
금지했던 단체장의 정치진출을 허용하는 방향으로 정관을 개정하기에
이른다. 결국 이러한 논의는 2004년 총선을 앞두고 진보와 보수 인사
가 망라된 맑은정치여성네트워크의 구성으로 이어진다. 맑은정치여성
네트워크는 2004년 1월 공개추천과 심사위원회의 심사를 거쳐 101명
의 여성후보 명단을 발표했고, 각 정당에 후보 공천을 요구하는 활동을
진행했다. 그 결과 17대 여성국회의원 당선자는 전체 39명으로 여성국
회의원 비율 16대 5.4%에서 두 배가 넘는 13%로 늘어났고, 전체 여성
당선자의 54%가 맑은정치여성네트워크 후보에서 선출되는 성과를 거
두었다.

그동안 진보적 여성운동이 '끼어들기'와 '새판짜기' 중 후자에 더 비
중을 둔다는 입장을 명백히 해온 것을 상기하면 '맑은정치여성네트워
크'를 통해 후보전술로 선회한 것은 괄목할 만한 것이었다. 이는 '새판
짜기를 위한 끼어들기' 전략이라고 할 수 있다. 그동안의 여성의 정치
참여는 주로 각 정당에 의해 선택 당한 소수 여성들이 개별적으로 정치
에 진출하는 형식이었다. 그러나 이러한 형식으로는 국회에 진출한 여
성들이 여성운동의 목소리를 충실히 전달할 것이라는 점을 보장할 수
없었다. 이에 진보적 여성운동은 '끼어들기' 전략이 필요하다면, 여성들
의 기준에 의해 선택된 다수의 여성들이 국회에 진출하여 국회 내에 여
성운동의 영향력을 확대하는 전략을 구사해야 한다고 판단했다.

'새판짜기를 위한 끼어들기'라는 2004년 총선 전략이 얼마나 성공적
이었는지에 대한 판단은 이제 17대 국회에 진출한 여성 국회의원들이
국회 내에서 얼마나 집단적인 힘을 발휘하는가에 달려 있다. '여성운동
의 제도화'에 대한 문제도 이와 연결되는 문제이다. 만일, 국회에 진출
한 여성 국회의원들이 국회 내에서 여성정책의 입안을 위해 제 몫을 다
한다면, 진보적 여성운동은 여성 국회의원들과의 역할분담을 통해 제도
적인 부분은 여성 국회의원에게 좀더 큰 역할을 부여할 것이다. 그리고
진보적 여성운동은 지역여성운동 확대, 생활세계 개혁운동에 좀더 매진
함으로써 여성의 삶의 질을 높이는 데 기여할 수 있을 것으로 기대된
다. 만일, 여기에 성공한다면 진보적 여성운동은 제도와 생활세계의 변
혁이라는, 한층 통합적인 진보를 지향하는 운동으로 성장할 수 있을 것
이다.

2000년대의 여성운동의 중요한 이슈 중 하나는 여성의 비정규직화
방지 및 비정규직 여성노동자 권익보호운동이었다. 1990년대 후반,
IMF 경제위기 이후 심화된 여성의 비정규직화는 임금과 노동조건에서
남녀차이를 더욱 심화시켰다. 그동안 진보적 여성운동이 「남녀고용평등
법」과 「근로기준법」의 차별 관련 조항을 개선해왔지만, 여성의 70% 이
상이 비정규직인 상황에서 개정된 노동 관련법은 아무런 도움이 되지
않았다. 또한 비정규직 여성노동자들에게는 출산휴가 확대나 유급육아
휴직 실시와 같은 운동의 성과 또한 그림의 떡일 뿐이었다. 결국 대부
분의 여성노동자들이 그동안 성취해온 여성운동의 혜택을 받지 못하는
상황이 된 것이다. 여성노동 관련법의 실효성은 떨어지고 진보적 여성
운동은 그동안 여성노동권 확보를 위해 진행해온 운동의 성과가 물거
품이 되는 참담함을 경험해야 했다. 진보적 여성운동은 비정규직화 방
지와 보호를 위한 법안을 청원하고 노동·시민단체들과 함께 전국적 운
동을 전개했지만, 좀처럼 해소될 기미가 보이지 않는 현실의 벽에 부딪
히고 있다.

이와 같이 2000년대의 진보적 여성운동은 여러 가지 새로운 환경에

직면해 있다. 여성운동에 대한 조직화된 공격, 여성운동에 대한 다양한 요구, 여성 내부의 차이, 그리고 신자유주의적 세계화와 같은 더 국제적이고 구조적인 환경변화에 직면하면서, 이제는 좀더 많은 것을 고려하면서 느리게 나아갈 수밖에 없음을 인정해야 한다. 그러나 과거에도 그래왔듯이, 진보적 여성운동이 새로운 상황 변화에 직면하여 끊임없는 논쟁과 자기 성찰 속에서 또다시 새로운 대안을 창출해낼 것을 기대한다.

3. 진보적 여성운동의 전망 찾기: 어디로 어떻게 갈 것인가?

위에서 살펴본 바와 같이, 진보적 여성운동은 항상 그 시대의 한국적 현실이 요구하는 진보란 무엇인가, 여성의 삶의 질을 높이기 위해 무엇을 해야 하는가를 고민해왔다. 이에 대한 대답은 "현 시기 진보적 여성운동이 무엇을 해야 하는가"에 대한 대답으로 이어진다. 그동안 진보적 여성운동 내에서 진행된 논의를 통합해보면, "진보란 어느 체제이든 간에 그 체제의 모순과 성 모순을 함께 꿰뚫어보는 문제의식, 분석력, 비판적 사고력을 바탕으로 체제에 대한 저항과 아울러 새로운 대안을 모색하고 다양한 실험들을 시도"하는 것을 의미한다(이영자, 2002: 15).

이러한 관점으로 '진보'와 '진보적 여성운동'의 정체성을 규정한다면 '진보적 여성운동'의 전망은 더욱 명확해진다. 먼저, 진보적 여성운동은 여성정책을 제도화하는 운동을 뛰어넘어 현재의 제도에 포섭될 수 없는, 체제 변혁적인 실천내용과 방법을 제시해야 한다. 제도권에 대한 정책개입이나 여성의 참여는 여성들의 몫과 권한을 늘리는 차원에 머무르는 것이 아니라 기존의 정책과 제도의 틀을 바꾸는 것을 목적으로 삼아야 한다. 정치적 차원에서 본다면, 단지 '끼어들기' 차원의 운동은 보수적 여성단체의 몫으로 남겨두고 '새판짜기'를 실행할 수 있는 정치 참여를 고민해야 한다. 이를 위해서 기존 정당을 통한 참여보다는 진보적 대안정당운동에 좀더 적극적으로 관심을 가지고 참여할 필요가 있다. 진보적 여성들의 적극적인 참여를 통해 현재의 대안정당이 좀더 평등한 의식을 갖출 수 있도록 하고 대안정당을 통한 참여로 현재의 반민중적·보수적 정치의 틀을 바꾸어가는 운동이 필요하다.

또한 정치의 개념을 확대하여 지역·생활정치의 공간 속에서도 여성이 주체적 운동 세력이 될 수 있도록 조직하고 지역·생활·일터 등에서 대항적인 정치가 형성될 수 있도록 해야 한다. 예를 들어, 주부들은 지역의 교육, 환경, 공공서비스 등의 이슈에 대해 문제를 제기하고 지역과 생활에서 양성평등적인 문화, 생태적 생활양식, 대안적 소비문화를 창출하기 위한 운동을 전개해야 한다. 또한 기업이 남성에게 육아와 가정생활에 참여하는 시간을 부여하도록 촉구하는 등 주부의 입장에서 생산영역에 대해 갖고 있는 문제의식을 표출하여 공·사의 분리에 대해 비판하고 공·사의 재개념화를 시도할 필요가 있다. 또한 여성노동자들은 노동현장에서 여성의 권리를 찾기 위한 운동과 함께 기업이 남녀노동자 모두의 육아와 가정생활을 배려하여 기업 내 복지제도를 마련하도록 하는 운동, 기업의 생산방식을 친환경적으로 전환하는 운동을 전개할 필요가 있다. 이와 같이 여성들의 조직화를 통해 지역과 생활의 각 부문을 저항 정치의 공간으로 재개념화함으로써, 제도권에 대한 개입을 뛰어넘는 체제 변혁적인 진보적 여성운동이 실현될 수 있을 것이다.

여성이 중심이 된 가족·지역·일터의 정치화는 현재 여성운동이 직면하고 있는 '의식과 제도의 괴리 현상'을 해소하는 지름길이기도 하다. 중앙 차원의 캠페인으로는 생활 속에 굳어져 있는 가부장적·보수적 의식을 변화시킬 수 없다. 생활 속에 스며드는 운동을 통해 일상에 개입할 수 있을 때 비로소 의식변화가 가능한 것이다.

여성 주체의 조직화를 통한 지역과 생활 각 부문의 정치화 전략이 성공적으로 이루어지기 위해서 진보적 여성운동은 현재의 운동 역량에 대한 배분을 점검할 필요가 있다. 여전히 호주제 폐지와 여성노동 관련 법 개정 등의 제도화 이슈가 남아 있기는 하지만, 제도 개혁의 속도를 늦추더라도 이제는 여성주체의 조직화와 지역화 사업을 늦출 수 없는 시점에 도달했다. 진보적 여성운동이 지금부터 이를 본격적으로 준비하지 않는다면, 서구처럼 여성정책의 제도화가 달성되고 난 이후 여성운동이 급격히 쇠퇴하고 제도권으로 흡수되어버리는 결과를 초래할 수도 있다. 진보적 여성운동은 기초 지방단체의 수준까지 진보적 여성운동조직을 건설하고 각 부문 여성들을 조직화하는 운동에 더욱 적극적으로 뛰어들어야 한다. 중앙단체들은 이를 위해 현장활동가들을 대상으로 조직화방법에 대한 교육을 실시하고(필리핀의 경우, 지역운동방법에 대한 매뉴얼, 교육 프로그램이 체계화되어 있다), 여성들의 참여가 가능한 운동과제를 발굴하는 데 인력과 시간을 투자해야 한다. 2000년대의 진보는 공적 차원에서의 저항만이 아니라 우리의 생활, 의식 전 분야에서 좀더 촘촘히 저항의 그물망을 짜고 대항 정치를 형성하는 것이다. 한국의 진보적 여성운동이 이 저항의 그물망을 짜는 데 성공한다면, 서구의 여성운동이 보여주지 못한 진보적 여성운동의 새로운 발전형태를 제시할 수 있을 것이다.

또 다른 한편으로 2000년대의 진보적 여성운동이 집중해야 하는 과제는 비정규직 여성노동자, 여성장애인, 미혼모, 여성 한부모 등 빈곤층으로 전락하기 쉬운 여성들을 위한 운동을 강화하는 것이다. 신자유주의적 전략이 한국사회를 뒤덮으면서 한국은 부익부 빈익빈 현상이 더욱 가속화되고 있다. 이 과정에서 여성은 점점 비정규직 여성노동자로 전락하고 사회복지 시스템이 갖추어지지 않은 상태에서 여성의 빈곤화 현상은 더욱 심각해지고 있다. 이러한 난제를 풀기 위해 진보적 여성운동은 현재 진행하고 있는 비정규직 관련 법안의 개정과 불법적 형태의 비정규직에 대한 정부의 단속 강화를 요구해야 하며, 비정규직 여성노동자를 조직화하는 운동을 진행함과 동시에 일자리 나눔과 새로운 일자리 창출과 같은 대안운동을 벌일 필요가 있다. 특히 여성이 담당하는 보살핌과 돌봄 노동의 사회화를 복지 시스템 마련 전략과 결합시켜 공공복지 서비스 분야의 여성 일자리를 창출하는 것이 필요하다. 또한 현재의 무권리, 저임금 형태의 비정규직에 대한 대안 모델을 위해 비록 노동시간이 정규직에 비해 적더라도 노동권리와 고용안정이 보장되는 형태의 일자리를 창출하는 것이 필요하다. 이는 빈곤 여성에게 고용기회와 복지서비스를 제공하여 삶의 질을 향상시킬 수 있는 대안이 될 것이다. 다만, 이를 현실화하기 위해서는 진보적 여성운동이 좀더 일자리 창출 정책을 구체화하여 정부에 제시하고 시민·사회단체와의 연대를 통해 이에 대한 사회적 담론을 형성하는 것이 필요하다. 이와 함께 재원확보를 위한 방위비 삭감, 부유세 도입 등의 운동을 공세적으로 펼칠 필요가 있다.

마지막으로, 진보적 여성운동은 여성들간의 차이에 기반을 둔 연대 전략을 모색해야 한다. 현재 한국사회는 다양한 사조와 유행이 한꺼번에 유입, 분출되는 과정에서 여성들간의 세대, 계층, 집단의 차이가 점점 증가하고 있다. 이러한 차이가 여성운동의 분열과 저항력 약화로 연결되지 않도록 적극적으로 차이를 소통하는 노력이 필요하다. 다양한 차이 속에서도 여성이라는 억압된 집단의 특수한 경험이 공유될 수 있는 장이 마련되어야 한다. 다양한 여성운동 집단간의 의사소통을 위한 워크숍, 문화행사를 통한 감성적 통로 열기 등을 통해 차이를 기반으로 하는 연대운동의 가능성을 확장시켜야 한다.

지금까지 진보적 여성운동의 궤적을 고찰해보면, 진보적 여성운동이 지금까지 성장해온 주요 동력은 '현 시기 한국사회에서 요구되어지는 진보란 무엇인가', '진보적 여성운동은 무엇을 해야 하는가'에 대한 성찰적인 토론이었다고 말해도 좋을 것이다. 진보적 여성운동이 내·외부의 문제제기에 대해 귀를 열고 열린 의사소통을 시도한다면 앞으로도 제 역할을 해낼 수 있을 것이다. 진보적 여성운동이 현 체제 속에서 제도화라는 위험성을 극복하여 좀더 인간과 세상을 변혁시키기 위한 대안적 운동으로 전진해나가기를 기대한다.

■ 생각할 거리

1. 1990년대 이후 진보적 여성운동이 운동이슈를 다양화하는 과정에 서 여성노동자 문제, 도시빈민여성, 여성농민 등 사회 소외계층의 문제를 과거와 같은 비중으로 다루지 않음으로서 비계급적 운동에 빠져 있다는 지적이 있다. 여성운동이 중산층 주부 등 다양한 계급의 여성을 포괄하는 방향으로 나아가야 하는가, 아니면 계급적 입장에 입각하여 저임금 노동자, 농민, 도시빈민여성의 문제를 중심으로 운동을 전개하는 것이 옳은지를 생각해보자.

2. 현재 여성운동의 열악한 인력문제와 독립성 문제를 생각할 때, 여성운동세력의 일부가 국회나 정부에 진출하는 '끼어들기' 전략이 장기적으로 여성운동의 세력 약화와 독립성 침해 등의 문제를 가져올 수 있다는 지적이 있다. 현재 낙후한 여성의 정치참여 수준과 여성운동의 정치적 독립성 문제를 함께 고려할 때, 여성운동은 '새판짜기'와 '끼어들기' 중 어떤 전략을 우선적으로 고려해야 하는지, 또는 두 전략을 결합시키는 제3의 대안이 있는지 생각해보자.

3. 여성운동이 주장하는 '정치의 재개념화', '일상의 정치화'란 무엇인지, 이를 달성하기 위한 방법은 무엇인지를 생각해보자. 그리고 '나의 일상의 정치화'라는 관점에서 내가 생활하고 있는 가정, 학교, 각종 집단, 일터 등에서 내가 경험하고 있는 불평등은 무엇인지 분석해보고, 이를 바꾸기 위해 내가 무엇을 할 수 있을지를 생각해보자.

4. 군가산점제 폐지와 공무원 여성할당제 도입 등에 대한 논란이 계속되고 있다. 군가산점제는 여성과 장애인 등 군복무를 할 수 없는 사람들의 기회의 평등을 박탈하는 것이라는 헌법재판소의 결정과 달리 군복무자에 대한 정당한 보상이라는 의견 또한 팽팽하다. 또한 수세기 동안 진행된 가부장제의 폐해를 극복할 수 있는 과도적 장치로서 여성할당제 실시가 필요하다는 입장과 남성에 대한 역차별이라는 입장 또한 대립되고 있다. 군가산점제와 여성

할당제에 대한 입장을 정리하고, 각자 논거를 제시하며 열린 토론
을 진행해보자.

■ 읽을거리

김지해. 1987,『세계여성운동 1, 2』, 동녘.
서울여성노동자회, 한국여성노동자회협의회. 1997,『들꽃이여! 불꽃이
　　　여! 그대 이름은 여성노동자』, 서울여성노동자회, 한국여성노동자
　　　회협의회.
이승희. 1994,『여성운동과 정치이론』, 녹두.
＿＿＿＿. 1999,「한국여성운동의 흐름과 과제」,『새 여성학 강의』, 동녘
이효재. 1989,『한국의 여성운동-어제와 오늘』, 정우사.
장미경 편저. 1996,『오늘의 페미니즘, 세계 여성운동』, 문원
조주현. 2000,『여성 정체성의 정치학』, 또하나의 문화
한국여성단체연합. 1998,『열린희망-한국여성단체연합 10년사』,
동덕여자대학교 한국여성연구소. 1999,『대안사회의 상과 여성운동의
　　　과제』, 한국여성단체연합 대안사회정책연구소

참고문헌

제1부

제1장

강이수. 1999, 「미군정기 공창폐지와 여성운동」, 『미군정기 한국의 사회변동과 사회사』, 한림대학교 아시아문화연구소.

김수자. 1999, 「여성의 첫 참정권 행사 1948년 5.10선거」, 이배용 외, 『우리나라 여성들은 어떻게 살았을까 2』, 청년사.

김정숙. 1999, 「공창은 폐지되었는데 사창은 급증」, 이배용 외, 『우리나라 여성들은 어떻게 살았을까 2』, 청년사.

보건사회부. 1987, 『부녀행정40년사』.

문경란. 1989, 「미군정기 한국여성 운동에 관한 연구」, 이화여자대학교 대학원 석사논문.

민주주의민족전선. 1946, 『해방조선 I: 자주적 통일민족국가 수립투쟁사』, 과학과사상사에서 복간(1988).

박찬표. 1997, 『한국의 국가형성과 민주주의-미군정기 자유민주주의의 초기 제도화』, 고려대학교 출판부.

신현옥. 1999, 「국가개발정책과 농촌지역 여성조직에 관한 연구: 1960-70년대 마을부녀조직의 역할과 활동을 중심으로」, 연세대학교 대학원 박사논문.

양동숙. 1998, 「해방후 한국의 공창제 폐지과정에 대한 연구」, 한양대 석사논문.

우리사회연구회. 1994, 『성과 현대사회』, 파란나라.

이경모. 1989, 『격동기의 현장』, 눈빛의 사진 2.

이배용. 1996, 「미군정기 여성생활의 변모와 여성의식, 1945-1948」, 역사학회, ≪역사학보≫ 150.

이순금. 1945, 「조선여성에게」, ≪여성공론≫.

이승희. 1991 「한국여성운동사연구: 미군정기 여성운동을 중심으로」, 이화여자대학교 박사논문.

_____. 1994, 『여성운동과 정치이론』, 녹두.

이영애. 1999, 『국가와 성』, 법문사.

이이화. 1990, 『한국근현대사사전』, 한국사사전편찬회(편), 가람기획.

이혜숙. 1992, 「미군정의 경제정책에 대한 정치사회학적 연구」, 서울대학교 대학원 박사논문.

_____. 2003, 「미군정기 한국의 정치사회적 변동: 국가-시민사회 관계의 역사적 구조화」, 김필동, 지승종(외), 『한국사회사연구』, 나남출판.

이효재. 1989, 『한국의 여성운동: 어제와 오늘』, 정우사.

최민지. 1979, 「한국 여성운동 소사」, 이효재(엮음).『여성해방의 이론과 현실』, 창작과비평사.

한국부인회총본부. 1986, 『한국여성운동약사: 1945-1963년까지 인물중심』, 한밤의 소리사.

황정미. 1999, 「발전국가와 모성」, 심영희 외(공편),『모성의 담론과 현실: 어머니의 성, 삶, 정체성』, 나남출판.

_____. 2001. 「발전국가와 여성정책: 박정희 체제(1962-79)를 중심으로」, 한국여성학회, 2001년도 제 17차 춘계학술대회 자료집.

宋蓮玉. 1985, "朝鮮婦女總同盟-八·一五解放直後の女性運動", ≪朝鮮民族運動研究≫, 2, 靑丘文庫.

제2장

강인철. 1999, 「한국전쟁과 사회의식 및 문화의 변화」, 한국정신문화연구원 엮음, 『한국전쟁과 사회구조의 변화』, 백산서당.

강인철. 2003, 『전쟁과 종교』, 한신대학교출판부.

강정구. 2001, 「한국전쟁 민간인 학살의 양태분석」, 한국산업사회학회 엮음, 『남북간 대립사회체제의 동요와 새로운 갈등구조의 이해: 상생적인 민족공동체의 구성을 위하여』, 한울.

국방군사연구소. 1997, 『한국전쟁』(하).

국정홍보처. 2001, 『정부기록사진집』.

권태환·김두섭. 2002(1990), 『한국의 인구』, 서울대학교출판부.

김귀옥. 2002(1999),『월남민의 생활경험과 정체성: 밑으로부터의 월남민 연구』, 서울대학교출판부.

_____. 2004a, 「한국전쟁의 사회학 연구의 쟁점과 과제: 분단과 전쟁을 넘어 통일과 평화의 사회를 향하여」, 한국사회학대회 발표문.

_____. 2004b, 『이산가족, '반공전사'도 '빨갱이'도 아닌……: 이산가족 문제

를 보는 새로운 시각』, 역사비평사.

동아일보사. ≪동아일보≫.

보건사회부. 1963, 『보건사회통계연보』.

안정효. 1991, 『은마(銀馬)는 오지 않는다』, 고려원.

오유석. 1994, 「박순천: 제자를 정신대로 보낸 청기사」, 반민족문제연구소 엮음, 『청산하지 못한 역사: 한국현대사를 움직인 친일파』, 청년사.

육군본부편찬. 1956, 『후방전사(인사편)』. 육군본부.

이대근. 1987, 『한국전쟁과 1950년대의 자본축적』, 까치.

이연정. 1999, 「여성의 시각에서 본 '모성론'」, 심영희·정진성·윤정로 공편, 『모성의 담론과 현실: 어머니의 성·삶·정체성』, 나남출판.

이옥지. 2001, 『한국여성노동자운동사1』, 한울아카데미.

이임하. 2002, 「1950년대 여성의 삶과 사회적 담론」, 성균관대 박사학위논문.

정채호. 1999, 『빨간명찰』, 도서출판 토함원.

조성미. 2002, 「월북자 가족의 생활경험과 '월북'의 의미체계」, 이화여자대학교 사회학과 석사학위논문.

주부생활사. 1975, 『한국여성 30년』.

최민지. 1993(1979), 「한국여성운동 小史」, 이효재 엮음, 『여성해방의 이론과 현실』, 창작과비평사.

통계청. 1997, 『남북한 경제사회상 비교』.

Cumings, B. & Holliday. 1989, 『한국전쟁의 전개과정』, 차성수·양동주 옮김, 태암.

제2부

제1장

가톨릭노동청년회. 1986, 『한국가톨릭노동청년회26년사』, 한국가톨릭 노동청년회, 분도출판사.

강동진. 1983, 「일제하 노동자의 노동조건」, 『한국노동문제의 인식』, 동녘.

강이수. 1992, 「1930년대 면방 대기업 여성노동자의 상태에 관한 연구」, 이화여대 박사학위논문

금속노련. 1993, 『금속노동운동30년사』, 전국금속노동조합연맹.

기독교사회문제연구원. 1978, 『도시사업선교와 교회사명』.

_____. 1980, 「한국경제현황분석」, 조사연구보고서.

_____. 1982, 「1970년대 민주화운동과 기독교」, 조사연구보고서.

374

김경일. 1987, 「일제하 고무노동자의 상태와 운동」, 『일제하 사회운동』, 《한 국사회사연구회논문집》 제9집, 문학과 지성사, 76-157쪽.

김낙중. 1982, 『한국노동운동사 2 해방후편』, 청사.

김대환. 1981, 「1950년대 한국경제의 연구」, 진덕규 외, 『1950년대 인식』, 한 길사, 157-255쪽.

김백산. 1983, 「70년대 노동자계급의 상황과 성장」, 『민중』 제1권, 청사.

김윤환. 1982, 『한국노동운동사 1』, 청사.

김인동. 1984, 「70년대 민주노조운동의 전개와 평가」, 김금수. 박현채 외, 『한 국노동운동론1』, 미래사.

김형배. 1983, 「노동관계법과 노동정책 및 노동행정, 한국의 노동문제」, 서강 대부설 산업문제연구소, 《산업노동관계연구》 11집.

노동청. 『노동통계연감』, 각 연도

_____. 『사업체노동실태조사보고서』, 각 연도

노동운동탄압저지투쟁위원회. 1985, 「민주노동을 향하여」

노중선. 1971, 「아이맥전자노사분규」, 《노동문제》 2집, 9월, 13-15쪽.

_____. 1972, 「크라운전자의 노사분규」, 《노동문제》 4집, 63-65쪽.

박현채. 1983, 「한국노동운동의 현황과 당면과제」, 『한국노동문제의 인식』, 동녘, 354-385쪽.

방혜신. 1993, 「70년대 여성노동운동에서 여성특수과제의 실현조건에 관한 연구」, 서강대 박사학위논문.

배무기. 1977, 「노동자의 행위 및 소득: 한국의 제조업노동자연구」, 서울대 경제연구소, ILO위촉연구보고서.

변형윤. 1977, 『한국경제론』, 예곡출판사.

서형실. 1990, 「식민지시대 여성노동운동에 관한 연구」, 『일제하 사회운동과 농촌사회』, 《한국사회사연구회논문집》 25집, 문학과 지성사.

이성균. 1989, 「미군정기 노동운동의 전개과정에 관한 연구」, 『한국근현대의 민족문제와 노동운동』, 《한국사회사연구회논문집》 15집, 문학과 지 성사.

이옥지. 2000, 『한국여성노동자운동사 1』, 한울.

이정옥. 1990, 「일제하 공업노동에서의 민족과 성」, 서울대 박사학위논문.

이효재. 1983, 「일제하 여성노동문제」, 『한국노동문제의 인식』, 동녘.

_____. 1996, 「일제하 한국여성의 노동상황과 노동운동」, 『한국의 여성운동 어제와 오늘』, 정우사.

전국경제인연합회. 『한국경제연감』, 각 연도.

전철환. 1985, 「국제경제의 체질변화와 70년대의 한국경제」, 『한국사회의 재
　　인식1』, 한울.
최장집. 1988, 『한국의 노동운동과 국가』, 열음사.
한국경제연구원. 1990, 『한국의 공업화와 노동력1』.
한국산업은행. 1962, 『한국의 산업』.

제2장
김상기. 1993, 「우리나라 해외건설의 경제적 효과에 관한 연구」, 고려대학교
　　경영대학원 석사논문.
김형방. 1981, 「해외건설노동자의 노동조건과 복지서비스에 관한 연구」, 중앙
　　대학교 사회복지학과 석사논문.
노동부. 1988, 『그날을 기다리며』, 해외근로자 가족 생활수기 당선작 모음집,
　　노동부.
미셸 푸코. 1994, 『감시와 처벌: 감옥의 탄생』, 오생근 역, 나남출판.
민경자. 1999, 「한국매춘여성운동사」, 한국여성의전화 편, 『한국여성인권운동
　　사』, 한울아카데미.
석현호. 1983, 「종합토론」, 『한국인의 해외이주: 중동사례연구』, 유네스코 한
　　국위원회.
이정웅. 1981, 「해외건설이 한국경제발전에 미친 효과」, 중앙대학교 국제경영
　　대학원 석사논문.
정현수. 1982, 「해외건설의 현황과 그 육성방안에 관한 연구」, 부산대학교 경
　　영대학원 석사논문.
해외건설협회. 1979, 『해외건설 취업자의 수기』, 해외건설협회.
＿＿＿＿. 1982, 『밀물가의 메아리』, 해외건설협회.
Freeman, Joshua B. 1993, "Hardhats: Construction Workers, Manliness, and the 1970
　　Pro-War Demonstrations," *Journal of Social History*, Carnegie-Mellon
　　University Press.
Ling, Huar-Ming. 1984, "East Asian Migration to the Middle East: Causes,
　　Consequences and Considerations," *International Migration Review*,
　　Vol.18, no.1.
Riemer, Jeffrey W. 1979, *Hard Hats: The Work World of Construction Workers*,
　　Sage, Publications.
Scott, Joan W. 1999, *Gender and the Politics of History*, New York: Columbia
　　University Press.

376

신문, 잡지 및 기타
삼환건설. ≪삼환사보≫, 1984년 7.1일자.
≪월간 밀물≫, 1984년 7월호; 1985년 9월호.
대한건설협회. ≪월간 건설≫, 1977년 6월호; 1978년 3월호.
해외건설협회. ≪월간 해외건설≫, 1983년 4월호.
≪동아일보≫, 1981.6.6.; 1983.3.1.; 1983.3.7.; 1983.6.6.; 1984.4.26.; 1986.9.1.
≪조선일보≫, 1980.4.2.
≪중앙일보≫, 1983.3.7.; 1998.7.1.

제3장
Chung, Hyun-Back. 1997, "Together and Separately: 'The New Women's Movement' after the 1980s in South Korea," *Asian Women* Vol. 5., 숙명여자대학교출판부.

Diamond, Larry. 1999, *Developing Democracy: Toward Consolidation*, Baltimore: Johns Hopkins University.

Grinker, Roy Richard. 1998, *Korea and Its Futures: Unification and the Unfinished War*, New York: St. Martin's Press.

Kim, Jinwung. 1989, "Recent Anti-Americanism in South Korea," *Asian Survey* 29: 8.

Kwon, Insook. 2000, *Militarism in My Heart: Women's Militarized Consciousness and Culture in South Korea*, unpublished Ph.D. Dissertation, Women's Studies Program, Clark University.

Moon, Katharine H. S. 1997, *Sex Among Allies: Military Prostitution in U.S.-Korea Relations*, New York: Cambridge University Press, 이정주 역, 2002, 『동맹 속의 섹스』, 삼인.

Moon, Katharine H. S. 2000, "South Korean Movements against Militarized Sexual Labor," *Asian Survey* 39(2).

Moon, Katharine H. S. 2003, "Korean Nationalism, Anti-Americanism, and Democratic Consolidation," in Samuel S. Kim(ed.), *Kore's Democratization*, New York: Cambridge University Press.

Moon, Seungsook. 2000, "Overcome by Globalization: The Rise of a Women's Policy in South Korea," in Samuel S. Kim.(ed.), *Korea's Globalization*, Cambridge, UK and New York: Cambridge University Press.

Moon, Seungsook. 2002, "Carving Out Space; Civil Society and the Women's

Movement in South Korea," *The Journal of Asian Studies* 61(2).

Yuh, Ji-yeon. 2002, *Beyond the Shadow of Camptown: Korean Military Brides in America*, New York: New York Univeristy Press.

백재희. 2002, "I'm entertainer, I'm not sex worker," 막달레나의 집 엮음,『늑대를 타고 달리는 용감한 여성들』, 삼인.

새움터. 2001,『경기도 지역 성매매 실태 조사 및 정책 대안 연구』.

이교정. "주한 미군 윤금이 씨 살해사건과 동두천 시민들의 투쟁", www.ddcngo. org/informaiton/usarmy3.htm(2003년 2월 20일 현재).

전우섭. 2001,「동두천: 살아 있는 땅, 희망의 땅」, 노근리에서 매향리까지 발간위원회 엮음,『노근리에서 매향리까지: 주한미군문제해결운동사』, 깊은자유.

정유진. 2000a,「민족의 이름으로 순결해진 딸들」, ≪당대 비평≫ 11호, 삼인.

정유진. 2000b,「평화를 만든다는 것」, 한국인권재단 엮음,『일상의 억압과 소수자 인권』, 사람생각.

조형·장필화. 1995,「국회 속기록에 나타난 여성정책 시각: 1948-1989년」, ≪여성학 논집≫ 7집.

제4장

강준만. 2002a,『한국현대사산책 1970년대편 3권: 평화시장에서 궁정동까지』, 인물과사상사.

강준만. 2002b,『한국현대사산책 1980년대편 4권: 광주학살과 서울올림픽』, 인물과사상사.

구해근. 2002,『한국노동자계급의 형성』, 창작과비평사.

김수영. 2000,「동아시아의 자본주의 발전과 가족: 한국과 일본의 사례」, 고려대학교 사회학과 박사학위 논문.

＿＿＿. 2001,「한국의 산업화과정과 가족, 여성」, ≪진보평론≫ 7호, 도서출판 현장에서 미래를.

김은실. 2001,「국가와 여성의 출산력」,『여성의 몸, 몸의 문화정치학』, 또 하나의 문화.

박병호. 1988,「한국 가부장권법제의 사적 고찰」,『한국여성연구 1: 종교와 가부장제』, 청하.

양현아. 2001,「식민주의와 가부장제라는 미로」, 김영옥 엮음,『"근대", 여성이 가지 않은 길』, 또 하나의 문화.

이효재. 1990,「한국 가부장제의 확립과 변형」, 여성한국사회연구회 편,『한

378

국가족론』, 까치.

조은. 1990, 「도시빈민 가족의 생존전략과 여성」, 여성한국사회연구회 편, 『한
    국가족론』, 까치.

조주은. 2002, 「대기업 생산직 '노동자' 가족의 가정중심성에 관한 연구」, 이
    화여자대학교 여성학과 석사학위 논문.

조희연. 1985, 「종속적 산업화와 비공식부문」, 박현채·김형기 외, 『한국자본
    주의와 노동문제』, 돌베개.

家永三郎. 1974, 「日本における'家'觀念の系譜」, 『講座: 家族 第8券-家族觀の
    系譜』, 弘文堂.

瀬地山角. 1996, 『東アジアの家父長制: ジェンダーの比較社會學』, 勁草書房.

西川祐子. 2000, 『近代國家と家族モデル』, 吉川弘文館.

牟田和惠. 1996, 『戰略としての家族: 近代日本の國民國家形成と女性』, 新曜社.

石田雄. 1975, 「家および家庭の政治的機能」, 福島正夫 編, 『家族: 政策と法
    1 — 總論』, 東京大學出版會.

Arrighi, Giovanni. 1994, *The Long Twentieth Century: Money, Power and the
    Origins of Our Times*, Verso.

Cumings, Bruce. 1987, "the Origins and development of the Northeast Asian
    Political Economy: Industrial Sectors, Product Cycles, and Political
    Consequences," in F. Deyo(ed), *The Political Economy of the New Asian
    Industrialism*, Cornell University Press.

Palat, Ravi. Arvind(ed). 1993, *Pacific-Asia and The World-System*, Greenwood
    Press.

제3부

제1장

광주광역시 5·18사료편찬위원회. 1998, 『5·18 광주민주화운동 자료총서』 제
    1권-제20권.

광주, 전남 여성단체 연합. 2000, 『여성, 주체, 삶』, 도서출판 티엠씨.

김성국. 1998, 「국가에 대항하는 시민사회: 5·18의 자유해방주의적 해석」, 5·
    18기념재단, 한국사회학회, 『세계화 시대의 인권과 사회운동: 광주 민
    주화운동의 재조명』.

김세균. 1990, 「5·18광주민중항쟁의 사회적 배경」, ≪역사와 현장 1≫, 현대

사 사료 연구소.

김영명. 1992, 『한국 현대 정치사』, 을유문화사.

김진균, 정근식. 1990, 「광주5월 민중항쟁의 사회경제적 배경」, 한국 현대사 사료 연구소, 『광주 5월 민중항쟁』, 풀빛.

나간채 외. 2003, 『5·18항쟁 증언자료집』 I, II, III, 전남대학교 출판부.

들불야학. 1979, 「광주공단 실태조사」, 전남대학보 1979 5월 3일자, 5월 10 일자 참조..

박수경. 2004, 『숨겨진 한국여성의 역사』, 아름다운 사람들.

서선희. 「한국여성운동과 광주민중항쟁」, 5월여성연구회, 『광주민중항쟁과 여성』, 한국기독교사회문제연구원.

손호철. 1995, 「80년 5·18항쟁: 민중항쟁인가 시민항쟁인가?」, 『해방 50년의 한국정치』, 새길.

안진. 2004, 『지역여성의 현실과 전망』, 대왕사.

5월여성연구회. 1991, 『광주민중항쟁과 여성』, 한국기독교사회문제연구원.

이수애. 1991, 「광주전남지역의 여성운동」, 5월여성연구회 편, 『광주민중항쟁과 여성』, 한국기독교사회문제연구원.

이옥지. 2002, 「70년대의 한국여성노동자 운동: 왜 여성들이 노동운동의 전면에 나서게 되었는가를 중심으로」, 『민주화운동과 여성』, 전남대 5·18 연구소.

장상환·정진상. 2001, 『한국의 사회운동』, 경상대출판부.

정현애. 2001, 「광주항쟁과 여성, 역사의 주체로 서다」 동아시아 평화인권 한국위원회, 『동아시아와 근대의폭력 2: 국가폭력과 트라우마』, 삼인.

최정운. 1999, 『오월의 사회과학』, 풀빛.

_____. 1998, 「폭력과 사랑의 변증법: 5·18 민중항쟁과 절대공동체의 등장」, 5·18 국제 학술 심포지엄. 『세계화 시대의 인권과 사회운동-광주민주화운동의 재조명』, 5·18 기념재단.

한국현대사 사료연구소. 1990, 『광주 5월 민중항쟁』, 풀빛.

_____ 편. 1990, 『광주오월민중항쟁 사료전집』, 풀빛.

한상진. 1998, 「광주민주화운동에서 본 국민주권과 승인투쟁」, 5·18 국제 학술심포지움, 『세계화 시대의 인권과 사회운동-광주민주화운동의 재조명』, 5·18 기념재단.

홍희담, 2003, 『깃발』, 창비.

황석영·전남사회운동협의회. 1996, 『5·18 그 삶과 죽음의 기록』, 풀빛.

Katsiaficas, George. 2003, "Comparing the Paris Commune and the Kwangju

Uprising," *New Political Science* vol.25, no.2.

Lerner, Gerda. 1986a, *The Creation of Patriarchy*, Oxford Univ. Press Inc.

_____. 1986b, "Reconceptionalizing Differences Among Women," *Journal of Women's History*, vol. 1, no.3, New York: Oxford Univ. Press.

_____. 1993, *The Creation of Feminist Consciousness*; 김인성 역, 1998, 『역사 속의 페미니스트』, 평민사.

Scott, John, W. 1988, *Gender and the Politics of History*, New York: Columbia Univ. Press.

Taylor, Charles. 1994, "The Politics of Recognition," *Multiculturalism: Examining the Politics of Recognition*, Princeton Univ. Press.

제2장

강이수. 1999, "경제위기와 여성노동시장의 변화 추이", 한국사회과학연구소 간, ≪동향과전망≫ 통권 40호, 한울출판사.

강이수·신경아. 2001, 『여성과 일: 한국여성노동의 이해』, 동녘.

권혜자·박선영. 1999, 『비정규노동자의 규모, 법적 지위, 조직화방안』, 한국노총중앙연구원.

김유선. 2003, "비정규직 규모와 실태: 2002년 8월 결제활동인구조사 부가조사 결과", ≪노동사회≫ 2003년 1월호, 한국노동사회연구소.

김태홍. 1999, 『비정규직 고용 형태의 확산에 따른 여성고용구조의 변화와 정책과제』, 노동부.

_____. 2000, 『여성고용구조의 변화와 향후 정책방향』, 한국여성개발원.

대한상공회의소. 2004, 「국내기업의 여성인력 고용확대 방안」(자료집).

이주희. 2004, 「여성고용차별개선을 위한 적극적 조치 도입방안」, 노동부·한국노동연구원, 『고용평등 주요 쟁점에 관한 정책 토론회』(자료집) 2004년 4월.

이주희·장지연. 1999, 『임시·일용 등 불완전한 근로형태 확산과 우리의 정책방향』, 노동부.

장지연. 2001a. "비정규직노동의 실태와 쟁점 :성별차이를 중심으로," 한국산업사회학회 간 ≪경제와사회≫ 제51호, 한울.

_____. 2001b, 『경제위기와 여성노동』, 한국노동연구원.

_____. 2004, 「모성휴가제도의 주요쟁점과 정책방안」, 노동부·한국노동연구원, 『고용평등 주요 쟁점에 관한 정책 토론회』(자료집), 2004년 4월.

전국여성노동조합·한국여성노동자회협의회. 2003, 『비정규직 여성노동자 근로실태 및 차별해소방안 마련 토론회』(자료집), 2003년 5월.
정이환. 2002, 「비정규노동의 성격과 요인」, 한국사회학회 간, 《한국사회학》 제36권 1호.
조순경. 2000, "비정규노동과 노동정책의 과제", 『비정규직 노동자 보호를 위한 정책토론회』(자료집), 한국노총.
한국여성민우회. 2003, 『평등한 일·출산·양육: 삶의 패러다임을 바꾸자』(자료집).
황수경. 2003, 『여성의 직업선택과 고용구조』, 한국노동연구원.
Blossfeld, Hans-Peter & C. Hakim(eds.). 1997, *Between Equalization and Marginalization: Women Working Part-time in Europe and United States of America*, Oxford University Press.
Bradely, Harriet. 1999, *Gender and Power in the Workplace: Analysing the Impact of Economic Change*, New York: St. Martin's Press.
Crompton, Rosemary. 1999, "The Decline of the Male Breadwinner: Explanations and Interpretations," in R. Crompton(ed.), *Restructuring Gender Relations and Employment*, Oxford: Oxford University Press.
Rubery, Jill(ed.). 1988, *Women and Recession*, London: RKP.
Tilly, Chris. 1996, *Half a Job: bad and good part-time jobs in a changing labor market*, Philadelphia: Temple University Press.
Walby, S. 1997, *Gender Transformations*, London: Routledge.

제3장
김종숙. 정명채. 1992, 「농촌여성의 의식변화와 역할에 관한 연구」, 한국농촌경제연구원 연구보고서 268.
김주숙. 1991, 「여성농민문제」, 한국여성연구회, 『여성학 강의』, 동녘.
김혜순. 1994, 「농가의 생산과 재생산에서 여성노동」, 《한국사회학》 28집 겨울호, 한국사회학회.
농림부. 1999, 『주요농정추진시책』.
_____. 2003, 『농림통계연보 2002』.
농민신문사. 1993, 『농업인력』.
땅의 사람들. 1990, 『위대한 어머니』, 형성사.
박민선. 2000, 「EU회원국의 여성농업인에 대한 정책」, 《농협조사월보》
서선희·이수애. 1996, 「농업생산방식의 변화와 여성노동」, 《여성연구》.
엄문자. 1986, 「농촌여성의 가사노동과 농업노동에 관한 조사연구」, 《농촌사회》 제30호.

여성농민연구소. 1997, ≪여성농민연구≫ 창간호.

여성농민단체연합. 1998, 『지역사회발전과 여성농민의 역할』, 제3회 농업인
　　의날 자료집.

이남구. 1984, 「농촌여성의 지위와 역할에 관한 일연구」, ≪새마을 연구≫ 제
　　4집.

이영대. 1996, 「여성농민의 농업전문 인력화를 위한 정책과제」, 한국농촌경제
　　연구원 연구보고서 326.

이종옥, 안진, 오미란 공저. 1993, 『여성농민의 조직화 방안에 관한 연구』, 농
　　민문제연구소. 전남여성농민회.

전국여성농민회총연합. 1998, 『가족농의 바람직한 발전방안 마련을 위한 세
　　미나』.

＿＿＿. 2003. 『여성농민 정책 평가와 발전방안』.

전남여성농민회. 1996, 『여성농민의 사회적 지위향상과 복지실현을 위한 심
　　포지움』.

정기환. 1997, 「농가 여성의 노동력 구조와 경제활동 실태」, ≪한국농촌경제
　　연구원 연구보고서≫ 373.

최염규. 1984, 「농촌여성운동의 방향정립에 관한 소고」, ≪새마을연구≫ 제7집.

통계청. 2001, 『2000년 농업 총조사 보고서』.

＿＿＿. 2002. 『2001년도 농업기본통계조사보고서』.

한국여성정책연구회. 2003, 『한국의 여성정책』, 지식미당.

한국농어촌사회연구소. 1988, 『한국농업·농민문제 연구 I 』.

＿＿＿. 1991, 『한국농업문제의 이해』.

제4장

김소영. 2000, 『근대성의 유령들: 판타스틱 한국영화』, 씨앗을 뿌리는 사람.

＿＿＿. 2001, 『한국형 블록버스터: 아메리카 혹은 아틀란티스』, 현실문화연
　　구 간.

＿＿＿. 2003, 「역사적 트라우마와 한국의 남성성」, ≪문학과사회≫ 2003년
　　가을호, 문학과지성사.

＿＿＿. 2001, 「유예된 모더니티-한국영화들 속에서의 페티시즘의 논리」, 문
　　화과학사.

심진경. 2003, 「은폐와 투사-남성 섹슈얼리티의 두 가지 존재 방식」, 여/성이
　　론, 여성문화이론연구소, 2003년 여름호.

엘리자베스 그로츠. 2001, 『뫼비우스 띠로서 몸』, 임옥희 역, 도서출판 여이연.

한국여성연구회. 1991, 『여성학 강의: 한국 여성 현실의 이해』, 동녘.

호현찬. 2000, 『한국영화 100년』, 문학사상사.

Mulvey Laura. 1988, "Notes on Sirk and Melodrama," Christine Gledhill(ed.), *Home is Where the Heart is*, London: The British Film Institute.

Rob Wilson. 1989, "Melodramas of Korean national Identity; From Mandala to Black Republic," Wimal Dissanayake(ed.) *Colonialism and Nationalism in Asian Cinema*, Bloomington: Indiana University Press.

제4부

제1장

김선영. 1989, 「강간에 대한 통념의 수용에 관한 연구」, 이화여자대학교 석사학위 논문.

김현정. 1999, 「여성운동과 국가의 관계에 관한 연구」, 이화여자대학교 석사학위 논문.

김혜숙·조순경. 1995, 「민족민주운동과 가부장제」, ≪월간 길≫ 8월호.

달과 입술(영 페미니스트 기획집단). 2000, 『나는 페미니스트이다』, 동녘.

민경자. 1999, 「성폭력 여성운동사」, 한국여성의전화연합 편, 『한국여성인권운동사』, 한울아카데미.

박선미. 1989, 「강간범죄의 재판과정에서 나타나는 성차별적 선택성에 관한 연구」, 이화여자대학교 석사학위 논문.

서미라. 2002, 「정치적 기회구조의 변화와 '진보적' 여성운동의 제도화」, 성공회대학교 석사학위 논문.

서울대관악여성모임. 「일상적이고 근본적인 반(反)성폭력운동을 상상하기」, ≪연세여성연구≫.

신상숙. 2001, 「성폭력의 의미구성과 '성적 자기결정권'의 딜레마」, ≪여성과 사회≫ 13호.

_____. 2003, 「1990년대 반성폭력운동의 성정치학」, 김진균 편, 『저항, 연대, 기억의 정치 2』, 문화과학사.

신혜수. 1999, 「여성관련 국제인권협약과 여성운동」, 한국여성의전화연합, 『한국여성인권운동사』, 한울아카데미.

심영희. 1989, 「성폭력의 실태와 법적 통제: 성폭력의 연속선 개념에 입각하여」, ≪한국여성학≫ 5집.

384

윤정향. 1997, 「한국 성폭력특별법 제정의 공론화에 관한 연구」, 중앙대학교 석사논문.

운동사회성폭력뿌리뽑기100인위원회. 2003, 「운동사회성폭력뿌리뽑기100인위원회활동백서」.

이김정희. 2002, 『여성운동하는 사람들』, 여성신문사.

이명선. 1989, 「강간에 대한 여성학적 접근」, 이화여자대학교 석사학위 논문.

이원숙. 1997, 「국외성폭력상담소의 역사적 변천과정」, 한국성폭력상담소, 『국내외 성폭력 연구동향 및 지원체계』.

이현숙·정춘숙. 1999, 「아내구타추방운동사」, 한국여성의전화, 『한국여성인권운동사』, 한울아카데미.

한국형사정책연구원. 1990, 『성폭력의 실태 및 대책에 관한 연구』, 연구보고 89-04.

Farley, L. 1978, *Sexual Shakedown: The Sexual Harassment of Women on the Job*, Warner Books.

MacKinnon, C. 1987, *Feminism Unmodified*, Harvard University Press.

Marshall, T. H. 1963, *Sociology at The Crossroads*, Heinemann.

Kelly, L. 1987, "The Continuum of Sexual Violence," in J. Hanmer and M. Maynard(eds.), *Women, Violence and Social Control*, Humanities Press International Inc.

제2장

야마시타 영애. 1999, 「한국의 위안부 문제와 민족주의」, 『근현대 한일관계와 재일교포』, 서울대출판회.

이효재. 1997, 「일본군위안부문제 해결을 위한 운동의 전개과정」, 한국정신대문제대책협의회 진상조사연구위원회 편, 『일본군위안부문제의 진상』, 역사비평사.

정진성. 2000, 「인권의 보편성과 특수성」, 한국인권재단, 『21세기의 인권』, 한길사.

_____. 2001, 『현대일본의 사회운동론』, 나남.

_____. 2004, 『일본군성노예제』, 서울대출판부.

한국정신대문제대책협의회. 1992, 「일본군대의 성노예로 강제로 끌려간 한국여성들: 정신대(군대위안부문제)」, 미동부지역정신대문제대책협의회 편, 『정신대문제 자료집』.

江藤淳. 1998, 「日本第二の敗戰」, ≪文藝春秋≫ 1998年 1月號, 75號.

上野千鶴子. 1998, 『ナショナリズムとジェンダー』, 東京: 青土社.

Chung, Chin-Sung. 1984, *Colonial Migration from Korea to Japan*, Ph.D. Dissertation, University of Chicago.

Gold, T.B. 1981, *Dependent Development in Taiwan*, Ph.D. Dissertation, Harvard University.

International Commission of Jurists. 1994, *Comfort Women: An Unfinished Ordeal*.

제3장

김선욱. 1998, 「여성과 법, 이룬 것과 이루지 못한 것」, ≪여성과사회≫ 제 9 호, 창작과비평사.

김엘림. 1999, 『남녀고용평등법 시행 10년의 성과와 과제』, 한국여성개발원.

김현정. 2000, 「여성운동과 국가의 관계에 관한 연구」, 이대 여성학과 석사학위논문.

대통령직속 여성특별위원회. 1999, 『여성백서』.

민경자. 1999, 「성폭력 여성운동사」, 한국여성의전화연합 엮음, 『한국 여성인권운동사』, 한울아카데미.

보건사회부. 1981, 『여성과 새마을 운동』.

_____. 1987, 『부녀행정 40년사』.

서명선. 1989, 「유신체제하의 국가와 여성단체」, ≪여성학논집≫ 제9집.

여성부. 1999, ≪여성백서≫.

_____. 2001, ≪여성백서≫.

이미경. 1998, 「여성운동과 민주화운동-여연10년사」, 한국여성단체연합 엮음, 『열린 희망, 한국여연 10년사』, 동덕여자대학교 한국여성연구소.

이효재. 1996, 『한국의 여성운동: 어제와 오늘』(증보판), 정우사.

장성자. 1999a, '1999년도 대통령 직속 여성특위의 주요 업무', 한국여성학회 제6차 워크숍 자료집 「신정부 여성정책의 현황」.

_____. 1999b, 「여성특위의 위상과 업무」, 한국여성학회 제6차 워크숍 자료집 『정부 여성정책의 현황』.

정강자. 1998, 「사무직 여성노동자 운동」, 한국여성단체연합 엮음, 『열린 희망, 한국여연 10년사』, 동덕여자대학교 한국여성연구소.

정현백. 2001, 「김대중 정부의 여성정책 3년에 대한 총괄평가 및 정책 제안」, 여연, 『김대중 정부의 여성정책 3년 평가 및 정책제안을 위한 토론회』 발표문(2001. 2. 22).

조형. 1996, 「법적 양성평등과 성의 정치: 여성 관련법 제·개정을 중심으로」, ≪한국여성학≫ 제12권 1호.

_____. 1999, 「사회변동과정에서의 여성정책의 위상과 의미」, 한국여성학회 월례발표 원고.

한국부인회 총본부. 1985, 『한국여성운동 약사: 1945-1963 인물중심』.

한국여성정책연구회. 2002, 『한국의 여성정책』, 미래인력연구원.

황정미. 2001, 「개발국가의 여성정책에 대한 연구: 1960-70년대 한국 부녀행정을 중심으로」, 서울대 사회학과 박사학위 논문.

Abramovitz, M. 1996(revised edition), *Regulating the Lives of Women: Social Welfare Policy from Colonial Times to the Present*, South End Press, Boston.

Gordon, L. 1990, "The New Feminist Scholarship on the Welfare State", in L. Gordon ed., *Women, the State, and Welfare*, University of Wisconsin Press.

Harding, Lorraine Fox. 1996. "The Quest for Family Policy," *In Family, State and Social Policy, edited by Lorraine Fox Harding*, London: Macmillan, 한국여성정책연구회 역, 『복지국가와 여성정책』, 새물결.

Sainsbury, D. 1994, "Women's and Men's Social Rights: Gendering Dimensions of Welfare States," In D. Sainsbury(ed.), *Gendering Welfare States*, Sage.

Sawer, M. 1995, " 'Femocrats in Glass Towers?': The Office of the Status of Women in Australia," in D. M. Stetson & M. Mazur eds., *Comparative State Feminism*, Sage.

Skocpol, T. 1992, *Protecting Soldiers and Mothers-The Political Origins of Social Policy in the United States*, The Beiknap Press of Harvard University Press.

제4장

강남식, 윤정숙, 남인순. 1999, 「세기 전환기 여성운동과 여성이론」, (사) 한국여성연구소 10주년 기념 심포지엄.

남인순. 1998, 『여연운동 10년사』, 미간행.

_____. 2002, 「여성정책, 어떻게 만들어왔고, 어떻게 만들 것인가!」, 진보적 여성운동의 좌표찾기' 정책수련회 자료집.

서울여성노동자회. 1997, 『들꽃이여! 불꽃이여! 그대 이름은 여성노동자』, 한국여성노동자회협의회.

이미경. 1998, 「여성운동과 민주화운동-여연 10년사」, 한국여성단체연합 편, 『열린희망-한국여성단체연합 10년사』 동덕여자대학교 한국여성연구소.

이승희. 1990, 「인간해방·여성해방을 향한 80년대 여성운동」, 조희연 편, 『한 국사회운동사』, 죽산.

이영자. 1999, 「진보적 여성운동의 방향찾기」, 한국여성단체연합 정책수련회 자료집.

_____. 2002, 「진보적 여성운동의 방향 - 고민의 지점들」, 여성연합 16대 정 기총회 정책토의 자료집.

이효재. 1989, 『한국의 여성운동-어제와 오늘』, 정우사.

정진성. 1998, 「페미니즘의 발전과 우리 사회에서의 수용」, 한국정신문화연구 원, 『한국정치, 사회개혁의 이념적 기초』.

정현백. 2002, 「여성단체연합, 어디로 갈 것인가: 진보적 여성운동의 좌표 찾 기」, 한국여성단체연합 정책수련회 자료집.

한국여성단체연합. 『정기 총회 자료집』 1995-2003년 본.

연표

연대	국내여성사	세계여성사	비고
1945	8.17. '건국부녀동맹' 발족(위원장 유영준, 부위원장 박순천). 해방 직후 좌우익을 망라한 여성운동가들이 YMCA에서 모여 조직한 여성단체. 10.11. 경성방직 총파업. 해고 반대와 임금인상을 요구. 11.5. '조선노동조합전국평의회' 결성. 11.18. '북조선민주여성동맹' 결성. 12월. 건국부녀동맹, 전국 부녀단체 대표자 대회에서 '조선부녀총동맹'(부총)으로 개편. 한국여성운동사상 최초로 중앙집권적인 조직체계를 가진 전국적 규모의 여성단체. 조선공산당의 외곽 대중조직체. 12.8. 조선농민지도자들이 '전국농민조합총연맹'(전농) 조직.	7.1. 이탈리아 헌법에 남녀평등에 관한 조항 삽입. 10.24. UN 창설.	8.15. 조국광복. '조선건국준비위원회'(건준) 발족(위원장 여운형). 8.16. 장안파 조선공산당 발족. 9.2. 맥아더, 북위 38도선을 경계로 미·소 양군의 조선분할점령책 발표. 9.6. 건준, 조선인민공화국 수립 발표. 9.7. 미 극동사령부, 남한에 군정 선포. 9.8. 하지 중장의 미 24군단, 서울 진주. 11.5. '조선노동조합전국평의회'(전평) 결성. 12.27. 모스크바 미·영·소 3상회담에서 한국5개년신탁통치실시 결정 발표. 12.29. '탁치반대국민총동원위원회' 결성(위원장 권동진)
1946	1.1. '전국부녀대회'에서 반탁 결의. 1.6. 우익여성단체인 '독립촉성중앙부인단' 결성(초대단장 황기성, 부단장 박순천).	UN 산하 '여성지위위원회' 발족. 행정적 실무는 '여성지위향상국'이 전담. 여성의 정치·경제·사회·교육 분야의 권리를 증진시키는 역할을 부여받고 3년 임	1.2. 조선공산당(박헌영), 탁치지지 선언. 2.8. '대한독립촉성국민회' 결성(총재 이승만, 부총재 김구).

연대	국내여성사	세계여성사	비고
1946	3.1. 부녀계몽잡지 《우리집》 창간 예정. 5.10. '여성동맹창건조직위원회'를 '북조선민주여성총동맹'으로 개칭. 5.27. 서울 시내 공창(公娼) 폐지. 6월. 서울사범대학 부속중학교가 남녀공학으로 설립. 남녀차별을 없애기 위한 남녀공학제가 주창되기 시작. 6.18-6.20. '독립촉성애국부인회' 결성(위원장 박승호). 건국부녀동맹에서 탈퇴한 우익여성인사들이 만든 남한의 대표적 우익여성단체. 반탁운동과 단독정부수립운동에 참가. 7.30. 북조선임시인민위원회, 「남녀평등에관한법」 공포. 9월. 우익여성단체를 통합한 '대한부인회' 조직(회장 박순천). 1951년 12월 자유당 창당에 규합한 5개 사회단체 중 하나. 9.14. 미군정 보건후생국 내 부녀국 설치(부녀국장 고황경). 행정부서 내에서 여성관련 업무만 전담하는 최초의 부서. 11.15. 독립촉성애국부인회를 비롯한 우익여성단체들이 총결집한 '전국여성단체총연맹' 결성. 12월. 미군정 내 부녀국, 계몽을 목적으로 월간지 《새살림》 발간.	기의 15개국 대표로 출범. 북부 베트남, 민주공화국 헌법에서 남녀평등, 동일노동·동일임금, 산전·산후 유급휴가, 모성보호, 탁아소 설치 등을 규정.	2.15. 좌익진영, '민주주의민족전선'(민전) 결성(의장 여운형·허헌·박헌영·김원봉). 3.20. 제1차 미소공동위원회 개최(5.6결렬). 5.15. 미군정, 조선정판사 위폐사건 발표. 6.3. 이승만, 정읍에서 남한단독정부수립 주장. 6.19. 군정청, 국립서울종합대학안(국대안) 발표. 9.24. 9월총파업 개시. 10.1. 대구 10월 인민항쟁 발생. 10.7. 좌우합작위, 합작 7원칙에 합의. 11.27. 주48시간 노동제 실시.

연대	국내여성사	세계여성사	비고
1946	미군정, 법령 제70호에서 「부녀자의매매또는그매매계약의금지」 공포.		
1947	1.10. 미군의 우리나라 부녀자 능욕사건으로 각계여론 비등. 2.15. 조선부녀총동맹, 제2회 전국대회에서 '남조선민주여성동맹'으로 개칭. 정당과 사회단체 활동 비합법화. 4.20. 女性新聞이 부녀신문을 改題하여 발행. 7.1. 婦人新聞 창간. 7월. 서울시청에 부녀과가 설치된 이래 1948년 2월까지 9개 지방에 부녀계 설치. 지방의 여성관련 정책수행 기초조직. 8.2. 대법원, 처의 무능력제도 철폐 판결. 축첩이 아내에 대한 중대한 모욕으로 재판상 이혼의 원인이 된다고 인정. 여성의 법적 지위변화에 대한 예고 8.29. 「공창폐지법」이 남조선 과도입법의원 통과. 10.28. 「공창폐지령」 공포. 1948년 2월 14일부터 효력 발생. 좌우익여성단체가 연대활동을 벌여 이룬 성과. 11.25. 입법의원, 「요정폐지안」 통과.		2.11. 공민증제 실시. 2.15. 인민등록표 배부 시작(15세 이상 남녀). 3.22. 남한 전역서 24시간 파업, 좌익 요인 일제 검거. 5.21. 제2차 미소공동위원회 개최(7.10결렬). 9.19. 마샬 미국무장관, 유엔총회에 한국문제 상정을 제의. 11.14. 유엔총회, 한국총선안·정부수립 후 양군 철퇴안 가결.
1948	1.8. 경성방직 영등포공장 파업. 2월. '독립촉성애국부인회'와		1.7. 의무교육제도 실시. 2.26. 유엔소총회, 남한

연대	국내여성사	세계여성사	비고
1948	'서울시부인회'를 통합하여 '대한부인회' 결성. 3.17. 법률 175호, 「국회의원선거법」에 근거하여 여성들에게 참정권 부여. 5.10. 제헌국회의원 선거에서 최초로 여성이 남성과 동등하게 선거권과 피선거권 행사. 7.17. 헌법 공포. 민주주의 이념에 입각한 남녀평등법이 헌법상 보장되었다는 점에서 한국여성사에 획기적인 사건. 7.25. 고려방직 600여 종업원, 농성파업. 8.26. 한국군이 간호인력 충원의 필요성에 따라 간호자격증이 있던 여성 31명에 대해 군사훈련을 시킨 뒤 최초로 소위로 임관. 여군(女軍) 역사의 시삭. 9.18. '대한여자국민당' 창당. 임영신·이은혜·김선·황현숙 등의 발기로 창당된 여성중심의 정당. 5.16쿠데타 이후 해체.		에서만의 선거실시 결의. 4.3. 제주도 4.3사건. 5.10. 제헌국회의원 선거. 7.12. 대한민국 헌법, 국회 통과. 7.17. 헌법공포. 정부조직법 공포. 7.20. 국회, 대통령에 이승만, 부통령에 이시영 선출. 8.15. 대한민국수립 선포. 9.7. 국회,「반민족행위자처벌법」통과. 10.13. 중·고교 남녀공학세 폐지(사범학교 제외). 10.20. 여수·순천 사건(27일 진압).
1949		시몬느 보봐르, 『제2의 성』출간.	1.4. 주일대표부 설치. 1.8. 반민특위 설치. 5.20. 국회프락치사건 발생. 6.21. 농지개혁법 공포.
1950	6.25. 한국전쟁 발발. 수많은 미망인과 전쟁고아를 발생시킨 사건. 1950년대 '여초사회' 형성.	뉴멕시코 주의 메시코계 미국인 광부들의 부인들이 '살기 좋은 주택시설'을 요구하면서 파	4.10. 농지개혁 실시. 5.30. 제2대 국회의원 총선거. 여당인 국민당 패퇴.

연대	국내여성사	세계여성사	비고
1950	8.17. 정훈국(政訓局), 여자의 용군 모집. 8.31. 제주도에서 해병대 제4기 지원병 중 여군이 126명 포함됨. 9.1. 여군 창설 명령에 따라 여자의용군 교육대 설립. 491명 정식 여군 배출. 12.8. '대한여자청년단' 발족.	업(「세상의 소금」으로 영화화. 직접 열연).	6.1. 6년제 의무교육 실시. 6.25. 한국전쟁 발발. 유엔안보리, 북한의 침략으로 규정. 6.28. 서울 함락. 한강 인도교 폭파. 7.1. 유엔군 지상부대 부산상륙. 9.15. 유엔군, 인천상륙작전 감행. 9.28. 서울 완전수복. 10.25. 중국인민지원군(중공군), 한국전쟁 개입. 10.27. 정부, 서울로 환도.
1951	2.29. ≪직업여성≫ 창간. 3.12. 남한 최대의 방직공장인 조선방직 노동자 6,000여 명 파업(3.14. 파업실패. 1,000여 명 해고). 4.20.-4.21. '남조선민주여성동맹'이 북한의 '북조선민주여성동맹'과 통합하여 '조선민주여성동맹'으로 개편. 9.6. 여군(女軍) 창설.		1.4. 서울 다시 함락됨. 2.11. 거창양민학살사건 발생. 3.27. 문교부 6·3·3·4 신학제 실시. 7.10. 휴전회담 본회의 개성에서 시작.
1952	4월. 보건사회부, 전국 미망인 총수가 29만 3,676명, 이중 전쟁미망인은 10만 1,845명으로 발표. 미망인 중 40세 미만이 13만 명, 40세 이상이 15만 명. 4.16. ≪女性界≫ 창간(대표 임영신).	UN, 「여성의 정치적 권리에 관한 협정」 채택.	1.18. 이승만대통령, 평화선 선포. 5.7. 거제도 공산포로 폭동. 7.4. 국회, 제3·제4개헌안 발췌 통과(1차 개헌).

연대	국내여성사	세계여성사	비고
1952	11.11. '여성문제연구원' 창립 (초대회장 황신덕). 여성의 법적 지위개선을 위한 본격적인 연구활동을 시도했던 주도적인 여성단체.		7.18. 중석불사건 국회 비화, 조사위 구성. 8.5. 정·부통령선거. 대통령에 이승만, 부통령에 함태영 당선. 8.13. 근로기준법 국회통과(53.5.13. 공포). 9.1. 징병제 실시.
1953	3.12. 대한부인회 등, 국회에 여성권익 확장 건의. 6월. 서울시, 문맹퇴치를 위해 야간어머니학교 약 50개소 개설. 8.19. 사회부, 전쟁미망인 30만이라고 발표. 국립모자원 설립 근로기준법 제정. 여성근로자에 대한 차별금지, 근로여성 보호 및 모성보호 명기. 사실상 사문화. UNKRA(유엔 한국부흥단)계획에 의해 '수산장' 설치 운영. 재봉기, 편물기 등을 비치하여 미망인이 옷을 만들고 이를 팔아 생계를 유지할 수 있도록 하기 위한 시설.	미국, 『킨지 보고서』 '성적배출구'의 형태로서 용인 가능한 행위와 금지된 행위를 양적으로 측정함으로써 성에 대한 탈신비화 작업 시작.	2.15. 긴급통화조치. 통화 100대 1로 인하. 환단위 사용. 3.8. 노동조합법·노동쟁의조정법·노동위원회법 공포. 5.10. 근로기준법 공포. 6.8. 포로교환협정 조인 (8.5 교환시작, 9.6 완료). 6.18. 정부, 반공포로 석방(2만5천명). 7.27. 판문점에서 휴전협정 정식 조인. 8.8. 한미상호방위조약, 서울에서 가조인. 8.15. 정부, 서울환도. 10.6. 제3차 한일회담, 구보다[久保田] 망언으로 결렬.
1954	10.22. 대구 내외방직 쟁의 발생. 정비석의 소설, 「자유부인」이		5.20. 제3대 민의원 총선거.

연대	국내여성사	세계여성사	비고
1954	1월부터 8월까지 《서울신문》에 연재됨. 전통적 가치가 무너지는 사회분위기를 반영하는 소설이자, 여성의 사회진출이 확산되고 가정에서의 역할이 제고되면서 생겨나는 현상을 반영하는 소설로 평가. '모자원' 설치·운영. 응급구호를 받지 않으면 생존을 유지할 수 없는 부녀와 그의 자녀를 일정 기간 수용, 보호하고 아울러 직업을 알선하는 시설.		11.29. 개헌안 부결선언 번복. 헌법개정 선포(사사오입개헌).
1955	5.20. 대구 대한방직 쟁의 발생. 2,600명 노동자를 집단 해고(1956.2.20. 쟁의 재개). 7.10. 여군훈련소 서빙고에 설립. 1955년 센서스 결과, 전체 미망인 1,08만 7,716명, 40세 미만 17만 7,175명, 40세 이상 91만 541명.	9.21. 샌프란시스코, 동성애 커플 델 마틴과 필리스 라이언 여성 동성애자 모임인 '빌리티스의 딸들' 조직. 미국, 재봉사이자 전국유색인 지위향상협회 지부 비서인 로자 팍스, 백인 전용좌석제 거부로 체포. 이에 지역여성정치협의회 조앤 로빈슨의 버스 승차 거부를 시작으로 흑인 사회에 대대적인 버스 승차 거부 운동이 1년 이상 지속됨. 소련, 임신중절의 권리 부활.	5.31. 한미잉여농산물 원조협정 조인.
1956	8.25. 여성문제연구원 부설 '여성법률상담소' 설립(초대소장 이태영).		5.15. 제3대 정·부통령선거 실시. 대통령 이승만(자유당), 부통령 장면(민주당) 당선.
1957	5.19. 제1회 미스코리아 선발대회. 7.20. 서울시, 여자경찰서 폐지.		7.1. 유엔군 사령부, 도쿄서 서울로 이동. 7.15. 미국, 주한미군의 핵무장 착수 발표.

연대	국내여성사	세계여성사	비고
1957	12.5. 국회, 동성동본과 8촌 내 인척의 상혼금지법 통과. 12.15. 국회 앞에서 민법안 중 여성권익을 무시한 6개 항목에 대하여 여성 데모.		
1958	모자원 60개소, 자매원 6개소, 수산장 87개소 등에 미망인 4,987명과 자녀 4,505명 수용. 카톨릭노동청년회(JOC) 조직. 박성종신부 주도.		1.1. 언론제한을 포함한 협상선거법, 국회통과. 1.29. 주한미군, 핵무기 도입 정식발표. 5.2. 제4대 민의원 총선거 실시(자유당 126, 민주당 79, 무소속 27). 11.18. 국가보안법 신안 국회에 제출(보안법 파동 시작). 12.24. 국회, 신국가보안법·지방자치제 개정안 등을 경호권 발동 속에 통과(2·4파동).
1959	6.26. 정부, UN 여성참정협정에 가입. 12.16. 여성문제연구원이 '여성문제연구회'로 개칭/'한국여성단체협의회' 창설(회장 김활란).		1.22. 반공청년단 결성. 9.17. 태풍 사라호 엄습(사망 924명).
1960	1.5. 전국섬유노조연맹, 총파업 단행 결의. 8시간 3교대제 실시 요구. 2.16. 보사부 부녀국, 부녀계몽 위해 면·동마다 '어머니교실' 설치. 2.12. 여자국민당, 부통령후보 임영신 등록. 4월. 4.19혁명 이후 대한부인	미국, 피임약 사용 가능.	3.15. 제5대 정·부통령선거. 대통령 이승만, 부통령에 이기붕 당선. 민주당은 무효선언. 마산 부정선거규탄데모 발생. 4.19. 4.19혁명. 2만 이상 학생 데모, 경찰발포로 142명 사망. 전국 각지 의거. 4.25. 대학교수단 데모.

연대	국내여성사	세계여성사	비고
1960	회 등 여성단체 간부들 부정선거 혐의로 투옥. 4.13. 여성법률상담소, 여성문제연구회로부터 분리 독립.		4.26. 10만 군중 데모. 이승만, 하야 성명. 5.22. 서울교원노조연합회 결성. 6.15. 내각책임제 개헌안 국회통과. 7.23. 전국은행노조연합회 결성. 8.8. 제2공화국 민·참의원 개원. 8.13. 윤보선대통령 취임. 8.23. 장면내각 성립 11.25. 대한노총과 전국노협, '한국노동조합총연맹'(한국노련)으로 통합.
1961	4.5. '여기자클럽' 발족. 5월. 5.16쿠데타로 YWCA를 제외한 4개 단체를 제외한 모든 여성단체 강제 해산. 6.1. 보사부에 모자보건반 설치. 6.30. 대한가족계획협회, IPPF(국제가족계획연맹) 가입. 10.7. '대한가족계획협회' 창립. 11.9. 「윤락행위등방지법」 제정·공포. 11.13. 국가재건최고회의 상임위원회 제69차 회의에서 가족계획사업이 경제개발5개년 계획의 일환으로 공식·채택되고, 1962년부터 이를 추진하기로		5.16. 5.16군부 쿠데타 발생, 군사혁명위원회 구성(의장 장도영, 부의장 박정희). 5.18. 장면 내각 총사퇴. 5.19. 군사혁명위원회, '국가재건최고회의'로 개칭. 6.10. 국가재건최고회의법, 중앙정보부법, 농어촌고리채정리법 공포. 6.14. 부정축재처리법 공포. 6.20. 금융기관에 대한 임시조치법 제정. 7.3. 최고회의 의장에 박

연대	국내여성사	세계여성사	비고
1961	결의.		정희, 내각수반에 송요찬 임명. 7.4. 반공법 공포. 7.22. 5개년종합경제재건계획발표(최고회의안). 경제기획원 신설. 7.27. 러스크 미국무장관, 군사정부지지 공식 성명. 8.7. 외자도입촉진법 개정. 8.14. 근로자의 단체활동에 관한 임시조치법 제정. 8.29. '한국노동조합총연맹' 결성. 11.14. 박정희·케네디 회담
1962	1월. 「아동복리법」 제정/'가족계획심의위원회' 발족. 1.13. 정부, 제1차경제개발5개년 계획 발표. 7월. 재건국민운동본부 안에 '가족계획상담소' 설치. 10.16. 대한가족계획협회 시·도지부 설립. 12월. 보사부, 각 시도에 가족계획 전담 직원 배치. 12.12. 서울의 조광섬유의 노동조건개선을 위한 노조결성투쟁. 12.31. 가족법 제1차 개정. 법정분가제도 신설.		1.13. 제1차 경제개발5개년계획 발표. 3.22. 윤보선대통령 사임. 3.24. 박정희의장, 대통령 권한대행. 5.31. 증권파동 발생. 6.10. 제2차 통화개혁 실시. 7.31. 차관에 대한 지급보증에 관한 법률 제정. 11.12. 김종필·오히라 메모 합의(청구권문제 합의).

연대	국내여성사	세계여성사	비고
1962			12.17. 국민투표 실시. 개헌안 확정. 12.26. 신헌법 공포(대통령직선제). 12.27. 박정희, 민정이양 절차 발표(대통령 출마의사 표명).
1963	12월. 보사부에 모자보건과 신설해서 가족계획계와 모자보건계 두고, 모자보건담당관 제도 신설과 정책심의기구로 '인구자문위원회' 구성. 12월. 국립여성회관 설립(이후 국립여성복지관으로 개칭). 대한가족계획협회가 시범연구기관으로 지정한 종합병원에서 자궁내장치(리페스루프) 시술 시작. 한국여성이 리페스루프의 세계최초 임상실험대상이 됨. 제1차 전국가족계획대회. 부녀국을 부녀아동국으로 개칭. 감리교와 장로회 통합과 교역자들이 '한국도시산업선교회'를 구성하고 본격적인 활동 시작. '크리스찬아카데미' 설립.	베티프리단, 『여성의 신비』 출간. 1920년 여성의 투표권 쟁취 후 침체되었던 여성운동에 제2의 물결을 일으킴. 미국, '여성 지위 대통령 자문 위원회' 설치. "성에 관계없이 오직 직책에 필요한 자질에 부합하는 능력만을 기초로" 전문직 공무원을 채용토록 하는 대통령 발표. 동등한 일을 하는 여성과 남성에게 동등 임금을 지불하지 않는 것을 불법으로 규정하는 「동등임금법」 제정.	4.17. 노동조합법 개정. 11.26. 국회의원 총선거, 공화당 압승. 12.17. 박정희 제5대 대통령 취임(제3공화국 출범). 신헌법 발표. 6대 국회 개원.
1964	9.9. 마산 마산방직의 추석보너스 쟁취투쟁. 11.23. 부산 조선방직의 해고 철회투쟁. 5.16쿠데타 이후 해체된 '대한		3.9. 야당 및 각계대표 200여명, 대일굴욕외교 반대 범국민투쟁위원회 결성. 6.3. 대학생, 한일회담 반대시위. 서울 일원에 비상계엄령 선포(6.3사태).

연대	국내여성사	세계여성사	비고
1964	부인회'가 '한국부인회'로 이름을 바꾸어 활동 재개.		6.24. 수출진흥종합시책 발표. 8.14. 중앙정보부, 인민혁명당사건 수사결과 발표. 10.31. 한국·베트남, 베트남지원을 위한 한국군 파병에 관한 협정 체결. 12.18. 한일협정 비준서 교환.
1965	11.3 여성문제연구회 내 '가정경제보호회' 설치(소장 허경일). 소비자 보호운동을 펼침. 국립모자원, '국립부녀직업보도소' 개칭.	프랑스, 부부재산관리에 있어서 기혼여성의 조건 개선.	1.5. 제2차 경제개발5개년 계획안 수립. 3.22. 단일변동환율제 실시. 4.13. 서울시내 대학생 4천여명, 굴욕외교 반대시위. 6.22. 한일협정, 도쿄에서 정식조인. 8.13. 야당 불참 속에 전투사단 파월안 국회 통과. 8.14. 야당 불참 속에 한일협정비준안 국회 통과. 12.18. 한일협정비준서 교환으로 국교정상화.
1966	2.8. 서울 대륙교통 시내버스 여차장 파업 시위. 처우개선과 몸수색 등 인권유린 횡포에 반발. 2.19. 서독, 한국간호원 128명 초청. 8월. '가정경제보호회'가 여성문제연구회에서 분리 독립.	미국, 전국여성기구(NOW: National Organization of Women) 창설. 여성의 권리신장을 목표로 하는 자유주의 개혁론을 펼침.	2.25. 한·미, 파월증파조건 합의록 서명(브라운각서). 7.9. 한미행정협정(SOFA) 조인(67.2.9 발효: 미국인에 대한 재판권 포기). 8.3. 외자도입법 제정.

연대	국내여성사	세계여성사	비고
1966	세자녀갖기 운동 전개. '3명의 자녀를 3년 터울로 35세 이전에 단산하자'는 뜻의 「3.3.35」 표어 채택.		
1967	4.4. 전국여성단체협의회, "요정정치 없애고 축첩자에 투표말자"라는 주제로 심포지움 개최. 7.17. 강화도 심도직물의 노조탄압 저지투쟁(1969년 8월까지). 9월. 한국시그네틱스의 노조결성 후 노조탄압 저지투쟁. '한국교회여성연합회' 창립. 윤락여성 미연방지사업, 기생관광반대운동, 에이즈추방운동, 향락퇴폐문화추방운동, 상담운동 등을 통해 성매매 반대운동 펼침.	UN, 「여성차별철폐선언」. 프랑스, 피임 합법화. 영국, 임신중절의 자유 확립.	3.3. 섬유공업시설에 관한 임시조치법 제정. 4.1. 구로동 수출산업공업단지 준공. 4.15. 한국 GATT가입. 5.3. 제6대 대통령선거, 박정희 당선. 6.8. 제7대 국회의원 선거 실시. 6.10. 서울대 법대생, 6·8부정선거 규탄데모. 7.8. 중앙정보부, '동베를린 거점 북한대남적화공작단 사건'(동백림사건) 발표.
1968	5월. 한국여성연구회 내, '직업여성 상담실' 설치. 7.6. 정부, 스웨덴 원조로 한국에 가족계획 및 모자보건센터 설립합의서에 서명. 9.24. 대법원, 한국여성 강간한 미군 2명에 징역형 확정. 11.15. 정부, 관혼상제의 간소화를 위한 가정의례준칙안 확정. 행정적 지원하에 전국 농촌에 마을단위로 '가족계획어머니회' 조직. 카톨릭노동청년회 김미카엘 신	1월. 워싱턴, 평화운동 여성 지지자들 베트남전쟁 반대 행진. 5월. 프랑스, 안느 트리스땅이 '여성-남성-미래(Fminin-Masculin-Avenir)' 결성. 『여성의 해방, 원년』집필. 가부장제에 관한 분석. 급진적인 젊은 여성들, 미스 아메리카 선발 대회장에서 여성억압의 상징물인 거들, 브래지어, 머리띠, ≪레이디스 홈 저널≫을 '해방 쓰레기통'에 던짐.	1.21. 청와대를 목표로 무장공비 서울 침입(1.21사태). 1.23. 미정보함 푸에블로호, 원산 앞바다에서 피랍. 2.1. 경부고속도로 기공. 4.1. 향토예비군 창설. 8.24. 통일혁명당 지하간첩단사건 발표. 10.10. 주민등록제도 도입. 10.14. 문교부, 대학입시 예비고사제 실시 발표.

연대	국내여성사	세계여성사	비고
1968	부, 강화도의 심도직물 노동문제 개입.	미국, 평등권 수정 조항에 대한 NOW의 지지로 '자동차산업노동자연맹' 여성들 탈퇴. NOW 큰 위기 봉착.	12.5. 국민교육헌장 선포.
1969	3.5. 정부, 국민생활합리화와 관습의 순화를 위한 「가정의례준칙」 공포. 6.12. '한국여성유권자연맹'(초대위원장 김정례) 창립. 부평 기지촌여성 이연자(23세)씨 죽음에 대해 미군의 책임을 묻는 기지촌여성들 시위.	케이트 밀렛, 『성의 정치학』 발간. 급진주의 페미니즘에 영향. 7.26. 미국의 아담스부인, 여성 최초로 요트로 태평양 단독 횡단.	5.5. 신민당과 재야인사, YMCA강당에서 3선개헌 반대 범국민투쟁위원회 조직. 6.9. 3선개헌 반대 학생 시위 시작(12월까지). 9.14. 3선개헌안·국민투표법안 변칙통과. 9.16. 마산수출자유지역 설치. 10.17. 3선개헌안 국민투표로 가결. 12.1. KAL여객기 납북.
1970	4.1. 여기자클럽, 회지 《여성저널》 창간. 4.26. 한일나일론(1970년 9월 동양나일론이 됨) 노조결성 투쟁. 9.2. 광주(光州)경찰, 미니스커트 입은 여성 8명을 처음으로 즉결재판에 회부. 12.20. 섬유방직업체인 청계피복 노조결성. 지속적인 노동조건 개선투쟁. 12.28. 섬유업체 한영섬유 노조결성투쟁.	8.26. 여성에게 참정권을 부여한 미국 헌법 수정 조항 제19조의 제정 50주년을 맞아 NOW, '여성 평등 쟁취 시위' 추진. 새로운 여성 운동의 결집력을 보여줌. 미국 내 대학에 여성학 과목이 출현. 전공과 부전공의 집중 연구 분야를 제공하는 프로그램과 학과 확대. 프랑스, 자식에 대한 부권이 양친의 친권으로 바뀜.	1.1. 「외국인투자기업의노동조합및노동쟁의조정에관한임시특례법」 공포, 「수출자유지역설치법」, 「석유화학공업육성법」 및 「철강공업육성법」 제정. 4.8. 서울 와우시민아파트 붕괴. 7.7. 경북고속도로 개통. 8.15. 박대통령, 남북통일에 관한 8.15선언 발표. 11.13. 서울 평화시장 재단사 전태일(22살), 열악한 노동조건에 항거, 근

연대	국내여성사	세계여성사	비고
1970			로기준법 준수를 요구하며 분신·자살.
1971	7.13. 미군 기지촌여성 100-150여명이 안정리 출입금지와 캠프 험프리(Camp Humphreys)의 정문 폐쇄 결정에 항의하여 시위 농성 시작. 10.5. 문교부, '여성교육연구위원회' 구성. 여성의 교육과 사회 진출이 늘어남에 따라 여성 교육 전반에 관한 정책 심의를 위한 기구. 둘 낳기 운동 전개. 농협 '부녀회' 조직.	2.5. 스위스, 국민투표에서 61% 찬성으로 여성에 참정권 부여. '뉴욕 급진 페미니스트' 그룹의 '강간에 대해 터놓고 말하기 모임' 조직. 워싱턴을 비롯한 4개 지역에 '강간위기센터' 운영. 미국, '전국여성정치위원회' 설립. 정치부문에서 여성참여를 고양하기 위하여 조직된 초당적 조직.	2.9. 제3차 경제개발5개년계획 발표. 4.19. 민주수호국민협의회 결성(대표 김재준·이병린·천관우). 4.27. 제7대 대통령선거, 박정희 당선. 5.25. 제8대 국회의원 선거(공화 113, 신민 89, 기타 2). 7.28. 사법파동 시작. 8.10. 경기도 광주대단지 소요사건(도시빈민투쟁) 발생. 8.12. 대한적십자사, 남북가족찾기회담을 북한 적십자사에 제의. 9.20. 남북적십자사, 가족찾기 예비회담 개최. 12.6. 박정희대통령, 국가비상사태 선언. 12.27.「국가보위에 관한 특별조치법」(국가보위법) 국회에서 변칙 통과.
1972	3.29. 서울시, 여성들의 시정 참여를 높이기 위해 각 구마다 1명씩 여동장(女洞長)을 임명키로 결정. 6.13. 태광산업(1974년 광진섬유로 개칭) 노조결성투쟁.	미국 내 대학에서 600개 이상의 여성학 관련 강의 진행. 전국적인 육류 불매 운동. 중산층 주부들 중심으로 소비자 집단을 여성운동의 한 부분으로	3.30. 박대통령, 5개 평화원칙 제시. 7.4. 7·4남북공동성명 발표. 8.3. 박대통령, '경제안정과 성장에 관한 긴급명령',

연대	국내여성사	세계여성사	비고
1972	7.8. 한국모방(1974년 이후 원풍모방으로 개칭) 노조, '한국모방노동조합 정상화투쟁위원회' 결성. 퇴직금 받기 운동과 노조민주화투쟁 시작. 여성특수과제로 남녀임금차별해소에 역점. 9.14. 한국모방 노조간부 14명, 국가보위법 위반혐의로 경찰 연행. 9.27. 여성단체협의회, 용신봉사상 1972년 수상자로 나환자 치료 유공자 이금봉(전남 고흥)을 선정. 섬유업체 동일방직 노동조합, 한국 최초로 여성노조지부장 주길자 선출한 이래 도시산업 선교회의 지원을 받으면서 민주노조로 성장.	로 생각하여 적극적인 소비자 운동을 펼침. 여성학 학회지인 ≪여성학≫, ≪페미니스트 연구≫ 창간.	'기업사채동결령' 발동(8.3조치). 8.30. 남북적십자사, 첫 본회담 평양에서 개최. 9.7. 정부 베트남 파병군 3만 7,000명 12월부터 단계적 철수 방침 결정. 10.17. 대통령특별선언 발표, 국회 해산, 전국 비상계엄 선포, 대학에 휴교령(10월유신). 10.25. 새마을사업 본격 추진. 11.21. 유신헌법 국민투표 실시(찬성 91.5%). 11.23. 통일주체국민회의, 제8대 대통령에 박정희 신출. 12.27. 박정희, 제8대 대통령 취임. 유신헌법 공포
1973	2월. 「모자보건법」 제정. 낙태를 금지하는 형법을 그대로 둔 채 조례로서 임신중절 허용범위 확대. 5.11. (시행령 마련 안 된 채) 모자보건법 발효. 5.23. 새 가정의례준칙 확정(6.1.실시). 6.28. '범여성가족법개정촉진회' 결성. 가정법률상담소, YMCA, 한국유권자연맹, 한국여성단체협의회 등 63개 여성	미국, 독신 임산부 제인 로우, 낙태금지가 개인적인 프라이버시 권리를 위헌적으로 박탈하였다고 대법원에 소송제기. 미국 대법원, 낙태를 의사와 환자 사이의 사적인 결정으로 판결하여 낙태를 금지한 주법 무효화. 임신중절의 자유 확립.	1.6. 장기개발계획(73-81년) 발표. 1.12. 박정희, 연두기자회견에서 중화학공업화 시대 선언. 2.27. 제9대 국회의원선거 실시(공화 73, 신민 52, 통일 2, 무소속 19). 3.13. 노동쟁의권 제한 등 노동3권 개정. 6.23. 박정희, '평화통일

연대	국내여성사	세계여성사	비고
1973	단체와 1,000여 명의 여성관계자가 가족법 개정을 위해 단결한다는 결의문 채택. 12.20. 미국에 본사를 둔 전자업체인 콘트롤데이타에 금속노조 영등포지부 콘트롤데이타 분회 결성. 노조결성 후 임금인상과 노동시간단축 등을 포함한 노동개선투쟁을 하였고, 투쟁의 과제로 결혼퇴직문제, 임신, 출산 후 직장 계속 다니기 문제, 성별 임금 격차 해소문제, 성별 차이 없이 각종 수당 동일지급문제, 생리휴가 등의 여성특수과제 설정. 노조교육 등 모범적으로 노조를 운영해오다가 1982년 자본철수 후 폐업. 교회여성연합회, 기생 관광 반대 운동. 부녀회 '새마을 부녀회'로 변경.		외교정책에 대한 특별선언'(6.23선언) 발표. 6.29. 중화학공업 육성계획 수립. 10월. 제1차 석유파동. 12.24. 각계 지식인, '개헌개정청원운동본부' 발족. '개원청원 100만인 서명운동' 전개.
1974	2.26. 럭키재벌의 방계회사이자 봉제가발업체인 반도상사 1,000여 명 여성노동자들 근로조건개선 및 민주노조 결성투쟁 돌입. 4.15. 반도상사에 민주노조 결성(지부장 한순임). 이후 강력한 민주노조로 성장하다가 회사가 폐쇄 해체(81.3.13.)됨. 12.15. 교회협회인권위원회 및 여성연합회, 인권주간 연합예배, 유신철폐 요구. 크리스찬아카데미, 「여성 인간 선언」에서 여성운동을 문화개혁과 인간 해방 운동으로 규정.	3.8. 프랑스, '여성권리연맹'(회장 시몬느 드 보봐르) 결성. 『여성해방문제』 발간. 미국 보스턴 직장 여성협회, 시카고 여성 피고용인 협회 출범. 사무실 내부의 여성 네트워크 조직을 위해 결성. 미국, 여성 노동 운동가들, '노조 여성 연합' 창설(창설자 올가 메다, 에디스 밴 혼, 에디 와이어트, 도로시 해너).	1.8. 박정희, 긴급조치 1호·2호 선포. 1.14. 국민생활 안정을 위한 대통령 긴급조치 3호 선포. 4.3. 중앙정보부, '민청학련'사건 발표. 대통령 긴급조치 제4호 선포. 5.27. 제2차 인혁당 사건. 9.19. 현대조선 근로자 집단유혈폭동 발생. 10.24. ≪동아일보≫ 기자들, 「자유언론실천선언」

연대	국내여성사	세계여성사	비고
1974			발표. 11.27. 민주회복국민회의 발족.
1975	1.1. 종합소득세제 도입하면서 부양가족 공제대상 자녀수를 3명으로 제한. 4월. 가족법개정안 국회안 제출. 6.30. 봉제가발업체인 YH무역 노조결성. 7.20. 제약업체인 삼성제약에 노조결성. 결성 후 임금인상투쟁과 함께 여성특수과제로 성차별 언행금지, 생리휴가, 결혼퇴직제 철폐, 산전산후 휴가 정착, 수유시간 확보 등을 투쟁과제로 설정. 11월. 가족법 개정안 법제사법위원회에 상정. 법제사법위원회 1년이 넘도록 아무런 심의도 하지 않음. 지역사회 중심 피임보급사업 CBD 실시. 정부의 집중적인 중동건설 프로젝트에 따라 사우디아라비아 등 중동국가로 남성 건설노동자 본격적으로 진출. 1973년부터 1987년 초까지 연인원 93만명 파견. 남겨진 부인들의 일탈행위가 사회문제로 대두. '크리스찬아카데미'의 '젊은 주부교육' 프로그램 실시. 여성운동의 인력 양성. 'YWCA연합회', '전문직여성	6월. UN, 133개국 대표가 참가한 제1차 세계여성회의를 멕시코에서 개최하고, 「세계여성행동계획 World Plan of Action」을 채택. 참가국 중 제3세계를 구성하는 77개국 개발도상국들은 세계여성행동계획과는 별도로 「평등 및 반전과 평화에의 여성의 공헌을 위한 멕시코선언」 발표. UN, 1975년을 '세계여성의 해'로 선포. 1976-1985년의 10년을 'UN 여성발전10년'으로 설정. 여성의 법적·정치적 평등권 확보에 초점. '국제여성향상연구훈련원' 발족. 국제적 연구, 훈련, 정보수집 및 교류 등을 통해 여성을 개발의 핵심주체로 발전시킬 수 있도록 노력. 미국, '국제여성네트워크(Women International Network)' 창립. 여성에 관한 세계적 정보망. 12.6. 이탈리아, 낙태를 지지하는 여성들의 대중 시위. 프랑스, 임신중절의 자	2.12. 유신헌법 찬반 국민투표 실시(투표율 79.84%, 찬성률 73.11%). 3월. 《조선일보》, 《동아일보》 기자, 자유언론투쟁과 해직사건. 4.8. 대통령 긴급조치 7호 선포. 5.13. 대통령 긴급조치 제9호 선포(유신헌법에 대한 일체의 반대행위 금지). 7호는 해제. 12.5. 중동진출 촉진방안 발표.

연대	국내여성사	세계여성사	비고
1975	클럽' 등 여성단체, 은행 여행원의 결혼퇴직제 폐지촉구운동 동참.	유 확립.	
1976	5월. 은행 여행원 결혼퇴직제 폐지. 7.23-7.25. 섬유업체인 동일방직 여성노동자들 노조결성 후 민주노조 사수투쟁. 10.8. 노동청, 여성근로자의 임금이 남성의 45.9%이며, 같은 직종에 종사하는 경우에도 44.2% 밖에 못 받고 있다고 지적. 12월. 법제사법위원회 소위원회, 정부의 "인구의 증가를 막기 위해서는 남아선호사상이 없어져야 한다"라는 발표에 영향을 받아 공청회 개최. 한국도시산업선교회, 신교와 구교가 연합하여 구성한 한국교회사회선교협의회 산하단체로 조직 확대. 주로 노조설립 지원, 근로자 의식화를 위한 노동운동 지도자 훈련, 노사분규 조정 등의 활동 전개. '한국맹인여성회' 발족.	독일, 1회 베를린 여성 여름대학 개설 매년 개최. 여성문제 토론.	3.1. 윤보선·김대중·함석헌·함세웅 등 「민주구국선언」 발표(3·1민주구국선언). 6.18. 제4차 경제개발 5개년계획 발표(76-81년).
1977	1.1. 정부, 종합소득세제의 부양가족 공제대상 자녀수를 2명으로 제한. 4.22. 전국경제인연합회, 여자공업기술진흥간담회를 개최하고 경공업 분야에 종사할 여성기능사를 양성키 위한 여자공업고등학교 설립준비위원회를 발족키로 결정. 7.23. 동일방직 노조지부장 이	2.3. 시카고 상업 중심 지역의 비서 50명, 커피 심부름 거부로 해고된 변호사 비서 '아이리스 리베라 사건'에 항의. 여성학 학회지 ≪SIGN≫ 창간. '전국 여성학회 연례 학술 대회' 시작.	3.9. 카터 미대통령, 주한 미지상군 4-5년에 걸쳐 철수 발표. 7.1. 부가가치세·직장의료보험제 시행. 수출목표 100억불 달성.

연대	국내여성사	세계여성사	비고
1977	영숙이 경찰에 연행되면서 노동자투쟁 돌입. 동일방직 1천여 여성노동자들 항의농성. 경찰의 강제진압(25일)에 대해 노조원 알몸 저항 투쟁. 9.9. 청계피복노조, 노동교실 사수투쟁(81.1.6. 강제해산, 84년 법외노조로서 위치확보). 12.31. 가족법 제2차 개정. 귀속불분명재산의 부부공유제, 협의이혼제도의 합리화, 부모의 친권공동행사, 법정재산 상속분의 조정. 유류분제도의 신설, 혼인동의 연령과 성인의제 규정. 12.31. 「혼인에관한특례법」 제정. 한시적으로(1년간) 동성동본혼인허용. 대한주택공사나 국민주택부금으로 건립되는 민영아파트에 대해 입주우선권을 불임시술수용자에게 부여하는 제도 채택. 여성계, 가족법 개정 청원서 국회 제출. 이화여자대학교, '여성학' 강좌 개설. 보건복지부 '부녀교실', 농촌진흥청 '생활개선구락부'를 '새마을부녀회'로 통합. '가톨릭농촌여성회' 결성, '가톨릭농민(회)부녀부' 조직. 한국교회여성연합회, '가출소녀와 매춘여성에게 열린 전화' 개소		

연대	국내여성사	세계여성사	비고
1978	2.21. 동일방직 여성노조원들, 회사 측에 의해 똥물을 뒤집어 쓰고 집단폭행당하는 사건 발생. 3.10. 76명의 동일방직 여성노동자들이 생중계되고 있던 '근로자의 날' 기념식장에서 기습 시위. 며칠 후 41명의 노동자들이 명동성당에서 9일간 단식 농성. 동일방직 노동자투쟁은 '알몸'과 '똥물'로 상징되는 처절한 저항과 극악한 탄압으로 세계의 이목을 집중시킨 1970년대 한국여성노동운동의 신화적 사건. 3.26. 다양한 섬유업체 노동자들, 동일방직 여성노동자들의 투쟁을 공산주의자로 모는 기독교방송 보도에 대한 항의로 '기독교방송 진입항의투쟁' 실시. 광주 '송백회' 결성(총무 홍희담). 5.18광주항쟁에서 적극적인 활동을 전개한 단체.	이탈리아, 낙태에 대한 시민불복종운동으로 여성운동이 전국으로 성장. 이탈리아, 임신중절의 자유 확립. 영국, 세계 최초의 체외 수정아 탄생.	4.24. 함평고구마 사건. 4.30. 정부, 영해12해리 선언. 5.26. 여천 석유화학공업단지 준공. 6.26. 「우리의 교육지표」 선언. 7월. 제2차 석유파동. 8.8. 부동산 투기억제 및 지가안정을 위한 종합대책 발표. 12.12. 제10대 국회의원 선거 실시(신민 32.8%, 공화 31.7%). 12.27. 박정희, 제9대 대통령 취임
1979	1월. 개정된 가족법 시행. 2.12. 정부, 우리나라 전체 공무원은 45만 658명이며 그 중 여성공무원 비율이 점차 늘어나 1978년 12월 말 현재 17%로 매년 증가하고 있다고 발표.. 3.30. YH무역 폐업 공고. 4.13. YH무역 장기농성 돌입. 8.9. YH무역 여성노동자 170여명, 회사 정상화와 근로자 생존권 보장을 요구하며 신민당사에서 농성.	3.8. 이란 테헤란 1만 여성, 호메이니의 차도르 착용 연설에 항의 데모. 12.18. UN, 「여성에 대한 모든 형태의 차별철폐 협약」 채택.	2.14. 최저임금제 폐지. 4.16. 중앙정보부, 크리스찬아카데미사건 발표. 4.17. 경제안정화종합대책 발표. 5.25. 중화학임시투자조정계획 확정. 10.9. 내무부, '남조선민족해방전선 준비위원회'(남민전) 사건 발표. 10.16. 부산시민 시위, '부마항쟁' 시작.

연대	국내여성사	세계여성사	비고
1979	8.11. YH사건 발생. 신민당사에서 농성 중인 YH무역 여성노동자를 경찰이 강제해산하는 과정에서 여성노동자 김경숙이 추락 사망하고, 100여 명이 부상당하는 사건. 1970년대 유신체제를 붕괴시키는데 중요한 역할을 한 사건. 10.13. 여성문제연구회, 여성학 강좌 실시(1986년 4월 종강). 농학박사 김삼순, 여성 최초로 대한민국 학술원상 수상		10.18. 부산 일대에 비상계엄 선포. 계엄하 부산·마산의 시민·학생들 데모(부마민중항쟁). 10.26. 박정희, 김재규 중정부장에 의해 사망(10·26사태). 12.6. 통일주체국민회의, 10대 대통령에 최규하 선출. 12.7. 긴급조치 9호 해제, 구속자 석방. 12.12. 전두환 보안사령관, 정승화 계엄사령을 체포.
1980	4.20. '여신학자협의회' 출범. 여성신학의 정립과 확산을 통한 여성의 존엄성 회복과 사회의 민주화에 이바지할 목적으로 결성. 10.1. 한국여성산악회팀(리더 이혜경), 우리나라 여성 산악인으로서는 첫 해외등정인 미국 요세미테 등반을 마치고 귀국. '광주민중항쟁 구속자 가족회' 결성.	7월. UN, 코펜하겐에서 제2차 세계여성회의 개최.「UN여성발전10년후반기행동계획」채택하고,'고용·보건·교육」을 부주제로 채택하여 여성의 적극적인 사회진출을 위해 국제적 협력관계 규명. 미국, 단과대학과 종합대학교 정식과목으로 3만 개의 여성학 관련 과목이 생겨남.	2월. 전두환의 미국 방문(미국의 신군부지지 확인). 4.21. 사북광부 7백여명, 유혈폭동(사북사태). 5.15. 대학생 가두시위 절정. 5.17. 신군부, 비상계엄령 전국으로 확대 선포. 김대중을 비롯한 재야 및 정치권의 주요인사들과 운동가들을 체포 구속. 5.18-5·27. 광주민중항쟁 발생. 5.31. 정부, 국가보위비상대책위원회 설치. 상임위원회 의장으로 전두환 중앙정보부장서리가 부임.

연대	국내여성사	세계여성사	비고
1980			8.16. 최규하 대통령 하야. 11.14. 신문협·방송협·언론기관 통폐합 결정. 12.30. 국가보위 입법회의에서 노동관계법 개악. 기존의 근로기준법·노동조합법·노동쟁의조정법·노동위원회법에 새로이 노사협의회법을 추가함으로써 80년대초 노동운동을 극도로 위축시킴.
1981	5.7. 한국여자등반대, 히말라야의 람중히말봉을 여성으로서는 첫 정복(정복자·기형희, 26세). 광주민중항쟁 구속자 가족 명동성당에서 단식농성. 광주민중항쟁 구속자 가족 광주미문화원 점거.	9.21. 제23차 세계여성단체협의회 개막(-10.1, 서울, 32개국 250명 참가).	1월. 민주정의당, 민주한국당 창당. 1.24. 비상계엄령 전면해제. 3.3. 전두환, 12대 대통령으로 취임. 제5공화국 출범. 3.25. 제11대 국회의원 선거. 3.28. '국풍81' 여의도에서 개최.
1982	7월. 한국가정법률상담소, 호주제 폐지를 비롯한 가족법 개정을 촉구하는 건의서 국회에 제출. 9.30. 한국모방 노조 해체. 70년대 최후의 민주노조 무너짐. 11월. 대한YWCA연합회, 「현행가족법은 개정되어야 한다」 팜플렛 제작·배포. 12.31.「한국여성개발원법」제정.		1.3. 문교부, 중고생 교복과 머리형 자율화 조치. 1.5. 정부, 야간통행금지 전면해제. 3.18. 부산 미문화원 방화사건. 4월. 미국 부통령 부시 방한. 신군부지지 재확인. 5.7. 이철희·장영자 어음 사기사건 발생.

연대	국내여성사	세계여성사	비고
1982	이화여자대학교, 여성학 대학원 과정 개설.		7월. 일본 역사교과서 왜곡.
1983	4.21. '한국여성개발원' 발족. 6.18. '여성평우회' 창립. 최초의 진보적 여성운동단체(1987년 3월 발전적 해체). '한국여성의 전화' 창립. 정부, 총리실에 '여성정책심의위원회' 신설. '민주화운동청년연합' 여성부 조직.	셸리 라이드(Selly Ride), 최초의 여성 우주선 승무원이 됨.	1.11. 나까소네 일본총리 방한. 안보경협의 이름으로 한국에 40억 달러의 차관 제공 약속. 3월. 정치활동 규제자의 일부 해금. 4월. 대도 조세형 사건. 6.30. KBS이산가족찾기 TV 생방송 시작. 8.15. 김대중-김영삼 8·15공동선언. 8.17. 명성그룹사건. 9.1. KAL기 소련 상공에서 격추(탑승자 269명 사망). 9.30. 민칭련 결성. 10.9. 버마 아웅산묘소 폭발사건(서석준 부총리 등 17명 사망). 11.21. 미국 대통령 레이건 방한. 신군부지지 재확인. 12.6. 정부, 유화조치 발표. 해직교수의 복직, 제적생 복교조치 등 학원자율화 조치.
1984	4.8. 청계피복노조 복구대회. 7월. '가족법 개정을 위한 여성연합회' (회장 이태영) 결성. 각 회원단체별 서명운동.		각 대학에 '학원민주화추진위원회'나 '학원자율화추진위원회'가 구성되어 학원민주화운동 추진.

연대	국내여성사	세계여성사	비고
1984	9.19. 10.12. 청계피복노조 합법성 쟁취대회. 노동자들과 학생이 참여하여 노학연대 투쟁. 10월. '전국농촌여성 지도력개발협의회' 농촌부녀 대신 '여성농민' 개념 도입. '또 하나의 문화' 창립. 성과 결혼, 사랑에서부터 여성의 일, 통일, 교육 등에 이르기까지 여성주의 대안문화를 추구하는 여성운동단체. '기독교농민회 여성위원회' 조직. '한국여성학회' 창립. 정부, UN의 「여성에 대한 모든 형태의 차별 철폐 협약」 가입. 청량리경찰서 여대생 성추행 사건. 여성단체, '여대생 성추행사건 대책협의회' 구성 및 공동활동.		5.18. '민주화추진협의회'(민추협) 발족. 6.29. '민중민주운동협의회'(민민협) 결성. 9.6. 전두환, 일본 공식 방문. 일황, 양국간의 불행한 과거는 유감이라 발언. 10.16. '민주통일국민회의'(국민회의) 결성. 11.13. '민주화투쟁학생연합'(민투학련) 결성. 11.14. 3개 대학생 264명, 민정당사 점거 농성.
1985	6월. 한국여성의전화, '성도섬유(톰보이) 성폭력 사건' 항의 불매운동. 10.12. 국내 최초의 체외수정아(시험관아기) 서울대 병원에서 제왕절개로 탄생. 12.12. '민주화실천가족운동협의회'(민가협) 창립. 구속노동자가족협의회, 청년민주인사가족협의회, 장기수가족협의회, 민주열사유가족 모임인 유가족협의회 등 5개 분야가 통합된 조직.	2월. 필리핀, 독자적인 여성노동자 조직의 필요 절감하여 '여성노동자 운동'(KMK) 창설. 말레이시아 페낭에서 자본의 전지구화로 인한 폐업에 항의하는 격렬한 가두투쟁. '나이로비 제3회 세계여성대회'. '2000년을 향한 나이로비 여성발전전략' 채택.	2.12. 2.12총선 실시. 신민당이 제1야당으로 부상. 3.6. 정치피규제자 전면 해금. 3.29. '민주통일국민회의'와 '민중민주운동협의회'가 통합되어 '민주통일민중운동연합'(민통련) 발족. 4.16. 대우자동차 파업 투쟁. 4.17. 전국학생총연합(전

414

연대	국내여성사	세계여성사	비고
1985	여성단체들, '25세 여성조기 정년제 철폐를 위한 공동활동' 전개(위원장 김희선). 11개 진보적 여성단체들, '제1회 3.8여성대회' 개최(주제 : 민족, 민주, 민중과 함께 하는 여성운동). 매년 개최. 정부, 「여성발전기본계획」수립. 여성단체들, '여성노동자생존 권대책위원회' 공동활동.	UN, '여성개발기금' 발족. 저개발국가의 저임금여성에 대한 재정적, 기술적 지원.	학련) 결성. 그 산하에 민족통일, 민주쟁취, 민중해방을 위한 투쟁위원회(삼민투) 결성. 5.23. 대학생 73명, 서울 미문화원 점거농성(26일까지). 6.22-6.29. 구로지역 노동자 동맹파업투쟁. 8월. 문교부, 학원안정법 제정 의사 밝힘. 8.25. 서울노동운동연합(서노련) 창립. 9.20. 남북한 고향방문단, 서울과 평양에 각각 도착.
1986	3.4. 서울고등법원, 이경숙(24세) 윤화(輪禍)사건 항소심에서 미혼여성 정년을 55세로 판결, 1심의 26세 정년판결을 파기. 7.3. 권인숙(23살), 부천경찰서 문귀동 경장을 강제추행혐의로 인천지검 고소. 8.21. 인천지검에서 문귀동경장에 대해 기소유예 처분, 부천경찰서장 옥봉환 등 관련 경찰관 5명에 대해 무혐의 결정. 9.1. '부천서 성고문사건' 권인숙변호인단 166명, 검찰 판결 불복. 인천지검에 재정 신청. 11.3. 서울고등법원, 문귀동 기소유예 처분의 재정신청에 대해 기각 결정. 권인숙변호인단		3월. 신민당, 개헌추진운동 시작. 4.28. 서울대생 이재호, 김세진, 반전과 반핵 외치며 분신자살. 5.3. 인천지역사회운동연합, 인천시민회관 앞에서 범국민대회 개최. 3만여 노동자, 학생, 시민 격렬 시위(5·3인천사태). 9.20. 제10회 서울 아시안게임 개막. 10.28. 26개 대학의 대학생들이 건국대에서 '전국 반외세 반독재 애국학생 투쟁연합' 결성. 31일 경찰 8,000명 투입, 1,525

연대	국내여성사	세계여성사	비고
1986	대법원 재항고 계류. '부천경찰서성고문공동대책위원회'(위원장 박영숙) 발족. 진보적 여성단체들의 연대활동이 상설적인 공동투쟁조직으로 발전하게 된 계기. 매매춘 근절을 위한 '한소리회' 결성. 「모자보건법」 전면 개정. '여성노동자생존권지원대책위원회'(위원장 이우정) 결성. 'KBS-TV시청료 거부운동 여성단체연합' 구성 및 공동활동. 여성운동의 대중운동 영역을 개척해 나간 주요운동. '기독교여성농민회' 결성. 정부, 경제사회발전 6차 5개년 계획 중에 가족법상 남녀차별을 없앨 방침 발표. 한국여성의전화, 직장 내 여성차별문제 및 성폭력상담을 위한 '여성문제고발창구' 개설.		명의 대학생 연행(건국대 사태). 10.30. 북한의 금강산댐 평화의댐 사건.
1987	2.18. '성고문대책위원회', '생존권대책위원회', 'KBS시청료 거부 여성연합'에 참여해온 21개 여성단체가 모여 전국적인 규모의 여성운동조직인 '한국여성단체연합' 발족. 3.21. 70년대 여성노동운동 출신들이 중심이 되어 '한국여성노동자협의회' 창립. 3월. 한국여성의전화, 아내구		1.14. 박종철 고문치사사건 발생. 2.7. '고 박종철군 추도대회' 6만여 시민, 학생, 고문철폐, 독재타도, 민주쟁취를 외치며 시위. 4.13. 전두환, 호헌과 관련한 특별담화 발표(4.13 호헌조치).

연대	국내여성사	세계여성사	비고
1987	타 피해자들을 위한 피난처 '쉼터' 개설. 7월. 한국여성의전화, 파주여종고 교사 성폭력 사건 접수. 11.28.『혼인에 관한 특례법』제정. 한시적으로(1년간) 동성동본혼의 허용. 'KBS시청료 거부운동'에 참여했던 주부들과 사무직 여성노동자들이 중심이 되어 '한국여성민우회' 창립. 한국여성단체연합, 제일피복·무극사·후레아훼숀·한국화장품 등 여성사업장에서 전개되었던 민주노조 쟁취투쟁, 위장폐업 철회투쟁, 해고노동자 복직투쟁을 지원하기 위한 활동 전개. 『남녀고용평등법』제정. 여성연합회, 가족법 개정을 위한 계몽운동 전개. 전국 최초 군여성농민 단독집회. 『농어촌의료보험 개선을 위한 무안여성농민대회』.		5.18. 천주교정의구현사. 제단, 명동성당의 5.18추모미사에서 박종철군 고문치사사건이 축소·조작되었다고 발표. 5.27. '민주헌법쟁취국민운동본부' 결성. 6.10. 6월 항쟁, '고문살인 은폐 규탄 및 호헌철폐 국민대회' 개최(6·10시위). 6.18. 6월 항쟁, 최루탄 추방대회. 6.26. 국민운동본부, 전국 37개 도시에서 대규모 시위(6.26평화대행진) 6.29. 노태우 민정당대표위원, 『6·29선언』발표. 10.27. 직선제 개헌안 국민투표(찬성 93.1%). 12.16. 제13대 대통령선거 실시. 구로구청 부정선거 항의점거농성.
1988	6월. 14개 전국 시·도에 '가정복지국' 설치(국장은 모두 여성). '제2정무장관실' 발족. 여성신문 창간. 국민주를 모아 창간한 한국 최초의 여성언론지. 한국여성단체연합, 멕스테크, 논노상사, 동국무역, 대한광학, 한국야쿠르트, 피코 등 여성사		2.25. 노태우, 제13대 대통령 취임. 4.26. 제13대 총선, 민정당 과반수의석 확보 실패. 7.7. 노태우, 대북정책 9개항 특별선언. 9.16. 제24회 서울올림픽 개막.

연대	국내여성사	세계여성사	비고
1988	업장에서 전개되었던 민주노조 쟁취투쟁, 위장폐업 철회투쟁, 해고노동자 복직 투쟁 지원활동 전개. 성폭행하려는 남자의 혀를 깨물다가 폭력혐의로 구속된 '변월수씨 사건' 발생.		11.13. 노동법개정투쟁. 1987년 노동자 대투쟁 이후 결성된 지역·업종별 노동조합협의회, 전국노동운동단체협의회 등 민주노조 진영이 공동으로 수행한 전국적인 공동투쟁. 11.17. 여의도 농민시위.
1989	6.8. '한국여성정치문화연구소' 설립. 4월. 「모자복지법」 제정. 12.18. '전국여성농민위원회' 결성(위원장 이정옥). 한국여성단체연합, 가족법개정 특위 구성 및 대책활동. 가족법 3차개정. 호주의 권리와 의무 조항 대폭 삭제. 친족범위 모두 8촌, 이혼 시 재산분할청구권 신설. 한국여성단체연합, '인신매매 및 매춘특위' 구성. '한국여성연구회' 창립. 한국여성민우회, 생활과제 포괄하는 지역주부운동의 조직을 위해 '생활협동조합' 운동 시작. 전국 면단위 최초 무안군 현경면 '여성농민회' 결성. 대법원, 부천서 성고문사건의 문귀동경장에게 5년 실형. 위자료 지불 판결.		1.21. '전국민족민주운동연합'(전민련) 발족. 2.13. 여의도에서 '수세 폐지 및 고추전량수매 쟁취를 위한 전국농민대회' 개최(죽창시위). 3.1. '전국농민운동연합' 결성. 3.25. 문익환목사 방북파문. 5.3. 부산 동의대참사사건 발생. 5.28. '전국교직원노동조합'(전교조) 결성. 6.27. 서경원의원 밀입북사건. 6.30. 전대협대표 임수경(외국어대 불어과 4년) 평양축전 참가. 7.7. 남한의 전대협·북한의 조선학생위원회, 남북통일을 촉구하는 8개항의 공동선언문 발표.

418

연대	국내여성사	세계여성사	비고
1989			9.11. 노태우, 정기국회에서 '한민족공동체통일방안' 발표. 12.8. 한·소양국, 서울과 모스크바에 각각 영사처 설치 합의.
1990	11.16. 37개 여성단체와 개인들, '한국정신대문제대책협의회' 결성. '정신대연구회' 발족(1997년 '한국정신대연구소'로 개칭).		1.22. 민주정의당·통일민주당·신민주공화당 3당 합당, 민주자유당 출당. '전국노동조합협의회' 창립(의장 단병호). 4.13. '민중의 정당 건설을 위한 민주연합추진위원회'(민연추) 결성. 4.24. '전국농민회총연맹' 결성. 4.28. 현대 4개 계열사 노조들의 연대파업. 현대중공업 노동자들의 골리앗 농성 시작. 4.30. 전노협, 현대중공업 노동자투쟁을 지지하는 총파업 결정. 5.4. 전국적으로 약 146개 사업장, 12만명의 노동자들이 총파업에 참여. 7.14. 국회, 광주보상법·국군조직법·방송관계3법 변칙통과. 7.20. 노태우대통령, '남북간의 민족 대교류를 위한 특별선언' 발표. 8.13-8·15. 전민련 등 재야

연대	국내여성사	세계여성사	비고
1990			단체, '8·15범민족대회' 개최. 9.30. 한·소 공동 코뮈니케 발표로 한·소 수교.
1991	1.14.「영·유아보육법」 제정. 4.13. '한국성폭력상담소'(대표이사 조형, 소장 최영애) 개소. 8.14. 일본군위안부 김학순 할머니, 피해사실 최초 공개. 9.18. 한국정신대문제대책협의회, 정신대 신고전화 개통. 11.25-11.30. 한국여성단체연합, 분단 후 최초로 남북한 여성대표들의 교류모임 개최(장소 : 서울).「아시아의 평화와 여성의 역할」토론회에 북한최고인민회의 부의장 여연구를 비롯한 북한대표단 15명 참가. '서로의 차이를 확인하는 것이 화해의 출발'임을 공감하고 이후 지속적인 교류 약속. '전국지체부자유대학생연합' 조직 결성. 장애여성의 문제를 전반적인 여성문제 속에서 바라보아야 한다는 문제제기. 한국여성단체연합·한국여성의전화, '성폭력특별법 제정특위' 결성. 폭력남편 살해한 남희순씨 집행유예로 석방. '김부남 씨 사건' 발생.		9.17. 남북한 UN동시가입. 10.22. 제4차 남북고위급회담(-10.25, 평양) 12.10. 제5차 남북고위급회담(-12.13, 서울), 「남북한간 화해와 불가침 및 교류협력에 관한 합의서」채택.
1992	1.8. 한국정신대문제대책협의회, 일본군 위안부 문제 해결을 위한 '정기수요시위' 시작.		3.24. 제14대 국회의원선거 실시.

연대	국내여성사	세계여성사	비고
1992	1.15. 정부, 8개 부처 합동정신대조사위원회 설치. 1월. 전국여성농민위원회가 '전국여성농민회총연합'으로 명칭 변경. 6.2. 한국인 종군위안부 5명, 일본정부관계자들에게 처음으로 2차세계대전중 일본군에게 당했던 만행을 폭로하고 사과 등 대책을 촉구하는 요망서 제출. 7월.「성폭력대책에 관한 특별법(안)」 국회 제출. 9.1-9.6. 평양에서 남북한 여성교류 제3차 토론회 개최. 이우정·이효재·윤정옥을 비롯한 남한측 대표단 30명 참석. 종군위안부 문제를 해결키 위한 연대활동에 합의. 9월. '한국여성노동자회'가 '서울여성노동자회'로 개칭하고 각 지역 여성노동자회의 전국 조직인 '한국여성노동자회협의회' 창립. 11.2. 전국여성농민회총연합, 제1차 전국여성농민대회 개최. 최초의 전국규모 여성농민집회. 이후 매년 실시. 12.1. 한국정신대문제대책협의회, '정신대할머니 생활기금모금 국민운동본부' 발족. 한국여성단체연합, 1992년을 '성폭력 추방의 해'로 설정. 전국여성농민회총연합,「여성농민개혁안」 발표.		8.15. '종군위안부문제 국제포럼' 개최(일본 오사카). 8.23. 한·중 수교. 12.18. 14대 대통령선거, 김영삼 대통령 당선.

연대	국내여성사	세계여성사	비고
1992	정부, UN의 여성차별철폐위원회의 「여성 폭력에 관한 일반권고안 19호」 채택. 주한미군의 기지촌 여성 윤금이(23세)씨, 미군 사병인 케네시 마클에게 살해됨. 여성단체들, '윤금이씨 살해사건 공동대책위원회' 결성. '여성문화예술기획' 창립. 자신을 어릴 때부터 성폭행해온 의붓아버지를 살해한 '김보은 씨 사건' 발생.		
1993	6월. 한국정신대문제대책협의회, 비엔나세계인권대회 참석하여 결의문에 위안부 문제 포함토록 함. 8월. '서울대 신교수 사건', 교수에 의한 성희롱과 자신에 대한 해임의 부당성을 호소하는 한 조교의 대자보. 일상생활에 만연한 성희롱 문제를 처음으로 여론화시킴. 12.22. 한국성폭력상담소, 성폭력 피해자를 위한 '위기센터' 개설. 여성단체, '서울대 우조교 성희롱 사건 대책위' 구성. 한국인 최초의 동성애자 모임인 '초동회' 결성.	9.3. 북한, 제3차 「아시아의 평화와 여성의 역할」 토론회 개최. 한국·일본·북한·해외동포 참가. 「비엔나인권선언」. UN, 「성폭력철폐선언」 채택.	2.25. 김영삼 대통령 취임, 문민정부 출범. 7.30. 국군 상록수부대 소말리아 PKO파병. 8.6. 대전엑스포 개막. 8.12. 금융실명제 실시. 12.15. 우루과이라운드 협상 타결. 쌀시장 개방.
1994	1.5. 「성폭력 범죄의 처벌 및 피해자 보호 등에 관한 법률」 제정. 4.18. 서울민사지법, 서울대 우	UN, 한국을 임기 4년의 유엔여성지위위원회 위원국으로 선출.	1.17. 정부, 총 105건의 경제행정규제완화계획 확정. 2.1. 농민·대학생 2만명, 동숭동 대학로서 우루과이

422

연대	국내여성사	세계여성사	비고
	조교 성희롱 손해배상 청구소송에서 직장성희롱에 대한 첫 배상판결. 4.29. 대법원, 윤금이 씨를 살해한 케네시 마클에게 15년형 언도. 11월. 여성 동성애자 인권모임 '끼리끼리' 결성. 11.2. '생활개선중앙회' 결성(대표 이하자).		라운드(UR) 재협상 요구. 6.24. 서울지하철노동조합, 파업(-6.30.). 7.18. 박홍총장, 주사파 발언 파문. 7.8. 북한 주석 김일성 사망. 10.21. 성수대교 붕괴 사건(32명 사망, 17명 부상).
1994	한국여성단체연합·한국여성단체협의회, '할당제 도입을 위한 여성연대' 결성 및 공동활동. 한국 주요여성단체들, '제4회 북경세계여성대회' 참석을 위한 '한국여성 NGO위원회' 조직. 장애우권익문제연구소, '빗장을 여는 사람들' 결성. 장애인운동 내에서 장애여성의 문제 제기. 한국여성단체연합, '가정폭력방지법 제정을 위한 전국연대' 결성.		
1995	8.22. 한국교회여성연합·한소리회, '경기도여자기술학원 방화사건 대책협의회' 결성. 매매춘 여성의 인권문제 여론화. 9월. 제4회 북경세계여성대회에 참가하여 종군피해여성인 일본군 위안부 문제를 세계적으로 여론화. 2000년대 여성지위향상을 위한 행동강령 마련. '여성과 환경분과' 조직. 12.16. 「혼인에 관한 특례법」,	북경 제4회 세계여성대회 개최. "세상을 여성의 눈으로 보자"라는 여성 중심의 시각을 주요 관점으로 채택. 189개국의 4만여 대표들이 평등·발전·평화를 구체적으로 행동에 옮기기 위한 「북경선언문」과 총6장 361개항에 이르는 행동강령 결정.	6.27. 지방자치제 전면 실시. 7.1. 김영삼 대통령, 부동산 실명제 발표. 전직 대통령 전두환·노태우 구속.

연대	국내여성사	세계여성사	비고
1995	한시적(1년간)으로 동성동본혼인 허용. 세계화추진위원회, '여성정책소위원회' 활동(여성사회참여 확대 10대 과제 마련). 「여성발전기본법」(제정). 「윤락행위등방지법」(개정). 「남녀고용평등법」(2차개정). 한국여성노동자협의회, 5개 지역에 '평등의 전화 상담실' 개설. 한국여성단체연합·한국여성민우회·여성유권자연맹·지역단위의 여성단체, 여성들의 2기 지방의회 진출 활성화를 위한 교육 및 지원활동.		
1996	3.21. '한국여성농민연구소' 창립(이사장 임순분). 7.24. '농가주부모임전국연합회' 결성(대표 박순화). 8.24. '한국여성농업인중앙연합회' 결성(대표 편정옥). 8월. 농업인의 날 기념「제1회 여성농업인대회」개최하여 매년 실시. 9월. '제1회 전국여성장애인대회' 개최. 10.18. 한국정신대문제대책협의회, '일본국민기금을 반대하는 강제연행당한 일본군위안부 문제 해결을 위한 시민연대' 결성.		12월. 한국 OECD 가입. 29번째 회원국.

연대	국내여성사	세계여성사	비고
1996	한국여성단체연합, '가정폭력 방지법 제정추진 특별위원회' 활동. 한국여성단체연합, MBC TV 미인대회 중계중지 촉구 시위. 「급속한 아시아 산업화 과정에서의 여성의 과제」를 주제로 한 한-중-베트남 공동심포지움. 서울에서 '제2차 동아시아 여성포럼' 개최. 공권력에 의한 한총련 여학생 성추행 고소·고발.		
1997	1월. 대한여한의사회·한국여성단체연합, '남녀성비불균형의 문제점과 해결방안' 토론회 개최. 해결방안 1순위로 호주제 폐지 요구, 문화운동으로 '부모성 함께 쓰기 운동' 제안. 3.8. 세계 여성의 날 기념 제13회 한국여성대회에서 '부모 성 함께 쓰기'운동 선언. 4월. 여성문화예술기획, '제1회 여성영화제' 개최. 6월. 대구에서 '한국여성장애인복지회' 창립. 7.16. 헌법재판소, 가족법의 동성동본금혼 규정에 대해 헌법불합치 판정. 10.30. 헌법재판소, 이혼재산 분할에 대한 증여세 부과의 위헌 결정. 12월.「가정폭력범죄의처벌등에		1.26. 민주노총과 한국노총, '노동법·안기부법 무효화와 민주적 노동법 개정을 위한 전국노동자대회' 개최 2.26. 민주노총, 전교조 합법화를 포함한 노동관련법 즉각 개정 요구. 4.17. 대법원, 전두환 무기 징역, 노태우 17년형 확정. 11.22. 정부, IMF에 구제금융 신청 공식 요청. 11.27. 국민회의, 경제위기 책임규명 위한 경제청문회 요구. 12.19. 중앙선거관리위원회, 국민회의 김대중 후보를 제15대 대통령 당선자로 확정(총유효투표의 40.3% 획득).

연대	국내여성사	세계여성사	비고
1997	관한특례법」과 「가정폭력방지및피해자보호등에관한법률」 제정. 12.13. 「국적법」의 성차별 규정 개정. 자녀국적은 부모양계주의, 부부국적은 선택주의 채택. 평화·통일운동 전문단체인 '평화를 만드는 여성회' 창립. 평화를 만드는 여성회와 회원단체들, 전국적 모금을 통해 북한 여성과 아동들에게 분유 등 생필품 전달. 페미니스트 저널 ≪이프 IF≫ 창간.		
1998	1월. 성폭력특별법 제정으로 여성위기전화 '1366' 개통. 2월. 대법원, '서울대 신교수 사건'에 원고 승소 판결. 2월. 정부, 정부조직법 제18조에 의거하여 대통령직속 여성특별위원회 신설. 6개 부처에 여성정책 담당관실 설치. 여성정책의 기획·종합 등 여성의 지위향상을 위한 사무 담당. 2.14. 독자적인 장애여성모임인 '장애여성공감' 창립. 5월. 법무부, 가족법 개정안 시안 마련. 가족법 개정 공청회 개최. 6월. 한국맹인여성회, 세계시각장애여성대회인 제4회 WBU(세계시각장애인연합) 동아시아 태평양 지역 정기총회 여성포럼을 서울에서 개최.	8.10. 유엔인권소위원회, 위안부문제에 대한 일본정부의 배상을 요구하는 「게이 맥두걸 보고서」 채택.	2.25. 김대중, 제15대 대통령 취임, 국민의 정부 출범. 7월 말. 지리산 지역 '게릴라성' 집중폭우로 사망·실종자 336명 발생. 9.5. 북한, 최고인민회의 제10기 1차 회의의 헌법개정을 통해 '김정일 체제' 공식 출범. 10.20. 일본대중문화 전격 개방. 11.18. 금강산 관광객 900여 명을 실은 현대금강호 첫 출항. 기업·은행의 구조조정 회오리. 기업의 연쇄부도·퇴출·실업대란.

연대	국내여성사	세계여성사	비고
1998	7.13. 한국여신학자협의회 부설 기관으로 '기독교여성상담소' 개설. 교회의 성폭력문제 다룸. 8월. 여성단체와 시민단체들, '호주제 폐지를 위한 시민연대' 결성. 한국여성단체연합, 실업극복여성지원사업. 실직여성가장을 위한 '희망 캠페인'과 '겨울나기 사업' 전개. '한소리회'가 '매매춘 근절을 위한 한소리회'로 개칭. '열린 전화' 개설. 매춘여성을 위한 상담활동. 정부, '여성정책 5개년 계획' 발표. 여성공무원 채용 목표제, 공기업 인센티브제 도입. 정부, 일본군 위안부 피해자에게 위로금 지급.		
1999	2.5. 「여성기업지원에관한법률」 제정. 국가 및 지방자치단체의 여성기업활동 촉진을 위한 종합적 지원대책. 중소기업청에 '여성기업활동촉진위원회' 설치. 2.20. 해군사관학교, 첫 여성생도 21명 탄생. 4.17. 전국 여성 장애인 조직인 '한국여성장애인연합' 창립. 4월. 한국가정법률상담소·한국여성단체연합·대한여한의사회·호주제 폐지를 위한 시민의 모임, 현행 호주제의 문제점과 대안 마련을 위한 공청회 개최. 5월. 한국여성단체연합, '호주		2.24. 민노총, 노사정위원회 탈퇴. 3.11. 교육발전 5개년 계획 시안 발표 4.29. 전국 145개 시민단체 참여 NGO연합 출범. 5.10. 대한의사협회·대한약사회, 의약분업 합의안 발표. 5.16. 제2교원노조인 노총 산하 '한국교원노동조합' 출범. 6.16. 국제올림픽위원회

연대	국내여성사	세계여성사	비고
	제폐지 운동본부' 발족. 6.23. '여성환경연대' 창립. 7월-12월. 전국 50여 단체, '호주제 불만 및 피해사례 신고전화' 운영. 8.29. '전국여성노동조합' 결성. 10.6. 전국여성노조 88컨트리클럽 분회(경기보조원 노동조합) 출범. 이후 특수고용노동자 문제를 사회화시킴. 11월. UN인권위원회, 한국정부에 호주제 폐지 권고. 12.23. 헌법재판소, 제대군인 공무원 채용 시험 가산점제도 위헌판결. '한국여성재단' 설립. 「남녀고용평등법」 개정에 '직장 내 성희롱'조항 포함. 공공기관 내에서의 성희롱을 금지하는 「남녀차별금지및구제에관한법률」 제정. 한국민우회, 미디어에서 조장되는 성차별을 없애기 위해 '평등방송 디딤돌·걸림돌' 선정. 「국가공무원법 및 지방공무원법」개정. 육아휴직 신청 시 휴직허가 유무가 임의규정에서 강제규정으로 바뀜. 휴직을 이유로 한 불리한 처우 금지. 한국여성단체연합 및 회원단		(IOC) 제109차 서울총회 개막(-6.20.). 12.15. 공무원 장애인 5% 채용 의무화. 12.23. 한·일 어업협상 타결.
1999			

428

연대	국내여성사	세계여성사	비고
1999	체, 「가정폭력피해자권리헌장」 선포. 한국여성단체연합 및 회원단체, 군복무 가산점 반대서명 및 헌법소원.		
2000	3.5. 전국여성노동, '비정규직 여성권리 찾기 운동본부' 설립. 3.8. 세계여성의 날 기념 제16회 한국여성대회 개최. '비정규직 여성노동자 법적 권리 확보운동' 선포. 올해의 여성운동상, 현대자동차 정리해고자 144명(노조식당 근무)에게 수여. 9월. 113개 여성단체·시민단체가 연대하여 호주제 폐지 청원서 제출. 청원자는 호주제 폐지를 위한 시민연대. 청원내용은 민법 제4편 2장 「호주와 가족」 삭제. 청원의 주요 골자 부가입적제도, 부가성본우선주의, 남성 중심 호주승계제도 삭제. 9월. 군산 대명동 성매매 집결지 화재참사. 여성계가 성매매 문제를 적극적으로 공론화하게 된 사건. 12.7-12. '2000년 일본군성노예전범 여성국제법정(일본, 동경)', '일왕 히로히토 유죄' 판결. 12.9. 여성부, '여성사전시관' 개관. '운동사회 성폭력 뿌리뽑기 100인 위원회' 구성. 100인 위원의 '실명공개' 감행. 여성단체, 반인권·반여성적인		6.13-6.15. 김대중 대통령과 김정일 국방위원장이 평양에서 만나 통일문제와 이산가족, 경제협력에 관한 문제를 놓고 정상회담을 한 후 합의사항을 '남북6.15공동선언'으로 발표.

연대	국내여성사	세계여성사	비고
2000	정치인에 대한 낙천·낙선운동을 적극 전개. 한국여성단체연합, 전 세계 3천여 단체가 참여했던 '2000년 세계여성대행진'에 동참. 여성을 빈곤과 폭력으로 내모는 신자유주의 반대 캠페인 전개. 부패정치인 및 지역감정 추방을 위한 2000년 여성유권자 선언. '정신지체장애인 성폭력 사건 공동대책위원회' 결성. 한국여성단체연합·한국여성장애인연합, '여성장애인 자립지원 방안 마련을 위한 심포지움' 개최. 한국여성단체연합·평화를만드는여성회, '청소년을 위한 통일한마당 및 6.15선언 실천과 민족화해를 위한 2000여성 평화·통일 어울마당' 개최.		
2001	1월. 한국여성단체연합, '성매매방지법 제정을 위한 특별위원회' 구성. 1.29. 여성부 출범(초대장관 한명숙). 3.28. '이주여성인권연대' 결성. 여성이주노동자와 그 가족의 권리보호와 적응을 돕고자 창설. 4월. 전국여성노조, 「모성보호법」개정 투쟁. 5.8. 한국여성단체연합, UN여성자문단체 지위 획득하고 세계 각국 여성들과 연대.		2.8. 23개 중앙언론사 세무조사와 비리사주 구속. 9월. 벤처기업의 성장을 둘러싼 정·관계 로비의혹 사건 발생(9월 이용호 게이트, 11월 진승현 게이트)/제5차 남북장관급 회담 후 남북관계 경색과 금강산 관광 위기/DJP 공조 붕괴, 신여소야대 형성. 11.8. 김대중대통령, 민주당 총재직 사퇴. 정당개혁 시도. 11.26. 국가인권위원회 출

430

연대	국내여성사	세계여성사	비고
2001	5월. UN경제사회문화권리위원회, 한국정부에 '호주제 폐지'를 권고하는 보고서 채택. 6.25. 전국여성노조·한국여성노동자협의회·한국여성단체연합, '최저임금인상을 위한 전국캠페인 선포식' 개최. 7월. 출산휴가 90일 확대, 유급육아휴직제 도입 등을 골자로 한 「모성보호관련법」개정. 10월. 한국정신대문제대책협의회 내 '전쟁과 여성·인권센터'와 일본의 '여성·전쟁·인권학회'가 '한·일여성공동역사교재 편찬을 위한 모임' 결성.		범. 의문사 규명. 하반기, 수출부진 등 경기장기침체.
2002	한국성폭력상담소·이주여성인권모임, '학교 내 성폭력 근절을 위한 연대모임' 결성. 12월. 민주당, 호주제 폐지를 16대 대통령 선거공약으로 채택.		5.31.-6.30. 월드컵 4강 신화와 붉은악마 열풍. 6.13. 경기도 의정부에서 신효순, 심미선 2명의 여중생 미군 패도차량에 깔려 사망. SOFA개정을 위한 촛불시위 촉발. 6.29. 서해 북방한계선(NLL) 남쪽 연평도 인근 해상에서 북한 경비정의 공격으로 서해교전 발생. 7.6. 전국 26개 금융기관 처음으로 토요 휴무 돌입. 8.30-9.1. 강원·충청을 중심으로 태풍 루사 강타. 270여 명 사망·실종. 이재민 9만여 명. 사상 초유의 피해액. 12.19. 노무현 16대 대통령 당선.

연대	국내여성사	세계여성사	비고
2003	2월. 노무현 정부, 호주제폐지를 '12대 국정과제'로 설정. 10.28. 국무회의, 호주제폐지를 내용으로 하는 민법개정안 의결. 정부, 보육업무 여성부 이관. 한국여성단체연합, 이라크 파병 반대 운동.		2.25. 노무현, 제16대 대통령 취임, 참여정부 출범. 북한 핵확산금지조약 탈퇴선언(NPT). 위도 핵폐기장 백지화요구 부안군민 시위.
2004	3.2. 국회, 「성매매보호법안과 처벌법안」통과. 3.19. 정신대문제대책협의회, '정기수요시위' 600회 돌입. 4.15. 17대 총선, 여성국회의원 비율 13%(국회의원 299명 중 39명, 이 중 지역구 의원은 10명), 2001년 5.5%(15명) 5.3. '레즈비언인권연구소'(lesbian.or.kr) 개소.		
2005	8월. 한국정신대문제대책협의회 내 '전쟁과 여성·인권센터'와 일본의 '여성·전쟁·인권학회'가 한일공동역사교재인 『현대여성사』 발간.		

찾아보기

434

438

444

■**지은이**

서울대 여성연구소

서울대여성연구소는 서울대학 내의 여러 학과 교수들이 참여하여, 다양한 여성 관련 주제에 대해 과학적 조사연구와 이론개발을 하기 위해 설립됐다. 학제간 학문의 성격을 지니는 여성연구의 특성에 맞게 여러 분과학문의 인력과 자원을 필요에 따라 수시로 결합하고 협력할 수 있다. 여성연구소가 특별히 강조해온 연구의 방향은 한국의 사회적 조건과 역사를 기반으로 한 젠더연구의 기틀을 마련하는 것으로서, 그간 국가정책, 노동시장, 가족을 포함한 여러 분야의 연구 프로젝트를 수행했으며, 한국여성의 다양한 역사적 경험에 관한 자료 수집에도 주력해왔다. 여성연구소는 대학원과정의 여성학협동과정과 긴밀한 관련을 가지고, 교육을 위해서도 노력하고 있다. 여성학 협동과정의 수업에 다각적으로 협력하며, 학생들을 연구소의 연구 프로젝트에 참여시켜 연구역량을 함양하고 있다. 또한 여러 분야의 전문가들을 초빙하여 집담회 및 학술대회를 개최함으로써, 학내 여성학의 저변확대를 위해 노력하고 있다. 앞으로 여성연구소는 이러한 사업과 연구를 더욱 내실 있게 가다듬는 한편, 21세기의 변화하는 국내외 정세와 세계 및 한국의 여성학 연구동향을 고려하여 시의적절하고 긴요한 연구 활동에 힘쓰려고 한다.

강이수

이화여대 사회학 박사
상지대 인문사회대 부교수, (사)한국여성연구소 소장
『여성과 일: 한국여성노동의 이해』 외

강인순

독일 도르트문트 대 철학 박사
경남대 사회과학부 교수
『여성노동자운동사2』, 『여성의 시민적 권리와 사회정책』 외

김귀옥

서울대 박사
한성대 교양학부 교수
『월남인의 생활경험과 정체성』 외

김기선미

서강대 사회학 석사, 한국개발연구원 국제정책대학원 석사과정 재학 중
한국여성단체연합 정책부장
「한국여성환경운동의 평가와 전망」(공저), 「재생산의 정치학의 가능성」 외

김소영
뉴욕대 Cinema Studies 박사
한국예술종합학교 영상원 영상이론과 교수
『근대성의 유령들』, <원래 여성은 태양이었다> 외

김수영
고려대 사회학과 박사
일본 히토츠바시 대 사회학연구과 객원연구원
「동아시아의 자본주의 발전과 가족: 한구과 일본의 사례」 외

신상숙
서울대 사회학과 박사
서울산업대, 한국디지털대 강사, 서울대 성희롱·성폭력상담소 전문위원 역임
「성폭력의 의미구성과 '성적 자기결정권'의 딜레마」 외

안진
서울대 사회학과 박사
광신대 사회복지학과 교수
『미군정 억압기구 연구』, 『지역여성의 현실과 전망』 외

오미란
전남대 사회학과 석사
전국여성농민회총연합 감사
「여성농민조직화 방안에 관한 연구」, 『유기농업생산조직의 형성과 변화』 외

이혜숙
서울대 사회학과 박사
경상대 사회학과 교수
「지역여성운동의 형성과 전개」, 『일본현대사의 이해』 외

정진성
서울대 사회학과 박사
서울대 사회학과 교수
「현대 일본의 사회운동론」, 「일본군 성노예제」 외

최성애
매사추세츠 주립대 사회학과 박사과정
이화여대 한국여성연구원 연구원
「노동조합과 성의 정치학」 외

캐서린문
프린스턴 대 정치학 박사
웨슬리 대 정치학과 교수
Sex Among Allies(『동맹 속의 섹스』) 외

황정미
서울대 사회학과 박사
한림대 사회학과 강의교수
「개발국가의 여성정책에 관한 연구」 외

한울아카데미 690
한국현대여성사

ⓒ 정진성, 안진 외, 2004

지은이 | 정진성, 안진 외
펴낸이 | 김종수
펴낸곳 | 도서출판 한울

편집책임 | 안광은
편집 | 최아림

초판 1쇄 인쇄 | 2004년 11월 10일
초판 1쇄 발행 | 2004년 11월 20일

주소 | 413-832 파주시 교하읍 문발리 507-2(본사)
      121-801 서울시 마포구 공덕동 105-90 서울빌딩 3층(서울 사무소)
전화 | 영업 02-326-0095, 편집 02-336-6183
팩스 | 02-333-7543
홈페이지 | www.hanulbooks.co.kr
등록 | 1980년 3월 13일, 제406-2003-051호

Printed in Korea.
ISBN 89-460-3306-1 93330

* 가격은 겉표지에 표시되어 있습니다.